Ingeborg Milz

Neuropsychologie für Pädagogen
Neuropädagogik für die Schule

Ingeborg Milz

Neuropsychologie für Pädagogen

Neuropädagogik für die Schule

Mit Beiträgen von Rita Helm, Doris Lange,
Magdalena Meitinger, Monika Neuwirth, Birgit Peter,
Martin Schieder, Rita Zebisch

borgmann

© 1996 verlag modernes lernen borgmann publishing GmbH & Co. KG,
44139 Dortmund; Edition borgmann publishing

4., überarb. u. erweiterte Aufl. 2002
Titelfoto: ©Tony Stone Images / Richard Shock
Gesamtherstellung: Löer Druck GmbH, Dortmund

Bestell-Nr. 8112 ISBN 3-86145-232-4

Inhalt

Vorwort zur 4. Auflage

Die Neuropsychologie für Pädagogen ist nach wie vor ein wichtiges Thema für alle, die berufsmäßig mit Kindern und Jugendlichen zu tun haben. Deshalb erscheint dieses Buch nun in der 4. Auflage. Bei der Überarbeitung und Aktualisierung wurde aber deutlich, dass zu dem theoretischen Teil, der Einführung in die Neuropsychologie, ein Praxisteil unter dem Gesichtspunkt der Neuropädagogik eine Erweiterung der Thematik sowie eine wichtige Ergänzung bedeuten könnte.

Neuropsychologie für Pädagogen ist nun als Handbuch zur Einführung und zum Nachschlagen gedacht und *Neuropädagogik für die Schule* als Anregung für die Praxis. Dabei spielt die Erkenntnis eine Rolle, dass die Zusammenhänge von Neuropsychologie und Pädagogik immer noch zu wenig gesehen werden und dabei doch die Umsetzung dieser neuropsychologischen Kenntnisse vieles in der Arbeit mit Kindern verständlicher machen könnten. So ist mit der Überarbeitung ein Teil II entstanden mit einigen neuropädagogischen Hinweisen für die Praxis.

Am Schluss fügen sich die Gedanken zu einem integrativen neuropädagogischen Modell für Kinder mit Teilleistungsstärken und Teilleistungsschwächen zusammen. Da aber Modelle Entwürfe sind, sollten sie von Praktikern weitergedacht werden, denn es ist an der Zeit, eine angemessene Lösung für die einen wie die anderen zu finden.

Ein Wort zur Rechtschreibung
Im Laufe der Auflagen dieses Buches hat sich manches geändert, so auch die Rechtschreibung. Für medizinische Begriffe wird je nach dem Zusammenhang teils die lateinische (medizinische) Schreibweise, bei eher „eingedeutschtem" Gebrauch die deutsche Schreibweise benutzt.

Teil I
Neuropsychologische Voraussetzungen für Lernen und Verhalten

Einleitung zu Teil I

Neuropsychologie für Pädagogen – dieser Titel mag anspruchsvoll erscheinen, wendet er sich doch an Menschen, die zwar mit der Erziehung von Kindern zu tun haben, im allgemeinen aber weder etwas mit der Neurologie noch im engeren Sinne mit der Psychologie als theoretischer Wissenschaft. Natürlich wurden sie in der Ausbildung über pädagogisch-psychologische Zusammenhänge informiert und es werden auch Fortbildungen über die kindliche und jugendliche Entwicklung und deren Störungen mit ihren Auswirkungen auf Lernen und Verhalten angeboten. Die Praxis zeigt aber, dass es sowohl in den Kindergärten, im Vorschulbereich wie in der Schule immer mehr Kinder gibt, die wegen ihrer Problematik, sei es im Lernen oder im Verhalten eine gewisse Hilflosigkeit bei den Pädagogen auslösen. Da, wo sich die Probleme häufen, nehmen Verhaltensauffälligkeiten Erscheinungsformen an, die eine sinnvolle Erziehung, den pädagogischen Auftrag, zumindest sehr erschweren.

Die Studie eines Lehrers an einer Gesamtschule[1] über „Die neuen Kinder" stellt fest, dass es kaum mehr möglich sei, eine der neuen Klassen, (gemeint ist die 5. Jahrgangsstufe), insgesamt oder die Mehrzahl der einzelnen Kinder zu stetigem Lernen zu bringen. Die Mehrheit der Schüler sei weder sozial erzogen noch schulreif in bezug auf die Sekundarstufe. Sie vermitteln den Eindruck, als sei ihr Zentralnervensystem an das Vorabendprogramm des Fernsehens angeschlossen. Ihr schulisches Verhalten sei ein „Reflex auf schnelle Schnitte, Kliff-Hänger und Zapping." Oft habe „das neue Kind" kein Schulfrühstück dabei, keine Materialien wie Hefte und Stifte dafür aber Gameboys. Den Unterricht finde es langweilig. Es gebe auch kein Thema und keine Unterrichtsmethode, die es den Unterricht interessant finden ließe. Neben anderen, manchem Pädagogen einer Sekundarstufe bekannten Verhaltensformen sehne sich das „neue Kind" aber nach Anerkennung und habe gar nicht vor, faul zu sein. Es kann einfach nicht anders. Was das Kind tut, muss Spaß machen und leicht sein. Es prügle sich, wenn es im Ausleben seiner Individualität behindert werde. Seine Noten seien ausreichend bis mangelhaft, seine Schrift kaum zu entziffern und später wolle es viel Geld verdienen.

Diese Beobachtungen betreffen eine Gesamtschule. Sie können sicher von manchem Pädagogen der Sekundarstufe I bestätigt werden. Aber auch in der Grundschule fallen immer mehr Kinder auf, die in irgendeiner Weise weder sozial noch kognitiv schulreif zu sein scheinen. Ihrem Alter

---

[1] Ausschnitte aus einem Artikel in der Offenbach Post vom 12.10.1993 nach der Studie des Gesamtschullehrers Horst Hensel aus Kamen

und Entwicklungsstand entsprechend zeigen sie zwar andere Auffälligkeiten als die älteren. Doch auch hier scheint die Zahl lern-oder emotionalgestörter Kinder zuzunehmen.

Auch, wenn wir in die Kindergärten schauen, werden wir hören, dass die Anzahl von Kindern mit „besonderen Bedürfnissen“ ständig zunimmt. Und keiner weiß recht, wie dieser Situation begegnet werden kann.

Was ist die Ursache dafür? Gibt es überhaupt *eine* Ursache? Was kann oder was muss getan werden? Gibt es Modelle? Welche Unterstützung brauchen Pädagogen, um auf diese neue Situation, die fast eine Herausforderung darstellt, angemessen eingehen zu können?

Wir befinden uns in einer veränderten pädagogischen Landschaft, und es soll hier nicht der Ort sein, die mannigfaltigen und möglicherweise ungünstigen Einflüsse, denen Kinder und Heranwachsende heute ausgesetzt sind, zusammenzupuzzlen oder den Katalog all dessen, was unseren Kindern heute fehlt, um Weiteres zu ergänzen. Manches wird versucht, um auf die gegenwärtigen Probleme einzuwirken und Einiges davon hat sicher auch Erfolg. Insgesamt macht es aber eher den Eindruck, als würde im Bereich der Pädagogik mehr an den Symptomen kuriert, was verständlich ist, da es eben so schwer ist, an eindeutige Ursachen heranzukommen.

Was hilfreich sein kann, sind Informationen,

- über die Zusammenhänge neurologischer und psychologischer Reifungsprozesse als Voraussetzung für Lernen und Verhalten;
- über Auswirkungen von körperlichen oder seelischen Beeinträchtigungen, die im Laufe der kindlichen Entwicklung auftreten können und
- über heilpädagogische Möglichkeiten und therapeutische Konzepte zur „Entwicklungshilfe“.

Im folgenden soll nun versucht werden, die Voraussetzungen für Lernen und Verhalten unter neuropsychologischem Gesichtspunkt zu betrachten und dabei Beeinträchtigungen, Entwicklungsverzögerungen oder -störungen in ihren vielfältigen Auswirkungen darzustellen. Gleichermaßen sollen aber auch Grundzüge, Prinzipien und Konzepte als Grundlage einer heilpädagogischen Intervention aufgezeigt werden. Diese heilpädagogischen Möglichkeiten basieren nicht auf neuen Erkenntnissen. Offensichtlich hat es schon immer Grund gegeben, sich für Kinder „mit besonderen Bedürfnissen“ besondere Gedanken zu machen. Schließlich gibt es ja auch den Bereich der Sonder-Pädagogik. Wie aber diese Konzepte heute in einem weiteren Umfang heilpädagogisch hilfreich sein könnten, soll auf dem Hintergrund der neuropsychologischen Zusammenhänge verstehbar gemacht werden.

Die Neuropsychologie ist die Wissenschaft, die zum Verständnis der Zusammenhänge am umfassendsten beitragen kann, weil sie Beziehungen aufzeigt zwischen Fachbereichen wie Neurologie, Psychologie, Psychiatrie und Biologie und da sie sich mit den Auswirkungen neurologischer Prozesse auf Lernen und Verhalten befasst, auch in den pädagogischen Bereich hineinwirkt. Sie wurde vor allem durch den russischen Psychologen und Mediziner LURIA bekannt, der als Sanitätsoffizier durch die Arbeit mit hirnverletzten Soldaten des II. Weltkrieges erlebte, in welcher Weise die Verletzungen Auswirkungen auf das Verhalten dieser Menschen haben können. Er gilt als der Begründer dieser Wissenschaft und hat in seinem Buch „Das Gehirn in Aktion“[2] beschrieben, „wie unsere höheren geistigen Fähigkeiten – Wahrnehmen und Handeln, Aufmerksamkeit und Gedächtnis, Sprache und Denken – entstehen und in Aktion treten. Wahrnehmen und Handeln, Aufmerksamkeit und Gedächtnis, Sprache, Denken und allgemein das Verhalten stellen aber gerade die Bereiche dar, mit denen wir es als Pädagogen in unserer täglichen Arbeit mit Kindern und Jugendlichen zu tun haben. Deshalb können Grundkenntnisse der Neuropsychologie im Umgang mit ihnen hilfreich sein und zu einem besseren Verständnis ihrer Probleme führen, auch, wenn sich die Erfahrungen, die an Erwachsenen gemacht wurden, nicht generell auf Kinder übertragen lassen.

Zum Verständnis der Neuropsychologie ist ein gewisses Maß an medizinischen Kenntnissen notwendig. Man kann natürlich fragen, stimmt das wirklich? Ist es wirklich „Not-wendig“ für Lehrer, Schulpsychologen, Schulärzte und Kinderärzte oder auch Eltern über neurologische Organisation und funktionelle Systeme nachzudenken, wenn es um Lernen und Verhalten geht? Es *ist* notwendig, denn alles Lernen und Verhalten findet im Gehirn statt. Hier kommen die Eindrücke von innen und außen zusammen, hier werden sie verarbeitet und hier wird veranlasst, dass sie in irgendeiner Weise wieder ausgedrückt werden. Es kommt zu Auswirkungen der Einwirkungen, zu Reaktionen, zu solchen, die wir erwarten und auf die wir hingearbeitet haben und zu solchen, die uns überraschen, die uns auch hilflos machen können, und wenn es das Verhalten betrifft, auch zu Ärger und Enttäuschungen führen. Immer gibt es Kinder, die einem Kopfzerbrechen machen, bei denen man den Eindruck hat, ihnen nicht gerecht zu werden, weil man ihre besonderen Bedürfnisse nicht erfassen kann.

---

[2] LURIA, ALEXANDER R. Das Gehirn in Aktion, Einführung in die Neuropsychologie Rowohlt Taschenbuch Verlag 1992, Reinbek b. Hamburg

Selbst wenn die Beeinträchtigungen deutlicher ausgeprägt sind, ist uns oft der Zusammenhang mit Auffälligkeiten oder Störungen im Lernen und Verhalten nicht bewusst. Für Pädagogen und vielleicht auch Psychologen kann es deshalb hilfreich sein zu erfahren, welche neuropsychologischen *Verursachungen* u.U. Lern- u. Verhaltensstörungen zugrunde liegen, und für die Mediziner ist es vielleicht hilfreich zu erfahren, wie die *Auswirkungen* von neuropsychologischen Beeinträchtigungen, und seien sie auch noch so gering, aussehen können.

Da ist zum Beispiel ein kleiner Junge. Er wird von der Kindergärtnerin zur heilpädagogischen Beobachtung empfohlen, da er sehr ängstlich ist, sich nicht beim Spiel mit anderen Kindern beteiligt und autoaggressives Verhalten zeigt. Die Mutter folgt brav der Empfehlung der Kindergärtnerin und stellt den Jungen vor. Der erste Eindruck ist, hier sitzt ein schüchterner kleiner Junge, der sich noch nicht recht von seiner Mamma lösen kann, der mit seiner piepsigen, hohen Stimme noch ein bisschen Baby spielt. Vielleicht macht es ihm zu schaffen, dass er im Sommer zur Schule gehen soll? Während die Mutter etwas aus der Lebensgeschichte des Kindes erzählt, malt er eifrig. Was erzählt die Mutter? Der Junge ist in ständiger Behandlung beim Ohrenarzt. Auf der rechten Seite sei der Hörnerv noch nicht „ausgereift", deshalb habe sie den Eindruck, dass er manchmal nicht richtig höre. Der Vater wolle das nicht glauben. Er meint eher, wenn der Kleine will, dann hört er auch. Also werden Mutter und Kind zur genaueren Diagnose zu einem Kinderarzt in einem sozialpädiatrischen Zentrum geschickt. Der lässt eine Beeinträchtigung durch schlechtes Hören nicht weiter gelten. Was das Kind brauche, sei eine Unterstützung in seinem Selbstbewusstsein. Er könne ja noch vom Psychologen untersucht werden, wenn die Mutter das wolle, aber in jedem Falle sei der Junge schulreif. Ein nicht funktionierender Hörnerv könne nicht therapiert werden. Dass aber eine solche einseitige akustische Beeinträchtigung u.U. das gesamte räumliche Wahrnehmen mit beeinträchtigt, und das eine Erklärung sein könnte für die Verunsicherung im Raum und die Ängste vor Geräuschen, die nicht eingeordnet werden können, das schien nicht bekannt zu sein. Bei einer nochmaligen Untersuchung durch den HNO-Arzt wurde dann noch festgestellt, dass im Augenblick auch das andere Ohr wegen eines Paukenergusses nur zu einem geringen Prozentsatz Schallreize aufnimmt. Allerdings ist das nun etwas, was behandelt werden kann. Aber die Zeit, in der eine beidseitige Hörbeeinträchtigung vorliegt, ist für ein Kind und nicht nur für ein Kind schon sehr verunsichernd. Leider scheinen von medizinischer Seite her manchmal nicht genügend Kenntnisse über die Auswirkungen derartiger Beeinträchtigungen zu bestehen.

Und wie ist es mit den Lehrern? Da soll z.B. in Gesprächen mit einer Lehrerin versucht werden, verständlich zu machen, dass es sich bei einem kleinen Mädchen mit Lernproblemen um Ausfälle in bestimmten Bereichen der Wahrnehmung handelt, dass dieses Kind einfach nicht so lernen und arbeiten kann, wie ein nicht wahrnehmungsgestörtes und dass man nun vielleicht gemeinsam überlegen sollte, wie man dem betreffenden Kind einen anderen und ihm gemäßen Zugang zum Lernstoff ermöglicht. Und die Reaktion der Pädagogin? „Die Beeinträchtigungen mögen ja da sein, aber ich kann schließlich keine Ausnahmen machen. Ich muss doch alle gleich behandeln."

So oder ähnlich ist das manchmal. Und beide Beispiele sind keine Ausnahmen, allerdings auch nicht die Regel. Gott sei Dank, gibt es noch ganz andere Erfahrungen. In jedem Falle zeigt sich hierbei, dass es notwendig ist, die neuropsychologischen Voraussetzungen für Lernen und Verhalten zu verstehen.

Einige Grundkenntnisse sollen im folgenden im Zusammenhang mit der kindlichen Entwicklung und deren Beeinträchtigung in ihren Auswirkungen auf Sensorik, Motorik, Sprache und Verhalten vermittelt werden.

I. Die Bedeutung der Bewegung

1. Überblick über Bau und Funktion des Nervensystems[3]

Wenn wir unter neuropsychologischem Aspekt davon ausgehen, dass alles Lernen und Verhalten vom Nervensystem gesteuert wird, dann sind theoretische Kenntnisse über neurologische Zusammenhänge Voraussetzung für den heilpädagogischen Umgang mit lern- und verhaltensauffälligen Kindern. Wie aber erlangen wir als Nichtmediziner Einblick in diese komplexen Zusammenhänge? Als Orientierungshilfe könnten wir so etwas wie eine Landkarte gebrauchen, die uns hilft, uns zurechtzufinden. Zunächst reicht eine, die uns einen Überblick verschafft, erst einmal Orte und Richtungen herauszufinden, und dann kann man nach und nach einen immer größeren Maßstab benutzen. Schließlich, je nach Bedarf, nimmt man noch ein Vergrößerungsglas hinzu, denn man weiß ja jetzt, wie die einzelnen Teile einzuordnen sind. So ähnlich werden wir es mit dem Thema neuropsychologische Voraussetzungen für Lernen und Verhalten machen. Zunächst verschaffen wir uns einen Überblick über Bau und Funktion des Nervensystems. Möglicherweise erfordert aber manches, was im folgenden als Einführung angeboten wird, doch eine zu intensive Auseinandersetzung mit medizinischen Zusammenhängen. Dann sollte zunächst darüber hinweggelesen werden. Im Zusammenhang mit den geschilderten Fällen ist immer Gelegenheit, zu den medizinischen Grundlagen zurückzublättern.

Nach makroskopisch (mit dem bloßen Auge sichtbar) topographischer (anatomische Regionen und Lageverhältnisse betreffend) Sichtweise gliedert sich das Nervensystem in ein zentrales (ZNS) und ein peripheres (PNS). Anteile des ZNS sowie des PNS bilden das vegetative Nervensystem. Es spielt eine wichtige Rolle für die Erhaltung des Organismus und für die Fortpflanzung und dient vorwiegend der Regelung des inneren Milieus. Bei der Betrachtung kindlichen Lernens und Verhaltens kommt ihm hinsichtlich psychosomatischer Störungen (Schulkopfschmerzen, Schulbauchschmerzen) besondere Bedeutung zu.

---

[3] Nach Gaddes 1980 und Rohen 1975 und 1994

1.1 Das Zentralnervensystem

Zum Zentralnervensystem gehören Gehirn und Rückenmark. Genauer betrachtet unterscheiden wir das Groß- oder Endhirn (Telenzephalon), den Balken (Corpus callosum), das Zwischenhirn mit dem Thalamus (Dienzephalon), das Mittelhirn (Metenzephalon), die Brücke (Pons), das Kleinhirn (Cerebellum), das verlängerte Mark, (Medulla oblongata) und das Rückenmark (Medulla spinalis).

Das Großhirn

Die beiden Großhirnhemisphären bilden den Neokortex. Die vielfach gefaltete Hirnrinde (Kortex) einer jeden Hirnhälfte wird in 4 Lappen unterteilt: Stirnlappen (Frontallappen), Scheitellappen (Parietallappen), Schläfenlappen (Temporallappen), und Hinterhauptslappen (Occipitallappen). Die Hirnrinde überzieht die gesamte Oberfläche des Gehirns (1200 cm^2) und ist ungefähr 3 mm dick. In 6 Schichten enthält sie ungefähr 10 Milliarden Nervenzellen (Neuronen), die dicht gepackt und vielfältig vernetzt die eingehenden Impulse als Information verarbeiten. Sie erscheint als graue Substanz, im Gegensatz zur weißen Substanz, die aus Nervenfasern besteht. Gliazellen erfüllen Stützfunktionen und dienen zur Ernährung des spezifisch-nervösen Gewebes sowie den Stoffaustausch- und Entgiftungsprozessen (vergl. Rohen 1975, S. 74).

Beide Hemisphären werden in der Mitte durch eine deutlich erkennbare Furche, die Zentralfurche, unterteilt. Vor dieser Furche liegt präzentral, das Stirnhirn. Der Teil hinter der Zentralfurche, postzentral, wird durch den Scheitellappen und den Hinterhauptslappen gebildet. Eine weitere Furche, die Sylvische Furche, trennt den vorderen Teil des Schläfenlappens vom Stirnlappen (siehe Glees 1971, S. 91).

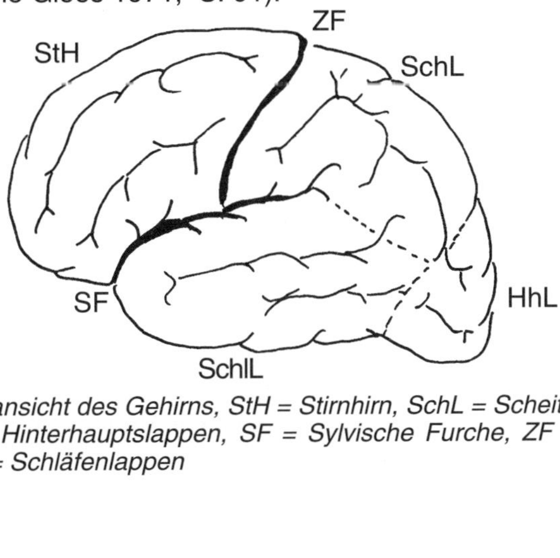

Abb. 1: Seitenansicht des Gehirns, StH = Stirnhirn, SchL = Scheitellappen, HhL = Hinterhauptslappen, SF = Sylvische Furche, ZF = Zentralfurche SchlL = Schläfenlappen

Der Balken

Der Balken, das Corpus callosum, ist ein breites Band, bestehend aus Millionen von Nervenfasern, welche die beiden Hirnhälften (Hemisphären) miteinander verbinden. Gaddes gibt ein Beispiel für seine umfassenden Funktionen: Es wird einem (gesunden) rechtshändigen Kind, wenn auch nicht optimal, so doch annähernd gelingen, mit seiner nichtdominanten Hand zu schreiben. Es wird das auch mit seinem rechten, mit seinem linken Fuß und sogar mit einem Stöckchen im Mund können und das ohne jegliche vorherige Übung. Er schließt daraus, dass ein Training, welches ein bestimmtes Gebiet auf der Hirnrinde einer Hemisphäre anspricht und verändert, nicht nur Auswirkungen auf Bereiche der gegenüberliegenden Seite hat, sondern auch auf Bereiche der gleichen, und zwar durch Vermittlung der subkortikalen weißen Substanz. Er sieht darin auch den Grund für die großen Erfolge, die multisensorische und multimotorische Übungsangebote haben. Sie verstärken die Verbindungen der einzelnen Bereiche untereinander und ermöglichen so eine breitere kortikale Aktivität und damit besseres Lernen (Gaddes S. 39).

Das Zwischenhirn

Das Zwischenhirn liegt unterhalb des Balkens und unmittelbar über dem Hirnstamm. Es ist der Hirnrinde vorgeschaltet und dadurch eine wichtige Zwischenstation für alle Nervenbahnen (mit Ausnahme der Riechbahn), die zu ihr hin- und von ihr fortführen. Es besteht aus 4 großen Kerngebieten: dem Thalamus, dem Metathalamus, dem Epithalamus und dem Hypothalamus. Diese Kerngebiete bestehen ihrerseits wiederum aus Ansammlungen von Nervenkernen, die unterschiedliche Funktionen haben.

Der *Thalamus* wird wegen seiner vielfältigen Verbindungen zu Bereichen der Hirnrinde und zu anderen subkortikalen Kernen als „Tor des Bewusstseins“ betrachtet (Rohen, 1975, S. 336). Bei einer Verletzung dieses Bereiches kann es zu Beeinträchtigungen der visuellen, auditiven oder taktilen Verarbeitung kommen.

Die Kerne des *Metathalamus* stehen im Dienst der Seh- und Hörbahn.

Die Aufgaben des *Epithalamus* sind noch wenig bekannt. Es wird ein Zusammenhang mit vegetativen Schaltkreisen und dem limbischen System (Kerngebiet für Emotionalität und Motivation bestimmter Verhaltensweisen) vermutet.

Bestimmte Kerngruppen des *Hypothalamus* beeinflussen die Sexualfunktionen. Andere stimulieren die allgemeine Aktivität und Aggressionsbereitschaft. Deshalb wird der Hypothalamus auch „der physiologische Sitz der Emotionen“ genannt. Außerdem werden hier Hunger und Durst, der Wasserhaushalt und der Stoffwechsel geregelt.

Das Mittelhirn

Das Mittelhirn liegt zwischen Thalamus und Brücke. Seine wesentliche Funktion ist die Kontrolle von Hirnnervenreflexen, wie z.B. dem Blinzelreflex, dem Pupillenreflex und auditorischen Reflexen. Einige Kerne integrieren visuelle Impulse aus der Netzhaut, kinästhetische Impulse aus den Augenmuskeln und von Muskeln, Sehnen und Gelenken aus dem Körper. Sie integrieren weiter motorische Impulse, welche z.B. die visuomotorische Koordination ermöglichen.

Die Brücke

Die Brücke stellt eine Verbindung zwischen Rückenmark und Hirnrinde dar: einmal für die zuleitenden Nervenbahnen vom Rückenmark zum motorischen Teil der Hirnrinde, zum anderen für motorische Bahnen von dort zum Kleinhirn und für Bahnen vom Kleinhirn zum Rückenmark.

Das Kleinhirn

„Das Kleinhirn ist insgesamt als ein nebengeordnetes Kontrollorgan für die gesamte Körpermotorik anzusehen, gewissermaßen der große Computer des Organismus, der alle intendierten motorischen Abläufe nachrechnet und korrigiert. Er gewinnt damit einen entscheidenden Einfluss auf alle peripheren motorischen Vorgänge, seien sie nun statischer oder dynamischer Art (Muskeltonus, Kraftentfaltung, Geschwindigkeit und Ablauf der Bewegungen, Zusammenspiel von Syn- und Antagonisten). Dabei greift das Kleinhirn niemals direkt in die Sensomotorik des Rückenmarks ein, sondern bedient sich der bereits differenzierten Funktionskreise der höheren sensomotorischen Systeme.“ (Rohen, 1975, S. 352)

Das verlängerte Mark

Das verlängerte Mark, die Medulla oblongata, bildet das neurologische Zentrum für lebenswichtige Organe wie für das Verdauungssystem, das Herz und durch das Atemzentrum für die Lunge. Es ist außerdem die Ebene, auf der sensorische und motorische Nervenbahnen auf die jeweilig gegenüberliegende Seite kreuzen.

Das Rückenmark

Das Rückenmark durchzieht mit seinen sensorischen und motorischen Bahnen den Wirbelkanal. Es ermöglicht so den Transfer von Empfindungen aus der Peripherie zum Gehirn und von motorischen Impulsen vom Gehirn zu den jeweiligen Erfolgsorganen.

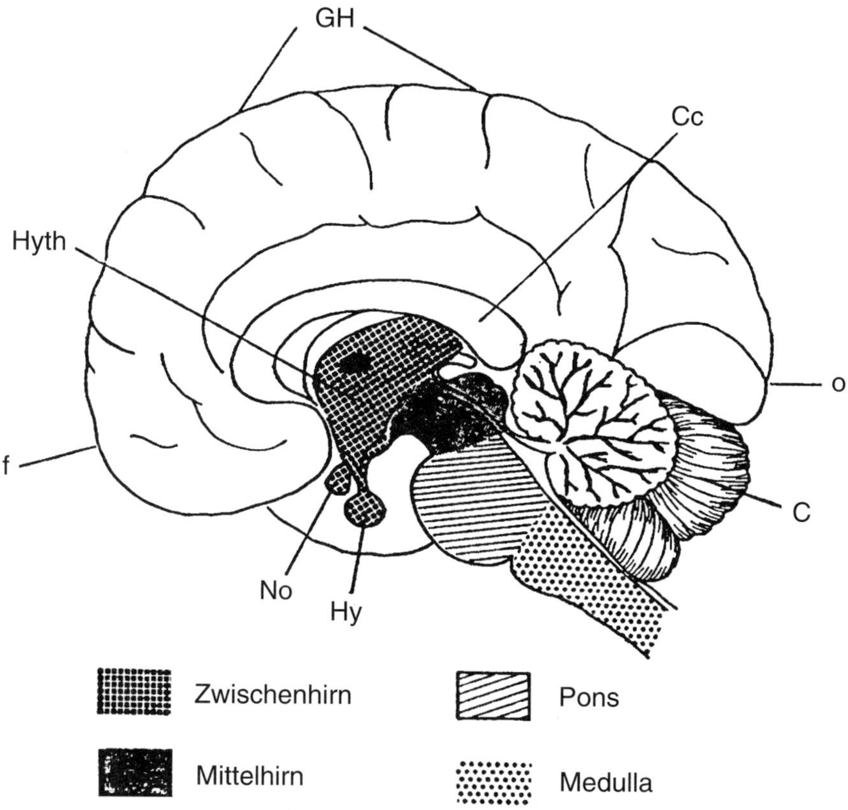

Die Hirnabschnitte im Medianschnitt diagrammatisch dargestellt, weiß = Großhirn

C	=	Cerebellum	f	=	frontal	Hyth	=	Hypothalamus
Cc	=	Corpus callosum	o	=	occipital	No	=	Nervus opticus bzw. Chiasma opticum
GH	=	Großhirn	Hy	=	Hypophyse			

Thalamus + Hypothalamus = Zwischenhirn

Abb. 2: nach Glees 1971

1.2 Das periphere Nervensystem

Zum periphere Nervensystem rechnet man alle Nerven außerhalb des ZNS (Zentralnervensystem), und zwar sowohl afferenter (dem Gehirn Impulse zuführend) als auch efferenter Art (vom Gehirn zum Erfolgsorgan leitend). Dazu gehören die Hirnnerven und die Rückenmarksnerven mit ihren sensorischen und motorischen Verbindungen und das autonome System, das in besonderer Weise an Emotion und Motivation beteiligt ist.[4]

Als *Hirnnerven* bezeichnet man 12 Paare von Nerven, die am Hirnstamm austreten und den Schädel durch die Schädelbasis verlassen. Entsprechend der Reihenfolge ihres Abganges vom Gehirn von oben nach unten werden sie mit römischen Ziffern numeriert. Obgleich im pädagogischen Bereich eigentlich nur die Kenntnis einiger weniger Hirnnerven von Bedeutung sein wird, sollen sie der Vollständigkeit halber hier alle aufgeführt werden.

I Nervus olfactorius, Riechnerv

II Nervus opticus, Sehnerv
(Diese ersten beiden Hirnnerven sind als Hirnteile aufzufassen und werden deshalb im allgemeinen nicht mehr zu den eigentlichen Hirnnerven gerechnet.)

III Nervus oculomotorius

IV Nervus trochlearis

VI Nervus abducens
Diese Nerven dienen der Motorik der Augenmuskeln.

V Nervus trigeminus, er versorgt mit seinen 3 Ästen die Haut des Gesichts, und die Kaumuskulatur.

VII Nervus facialis, Nerv für die mimische Gesichtsmuskulatur steht auch in Verbindung mit dem Speichelfluss, der Geschmacksempfindung und der Tränenproduktion.

VIII Nervus cochlearis, er enthält in seinem akustischen Anteil den Hörnerven, in seinem Anteil zur Regelung des Gleichgewichtes den Nervus vestibularis.

IX Nervus glossopharingeus, der Zungennerv ist beteiligt an Bewegungen und Empfindungen der Rachenmuskeln, an der Speichelproduktion, dem Geschmack und viszeralen (die inneren Organe betreffenden) Reflexen.

X Nervus vagus, dieser Nerv steht in Verbindung mit Bewegung und Empfindung von Zunge und Rachenmuskeln, autonomen Funktionen der inneren Organe im Brust- und Bauchraum sowie Empfindungen der Kopfhaut und des äußeren Ohres.

XI Nervus accessorius, dieser Nerv hat Verbindung zu Muskeln des Rachens, des Kopfes und der Schultern sowie zu inneren Organen.

XII Nervus hypoglossus, motorischer Zungennerv.

---

[4] Teile des autonomen Nervensystems sind sowohl im ZNS wie auch im PNS enthalten.

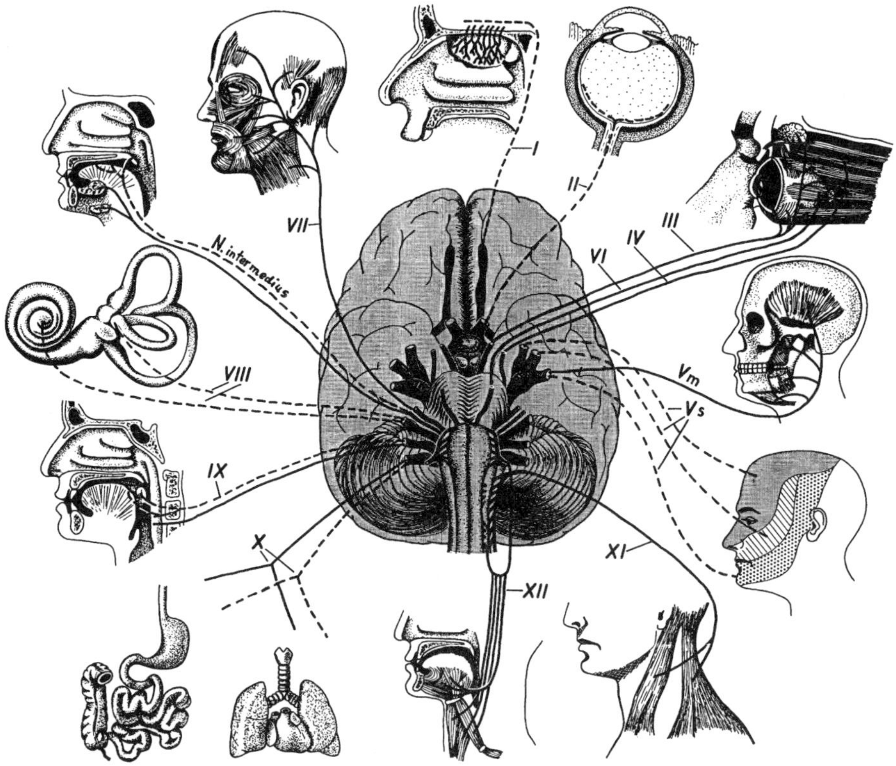

Abb. 3: Hirnnerven (aus Glees 1971)

Für die neuropsychologische Beurteilung von Lern- oder Verhaltensauffälligkeiten ist es immer wichtig, auch an Beeinträchtigungen im Bereich des Sehnerven, der Nerven, die die Augenbewegungen innervieren und des Hör- und Gleichgewichtsnerven zu denken, um gegebenenfalls eine fachärztliche Untersuchung zu empfehlen.

Vom Bereich des Halses bis zum unteren Teil des Rückenmarkes gibt es 31 Paare von *Spinalnerven.* Jeder Nervenstrang enthält sensorische und motorische Bahnen. Sie ziehen durch eine Öffnung im Wirbelkanal und enden am jeweiligen Erfolgsorgan. Die Spinalnerven stellen die Verbindung zu allen Teilen des Körpers her, indem sie taktile und kinästhetische Impulse zum Gehirn leiten und motorische Erregungen zur Körpermuskulatur. Wie noch zu zeigen sein wird, sind diese Prozesse auch am schulischen Lernen beteiligt, und Probleme der Händigkeit, der zerebralen Dominanz, des Schreibprozesses können besser verstanden werden, wenn Pädagogen über die Zusammenhänge informiert sind.

Bei einem Kind mit möglicherweise neurologisch bedingten Lernschwierigkeiten sollte nach Gaddes der Pädagoge in Zusammenarbeit mit einem Neurologen und dem Schulpsychologen versuchen herauszubekommen, ob hier eher eine zentrale, periphere oder in beiden Bereichen liegende Beeinträchtigung vorliegt. Er gibt dafür folgendes Beispiel: Ein Kind kann leicht dyspraktisch (ungeschickt) sein und dementsprechend Schwierigkeiten im Schreiben und bei manuellen Aufgaben haben. Wenn nun die Störung zentral bedingt ist, kann das verschiedene Ursachen haben. Es kann eine Verletzung in den sensorischen und/oder motorischen Zentren des ZNS vorliegen oder in den motorischen Bahnen, die die motorischen Zentren mit dem Kleinhirn verbinden, oder im Kleinhirn selbst oder in bestimmten Bereichen des Rückenmarkes. Gemeinsam mit dem Mediziner und dem Psychologen kann dann ein entsprechender Therapieplan vorgeschlagen werden. Wenn die Beeinträchtigung peripher sein sollte, liegt die Ursache möglicherweise irgendwo in den neuralen Bahnen von Arm oder Hand. Auch hier wird wieder zusammen überlegt werden müssen, welche Therapieform angewandt werden sollte.

Wenn die Dysfunktion zentral bedingt ist, wird sie vermutlich die Wahrnehmungsverarbeitung, die Kognition oder die sensomotorische Integration beeinträchtigen.

Wenn die Dysfunktion peripher bedingt ist, wird die Beeinträchtigung eher die Genauigkeit sensorischer Empfindungen oder motorischer Funktionen betreffen aber nicht die Wahrnehmungsverarbeitung und geistige Vorstellung. Nach Gaddes scheint es gut möglich, dass Probleme gemischter Seitigkeit bei Kindern, die Zahlen und Buchstaben verdrehen, ihre Ursache in einer *peripheren* Linkshändigkeit bei *kortikaler* oder zerebraler Rechtshändigkeit haben.

1.3 Bau und Funktion der Nervenzelle

Wir unterscheiden Nervenzellen (Neuronen) mit ihren Fortsätzen und Gliazellen. Die Gliazellen bilden das Stützgewebe, das die Nervenzellen umgibt. Sie haben u. a. die Aufgabe, die Nervenzellen zu ernähren. Außerdem regeln sie den Stoffaustausch und Entgiftungsprozesse. Die eigentliche Baueinheit des Nervensystems ist das Neuron (die Nervenzelle). Es besteht aus dem Zellkörper und aus Zellfortsätzen. An den meisten Nervenzellen kann man zwei verschiedene Arten von Fortsätzen unterscheiden:

Die *Dendriten* leiten Erregungen zum Zellkörper hin. Sie nehmen Impulse anderer Zellen auf und beeinflussen durch Integration der verschiedenen

einlaufenden Erregungen wie auch durch deren Hemmung die Tätigkeit der Nervenzelle und dadurch auch die jeweilige Entladung des Axons.
Zu jeder Nervenzelle gehören mehrere Dendriten aber nur ein Neurit oder Axon.
Die *Neuriten oder Axone* leiten Erregungen entweder weiter zu anderen Nervenzellen oder zum sogenannten Erfolgsorgan, z.B. zu einem Muskel. Die Nervenzelle kann durch besonders ausgedehnte Neuriten eine Länge von 1,20 m erreichen. Meist sind es mehrere Nervenfasern, die zu Bündeln zusammengefasst sozusagen eine Leitung bilden.

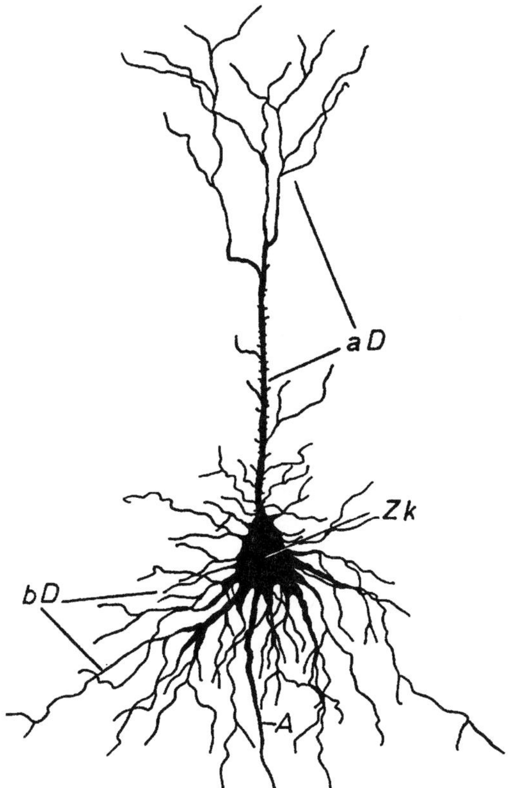

Abb. 4: Pyramidenzelle des Großhirns. Beachte die starken Aufzweigungen der Dendriten.
Zk = Zellkörper, aD = apikaler Dendrit, bD = basaler Dendrit, A = Axon (aus Glees 1971)

Die Weiterleitung von Impulsen geschieht an den Synapsen. Hier kommt es durch den Transfer bestimmter chemischer Stoffe, der Transmittersubstanz, zur Übertragung von Impulsen oder zu deren Hemmung. Da Lernen im allgemeinen und erfolgreiches, dauerhaftes Lernen im besonderen von der Übertragung an den Synapsen abhängig ist, soll dieser Vorgang hier ausführlich dargestellt werden.

Dabei geht es um
den Vorgang der Erregungsübertragung an den Synapsen,
die Bedeutung der dendritischen Dornen,
die Funktion der synaptischen Endknöpfe.

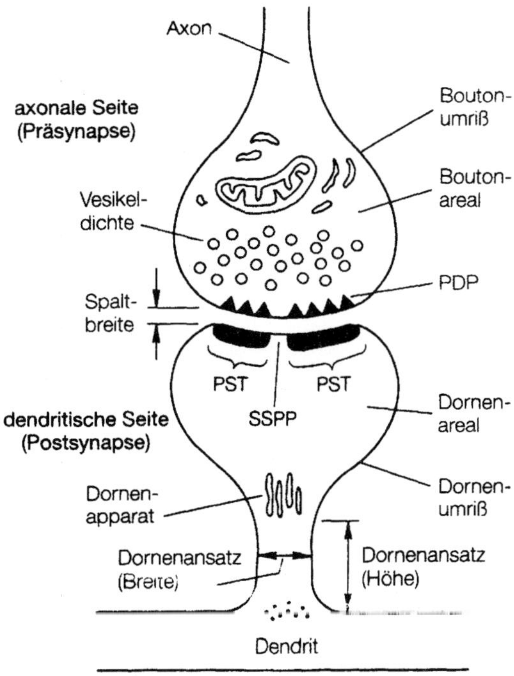

Abb. 5: Aufbau einer Synapse und veränderliche synaptische Parameter im Zusammenhang mit Lernvorgängen. PST = postsynaptische Verdickung, SSPP = Perforation der synaptischen Platte, PDP = präsynaptische Verdichtung (aus Kolb/Whishaw 1993 – ©1990 by W.H. Freeman and Company)

Der Vorgang der Erregungsübertragung an den Synapsen

Jede Synapse besteht aus einem präsynaptischen Teil (dem marklosen Endknopf eines Neuriten mit der präsynaptischen Membran) und dem postsynaptischen Teil bestehend aus der subsynaptischen Membran z.B.

dem Dendriten eines anderen Neurons. Beide haben keine direkte Verbindung miteinander, sondern sind durch den 200 bis 600 A° breiten Spalt voneinander getrennt. Die Erregungsübertragung erfolgt an diesen „Schaltstellen“ des Nervensystems durch chemische Überträgersubstanzen (Transmitter), die in winzigen Bläschen, den synaptischen Vesikeln, in dem Endknöpfchen gespeichert sind und durch die ankommende elektrische Erregung in den Spaltraum freigesetzt werden. Das bewirkt eine Depolarisierung an der subsynaptischen Membran und führt hier zur Entstehung des sogenannten exzitatorischen postsynaptischen Potentials (EPSP)[5] mit relativ niedriger Amplitude (10 bis 20 mV) und charakteristischem Zeitgang. Wird durch mehrere Erregungspotentiale am Neuron eine kritische Schwelle überschritten, kommt es zur Erregung des gesamten Neurons und zur Entstehung eines Aktionspotentials. Außer diesen exzitatorischen (erregenden) Synapsen gibt es auch hemmende. Bei einer ihrer Formen, der postsynaptischen Inhibition, bewirkt eine entsprechende, freigesetzte Transmittersubstanz nicht eine De-, sondern eine Hyper-Polarisation (weitere Negativierung) der subsynaptischen Membran und damit die Entstehung eines (negativen) inhibitorischen postsynaptischen Potentials (IPSP), das die Erregbarkeit der Nervenzelle herabsetzt und damit auf die Weitergabe anderer – über andere Synapsen ankommende – Erregungen hemmend wirkt. Eine Nervenzelle kann von wenigen bis zu einigen hundert Synapsen angesteuert werden (nach Dorsch, 1976)[6].

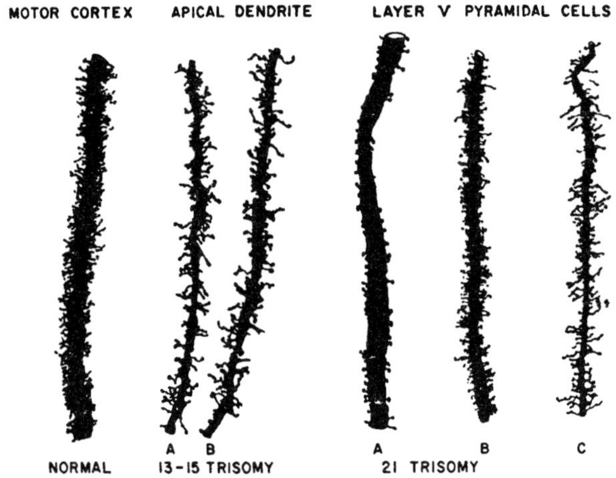

Abb. 6: Anomalie der Dornen bei Schwachsinn. A B C bezeichnen Varianten der abnormen Dornenbildung (aus Akert in Lempp 1979)

[5] Erregungspotentials
[6] Dorsch, 1976 Psychologisches Wörterbuch,

Die Bedeutung der dendritischen Dornen

Eine bedeutende Rolle für die synaptischen Kontakte stellen die dendritischen Dornen dar, mit denen die synaptischen Endknöpfe ihre Verbindung eingehen. Untersuchungen von MARIN-PANDILLA[7] haben gezeigt, dass bei Trisomien (bestimmte Schwachsinnsformen) Zahl und Gestalt der Dornen deutliche Abweichungen aufweisen. Damit wurde die Vermutung erhärtet, dass an der Art und Weise der Ausbildung der Dornen und damit auch der synaptischen Kontakte eine genetische Komponente beteiligt sein muss. Tierversuche zeigten weiter, dass nicht nur die genetische Anlage an der Ausbildung der Dornen beteiligt ist. Auch Reizüberangebot oder Reizentzug spielen eine entscheidende Rolle. So sind demnach Anlage und Umwelt an der Reiz- und damit an der Informationsverarbeitung beteiligt.

Die Funktion der synaptischen Endknöpfe

Für das Zusammenschalten der Neuronen bedarf es einerseits der Dornen an den Dendriten und andererseits der synaptischen Knöpfe. Letztere bilden sich immer dann, wenn eine Synapse benutzt wird. Je häufiger das geschieht, um so mehr Knöpfe entwickeln sich. Zahl und Größe der Knöpfe nehmen bei häufigem Gebrauch zu. Wenn aus irgendeinem Grund eine Synapse nicht mehr benutzt wird, kann es zwar sein, dass die Größe der Knöpfe abnimmt, sie verschwinden aber niemals mehr ganz. Sehr verallgemeinernd könnte man sagen: Die Anzahl von Dendriten sowie die Anzahl der Dornen an den Dendriten und die Ausbildung der Endknöpfe sind die Voraussetzung für das Ausmaß an Reizübertragung und letztendlich für die Informationsübermittlung.

Kephart unterscheidet als Folge synaptischer Prozesse zwei Prinzipien:

1. Die Funktion verändert die Struktur. Da der synaptische Knopf eine anatomische Struktur ist, ist diese Änderung anatomisch. Da der Knopf direkt bei der Leitung eines Impulses entsteht, wird die Strukturveränderung durch die Funktion bewirkt.

2. Hat die Funktion die Struktur verändert, so beeinflusst diese Veränderung das künftige Funktionieren. Durch seine eigene Aktivität gestaltet das Nervensystem seine Funktionsmuster.

Die Differenzierung der Nervenzellen im Sinne einer Vernetzung beginnt zwar zu einem gewissen Teil bereits vor der Geburt. Im Wesentlichen geschieht dieser Prozess aber danach und zwar innerhalb der ersten Le-

[7] Marin-Pandilla in Lempp 1979

bensjahre des Kindes. Es wird nach Akert sogar vermutet, „dass 'Reifung' in gewissen Umfang nie zum Stillstand kommt, sondern auch nach Abschluss der eigentlichen Wachstumsphase (zwischen dem 17. und 20. Altersjahr) fortgesetzt wird. Dabei dürfte die ständige Inanspruchnahme durch Lernprozesse und Übungen einen erheblichen Anreiz leisten."[8] Die Art und Weise, wie diese Vernetzung stattfindet, ist von verschiedenen Bedingungen abhängig: von der Vererbung, von dem Reifezustand und der Konstitution des Gehirns, in geringem Grade vom Zufall und schließlich von der Art der Reize, die die Umwelt bietet.

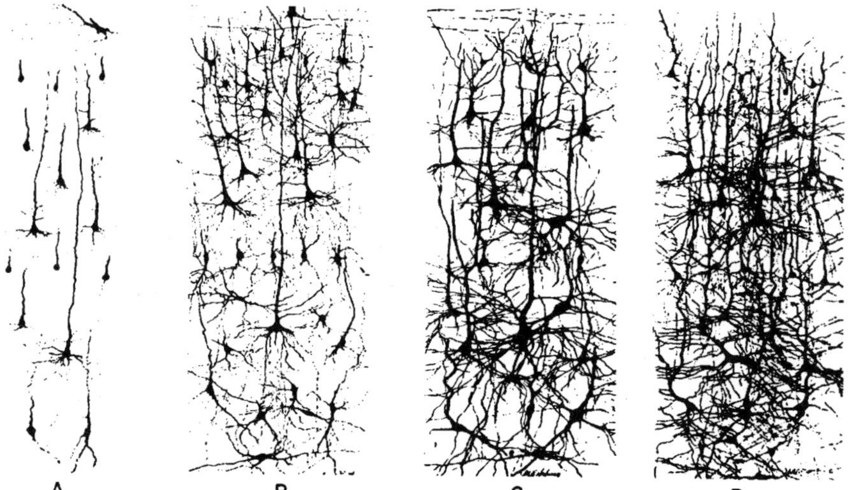

Abb. 7: Stadien der postnatalen menschlichen Hirnreifung.
A = bei der Geburt, B = nach 3 Monaten, C = nach 15 Monaten,
D = nach 24 Monaten (aus Akert in Lempp 1979)

Aus der Literatur wissen wir, dass Kinder, wenn ihnen die „normalen" Reize der menschlichen Umgebung vorenthalten wurden, auch in ihrer allgemeinen Entwicklung verzögert oder beeinträchtigt waren, wie z.B. „der Wilde von Aveyron", Manfred Hauser oder Genie[9]. RENE SPITZ hat durch seine Untersuchungen an Kindern in einem Waisenhaus auf die Bedeutung einer „Reiz-vollen" Umgebung für eine gesunde körperliche und seelische Entwicklung hingewiesen, und wir sprechen von Deprivation, wenn sie durch Reizverarmung beeinträchtigt ist. Nicht zuletzt liegt ja die Bedeu-

[8] nach Akert in Lempp 1979
[9] Name eines Mädchens (Mecacci, L 1988)

tung der heute angebotenen Frühförderung u.a. auch in dem Wert, den man gezielten Reizangeboten und damit der Stimulation beilegt.

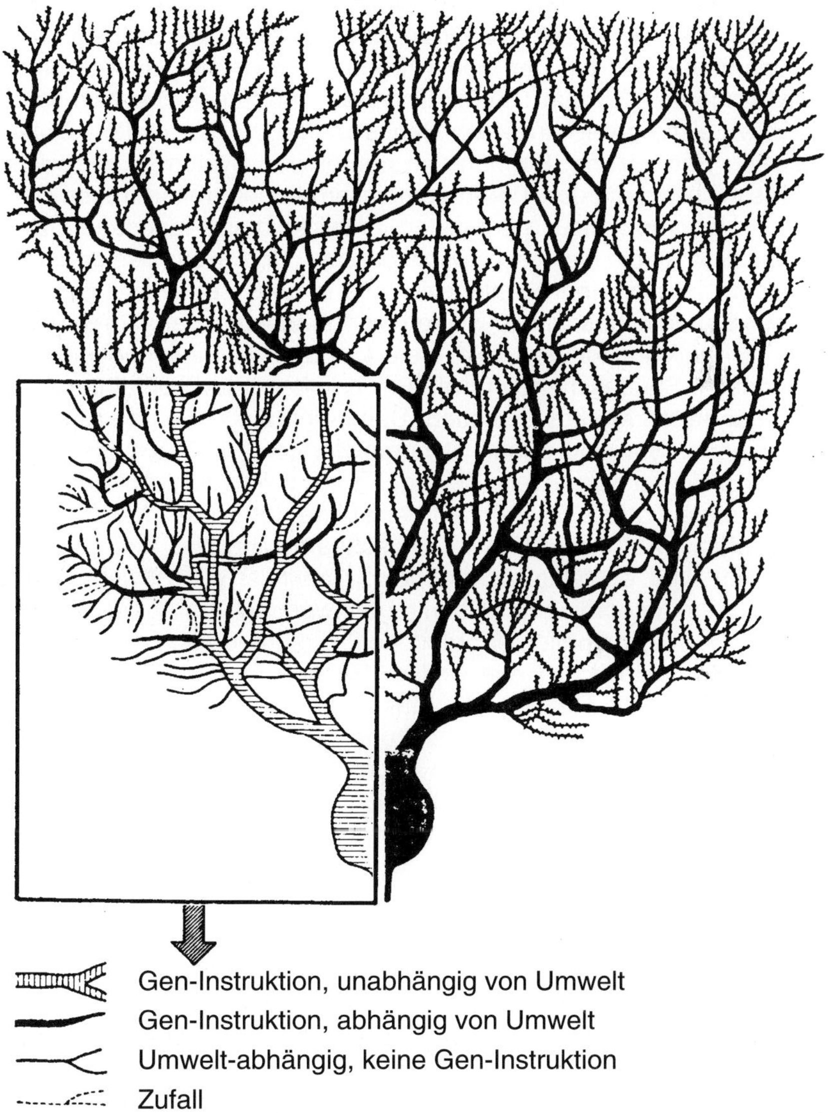

Abb. 8: Anlage und Umwelt bei der Differenzierung der Nervenzelle. Hypothetisches Schema (aus Akert in Lempp, 1979)

Zur neuronalen Reifung bedarf es aber nicht nur der Dendritensprossung und damit der Vernetzung. Es bedarf gleichermaßen der Myelinisierung, der Markscheidenreifung der Axone. Darunter versteht man die Umhüllung der Axone (Nervenfasern die von den Nervenzellen wegleiten) mit einer „Schutzschicht", dem Myelin. Die Myelinisierung erfolgt nach einem charakteristischen für einzelne Bahnen unterschiedlichen Zeitplan. Manche Nervenbahnen sind bei der Geburt bereits myelinisiert, andere brauchen einen längeren Zeitraum dafür. Entsprechend unterschiedlich ist dann auch die Leistung der einzelnen Bahnsysteme zu bestimmten Zeiten der kindlichen Entwicklung. Bahnen von neuronalen Systemen, die wir stammesgeschichtlich mit den Tieren gemeinsam haben, reifen früher. Bahnen, die eine Höherentwicklung darstellen, entwickeln sich langsamer. Das betrifft insbesondere die Assoziationsbahnen und Kommissurensysteme. Man sagt, dass die Individualentwicklung in gewisser Weise die Entwicklung der Stammesgeschichte wiederholt. Als Beispiel dafür kann die motorische Entwicklung dienen. Die ersten kindlichen Bewegungen erfolgen reflektorisch. Sie geschehen unwillkürlich und werden von einem Zentrum des verlängerten Markes gesteuert. Das betrifft auch die ganzkörperlichen Bewegungen. Sie sind zunächst homolateraler Art. Das heißt, Arm und Bein der gleichen Körperseite bewegen sich gleichzeitig. Auf der nächsten Reifungsstufe sind die Bahnen auf der Ebene der Brücke (auf Ponsebene) funktionsfähig. Auf dieser Entwicklungsstufe beginnt das Kind zu kriechen. Schließlich wird es fähig zu krabbeln. Damit ist ein Bewegungsmuster gemeint, das in koordinierter Überkreuzbewegung von Armen und Beinen abläuft. Diese Koordination erfordert vielfältige Integration. Und die ist aber wiederum erst möglich, wenn weitere Bahnen myelinisiert sind. So baut sich die funktionelle Reifung Stufe für Stufe auf. Es bilden sich mehr und mehr funktionelle Systeme. Stehen und Gehen werden möglich. Sehen und Hören befähigen zu höheren kognitiven Leistungen. Die Benutzung der Sprache kommt hinzu. Ein Netzwerk von funktionellen Systemen hat sich gebildet, wenn die Entwicklung ohne Zwischenfälle und ohne Deprivation (Reizentzug) verlaufen ist.

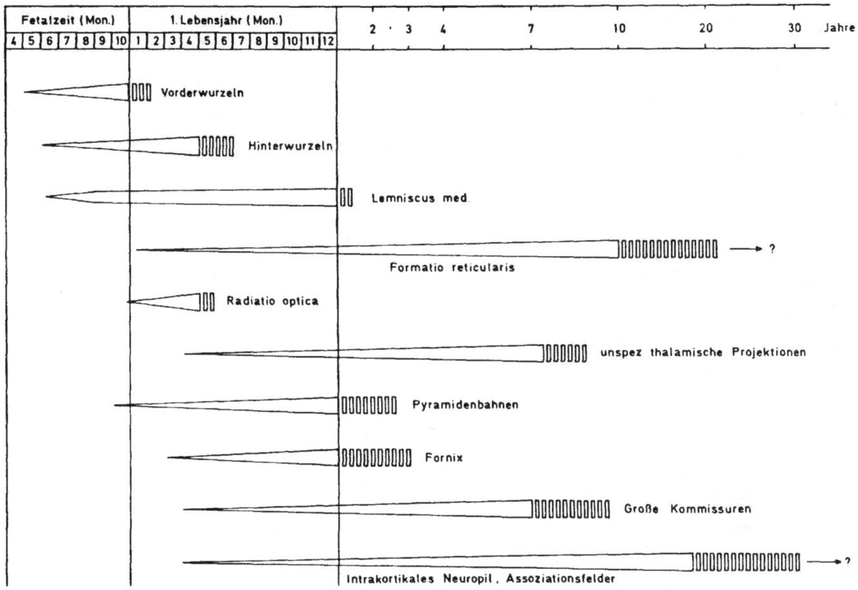

Abb. 9: Darstellung der Myelinisierung in verschiedenen Hirnbereichen, bezogenauf das Alter prä- und postnatal (aus Martinius in Remschmidt/ Schmidt 1981)

Zum besseren Verständnis der Arbeitsweise derartiger Systeme sollen sie modellhaft dargestellt werden. (Die folgenden Abbildungen sind Rohen 1994 entnommen.)

Das einfachste System besteht aus einer aufnehmenden Nervenzelle. Von dieser Nervenzelle aus wird ein Reiz über einen zuleitenden, einen afferenten Schenkel zu einer Verarbeitungsstelle, einem dazugehörenden Zentralorgan geleitet. Dort wird der Reiz verarbeitet und über den ableitenden, den efferenten Schenkel, mit einer Antwort auf den Reiz zurückgeführt. Diese Reizantwort äußert sich in einer Reaktion.

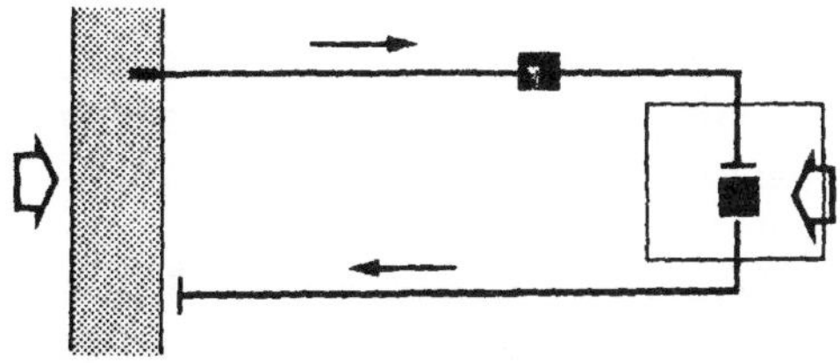

Abb. 10: Spinaler Bereich (Reflexsystem des Rückenmarkes) afferenter und efferenter Schenkel des Leitungsbogens sind gleichwertig (aus Rohen1994)

Ein Beispiel dafür ist der Patellarsehnenreflex, den wir auslösen, wenn wir mit der Handkante unterhalb der Kniescheibe einen Schlag tun. Als Reaktion springt der Unterschenkel nach vorne.

Funktional gesehen handelt es sich hierbei eigentlich um einen Arbeitsbereich, bei dem afferente und efferente Neuronen zu Reflexsystemen zusammengeschlossen sind. Der Reiz an der Sehne wird zum Rückenmark geleitet. Hier wird ein efferentes Neuron erregt und bewirkt einen Reiz am Muskel in Form einer Zukkung.

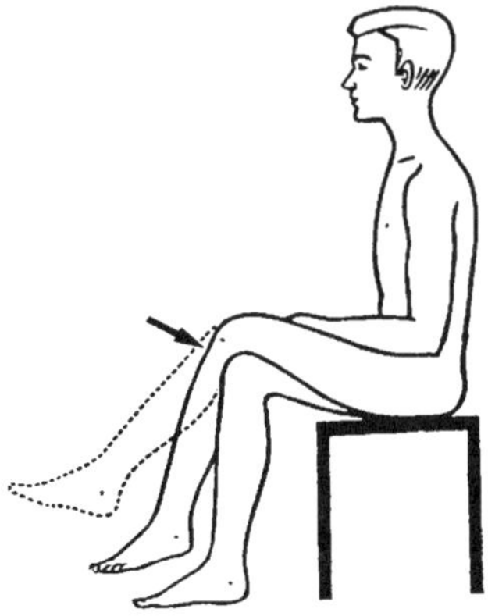

Abb. 11: Patellarsehnenreflex (aus Rohen 1994)

Das ist die einfachste Art eines Leitungsbogens und weil es sich in diesem Falle um sensorische Erregung und motorische Antwort handelt, spricht man auch von einem sensomotorischen Funktionskreis.

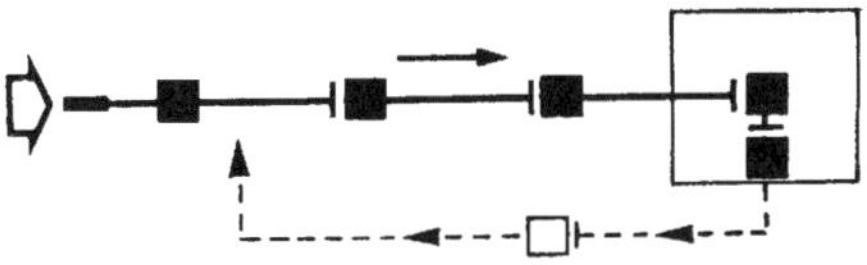

Abb. 12: Kopfbereich (Sinnessysteme des ZNS) Der afferente Schenkel des Leitungsbogens dominiert.

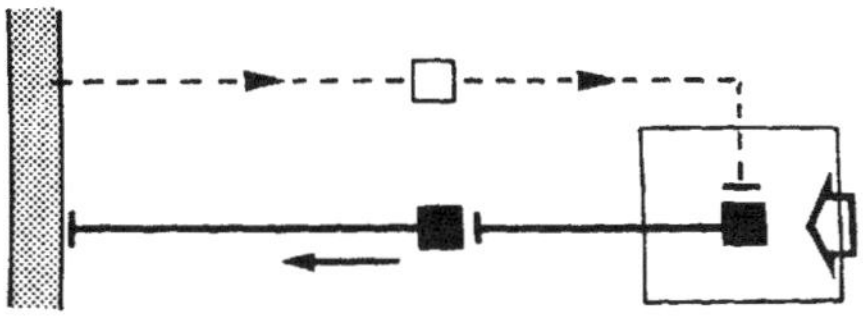

Abb. 13: Organbereich (Vegetativperipheres System). Der efferente Schenkel des Leitungsbogens dominiert (beide aus Rohen 1994).

Im Prinzip werden alle Reize auf diese Weise mit Hilfe derartiger Funktionskreise, die noch in vielfältiger Weise zu Regelsystemen untereinander verbunden sind, im Zentralnervensystem verarbeitet. Je nach Art der Reizentstehung, ob es sich z.B. um einen Reiz aus der Peripherie, dem Kopfbereich oder dem Organbereich handelt, ist der Schwerpunkt der Weiterleitung entweder gleichermaßen auf beide Schenkel verteilt, oder er liegt mehr auf dem afferenten, dem zuführenden oder dem efferenten, dem vom Verarbeitungsort wegleitenden.

1.4 Sensomotorik

Die ausführliche Darstellung der sensomotorischen Funktionskreise soll das Verständnis der funktionalen Zusammenhänge des Zentralnervensystems erleichtern.

Wir unterscheiden 5 sensomotorische Funktionskreise. Der erste wurde mit dem Patellarsehnenreflex bereits angesprochen, da er aber die Grundlage aller weiteren Systeme bildet, soll die Arbeitsweise dieses Funktionskreises noch genauer betrachtet werden.

Eigenreflexapparat
Erstes funktionelles System der Sensomotorik

Wir können erfahren, wie ein kurzer Schlag auf die Sehne unterhalb der Kniescheibe eine rasche Muskelzusammenziehung, eine Muskelkontraktion, auslöst. Diese Zuckungen, die auf einen Reiz folgen, nennt man Reflexe. In unserem Beispiel zieht sich derselbe Muskel zusammen, auf dessen Sehne der Schlag ausgeübt wurde. Der Schlag auf die Sehne führt zu einer kurzzeitigen Dehnung des dazugehörigen Muskels. Und die Dehnung ist der auslösende Reiz für die unmittelbar folgende Muskelzuckung. Die Umschaltung findet im Rückenmark in bestimmten motorischen Zellen, den Vorderhornzellen statt. Andere Reflexe im Bereich dieses Systems sind z.B. der Achillessehnenreflex oder der Bizepssehnenreflex. Am Eigenreflex sind immer zwei Neuronen beteiligt. Ein afferentes Neuron leitet zum Rückenmark. Hier wird umgeschaltet auf ein efferentes Neuron, dieses bewirkt dann die Muskelzuckung.

Auch wenn unter natürlichen Bedingungen derartige, durch einen Schlag ausgelöste Dehnungen kaum vorkommen, kann das Wissen um den Funktionskreis des Eigenreflexapparates auch für unsere Arbeit von Bedeutung sein, zum Beispiel beim Beurteilen des Gehens. Die Schwerkraft wirkt ja ständig auf unseren Bewegungsapparat ein. Beim Gehen und Stehen setzen wir uns gleichsam unbewusst mit dem Schwerefeld der Erde auseinander. Allein das freie Stehen erfordert schon eine gewisse Muskeltätigkeit. Und wenn wir dann einmal das Gewicht etwas verlagern, dann können wir die Veränderungen der Spannung innerhalb unserer Muskeln empfinden.

Was passiert in dem Augenblick, in dem wir unsere Stellung verändern? Zunächst kommt es zu einer Dehnung der zugehörigen Muskelgruppen auf dem Weg über eine Verstellung der Gelenke. Die Rezeptoren an den Muskelspindeln melden durch erhöhte Afferenzen die neue Situation dem Rückenmark. Von den motorischen Vorderhornzellen aus gehen dann efferente Entladungen zum Muskel zurück und erhöhen den Tonus, die Spannung. Diese Tonuserhöhung, bewirkt wiederum neue afferente Entladungen, und auf diese Weise zirkulieren ständig Erregungen im Kreise. Der Bewegungsapparat bildet also mit dem Nervensystem zusammen eine funktionelle Einheit. Dadurch kann sich die Muskulatur den statischen Verhältnissen der Umwelt unmittelbar anpassen.

Das ist aber nicht die einzige Möglichkeit, die Statik unserer Körpermotorik zu regeln. Würde das Bewegungsmuster allein durch den Eigenreflexapparat bestimmt, wäre es verhältnismäßig starr. Hinzu kommt noch die Einflussnahme der Gammamotoneuronen. Sie wirken zwar nur indirekt auf die Motorik ein, indem sie den Tonus der Muskelspindeln regulieren. Da sie aber über die Schaltzellen des Rückenmarkes Verbindungen zu übergeordneten Hirnabschnitten haben, können sich auch höhere Hirnzentren in den Eigenreflexapparat einschalten. Andere Nervenzellen (Renshawzellen) sorgen durch Hemmeinflüsse dafür, dass eine bestimmte Erregungshöhe der motorischen Vorderhornzellen nicht überschritten wird. Wenn nämlich ein derartiger Hemmungsmechanismus gestört würde, könnte es zu Krampfzuständen in der Muskulatur kommen.

> Überblick
>
> Am Eigenreflexapparat sind zwei Neuronen beteiligt. Ein afferentes leitet den Reiz zum Rückenmark, ein efferentes vom Rückenmark zum Muskel und löst dort eine Reaktion aus.
>
> Der Eigenreflexapparat ermöglicht einfache muskuläre Anpassung des Bewegungsapparates an die Schwerkraft.
>
> Über das Gammafasernervensystem können sich übergeordnete Hirnabschnitte in diesen Funktionskreis einschalten.

Die im folgenden zu besprechenden Systeme bauen keine eigenen Verbindungen zur Muskulatur mehr auf. Sie benutzen den geschilderten Grundregelkreis als gemeinsame „Endstrecke“.

Fremdreflexapparat
Zweites funktionelles System der Sensomotorik

Der Fremdreflexapparat dient besonders der Abwehr von Störreizen durch zweckvolle Bewegungskombinationen. Er steuert den zweiten sensomotorischen Funktionskreis unter Zuhilfenahme des Eigenreflexapparates.
Wie ist das vorzustellen? Die Rezeptoren als Reizaufnahmeorgane dieses Systems liegen in der Haut, bzw. in der Schleimhaut. Ihr Formenreichtum und ihre strukturelle Verschiedenheit ist groß. Ein klassisches Beispiel für den Fremdreflex ist der Bauchhautreflex. Wenn man auf der Bauchhaut mit einem spitzen Gegenstand zur Mitte hin schnelle Striche setzt, zieht

sich die Bauchmuskulatur zusammen. Dieser Mechanismus hat, wie alles, natürlich eine biologische Funktion. Er dient nämlich durch Versteifung der Bauchdecke dem Schutz der Bauchorgane gegen äußere Schäden. Er ist in seiner Ausprägung sehr unterschiedlich. Wenn er nicht auftritt oder sehr abgeschwächt ist, kann das ein Hinweis auf eine Schädigung der *Pyramidenbahn*[10] in ihrem Verlauf vom Gehirn zum Rückenmark sein, z.B. bei einer multiplen Sklerose. Bei anderen Fremdreflexen ist die biologische Bedeutung noch deutlicher. So löst die Berührung der Hornhaut einen Lidschlag, den Hornhautreflex, aus. Die Reizung des Gaumens führt zum Hustenreflex, die Reizung der Handinnenfläche führt in einem bestimmten Alter des Säuglings zum Greifreflex usw.

Ganz wichtig zu erwähnen ist, dass die unterschiedlichen Empfindungen, die über die Haut vermittelt werden (also durch Rezeptoren, welche in den verschiedenen Schichten der Haut sitzen) mit Hilfe dieses Fremdreflexapparates verarbeitet werden. Dazu gehören Empfindungen von Berührung, Druck und Vibration, von Wärme und Kälte, Schmerz und Jucken. Und da haben wir schon eine Verbindung zu unserer Arbeit mit Kindern. Es gibt nämlich Kinder, die mögen überhaupt nicht gerne berührt werden. Wenn man manchmal im Vorbeigehen einem Kind auf die Schulter klopft, oder, wenn man ihm über den Kopf streicht, dann kann man direkt spüren, wie es widerwillig darauf reagiert. Es mag diese Berührung nicht. U.U. mag es überhaupt nicht, dass ihm jemand zu nahe kommt. In der Pause steht ein solches Kind gerne alleine und wenn sie zu Ende ist, mag es sich nicht anstellen. Geht während des Unterrichtes jemand zu nahe an ihm vorbei, dann kommt es leicht zu Aggressionen. Immer braucht es einen Schutzraum um sich herum. Wenn man dann die Mutter fragt, wie das zu Hause ist, ob sie Ähnliches auch schon beobachtet hat, dann kann man vielleicht hören, dass das Kind sich nicht gerne kämmen lässt. Eine Mutter berichtete einmal, dass ihr Sohn nicht gerne duscht, weil das Wasser so prickelt. Diese Kinder sind häufig auch gegen bestimmte Kleidungsstücke empfindlich. Manchmal neigen sie zu Allergien. Insgesamt wird diese Überempfindlichkeit als taktile Abwehr bezeichnet. Interessanterweise betrifft sie meist nur die von außen fremd gesetzten, nicht die selbst verursachten Reize. Wenn das Kind sich selbst entschlossen hat, etwas zu berühren, was ihm unter anderen Umständen Probleme gemacht hätte, dann kann es diese taktilen Reize vertragen. Es kann auch kräftigere Berührungen verarbeiten. Dabei werden allerdings auch andere Rezeptoren innerhalb der Haut gereizt, und zwar solche, die im Stammhirn keine übermäßige Erregung hervorrufen sondern eher Integration ermöglichen. Auf dieses Phänomen wird an entsprechender Stelle noch eingegangen.

[10] Siehe Pyramidalmotorisches System S. 43

Wenn wir aber im Auge behalten, dass die Verarbeitung von Reizen, welche die Haut betreffen, sich auf die äußere Grenze unseres Körpers beziehen, auf unsere Kontaktgrenze, dann ist verständlich, wie Überempfindlichkeit hier sich auch auf andere Bereiche ausdehnen kann. Nicht umsonst sprechen wir davon, dass uns manchmal etwas unter die Haut geht oder, dass jemand eine Elephantenhaut hat. Meist realisieren wir aber noch viel zu wenig, dass es damit auch Beziehungen zum Lernen und Verhalten geben kann (siehe auch Kap. IV).

Überblick

Der Fremdreflexapparat bedient sich des Eigenreflexapparates. Deshalb greifen bei einfachen rhythmischen Fortbewegungsarten wie dem Vierfüßlergang, dem Krabbeln, Eigenreflex- und Fremdreflexschaltung ineinander.

Der Fremdreflexapparat verfügt über Neuronenketten, die Bewegungskombinationen ermöglichen.

Die Bahnen des Fremdreflexapparates werden über Rückenmarksbahnen zum Großhirn (Thalamus) geleitet.

Zu diesem Fremdreflexapparat gehört auch noch eine funktionelle Einheit, welche ermöglicht, dass innerhalb des Rückenmarkes Verbindungen von Hinterwurzelfasern z.T. durch Umschaltung auf sogenannte Strangzellen in den Vorderseitensträngen aufwärts ziehen. Sie leiten die Erregungen über lange afferente Rückenmarksbahnen zu den Nervenkernen im Bereich des Hirnstammes, andere weiter zum Kleinhirn und zum Thalamus. Damit werden immer „höhere" Bereiche des Zentralnervensystems in den Verarbeitungsprozeß einbezogen.

Gleichgewichtsapparat
Drittes funktionelles System der Sensomotorik

Mit dem Gleichgewichtsapparat kommen wir zu einem ganz wichtigen System, das in vielfältiger Weise an allen anderen Funktionen beteiligt ist und das, wenn es gestört ist, die unterschiedlichsten Beeinträchtigungen bei Kindern hervorrufen kann.

Um sich frei im Raum bewegen zu können, sind kompliziertere Tonus- und Gleichgewichtsregulationen innerhalb der Motorik erforderlich. So hat sich im Laufe der Stammesentwicklung ein weiteres System gebildet, das dritte funktionellen System der Sensomotorik. Es erhält seine Reize vom Gleichgewichtsorgan, dem Labyrinth im Innenohr und wird gesteuert vom Rautenhirn. Zum Rautenhirn gehören das verlängerte Mark (die Medulla oblongata), ein vor ihm liegender Wulst, die Brücke, und das Kleinhirn.

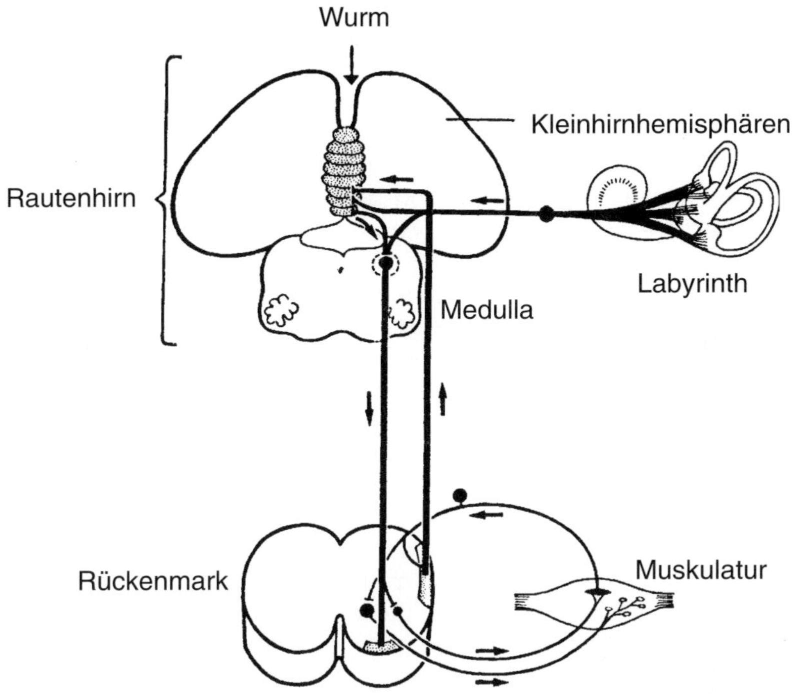

Abb. 14: Schema über den Aufbau des über das Rautenhirn gezogenen Leitungsbogens zur Gleichgewichtsregulation. Die Pfeile deuten die Richtung der Erregungsleitung an (aus Rohen 1994).

Welche Aufgabe hat nun dieses System, und wie kann es diese Aufgabe leisten? Sehr vereinfacht ausgedrückt hat es die Aufgabe, den Muskeltonus und das Bewegungsspiel des Organismus zu koordinieren, damit das Gleichgewicht bei jeder Art von Motorik aufrecht erhalten werden kann. Zu diesem Zweck werden sowohl die Afferenzen (die zum Gehirn leitenden Bahnen) aus der Muskulatur und die aus dem Labyrinth in einem entwicklungsgeschichtlich besonders alten Teil des Kleinhirns, dem Urkleinhirn, integriert. Die Efferenzen (die vom Gehirn zur Peripherie führenden Bahnen) laufen das Rückenmark abwärts und benutzen zum Schluss die gleichen Endstrecken wie das erste und zweite System.

Dem Kleinhirn selbst kommen noch weitere integrierende Aufgaben zu, auf die in diesem Zusammenhang nicht weiter eingegangen werden kann. Für die Arbeit mit teilleistungsschwachen oder wahrnehmungsgestörten Kindern kann es aber hilfreich sein, um die Beziehungen bzw. die neuronale Verknüpfung zwischen Labyrinth und Augenmuskelmotorik zu wissen. Zum Kleinhirn gehörig gibt es einen Nervenkern, den Deitersschen Kern, der von besonderer Bedeutung ist, weil er die Impulse aus dem visuellen, auditiven und dem Gleichgewichtssystems miteinander integriert. Die afferenten Fasern aus dem Labyrinth gelangen zusammen mit den „Hörfasern" des 8. Hirnnerven zum Deitersschen Kern, um auf ein anderes Neuron umgeschaltet zu werden. Da von den Augenmuskelkernen ebenfalls Verbindungen hierher bestehen, können auf diese Weise dem Kleinhirn Signale über die Stellung der Augen vermittelt werden. Das wiederum ist wichtig für die Orientierung im Raum, und damit haben Kinder mit Lernproblemen häufig ihre Schwierigkeiten. Ein Beispiel: Wenn wir den Kopf plötzlich bewegen, müssen sich unsere Augen mit ihrer Stellung anpassen, damit wir unsere Orientierung im Raum beibehalten können. Umgekehrt müssen sich die Augen einem bewegten Gegenstand anpassen, wenn sie ihn verfolgen wollen. Es muss eine Integration vestibulärer und visueller Information stattfinden. Diese Integration zwischen dem Labyrinthsystem und der Augenmuskelmotorik kann auf verschiedene Weise überprüft werden. Wenn z.B. warmes oder kaltes Wasser in den äußeren Gehörgang gegeben wird, kommt es zu rhythmischen Augenbewegungen. Sie werden Nystagmus genannt, in diesem Falle spricht man von einem kalorischen Nystagmus. Sie können auch nach Drehungen um die eigene Achse entstehen. Dann sprechen wir vom postrotatorischen Nystagmus. Die Art des Nystagmus kann dem Arzt Hinweise auf mögliche Störungen im Vestibularsystem geben. Auf einfache Weise kann auch vom Nichtmediziner beobachtet werden, wie die Augenbewegungen auf das Drehen des Kindes z.B. in einem Schaukelnetz oder auf einem Rollerbrett reagieren. Manche Kinder haben überhaupt keine Nachbewegungen, bei anderen halten sie zu lange an. Nach Jean Ayres soll man daraus auf eine Über- oder Unterreaktion des Vestibularsystems schließen können.

Innerhalb dieses dritten sensomotorischen Funktionskreises gibt es noch weitere neuronale Schaltungen, und zwar zu den vegetativen Kernen des verlängerten Markes. Das erklärt, warum Störungen im Bereich des Gleichgewichtsapparates mit vegetativen Begleiterscheinungen einhergehen können. Wir kennen alle die Seekrankheit, die durch übermäßige Reizung des Labyrinths entsteht.

Im Kindesalter sind es vor allem die Folgen frühkindlicher Hirnschäden, die sich innerhalb dieses Funktionskreises auswirken. Die wesentlichsten

Symptome sind die Minderung des Muskeltonus (Hypotonie), Störungen der Koordination und der Sprache. Die Sprache erscheint langsam, abgehackt und modulationsarm. Die Hypotonie zeigt sich unter anderem in einer Überstreckbarkeit der Gelenke und folglich einem vermehrten Pendeln mit den Armen. Die vestibuläre Unsicherheit wirkt sich besonders auf den Rumpf aus. Der Gang ist breitbasig und wirkt tolpatschig.

Überblick

Der Gleichgewichtsapparat, das Vestibularsystem, regelt in Verbindung mit dem Rautenhirn den Muskeltonus und bestimmt das Gleichgewicht.

Durch Verbindungen zum Kleinhirn vermittelt er Informationen über Lage und Bewegung von Muskeln und Gelenken und damit über Bewegungen im Raum sowie über Beschleunigung und Verlangsamung des Organismus.

Über die vestibulären Kerne im Hirnstamm bestehen Verbindungen zu vegetativen Funktionen

Das Gleichgewichtssystem ist in vielfältiger Weise an allen anderen Funktionen des Zentralnervensystems beteiligt.

Zentralmotorische Systeme
Extrapyramidales System, viertes funktionelles System der Sensomotorik

Das extrapyramidale System hat seine Ursprungskerne in verschiedenen Bereichen des ZNS.

1. in der Hirnrinde
2. in subkortikalen Zwischenstationen (Corpus striatum, Pallidum)
3. in kleineren nachgeordneten Schaltstellen (z.B. pedunkulären Kernen)
4. in Anschlussstationen im Hirnstamm, von denen absteigende Rückenmarksbahnen ausgehen.

Im Unterschied zum pyramidalen System (S. 43) sind die Kerne dieses Systems nicht durch lange, direkte Bahnen untereinander verknüpft, sondern durch vielgliedrige Neuronenketten. Die höheren Kerngebiete greifen in der Regel nicht direkt in die sensomotorischen Funktionskreise des Rückenmarkes ein, sondern sie stimulieren zuerst die Formatio reticularis. Das ist eine Ansammlung von Nervenkernen, die vielfältige netzförmige Verknüpfungen untereinander aufweisen, und die in besonderer Weise an integrativen Prozessen beteiligt sind.

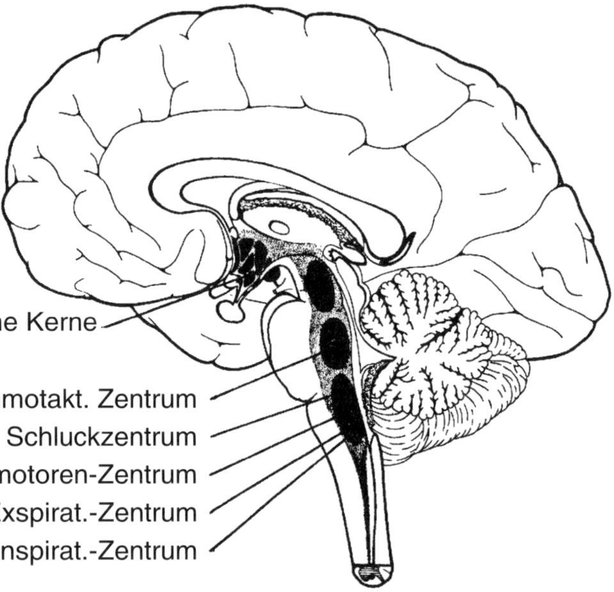

Abb. 15: Gliederung der Retikularisformation im Hirnstamm und Rückenmark (Formatio reticularis hellgrau punktiert) (aus Rohen 1994)

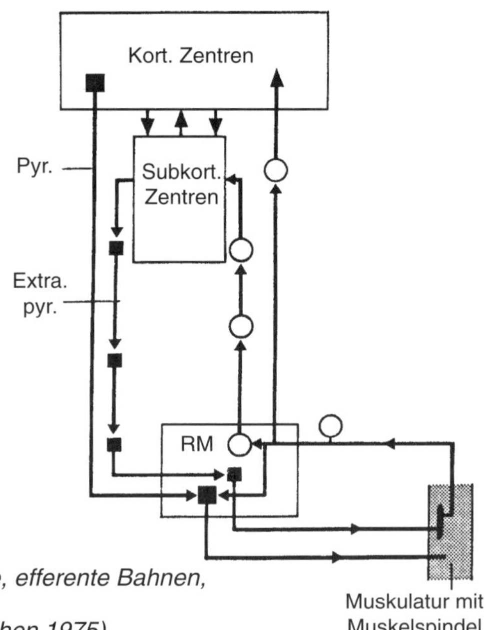

Abb.16: Prinzipieller Aufbau der über das Großhirn bzw. die subkortikalen Zentren ziehenden Leitungsbögen des pyramidalen und extrapyramidalen Systems, die sich an den elementaren myostatischen Regelkreis angliedern.
Extrapyr. = extrapyramidale, efferente Bahnen,
Pyr. = Pyramidenbahn,
RM = Rückenmark (aus Rohen 1975)

Auf Mittelhirnebene haben die Kerne die Aufgabe, pyramidale und extrapyramidale Aktivität höherer Zentren mit der Aktivität nachgeschalteter (niederer) Zentren zu koordinieren. Besonders bedeutsam ist noch, dass es innerhalb der extrapyramidalen Neuronenketten viele rückkoppelnde Kreisverbindungen gibt.

Bei Erkrankung der extrapyramidalen Kerne kommt es zu ganz bestimmten Störungsbildern. Es würde zu weit führen, sie hier genau zu beschreiben. Sie sollen aber erwähnt werden.
Die Krankheitsbilder lassen sich in zwei große Syndromgruppen gliedern (vergl. Rohen 1979, S. 139 und Kiphard 1975).

Hyperkinetisch-hypotone Syndrome, dabei kommt es zu unregelmäßigen, unwillkürlichen Bewegungen; der Muskeltonus ist herabgesetzt (Hypotonus). (Übergeordnete, hemmende Kerngruppen sind geschädigt) Veitstanz, Athetosen, Ballismus, Dystonien.

Akinetisch-rigide Syndrome, dabei ist die spontane Bewegung vermindert, auffällig ist eine Bewegungsarmut auch im Mimischen, der Muskeltonus ist gesteigert (Hypertonus). Kleine rhythmische Zitterbewegungen treten in Erscheinung; Verlangsamung von Bewegungen; Parkinson-Syndrom (trippelnder, schlurfender Gang und vornübergebeugter Oberkörper, fehlende Mitbewegung der Arme, steifgehaltene Wirbelsäule, maskenhafter Gesichtsausdruck und modulationsarme Sprache) Bewegungshemmende Impulse erhalten ein Übergewicht.

Psychische Einflüsse verstärken die Erscheinungsformen beider Syndromgruppen. Zusätzlich zu diesen Krankheitsbildern gibt es auch Mischformen. Eine ausführliche Beschreibung der Beeinträchtigungen bei Kindern gibt Kiphard[11] in „Bewegungsdiagnostik bei Kindern".

Zentralmotorische Systeme
Pyramidalmotorisches System, fünftes funktionelles System der Sensomotorik

Dieser fünfte sensomotorische Funktionskreis dient der Willkürmotorik. Wir sprechen auch von der kortikalen Motorik: kortikal, weil die Zentren in der Hirnrinde, dem Kortex, liegen. Oder wir sprechen von pyramidaler Motorik: pyramidal, weil die Körper der Pyramidenzellen, deren Axone von der Hirnrinde zum Rückenmark ziehen, auf dem Querschnitt des Rückenmarkes pyramidenförmig aussehen.

---

[11] KIPHARD Bewegungsdiagnostik bei Kindern

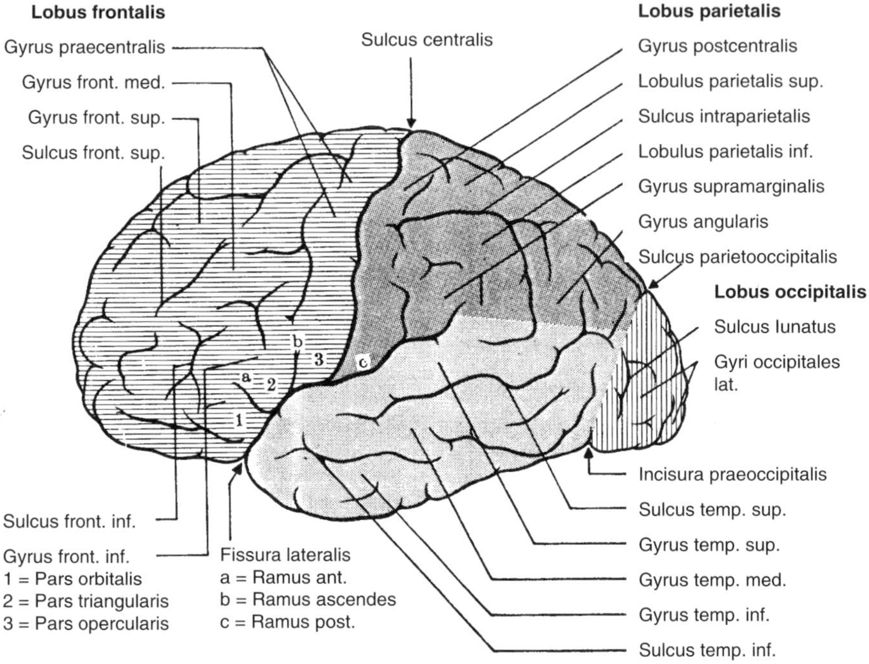

Abb. 17: Lappengliederung und Furchenrelief des Großhirns, Seitenansicht (aus Rohen 1975)

Das Großhirn mit seiner Hirnrinde ist stammesgeschichtlich der jüngste Teil des Zentralnervensystems. Es weist viele Faltungen auf, die insgesamt die Oberfläche enorm vergrößern. Die Wölbungen oder Windungen nennt man Gyri, Einzahl Gyrus; die Vertiefungen nennt man Sulci, Einzahl Sulcus. Das Großhirn besteht aus zwei Hälften, einer rechten und einer linken Hemisphäre, und auf jeder Hirnhälfte kann man außer diesem Einschnitt auch noch größere Furchen erkennen. Die Furche, die querrüber zieht, ist die Zentralfurche. Das Gebiet, das hinter der Zentralfurche liegt, ist der Gyrus postcentralis, der sensorische Streifen. Das Gebiet, welches vor dem Einschnitt liegt, ist der Gyrus praecentralis, der motorische Streifen. Innerhalb dieser beiden Gebiete werden Sensorik und Motorik verarbeitet. Die Reize, die uns von den Sinneszellen, den Rezeptoren, durch afferente Nervenbahnen übermittelt werden, werden über den „sensorischen Streifen", den Gyrus postcentralis, „dem motorischen Streifen", dem Gyrus praecentralis, zugeleitet und von dort kann über die efferente Pyramidenbahn eine motorische Antwort erfolgen.

Die efferente Pyramidenbahn (Tractus pyramidalis) beginnt im Gebiet vor der Zentralfurche, dem Gyrus praecentralis und dessen Nachbargebieten. Von hier schicken die Pyramidenzellen lange Neuriten (Nervenfasern)

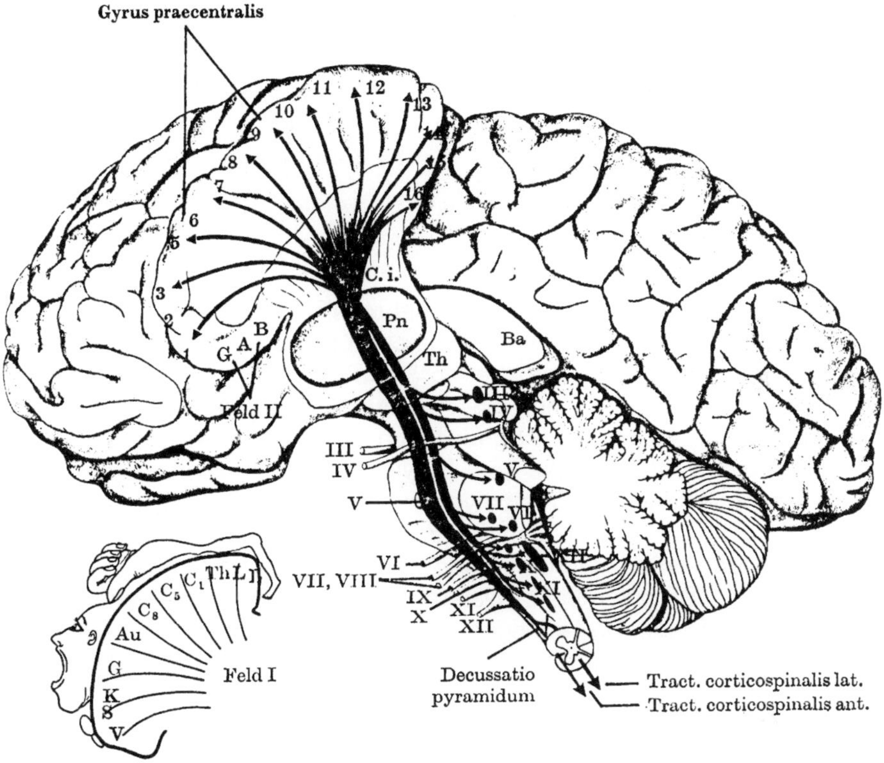

Gyrus praecentralis

Feld I:	1 = Larynx	7 = Finger	12 = Hüfte
	2 = Pharynx	8 = Hand	13 = Knie
	3 = Mundhöhle	9 = Unterarm	14 = Unterschenkel
	4 = Oberkiefer, Lippen	10 = Oberarm	15 = Fuß
	5 = Gesicht, Auge	11 = Rumpf	16 = Zehen
	6 = Daumen		
	C-S = Körpersegmente, Au = Augen, G = Gesicht K = Kauapparat		
	S = Salivation, V = Vokalisation		
Feld II:	G = Gesicht		
	A = Arm		
	B = Bein		

Abb.18: Verlauf der Pyramidenbahn; römische Zahlen = motorische Hirnnervenkerne und zugehörige Ursprungskerne in der Medulla oblongata. C.i. = Capsula interna, Pu = Putamen, Th = Thalamus, Ba = Balken (aus Rohen 1994)

durch das Großhirnmark zur Medulla oblongata. Beim Übergang zum Rückenmark kreuzen die meisten Fasern auf die andere Seite und laufen dann weiter abwärts. Sie enden an Schaltzellen innerhalb des Rückenmarkes und haben mit den bereits besprochenen Systemen die gleiche Endstrecke. Weitere Fasersysteme ziehen nur bis zu den motorischen Hirnnervenkernen. Das sind Nervenkerne, die z.B. die Augenmuskeln, die Muskulatur des Kehlkopfes, des Rachens, der Zunge, des Gesichtes innervieren (siehe Abschnitt 1.2). Schließlich sind noch die Nervenfasern zu nennen, die von der Großhirnrinde über die Brücke zum Kleinhirn ziehen. Sie dienen der Koordination und Integration.

Überblick

Die zentralmotorischen Systeme haben sich im Laufe der Stammesgeschichte spät entwickelt. Sie machen Bewegungsabläufe möglich, die mit den bisher besprochenen Systemen so nicht möglich waren. Beim Menschen erreichen diese neuen Bewegungsmöglichkeiten ein ungeahntes Ausmaß. Es handelt sich dabei vor allem um Geschicklichkeitsbewegungen, die vom Bewusstsein kontrolliert werden, also um feinere Greif- und Tastbewegungen mit deren Hilfe Gegenstände untersucht und manipuliert werden können. Hierfür bildet sich ein Direktweg von der Großhirnrinde zum Rückenmark aus, die Pyramidenbahn, das pyramidale System. Ein zweites System, das extrapyramidale, regelt Bewegungen nicht mit Hilfe direkter Bahnen und nicht unmittelbar durch das Bewusstsein. Während das kortikale System, dessen Schaltstelle in der Großhirnrinde lokalisiert ist, die willkürlichen Muskelbewegungen bestimmt und beim Menschen besonders die Erlernung neuer Bewegungen ermöglicht, wirkt das extrapyramidale System, das subkortikale, ausgleichend auf willkürliche Bewegungsabläufe.

Immer, wenn wir ein neues Bewegungsmuster erlernen, ist es zunächst das pyramidale System, das diese willkürliche Handlung ermöglicht. Sind die neuen Bewegungsmuster hinreichend eingeübt, werden sie vom extrapyramidalen System übernommen und automatisiert. Dadurch wird die Hirnrinde entlastet und frei für neue Einübungen.

Übersicht über die fünf funktionellen Systeme der Sensomotorik[12]

Systeme	Zugehörige Zentren des Nervensystems	Funktionen	Rezeptoren für die zugehörigen Afferenzen	
1. Einfache myostatische Regelungen	Rückenmark (gleiches Segment)	Eigenreflexe (bevorzugt Streckreflexe, erforderlich zum Stehen) -einfache motorische Automatismen	Muskelspindeln, Sehnenspindeln	Automatische unbewußte Reaktionen
2. Komplexe myostatische Regelungen	Rückenmark (mehrere Segmente)	Fremdreflexe (bevorzugt Beugereflexe, isolierte zweckbezogene Einzelbewegungen z.B. Abwehr, Wischbewegungen	Muskel- und Hautrezeptoren	
3. Statisch-vestibuläres System	Rautenhirn und Rückenmark	Gleichgewichts- und Tonusregulation	Gleichgewichtsrezeptoren sowie Haut- und Muskelrezeptoren	Zunehmende Bewußtheit
4. Extrapyramidales System	Hirnstamm (subkortikale Zentren im End-, Zwischen - und Mittelhirn)	Affektive Bewegungen, erlernte Bewegungen, "unwillkürliche Willkürmotorik"		
5. Pyramidalmotorisches System	Großhirnrinde	Freie, neuentwickelte Bewegungsformen	Indirekt alle Sinnesorgane	Bewußte, willkürmotorische Intention

1.5 Die Bedeutung des limbischen Systems

Das limbische System ist die dem Hypothalamus direkt übergeordnete Zentrale des endokrinen (innersekretorischen) und vegetativen Regulationssystems. Seine Nervenkerne sind für die Emotionalität und Motivation bestimmter Verhaltensweisen, wahrscheinlich auch für das Kurzzeitgedächtnis von ausschlaggebender Bedeutung. Hier werden alle afferenten Signale aus dem Körperinneren sowie die von der Peripherie (alle Empfindungen von Umweltreizen) über die Formatio reticularis verarbeitet und erhalten eine vegetative und emotionale Komponente. Durch seine vermittelnde Rolle zwischen der Hirnrinde und dem Zwischenhirn ist es von Bedeutung für das Verhalten, in besonderer Weise aber auch für das Lernen. Wahrnehmungen, die unter erregenden, im positiven Sinne motivierenden Umständen, gemacht werden, prägen sich tiefer ein und werden besser behalten, als solche, die unter normalen Umständen erlebt werden.

[12] Nach Rohen, 1975, S. 157

1.6 Die Bedeutung der Formatio reticularis

Die Retikularisformation ist ein netzförmiges (reticulum = Netz) Gebilde, das mit seinen verschiedenartigen Nervenkernen den Hirnstamm durchzieht. Es lassen sich drei Aufgabengebiete unterscheiden (vergl. Rohen 1975, S. 303).

1. Durch extrapyramidale Kerngruppen hat die Retikularisformation Einfluss auf die sensomotorischen Systeme des Rückenmarks. Dabei können hemmende und fördernde Areale unterschieden werden.

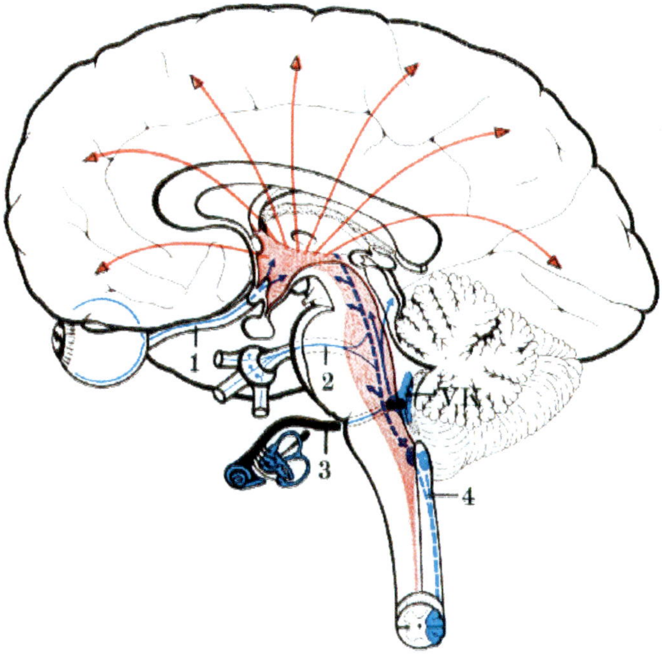

Abb. 19: Beziehungen zwischen der Retikularisformation des Hirnstammes (rot) und den Sinnessystemen (blau) sowie der Großhirnrinde (rote Pfeile). VK = Vestibulariskerne, 1 = optische Afferenzen, 2 = Trigeminusafferenzen, 3 = vestibuläre und akustische Afferenzen, 4 Hinterstrangbahnen (periphere Afferenzen, proprio- und exterozeptive Sensibilität). (aus Rohen 1994).

2. Die Retikularisformation erhält Impulse von den Sinneskanälen, die gehemmt oder verstärkt werden können. Die zur Großhirnrinde und zum limbischen Cortex weitergeleiteten Erregungen bewirken Aktivierung im Sinne von allgemeiner Stimulierung der Rindenfelder und sind für deren Aktivität von großer Bedeutung.

3. In die Retikularisformation sind zahlreiche vegetative Kerngruppen eingelagert. Sie bilden Zentren für Inspiration und Expiration (Ein- und Ausatmung), Saug-, Nies- Schluck- und Hustenreflexe sowie solche für Kreislaufregulation, Exkretion (Ausscheidung), Fortpflanzung u.a.

Auf die Art der Verarbeitung von Reizen durch die Formatio reticularis wird unter dem Aspekt „Auswirkungen auf das Verhalten" näher eingegangen.

1.7 Die Bedeutung der Reafferenz

Mit den dargestellten Systemen wurde versucht, einen Überblick über die Verarbeitung sensorischer und motorischer Impulse auf den verschiedenen neurologischen Ebenen zu geben. Dabei sollte aber bedacht werden, dass je nach Organisationsniveau die optimale Ausführung von Bewegung nur mit Hilfe vielfältiger Rückkoppelungsmechanismen gesichert wird. Einen solchen Rückkoppelungsmechanismus stellt folgendes Reafferenzprinzip dar.[13]

Von „höheren" Hirnzentren werden efferente Impulse zu niederen Zentren geleitet. Diese lösen hier efferente Impulse aus, die zur Peripherie weitergeleitet werden. Von diesen efferenten Impulsen bleiben als *Efferenzkopie* bestimmte Impulsmuster in den niederen Hirnzentren erhalten. In der Peripherie werden, durch die Efferenz bedingt, afferente Erregungen ausgelöst. Diese *Reafferenz* signalisiert die Art des Handlungsvollzuges den „niederen" Zentren. Hier wird die „Meldung" mit der *Efferenzkopie* verglichen. Bei Übereinstimmung beider werden die Impulsmuster gelöscht. Dic Handlung ist beendet. Bei Nichtübereinstimmung werden afferente Impulse als *Exafferenz*, in höhere Zentren geleitet. Teilweise werden dabei Bewusstseinsvorgänge ausgelöst. Von diesen höheren Zentren werden dann erneut efferente Impulse zur Verhaltenskorrektur in die niederen Zentren und von dort wieder zur Peripherie geleitet.

Durch diese Rückkoppellungskreise kann die Verarbeitung sensorischer und motorischer Impulse ein hohes Maß an Genauigkeit und Differenziertheit erreichen, wie es bei der Ausübung von Bewegungen erforderlich ist.

[13] Nach Wörterbuch der Psychologie, G. Clauß,1976

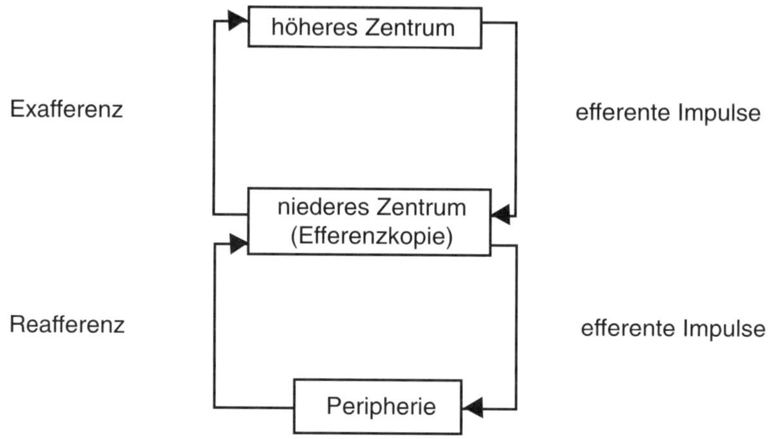

Abb. 20: Das Prinzip der Reafferenz (Milz 1980)

Dysfunktionen in diesem Rückkoppellungssystem können sich als allgemeine Ungeschicklichkeit zeigen, je nach Ausprägung auch als Dyspraxie.

1.8 Rindenfelder als Endanalysatoren[14]

In der Hirnrinde gibt es für die Reizverarbeitung bestimmte Felder, von denen periphere sensorische Reize aufgenommen und motorisch in Form von Bewegung beantwortet werden. Neben denen, die wir hier andeutungsweise besprochen haben, den primären Zentren, sind noch weitere Zentren, die sekundären und tertiären Rindenfelder, an der Verarbeitung beteiligt. Sie haben in dem postzentralen Gebiet (hinter der Zentralfurche), in dem die peripheren Reize ankommen, andere Aufgaben als in dem präzentralen, dem vor der Zentralfurche gelegenen Teil des Gehirns.

Nach Luria besitzen die *primären Rindenfelder* der postzentralen Gebiete ein Höchstmaß an Spezifität, das heißt, sie nehmen vornehmlich Reize einer Modalität (Sinnesempfindung) auf.

Von den *sekundären Feldern* wird angenommen, dass der Grad der Spezialisierung ihrer Zellen zwar geringer ist, sie im Wesentlichen aber ihre modalitätsspezifische kognitive Funktion bewahren.

[14] Der Ausdruck Endanalysatoren wurde von Luria benutzt. Er sollte im Gegensatz zu früheren Ansätzen deutlich machen, dass die Verarbeitung von Reizen verschiedene Ebenen durchläuft, die alle einen wichtigen Beitrag zur Endverarbeitung auf der Hirnrinde leisten. Luria, A.R. 1992

Die *tertiären Zonen* überlappen sich. Sie verarbeiten die eingehenden Reize wenig spezifisch und integrieren Informationen verschiedener Modalitäten. Sie sind dadurch bis zu einem gewissen Grade „supramodal". Von Bedeutung ist diese Tatsache vor allem hinsichtlich höherer kognitiver Funktionen, wie z.B. hinsichtlich symbolischer Verarbeitung. Das kann möglicherweise eine Erklärung dafür sein, dass Beeinträchtigungen „höherer" Wahrnehmungsverarbeitung sich in mehreren Sinnesbereichen, z.B. in der visuellen oder auditiven oder kinästhetischen gleichermaßen darstellen. (Beispiele dafür werden im Zusammenhang mit der visuellen bzw. auditiven Verarbeitung gegeben.)

Die sekundären und tertiären Felder für die visuelle und auditive Verarbeitung schließen sich an die sensorischen Felder, den Gyrus postcentralis, an. Hierher gehört das sensorische Sprachzentrum (Wernicke). Es verarbeitet die eingehenden sprachlichen Reize zu sinngebenden Einheiten. Wenn hier eine Störung vorliegt, dann wird Sprache zwar gehört, aber nicht in ihrem Sinn verstanden.

Die *primären Rindenfelder* der präzentralen Gebiete haben die Aufgabe, motorische Impulse, die zur Peripherie geleitet werden „zusammenzustellen". Nur, wenn diese Impulse sorgfältig vorbereitet und in bestimmte Programme eingebettet sind, können sie zweckmäßige Bewegungen auslösen. Eine entscheidende Rolle spielen dabei die sekundären und tertiären Zonen.

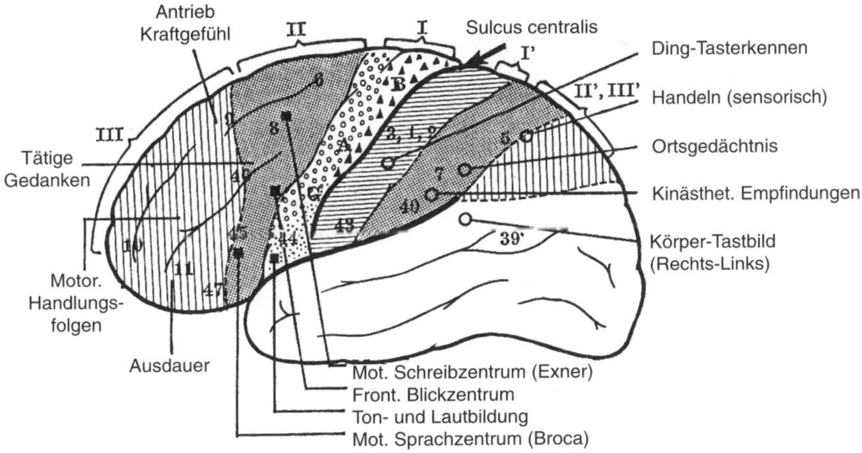

Abb. 21: Sekundäre und tertiäre Rindenfelder der Sensomotorik. I-III = Primäre, sekundäre und tertiäre motorische Rindenfelder des Frontallappens; I´-III´ = primäre, sekundäre und tertiäre sensorische Rindenfelder des Parietallappens (aus Rohen 1994)

Die sekundären motorischen Rindenfelder schließen sich unmittelbar vorn an den Gyrus präcentralis an. Hier werden erworbene Erinnerungsbilder für umfassendere oder spezialisiertere motorische Vorgänge gesammelt und sozusagen aufgehoben. Und hier werden auch Bewegungsplanung und Antrieb gesteuert. Wenn in diesen Bereichen Störungen auftreten, kann kein geordneter Bewegungsablauf mehr erfolgen.

Ein besonders wichtiges sekundäres Zentrum ist das motorische Sprachzentrum. Von hier wird der Bewegungsentwurf für alle Muskeln, die am Sprechen beteiligt sind, an die primären motorischen Zentren übermittelt. Eine Störung in diesem Bereich betrifft den motorischen Sprachantrieb, was zu einem völligen Verlust der Sprache führen kann. Und da die Funktionen der einzelnen Systeme alle in irgendeiner Weise untereinander zusammenhängen, sind davon häufig auch die Verbindungsbahnen von diesem sprachmotorischen Zentrum (Brocasches Zentrum) zu den benachbarten Arealen gestört, die für den Schreibentwurf bedeutungsvoll sind. Die motorische Aphasie, eine Erkrankung mit Ausfall der Sprache, kann damit auch zu einer Störung des Schreibvorganges, zu einer Agraphie, führen.

Zu den tertiären Zonen im Stirnhirn werden Rindenzentren gerechnet, die stammesgeschichtlich wohl die jüngsten sind, vermutlich als letzte reifen und als erste wieder abbauen. Sie sind beteiligt an der Entstehung von Programmen und Absichten und sollen Affekt und Antrieb steuern. Bei krankhaften Prozessen kann es zu Persönlichkeitsveränderungen kommen, die sich in moralischer Enthemmung und intellektuellen Veränderungen äußern.

1.9 Lateralität und Dominanz[15]

Im Rahmen der neurologischen Organisation bilden sich auf der Hirnrinde nicht nur Schwerpunkte für die Verarbeitung von Sensorik und Motorik im weitesten Sinne, es kommt auf den beiden Hirnhälften auch zu unterschiedlichen Gewichtungen oder Bevorzugungen. Wie diese unterschiedlichen Verarbeitungsformen vorzustellen sind, soll im Zusammenhang mit der visuellen bzw. auditiven Wahrnehmung näher dargestellt werden.

Allgemein kann gesagt werden, dass die rechte Hirnhälfte mehr für ganzheitliche und die linke mehr für analytische Verarbeitung zuständig ist. Aus

[15] Hier erfolgt nur ein Überblick, im Zusammenhang mit einzelnen Kapiteln wird spezifisch dazu Stellung genommen.

der Forschung an hirnoperierten Kriegsverletzten (Luria) oder an Menschen, denen die Verbindung der beiden Hirnhälften, der *Balken,* wegen schwerer epileptischer Anfälle durchtrennt wurde, hat man in dieser Hinsicht besondere Erkenntnisse gewonnen (Sperry 1972).

Der Balken, ein umfangreiches *Kommissurensystem,* macht es möglich, dass es zwischen beiden Hirnhälften eine enge Zusammenarbeit gibt. Man spricht von interhemisphärischer Integration, einem Austausch, der erst völlige Wahrnehmungsverarbeitung ermöglicht, sowohl ganzheitlich wie analytisch. Dieser Austausch wird in seiner vollen Leistung aber erst möglich, wenn die Nervenbahnen des Balkens, des *Corpus callosum*, myelinisiert, das heißt gereift sind. Und diese Reifung dauert ungefähr bis in die Pubertät hinein. Von daher sind Kinder mit allgemeiner Entwicklungsverzögerung möglicherweise auch in der Zusammenarbeit der beiden Hirnhälften beeinträchtigt. Wenn sie in ihrem motorischen Verhalten nicht die Körpermittelinie überkreuzen können, wenn sie, z.B. beim Tafelwischen, mit der einen Hand bis zur Mitte der Tafel gehen und dann mit der anderen Hand fortfahren, dann könnte das u.U. den Grund darin haben, dass ihr Balken noch nicht ausgereift ist.

Sprache wird vermutlich zunächst von beiden Hirnhemisphären gleichermaßen verarbeitet, bis im Laufe des komplexeren Spracherwerbs bei den meisten Menschen die linke Hirnhälfte für Sprache zuständig wird. Bei den rechtshändigen Menschen ist das im allgemeinen so und bei den allermeisten linkshändigen auch. Nur ein geringer Prozentsatz verarbeitet Sprache auf der rechten Hirnhälfte. Dieser Aspekt bekommt für die Arbeit mit teilleistungsschwachen Kindern eine besondere Bedeutung. Wir müssen nämlich bei unserem diagnostischen Vorgehen immer auch berücksichtigen, wie weit wir möglicherweise durch unsere Tests und Befragungen der Eltern und durch unsere Beobachtungen Hinweise auf die Verarbeitungsform des Kindes erhalten. Kinder, die vornehmlich rechtshirnig verarbeiten, werden andere Hilfen benötigen als solche, die linkshirnig verarbeiten.

Eine ausführliche und empfehlenswerte Darstellung der Lateralisation beider Hirnhälften findet sich in: Rohen 1975 und 1994.

Die folgende Aufstellung von Sperry und die Tabelle von Rohen geben einen Überblick über die Dominanzverteilung bestimmter neuropsychologischer Funktionen.

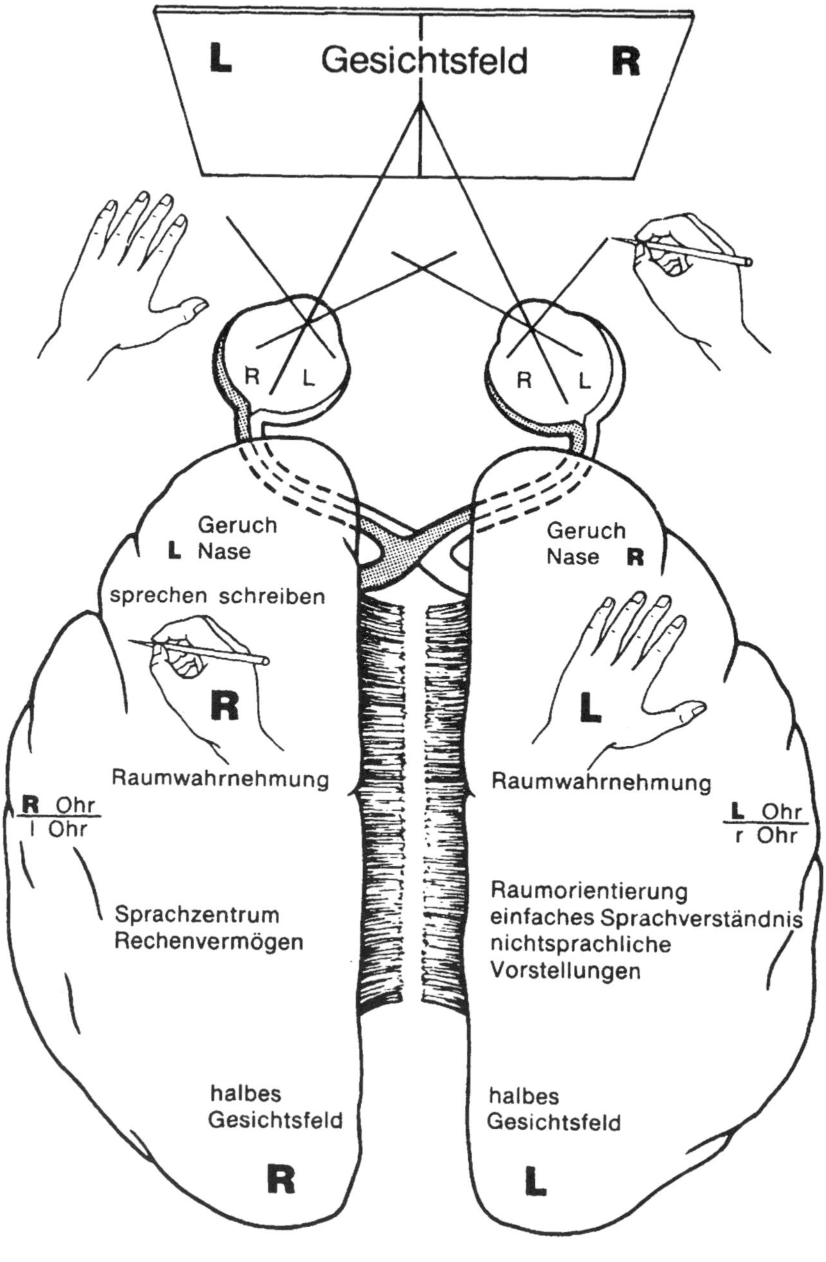

Abb. 22: Schematische Darstellung der Projektionen in der rechten bzw. linken Hemisphäre (aus Sperry, 1974)

Lateralisation der beiden Hirnhälften (ROHEN 1994)		
	Linke Hirnhälfte	**Rechte Hirnhälfte**
Motorik	Feine manuelle Fertigkeiten der Muskulatur, rechte Körperhälfte	Muskulatur der linken Körperhälfte
Olfaktorisches System	Gerüche der linken Nasenhöhle	Gerüche der rechten Nasenhöhle
Visuelles System	Rechte Gesichtsfeldhälfte, Lesen, Schreiben Erkennen von Einzelheiten einer Zeichnung Detailbeobachtung	Linke Gesichtsfeldhälfte Erkennen von Gesichtern, Gestalterkennen Erkennen von Formen und Gestalten Erinnern von Strukturen und Bildern (Formgedächtnis) Raumwahrnehmug
Auditives System	Klassifizieren von Tönen und Geräuschen Erinnern von Einzelworten (Wortgedächtnis)	Identifikation von Tönen und Geräuschen Erkennen von Tonfolgen und Intonationsarten Erinnerung von Melodien
Sprache	Hervorbringen gesprochener Worte	Bildung synthetischer Wortbegriffe Verstehen von Metaphern Keine Wortbildung
Allgemeine Leistungen	Abstraktes, kategorisierendes, analytisches, zählendes, rechnendes Denken, verbale Denkweise Punktuelles Einzelbewusstsein	Synthetisches, bildhaftes Denken Entwicklung von übergeordneten Gesamtvorstellungen Bildhaftes Vorstellen „Überindividuelles" Gesamtbewusstsein

Abb. 23: Lateralisation der beiden Hirnhälften (ROHEN 1994)

1.10 Grundlagen der motorischen und sensorischen Entwicklung[16]

Der neurologischen Organisation des ZNS entsprechend, beginnt motorisches Lernen beim Kind zunächst auf der Reflexebene. Im Zuge der Reifungsprozesse werden, wie beschrieben, durch höhere sensomotorische Funktionskreise nach und nach kompliziertere Verarbeitungsformen möglich und erweitern den Anwendungsbereich und die Flexibilität der ursprünglichen Reflexe, die dann nur noch für bestimmte Reaktionen zur Verfügung stehen.

[16] Der folgende Abschnitt bezieht sich im wesentlichen auf Kephart.

Außer dem Verhalten auf Reflexebene gibt es für das Kind zu Beginn seines Lebens eine weitere Form motorischer Reaktionen, die generalisierte Bewegung. Sie ist ebenfalls angeboren und nimmt ihren Ausgang als Welle am Kopf, durchläuft den Körper und endet an den Füßen. Diese Bewegung betrifft den gesamten Körper einschließlich der Gliedmaßen.

Beide Bewegungsformen reichen aber für situationsangepasstes Verhalten nicht aus. Während es sich bei den Reflexbewegungen um *zu* spezifische Reizantworten handelt, ist die generalisierte Bewegung *zu* global. Zielgerichtete Bewegungen erfordern ausdifferenzierte motorische Reaktionen, die erlernt werden müssen. Dieses Lernen erfolgt in zwei Richtungen: einmal vom Kopf zu den Füßen (eigentlich im Vergleich zum Tier vom Kopf zum Schwanz), cephalo-caudal, zum anderen von innen nach außen, proximo-distal. Erst, wenn die Differenzierung motorischer Muster weit genug fortgeschritten ist, können sich die einzelnen Körperteile unabhängig voneinander bewegen. Nach Kephart ist es allerdings wichtig, dass diese Differenzierung in geordneter Abfolge und Richtung, nämlich vom Kopf zum Fuß; und von innen nach außen erfolgt. Wenn bestimmte Bewegungen außerhalb der richtigen Reihenfolge ausdifferenziert werden, um spezifischen Anforderungen zu genügen, sind sie abgespalten, wenig effizient und besitzen keine oder wenig Beziehungen zu den übrigen Aktivitäten des Organismus. Wir bezeichnen das auf diese Weise Gelernte als „Splitterfertigkeiten".

Auch im Bereich der Sensorik muss Differenzierungslernen erfolgen. Die ersten Eindrücke sind global, haben keine Details und sind nur als Ganzes wirksam. Auch hier gibt es reflektorische Reaktionen, z.B. richtet der Fixierungsreflex das Auge auf einen intensiven visuellen Stimulus, ein anderer Reflex veranlasst den Kopf, sich einem akustischen Reiz zuzuwenden. Für die Verarbeitung von Information reichen diese Fähigkeiten allein aber nicht aus. Sensorische Empfindungen müssen eine nach der anderen aus der globalen Masse ausdifferenziert werden, um wieder zu einem neuen Ganzen mit neuer Qualität zusammengefügt werden zu können. (Wie diese Fähigkeit zur Formerkennung beiträgt, wird unter dem Abschnitt Visuelle Verarbeitung, Formkonstanz, näher ausgeführt.)

> Durch diese frühen Lernerfahrungen, durch Reflexintegration, durch motorische und sensorische Integration werden sozusagen die Lernwerkzeuge verfeinert und gebrauchsfähig gemacht. In den folgenden komplexeren Lernschritten werden diese ersten Fertigkeiten dann als Instrumente benützt, um die Informationen aus der Umwelt zu manipulieren und um das Verhalten auf der Basis solcher Manipulationen zu modifizieren. Beide Seiten der Lerngleichung wurden so verfeinert,

> dass sie im Lernprozeß verwendungsfähig wurden. Die sensorische Differenzierung hat den Stimulus, das motorische Lernen die Reaktion verfeinert. Gleichzeitig wurden im Organismus die Anfänge eines Verarbeitungssystems geschaffen, mit dessen Hilfe Informationen aus der Umwelt und innere Reaktionen so koordiniert werden können, dass angepaßtes Verhalten entsteht (Kephart 1977, S. 26).

Je nachdem wie „Reiz"voll die Umgebung für das Kind erscheint und welchen Aufforderungscharakter sie zum Unterscheiden stellt, werden sich die Fähigkeiten zur differenzierten sensorischen Verarbeitung und motorischen Reaktion ausbilden. In der Schule begegnen wir heute häufig Kindern, die in diesen Bereichen nicht über genügend Lernerfahrungen verfügen. Sie fallen dann vielleicht im Lernen oder im Verhalten oder in beidem auf. Wenn so ein Kind dann noch in irgendeiner Fähigkeit durch besondere Leistung hervortritt, bei der es sich möglicherweise um eine Splitterfertigkeit handelt, kann man in der Beurteilung des Kindes leicht irregeführt werden. Nur durch genaues Diagnostizieren oder bei genügender Erfahrung durch gezielte Beobachtungen wird man auf eine nicht genügend ausgebildete Differenzierungsfähigkeit in der Sensorik und Motorik u.U. auch der visuellen oder auditiven Verarbeitung schließen können.

Es gibt Kinder, bei denen hat man den Eindruck, als könnten sie sich „auf nichts richtig einlassen". Alles muss schnell gehen, sie können nicht „dabeibleiben". Es soll ständig etwas Neues passieren. Um dieses Verhalten zu verstehen, müssen wir uns vorstellen, dass zum „Sich-einlassen" neben der Bereitschaft dazu auch gehört, dass ein Kontakt mit dem jeweiligen Gegenstand hergestellt werden muss, dass dieser Kontakt mit co tangere, „mit berühren" einhergeht und dass dieses Berühren gespürt werden muss, wenn es Aufmerksamkeit erregen soll.

Wir fragen uns:

- Spüren diese Kinder zu wenig, zu undifferenziert?
- Können sie mit ihrer Spürerfahrung nichts oder nicht genügend anfangen?
- Ist die gerade angesprochene Sinnesempfindung nicht mit anderen Sinnesempfindungen hinreichend integriert, so dass sie isoliert bleibt und keine ganzheitliche Information möglich wird?
- Werden darum ständig neue Reize gesucht, weil das Gehirn „Material zum Verarbeiten" braucht?
- Erscheinen diese Kinder darum als motorisch unruhig und aufmerksamkeitsgestört?
- Werden sie deshalb häufig als hyperkinetisch eingeschätzt?

Diese Fragen werden sich nicht leicht beantworten lassen. Sie betreffen neben der taktil-kinästhetischen Verarbeitung alle Sinnesbereiche, auch das visuelle und auditive Differenzieren. Um so detaillierter müssen unsere Beobachtungen sein. Und das geht dann diejenigen an, die mit dem Kind arbeiten oder es diagnostizieren sollen. Auch wir müssen lernen, differenziert wahrzunehmen, Reaktionen des Kindes wie durch ein Vergrößerungsglas zu erfassen.

2. Bewegung und Wahrnehmung als Grundlage für Lernen und Verhalten

Ging es im ersten Kapitel um einen allgemeinen Überblick über Bau und Funktion des Nervensystems, soll nun die Art und Weise der Aufnahme und Verarbeitung von verschiedenartigen Reizen, denen wir ausgesetzt sind, die wir in bestimmten Fällen aber gleichermaßen suchen, genauer betrachtet werden. Genauer betrachten heißt in diesem Zusammenhang auch näher herangehen, um Einzelheiten zu erkennen. Nur so werden wir das komplizierte Zusammenspiel von Verarbeitungssystemen, wenn wir es schon nicht (als Nichtmediziner) bis ins letzte verstehen, so doch erahnen und modellhaft nachvollziehen können. Voraussetzung dafür ist das Verständnis bestimmter Begriffe, die im Zusammenhang dieser Thematik verwendet werden, manche davon allerdings nicht immer eindeutig. Vertreter der Medizin und Vertreter der Wahrnehmungspsychologie haben ihre eigene Sichtweise. Außerdem geht die Entwicklung in der Forschung ständig weiter, was sich zwangsläufig auch auf das Verständnis und die Benennung bestimmter Vorgänge auswirkt.

Um Missverständnisse zu vermeiden und um sicherzustellen, was im Zusammenhang des hier behandelten Themas im einzelnen unter den verschiedenen Bezeichnungen zu verstehen ist, erfolgt zunächst eine Definition der Begriffe Reiz, Rezeptor, Sinnesorgan und System[17], Empfindung, Wahrnehmung und Wahrnehmungsverarbeitung.

2.1 Begriffsbestimmung

Zum Begriff *Reiz (Stimulus)*

In der Neurophysiologie versteht man unter dem Begriff Reiz Einwirkungen von Energie auf einen Rezeptor (eine den Reiz aufnehmende Nervenzelle). Man weiß heute, dass es sich dabei nicht um die Wirkung auf einen einzelnen Rezeptor handelt. Reize haben immer benachbarte Reize, mit denen sie zusammen eine bestimmte Art von Ordnung bilden. Sie gehören auch einem bestimmten Grad von zeitlicher Ordnung an. Daher haben sie immer eine Komponente die invariant (unveränderlich) bleibt, gegenüber einer anderen Komponente, die sich ändert.

[17] Die Definitionen und Beschreibungen erfolgen weitgehend nach GIBSON (1982, S.64 ff). Da es für Nichtmediziner nicht immer einfach ist, eine verständliche Information über diese Begriffe in der Fachliteratur zu finden, werden sie in einer gewissen Ausführlichkeit hier aufgeführt.

Zum Begriff *Rezeptor*

Von der Anatomie her betrachtet, steht der Rezeptor auf der niedersten Stufe. Er ist eine Einzelzelle, die auf mechanische Energie, chemische Energie oder Licht anspricht. Rezeptorzellen haben ihrerseits wieder eine mikroskopische Feinstruktur. Am bekanntesten sind die lichtempfindlichen Stäbchen und Zäpfchen auf der Netzhaut. Rezeptoren antworten, sobald Energie auf sie einwirkt. Meist sind Gruppen von Rezeptoren an einzelne ankommende Nervenfasern angeschlossen, an das sogenannte primäre afferente Neuron. Eine Zusammenfassung von mehreren Einzelrezeptoren erscheint somit als kleinste Eingangseinheit für die Weiterleitung der Impulse an das Zentralnervensystem. Es gibt verschiedene rezeptive Einheiten, solche, die bei Reizung Impulsfolgen in den zugehörigen Nervenfasern auslösen, und andere, bei denen Reize bereits vorhandene Impulsfolgen modulieren. (Auf die Art und Weise, wie das geschieht, soll hier nicht weiter eingegangen werden.) Überall, sowohl in der Haut als in der Retina und anderen Organen bilden die rezeptiven Einheiten – sich vielfach überlappend – rezeptive Felder. Das periphere Ende afferenter Neuronen gleicht am ehesten dem Wurzelgeflecht eines Baumes im Wald. Es bilden sich *funktionelle* Einheiten und nicht *anatomische* Einheiten. Sie registrieren nicht Energie, sondern Energiestrukturen – und damit Information.

Auf der untersten Stufe der Rezeptoren – Rezeptoren als Energiewandler – lassen sich drei Energiearten unterscheiden: mechanische Energie mit Einschluss der Vibration, chemische Energie und Energie, die sich in Form von Strahlen fortpflanzt. Entsprechend können drei Arten von Zellen angenommen werden: Mechanorezeptoren, Chemorezeptoren und Photorezeptoren.
Eine Unterteilung nach dem Ort der Einwirkung von Energie unterscheidet Exterorezeptoren, Zellen, die Reize von außen aufnehmen, von Interorezeptoren, Zellen, die Reize des inneren Milieus aufnehmen[18].

Zum Begriff *Sinnesorgan*

Ein Sinnesorgan besteht aus vielen Rezeptoren, die in unterschiedlicher Weise auf Energieeinwirkungen reagieren. Ein Teil hat die Aufgabe, auf Energieeinwirkungen zu antworten. Ein anderer Teil steuert und modifiziert den Reizeingang sowohl der aufnehmenden Rezeptoren wie auch von rezeptiven Einheiten. Ein Sinnesorgan verfügt auch über Muskeln, die von efferenten Nervenfasern aus dem Zentralnervensystem innerviert werden.

---

[18] Der Einfachheit halber werden hier nur die genannt, die von „außen-“ oder „innen-kommende“ Reize aufnehmen.

Die afferenten und efferenten Faser (die Nerven vom Eingang und die ausführenden Nerven) sind gelegentlich in einem einzelnen Nervenstrang zusammengefasst, wie z.B in den Nervensträngen zu den Augen. Sie können aber auch getrennt sein, wie im Falle der Haut.

Zum Begriff *System*

Unter einem System verstehen wir den Zusammenschluss von funktionellen Einheiten. Bei der Darstellung der sensomotorischen Funktionskreise wurde bereits die Arbeitsweise von funktionellen Systemen vorgestellt. Es wurde gezeigt, wie es im Laufe der neurologischen Organisation von zunächst elementaren zu immer komplexeren Abläufen kommt. Auch im Zusammenhang mit der Wahrnehmungsverarbeitung müssen wir von Systemen, Wahrnehmungssystemen, ausgehen. Sie können einfacher oder komplexer Struktur sein. Sie überlappen sich vielfach und stehen untereinander in wechselseitiger Beziehung. „Einige Wahrnehmungssysteme verarbeiten dieselbe Art von Information, was die Auswertung redundant[19] macht, andere jedoch nicht; so arbeiten Wahrnehmungssysteme in ständig sich ändernden Verflechtungen zusammen" GIBSON 1982 S.74).

Die folgenden Ausführungen zeigen, wie schwierig die genaue Definition der Begriffe: Empfindung, Wahrnehmung, Wahrnehmungsverarbeitung und Information ist.

Zum Begriff *Empfindung*

Unter Empfindung wird das einfache Erlebnis verstanden, das bei Einwirkung eines Reizes auf ein Sinnesorgan eintritt. Es kann nicht weiter definiert werden, da es durch sich selbst hinreichend gekennzeichnet ist. Wundt unterteilte nach Empfindung und Wahrnehmung und verstand hierbei die Empfindung als Element und die Wahrnehmung als Komplexe solcher Elemente[20]. Nach Gibson kann einerseits zwischen Information und andererseits zwischen Sinnesqualität unterschieden werden. „Als Quelle unseres Wissens – so müsste man sagen – arbeiten die Sinnesorgane als Wahrnehmungssysteme; als Quelle für bewusst werdende Sinnesempfindungen – auch das müsste man zugestehen – arbeiten Rezeptoren und Nerven, wenn sie als Kanäle bestimmter Empfindungsqualitäten betrachtet werden. Es gibt Gründe dafür anzunehmen, dass das Hereinkommen von Information nicht unbedingt an das Entstehen von Empfindungen gebunden ist; zumindest steht beides nur in einem teilweisen Interdependenzverhältnis[21]" [22].

[19] Der Begriff „redundant" wird in der Informatik im Sinne von „variabel" gebraucht.
[20] Auszug aus Dorsch, Psychologisches Wörterbuch 1976, vereinfacht formuliert.
[21] Interdependenz: Abhängigkeit
[22] Gibson, 1982, S. 72

Zu den Begriffen *Wahrnehmung* und *Wahrnehmungsstörung*

Unter Wahrnehmung versteht man das Gesamt aus verschiedenen Empfindungen. Sie umfasst reine Sinnesdaten (Vorstellungen und Erfahrungen), die die Grundlage dafür schaffen, dass etwas erkannt wird und Bedeutung erhält. Zentrale Faktoren der Wahrnehmung sind außerdem Gestaltfaktoren, die eigene Einstellung, besondere Interessen, Erwartungen und Stimmungen.

Wahrnehmung wird auch definiert als zum Bewusstsein gelangende Zuflüsse von Information aus den Extero- und Interorezeptoren, wobei die Großhirnrinde aktiviert sein muss (Wachheitszustand).[23]

Wegen der gegenwärtig häufigen Verwendung des Begriffes Wahrnehmungsstörungen bei lernauffälligen Kindern soll hier die Definition von Wais zeigen, wie differenziert mit derartigen Bezeichnungen umzugehen ist. Wais[24] unterscheidet Wahrnehmungsstörungen von Verarbeitungsstörungen. Er präzisiert:

> Wahrnehmungsstörungen sind immer sinnesspezifisch, sie betreffen nur den Sinneskanal, der auch tatsächlich beschädigt wurde. Sie sind ferner hemisphärenunspezifisch, das heißt, sie sind in ihrem Charakter unabhängig davon, ob der Schädigungsherd die linke oder die rechte Hemisphäre betrifft. Sie sind viel seltener als Verarbeitungsstörungen, da sie nur von ganz eng und genau umschriebenen Läsionen ausgehen können: Wahrnehmungsstörungen in dem hier verstandenen Sinn können nur auftreten, wenn die Läsion entweder ein Projektionsareal oder die Zuleitung zu einem Projektionsareal geschädigt hat. (...)
> Es liegt im Wesen von Wahrnehmungsstörungen, dass sie ganz oder teilweise kompensiert werden können durch Hinzunahme von Informationen aus anderen Sinnesbereichen. (...)
> Die weitaus häufigste Folge nach Hirnschädigungen besteht aber in Verarbeitungsstörungen. Diese sind unabhängig von einem Sinnesgebiet, d.h. sie können sich auswirken als „Apraxie", „Orientierungsstörung", „Gedächtnisstörung", „Aphasie" etc. unabhängig davon, über welchen Sinneskanal die zu verarbeitende Information kommt. Verarbeitungsstörungen sind hemisphärenspezifisch, d.h. sie sind in ihrem Charakter je nach der Seite der Läsion verschieden (Wais,1990, S.23).

Diese Unterscheidung zwischen Wahrnehmungsstörung und Verarbeitungsstörung ist, wenngleich einleuchtend, so doch in der Literatur noch keineswegs durchgehend üblich. Wenn hier darauf verwiesen wird, dann im Hinblick auf die später zu besprechenden Ausdrucksformen neuropsy-

---

[23] Nach Zetkin/Schaldach 1985, Medizinisches Wörterbuch
[24] Wais, 1990 Neuropsychologische Diagnostik für Ergotherapeuten

chologischer Beeinträchtigungen bei Kindern und Jugendlichen. Auch, wenn es sich dabei nicht in erster Linie um Hirnschädigungen handelt, um begrenzte Läsionen, sondern eher um diffuse Beeinträchtigungen, oder „Verdünnungen" davon, sollten wir wissen, was mit Wahrnehmungsstörungen und Verarbeitungsstörungen gemeint ist.

Zum Begriff *Eigenwahrnehmung*, häufig auch bezeichnet als Propriozeption

Der Gebrauch des Begriffes Propriozeption ist nicht eindeutig, was besonders für Pädagogen, die sich mit der Neuropsychologie anfreunden möchten, zu Verwirrungen führen kann. Die korrekte Bezeichnung nach dem Stand der gegenwärtigen neurologischen Erkenntnis (persönliche Mitteilung von Prof. Pickenhain) ist Proprio*re*zeption und bezieht sich nur auf die Muskelspindeln, die Gelenkrezeptoren und im weiteren Sinne die Vestibularrezeptoren. Gibson (1982) fasst den Begriff weiter und spricht zusätzlich von Propriozeption aus der Haut, Propriozeption durch das Gehör und Propriozeption durch den Gesichtssinn. Kolb/Whishaw (1993) benutzen die Bezeichnung Propriozeption im Zusammenhang mit dem somatosensorischen System, das der propriozeptiven Wahrnehmung Information über die relative Lage der Körperteile zueinander und über die Lage des Körpers im Raum liefert. Kandel/Schwartz/Jessel (1996) sprechen von Proprioception als dem Sinn für die Körperhaltung und die Bewegung unserer Finger und Gliedmaßen.

Propriorezeption heißt eigentlich „Sich selbst in Besitz nehmen". Wie ist das vorzustellen?

> Unser Körper „nimmt" sich, d.h. die willkürliche und unwillkürliche motorische Aktivität seines Selbst in der Antwort des Körpers – „zurückgespiegelt" durch die Tiefensensibilität – als Körper-Selbst in Besitz. Darin erleben wir unser Körper-Selbst als eine Einheit (v.Uexküll et al., 1994).

Diese Rückmeldung, die uns bewusst werden aber auch unbewusst bleiben kann, geschieht durch Rezeptoren, die in unterschiedlichen Bereichen des Körpers Empfindungen, Sensationen, registrieren:

- Durch Rezeptoren an den Muskelspindeln,
  verallgemeinernd spricht man auch vom „Muskelsinn".

- Durch Gelenkrezeptoren,
  Sie registrieren die jeweilige Winkelstellung der Glieder in den Gelenken und deren Veränderungen. Ein Gelenk kann sowohl aktive als auch passive Bewegungen registrieren, gleichgültig also, ob Bewegung aktiv erfolgte oder von außen erzwungen war.

- Durch Rezeptoren aus den Vestibularorganen

2.2 Die Bedeutung der Propriozeption für die differenzierte Körperwahrnehmung

Die Eigenwahrnehmung bzw. Propriozeption ist für die menschliche Entwicklung von grundlegender Bedeutung, und Beeinträchtigungen in diesem Bereich haben nicht nur Auswirkungen auf Bewegung und Wahrnehmung sondern, wie man heute weiß, auch auf das psychische Befinden. Nicht zuletzt liegt der Erfolg von Körpertherapien, besonders bei den sogenannten „frühen Störungen" darin, dass über Erfahrungen am eigenen Körper Erinnerungen an psychische Belastungen möglich werden, die, da sie in vorsprachlicher Zeit entstanden sind, über Sprache nicht erreicht werden können. Je nach Therapieform werden sie dementsprechend in Kombination neuer Körpererfahrungen und Gespräch (je nach Alter des Klienten) behandelt.
Folgendes Schema soll zeigen, wie Eigenwahrnehmung die Voraussetzung für darauf aufbauende andere Systeme bildet und wie sie über diese Systeme auch beteiligt ist an Selbstvertrauen, Selbstbewusstsein und Selbstkontrolle.

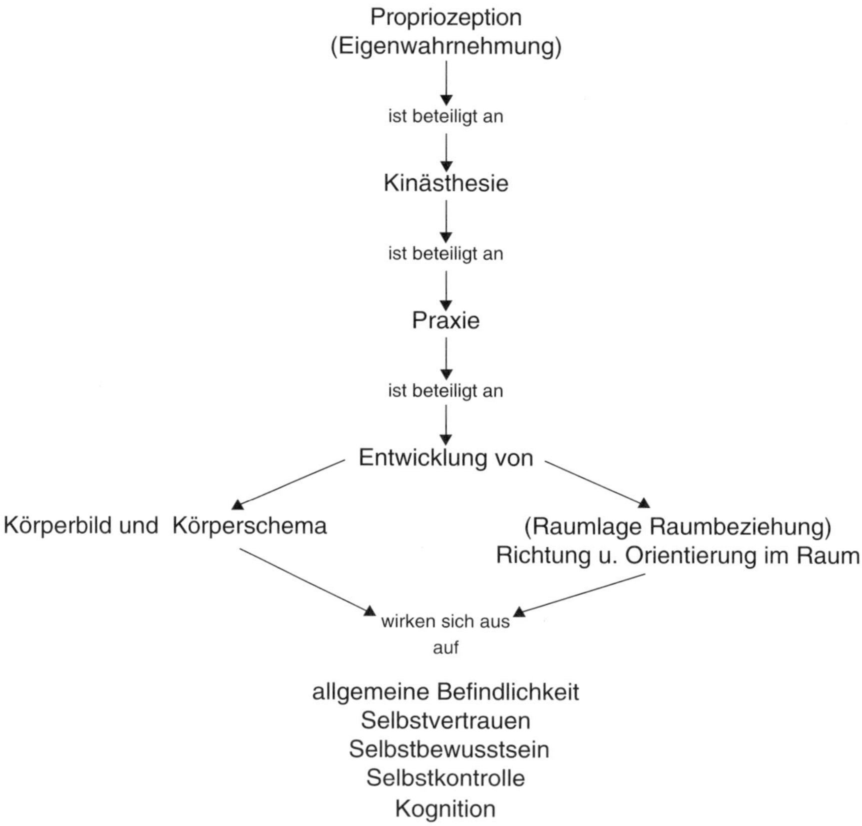

Diese Modellvorstellung erhebt nicht den Anspruch, den neuropsychologischen Gegebenheiten in jeder Hinsicht exakt zu entsprechen. Einmal ist die Forschung gerade auf dem Gebiet der Wahrnehmungsverarbeitung von der Empfindung zur Information ständig im Fluss und wie schon an anderen Stellen betont, ist die Terminologie, die Benennung der speziellen Vorgänge, keineswegs immer eindeutig. Zum anderen ist es auch schwierig zu entscheiden, wann werden Empfindungen bewusst, und welche Prozesse geschehen (wann) unbewusst? Dennoch kann dieses Schema helfen, den großen Zusammenhang und den hierarchischen Aufbau von funktionellen Systemen zu erkennen, sowie gleichermaßen auch die gegenseitigen Abhängigkeiten.

Propriozeption im „engeren“ Sinne ist an jeder Form von willkürlicher Bewegung in besonderer Weise durch den Prozess der „Rückkoppelung“, der Reafferenz (siehe S. 45), beteiligt.
Dazu gibt Ayres folgende Beschreibung[25]:

> Die Empfindungen des „eigenen“ Körpers erfolgen vorwiegend während der Bewegung aber auch während wir stillstehen. Muskeln und Gelenke schicken konstante Informationen zum Großhirn, um diese über unsere Stellung zu informieren. Propriozeption wird durch das Rückenmark und den Hirnstamm dem Kleinhirn zugeleitet. Ein Teil der Information erreicht auch die Großhirnrinde. Die meisten propriozeptiven Impulse werden in Hirnregionen verarbeitet, die nicht mit unserem Bewusstsein zusammenhängen. Deswegen empfinden wir die Impulse[26] aus unseren Muskeln und Gelenken eigentlich nur, wenn wir ganz spezielle Aufmerksamkeit darauf richten.
>
> Die Propriozeption ermöglicht es, uns zu bewegen. Hätten wir weniger Propriozeption zur Verfügung, wären unsere Körperbewegungen langsamer, ungeschickter und benötigten zu ihrer Durchführung mehr Anstrengung. Es wäre für die Hände sehr schwierig, einen Knopf zuzumachen, etwas aus einer Tasche herauszuholen, einen Verschluss zuzuschrauben. Ohne eine adäquate Eigenwahrnehmung von Rumpf und Beinen wäre es schwierig, in ein Auto einzusteigen, Treppen abwärts zu laufen oder irgendeinen Sport zu treiben. Immer wären wir auf optische Hilfe angewiesen, um sehen zu können, was vor sich geht. Kinder mit schlechter Propriozeption bekommen immer dann Schwierigkeiten, wenn sie das betreffende Ereignis nicht mit ihren Augen erfassen können (Ayres, 1979, S. 48)

---

[25] Auszüge aus Ayres 1979 (S. 48) Bausteine der kindlichen Entwicklung, teilweise wörtlich übernommen.
[26] Im Text steht „Gefühle“. Da der Begriff Gefühle aber in diesem Zusammenhang missdeutet werden könnte, wurde er durch „Impulse“ ersetzt.

2.3 Die Bedeutung der Kinästhesie[27]

Seit längerer Zeit wird im Zusammenhang mit Entwicklungsförderung der Begriff Kinästhesie gebraucht. Vor allem durch die Forschungen und therapeutischen Ansätze von AYRES und AFFOLTER hielt er auch Einzug in den pädagogischen Bereich, zumindest für interessierte Heil- und Sonderpädagogen. Man weiß um die Bedeutung der taktil-kinästhetischen Wahrnehmung, die Frage ist nur, verstehen diejenigen, die davon reden, darunter alle das gleiche? Was wird überhaupt unter Kinästhesie verstanden? Die Verwendung auch dieses Begriffes ist in der Medizin und der Psychologie nicht immer eindeutig und wird häufig in der gleichen Weise verwendet wie Propriozeption. Auch Gibson schreibt: „Sie ist fast dasselbe wie Propriozeption“ (Gibson, 1982 S. 147). Genau versteht er aber unter Kinästhesie die Registrierung von Bewegungen des Körpers. Sie ist bei fast allen funktionalen Wahrnehmungssystemen beteiligt.:

- als Kinästhesie der Gelenke für die Bewegung des Knochengerüstes;
- als Vestibularkinästhesie für die Bewegung des Schädels;
- als Hautkinästhesie für die Bewegung relativ zur berührten Fläche;
- als visuelle Kinästhesie für die perspektivischen Transformationen des Gesichtsfeldes.

Gibson betont, dass es bei allen diesen Wahrnehmungen schwierig sei, die jeweilige Empfindungsqualität festzustellen, wohingegen die gelieferte Information völlig klar sei. Und er stellt fest: *„Kinästhesie besteht in der Registrierung solcher Information“.* Er unterscheidet somit deutlich Empfindung und Information. „Wenn man von einem Kinästhesie*sinn* spricht, wie es die Lehrbücher tun, verhüllt man daher nur die Unkenntnis und wirft Fakten in einen Topf zusammen, die auseinandergehalten werden müssen.“[28]

Die Kinästhesie ist Voraussetzung für die Körperwahrnehmung. Sie gibt Information über eine Menge von Stellungen relativ zur Unterlage und zur Schwerkraft. Dabei liefern die Gelenke geometrische Information und die Haut Berührungsinformation, aber nicht so, dass beides miteinander „vermengt“ würde sondern die Rezeptoren, (die aufnehmenden Nervenzellen) sind in einem System zusammengeschlossen, um eine bestimmte Art invarianter (unveränderlicher) Reizinformation zu registrieren.

Wenn, wie Gibson ausführt, Kinästhesie an der Bewegung des Knochengerüstes; der Bewegung des Schädels; der Bewegung der Haut, relativ zur

[27] Nach Gibson 1982
[28] Gibson, 1982 S.147

berührten Fläche und als visuelle Kinästhesie an der perspektivischen Transformation des Gesichtsfeldes beteiligt ist, dann stellt sie auch die Voraussetzung für die Verarbeitung von Information, die auf einer höheren Stufe der neurologischen Organisation stattfindet. So spricht Kephart von einer kinästhetischen Figur-Grund-Beziehung und hält es für wahrscheinlich,

> (...) dass sie überhaupt die erste Figur-Grund-Beziehung ist, die das Kind entwickelt. Als solche bildet sie vermutlich die Grundlage für spätere Figur-Grund-Beziehungen, wie die visuelle oder die akustische Figur-Grund-Beziehung. Es scheint daher, dass die Probleme der kinästhetischen Figur-Grund-Beziehung sehr viel mehr Aufmerksamkeit verdienen, als sie bisher in der Literatur gefunden haben (Kephart, 1977 S. 39).

Von Bedeutung ist das Wissen um diese Zusammenhänge besonders zum Verständnis von sogenannten hyperkinetischen Kindern, Kindern, die Eltern und Lehrern das Leben schwer machen können wegen ihrer ständigen Unruhe, Unaufmerksamkeit und Umtriebigkeit. Gemeint sind allerdings in diesem Zusammenhang nicht die „echten“ Hyperkinetiker, die aufgrund einer neurologischen oder anderweitigen Schädigung sich ständig intensive Reize suchen und von einem Reizobjekt zum anderen – fast könnte man sagen – jagen. Möglicherweise ist der Grund des übermäßigen Bewegungsbedarfes bei beiden Formen der gleiche und nur die Verhältnismäßigkeit das Kriterium der Unterscheidung. Die (leider viel zu oft und viel zu leichtfertig) „sogenannten“ hyperkinetischen Kinder sind „nur“ motorisch unruhig, und das vielleicht in bestimmten Situationen in extremem Maße. Aber, wenn sie genügend intensive Stimulation erhalten, und wenn das Handlungsprogramm von ihnen selbst bewusst gesteuert ist, erscheinen sie auch nicht motorisch unruhig. Wie ist das zu erklären?

Nach Kephart entwickelt sich die Figur-Grund-Beziehung bereits während der Ausdifferenzierung von Bewegungsmustern, wenn das Kind sich darin übt, aus den noch reflexhaften Massenbewegungen heraus, etwas zu greifen und zu halten.[29] Werden diese Bewegungen dann zielgerichtet und absichtsvoll ausgeführt, gerät die Muskulatur, die daran beteiligt ist, unter eine gewisse Spannung. Der Tonus ändert sich. Er verstärkt sich und hebt sich somit vom Grundtonus des übrigen Körpers ab. Die willkürliche Bewegung kann so als „Figur“ vor einem Hintergrund empfunden werden. Und diese „Figur“ ist umso deutlicher wahrnehmbar, je besser sie ausgestaltet ist, je differenzierter die jeweilige Bewegung abläuft. An dieser Stelle wird deutlich, wie alles Bewegen und Wahrnehmen, Propriozeption, Kinästhe-

---

[29] Vielleicht noch viel früher, an diesem Beispiel ist der Vorgang aber gut vorstell- und nachvollziehbar.

sie, Taktilität, vestibuläre Einflüsse miteinander in Beziehung stehen. Ohne Differenzierung (siehe auch Abschnitt 1.10) hebt sich kein spezifisches kinästhetisches Muster aus der übrigen Information ab. Ist die motorische Differenzierung ungenügend, sind auch die Bewegungsmuster grob und diffus. Sie können keine exakte Aufmerksamkeit erregen; die bleibt vielmehr schwankend, und die Folge davon ist, dass auch die Erinnerung daran nur ungenau gespeichert und die Vorstellung von Bewegungsmustern schlecht entwickelt werden kann. Das wiederum kann in besonderer Weise das Schreibenlernen erschweren und sich später auf die Rechtschreibung und wegen unzureichender Wortbildspeicherung auch auf das Lesen auswirken.

Manche Kinder erlernen zwar, aus den ursprünglich reflexhaften Bewegungen willkürliche Bewegungsmuster herauszudifferenzieren, dafür erhöht sich bei ihnen aber nicht nur die Spannung einzelner Muskeln sondern die Spannung in einem größeren Bereich, bzw. im ganzen Körper. Wenn man solche Kinder berührt, kann man das schon z.B. an ihren Armen und Schultern spüren. Sie fühlen sich hart an. Der Muskeltonus ist allgemein so erhöht, dass die Spannung, die zur Bewegung eines bestimmten Körperteiles notwendig ist, sich nicht wesentlich, nicht deutlich genug gegenüber dem Grundtonus des ganzen Körpers abhebt. So kommt es zu keiner deutlichen Figur-Grund-Beziehung innerhalb der Körperwahrnehmung. Diese Kinder müssen ständig neue und möglichst intensive Reize suchen. Sie kippeln mit dem Stuhl, fallen mit ihm um, rempeln Gegenstände oder andere Kinder an, müssen immer etwas in der Hand haben, mit dem sie „rumfummeln“ und sind insgesamt schwer zu ertragen. Es ist klar, dass hier Ermahnungen keinen Zweck haben. Mit „sitz doch mal endlich still“, ist da nichts zu erreichen, denn wir haben es hier nicht allein mit einem pädagogischen, sondern mit einem neuropsychologischen Problem zu tun.

Was hinsichtlich der bewegungsunruhigen hy*per*tonen Kinder gesagt wurde, gilt gleichermaßen für die hy*po*tonen. Auch ihr Muskeltonus verschafft ihnen nicht genügend Information. Auch die hy*po*kinetischen Kinder, die lahmen Enten, haben Probleme mit der Kinästhesie. Bei ihnen ist es gerade umgekehrt. Sie besitzen einen niedrigen Grundtonus, fassen sich weich und schlaff, vielleicht auch schwammig an. Der Mund steht häufig offen. Die Ellenbogen- und/oder die Fingergelenke sind manchmal überstreckt. Jede Bewegung geschieht bei ihnen mit geringstem Aufwand. Das heißt, die Spannung, die für ein bestimmtes Bewegungsmuster erforderlich ist, hebt sich bei ihnen nur unwesentlich vom ohnehin niedrigen Grundtonus ab. Eine kinästhetische Figur-Grund-Beziehung wird dadurch nur unzureichend entwickelt. Charakteristisch für diese Kinder ist ihre Langsamkeit. Wenn andere ihre Schulsachen längst ausgepackt haben, fangen sie gerade damit an. Die Mütter klagen darüber, dass auch morgens alles zu langsam geht und sie manches Mal regelrecht unter Stress geraten, weil sie immer befürchten müssen, dass ihr Kind zu spät in die Schule kommt.

Hilfe brauchen die Zappelphilippe wie die lahmen Enten, auch wenn die letzteren nicht so belastend in der Klassensituation sind wie die ersteren. Vermutlich haben beide das gleiche Problem. (Das müsste natürlich abgeklärt werden.) Was im Bereich der Schulsituation für sie getan werden kann, hängt sicher von der Schwere der Beeinträchtigung ab. In jedem Fall sollte versucht werden, mit Hilfe der Bewegungserziehung, der Psychomotorik, dem Kind Erfahrungen zu ermöglichen, Spannung und Entspannung zu empfinden, um spürfähig zu werden. Therapeutische Ansätze nach Kephart, Kiphard, nach Frostig, Ayres und Affolter empfehlen sich dafür, wobei jede dieser Richtungen ihren jeweils eigenen Schwerpunkt hat. Die gemeinsame Grundlage ist aber unter anderem immer auch die Verbesserung der kinästhetischen Wahrnehmung.[30]

In welcher Weise die Figur-Grund-Beziehung an anderen Formen der Informationsverarbeitung mitwirkt, wird im Zusammenhang mit der Darstellung der visuellen und auditiven Wahrnehmung zu zeigen sein.

2.4 Beeinträchtigungen der motorischen Geschicklichkeit

Die Verarbeitung taktiler und kinästhetischer Information und die Rückkoppelungsmechanismen der Reafferenz ermöglichen das Zusammenspiel sensorischer und motorischer Systeme und wenn durch Reifen und Differenzierungslernen immer feinere und gesteuerte Bewegungen möglich werden, lernt das Kind schließlich, Bewegungen zu planen und in eine zeitliche Reihenfolge zu bringen. Aus einzelnen Bewegungsmustern werden Handlungsfolgen und schließlich zweckmäßige Handlungen. Wir sprechen von Geschicklichkeit, wenn ein Kind in der Lage ist, solche zweckmäßigen Handlungen auszuführen und wir nennen es motorisch ungeschickt, dappig, tolpatschig, wenn seine Bewegungen nicht gut genug geplant, nicht fein abgestimmt, vielleicht zu schnell oder zu langsam sind. Manchmal zeigt sich das z.B. beim Erlernen des Schleifebindens, beim Essen mit Messer und Gabel, in der Handhabung eines Schreibgerätes, Bleistift oder Füller. Die Erwachsenen nehmen einem solchen Kind manche Handlung ab. Das geht schneller und ist sicherer. Es ist nicht praktisch veranlagt, wird vielleicht gesagt. Ist es das? Oder ist es dyspraktisch?

[30] Ein Aufsatz von Pfeffer, M. „Das hyperkinetische Syndrom“ in Praxis Ergotherapie, Jahrg. 8 (3) 1995 gibt eine Übersicht über diese Thematik

Dyspraxie

Der Begriff Dyspraxie geht auf den der Apraxie zurück, einer Unfähigkeit, bestimmte Bewegungen in einer bestimmten Weise auszuführen. Wenngleich es sich bei der Dyspraxie, wie der Name schon erkennen lässt, nicht um eine eigentliche Unfähigkeit, sondern um eine mehr oder weniger ausgeprägte Beeinträchtigung motorischer Geschicklichkeit handelt, soll zum besseren Verständnis zunächst ein Überblick über Erscheinungsformen der Apraxie gegeben werden. Dabei kann es sich aber nur um einführende Informationen handeln, die bei entsprechendem Interesse anhand der angegebenen Literatur vertieft werden sollten.

Die heute klassische Theorie der Apraxie wurde von Liepmann (nach Kolb/ Whishaw)[31] aufgestellt. Sie besagt:

> Eine Apraxie resultiert aus Läsionen[32] in der linken Hemisphäre oder aus solchen im Corpus callosum. Es gibt unterschiedliche Apraxieformen, wobei eine jede mit ziemlicher Sicherheit auf eine Läsion in einem jeweils spezifischen Ort der linken Hemisphäre zurückgeführt werden kann. Wörtlich heißt Apraxie „Keine Handlung" (das griechische Wort *praxis* bedeutet „Handlung"). Der Begriff Apraxie ist jedoch fast nie in diesem engen Sinne verwendet worden. Derzeit wird er zur Bezeichnung beeinträchtigter oder unpassender Handlungen gebraucht, die zum einen nicht eindeutig auf eine Paralyse[33], eine Parese[34] oder andere, eher primäre motorische Defizite oder zum anderen auf einen Mangel an Verständnis, Motivation oder ähnliches zurückgeführt werden können.

Es werden zwei Formen der Apraxie unterschieden: die ideomotorische und die ideatorische Apraxie.

Bei der *ideomotorischen Apraxie* handelt es sich um eine Störung in der Organisation von Bewegungen. Der Patient kann alle Bewegungen ausführen, wenn er das spontan und im Zusammenhang einer natürlichen Situation tut. Soll er aber einer sprachlichen Aufforderung nachkommen oder geht es darum, eine vorgeführte Handlung nachzuvollziehen, ist er dazu nicht in der Lage. Voraussetzung der Diagnose ist nach Poeck[35], dass ein Patient eine Beeinträchtigung in der Auswahl der motorischen Elemente, die eine Bewegung konstituieren und in der korrekten sequenti-

---

[31] Kolb, B./Whishaw, Ian Q. Neuropsychologie, Spektrum Akademischer Verlag Heidelberg 1993

[32] Läsion: Sammelbegriff für jede Schädigung des Nervensystems

[33] Paralyse: vollständiger Funktionsausfall im Sinne einer Lähmung

[34] Parese: unvollständiger Funktionsausfall im Sinne einer Lähmung

[35] Poeck, K. Klinische Neuropsychologie, Verlag Thieme Stuttgart 1982

ellen Anordnung dieser Elemente zeigt. Beide Aspekte: Auswahl und sequentielle Anordnung haben gleiche Bedeutung.

Die *ideatorische Apraxie* betrifft Handlungen, die den korrekten Gebrauch von Gegenständen in der richtigen sequentiellen Abfolge voraussetzen. Der Handlungsablauf ist gestört. Als klassisches Beispiel dafür wird gerne das Kaffeezubereiten angeführt. Hierbei ist die Ausführung von einzelnen Handlungselementen in der richtigen Reihenfolge erforderlich. Kann die Reihenfolge nicht eingehalten werden, wird der Versuch, Kaffee zu kochen, nicht gelingen.

Die Diagnose der ideatorischen Apraxie wird nach Poeck dann gestellt, wenn ein Patient unfähig ist, eine Situation so zu organisieren, dass er logisch aufeinanderfolgende Handlungen mit mehreren Objekten ausführen kann, um ein bestimmtes Ziel zu erreichen. Im Gegensatz zur ideomotorischen Apraxie, die man erst in der Untersuchung feststellt, werden diese Patienten bereits im täglichen Leben auffällig[36].

Außer diesen beiden Erscheinungsformen kennt man noch die konstruktiven Apraxien. Sie betreffen das gestaltende Handeln. Störungen können sich z.B. zeigen beim Zeichnen und Abzeichnen, Bauen nach Vorlage, beim Basteln und Konstruieren, bei Handlungen, die ein In-Beziehung-Setzen von einzelnen Elementen erforderlich machen.

Die *konstruktive Apraxie bei linkshemisphärischer Schädigung* betrifft weniger die Grundgestalt, die rekonstruiert werden soll. Diese Grundgestalt aber mit den charakteristischen Merkmalen auszustatten, z.B. bestimmten Einzelheiten, verursacht Schwierigkeiten. Auffällig bei dieser Art von konstruktiver Apraxie ist die Tatsache, dass der Patient seinen Fehler sofort erkennt, wenn er eine Vorlage erhält und, dass es durch Übung zu einem Lernerfolg kommt.

Die *konstruktive Apraxie bei rechtshemisphärischer Schädigung* zeigt dagegen ein anderes Bild. Hier können die Einzelheiten wohl reproduziert werden. Es gelingt aber nicht, den Gesamtzusammenhang herzustellen. Die räumlichen Beziehungen zwischen den einzelnen Elementen können nicht umgesetzt werden. Es kann auch sein, dass sie spiegelverkehrt oder umgedreht angeordnet werden und die Reproduktion dadurch chaotisch erscheint.

Entwicklungsdyspraxie

Im Kindesalter sprechen wir im allgemeinen von Entwicklungsdyspraxie. Dabei handelt es sich um eine zusammenfassende Bezeichnung unter-

---

36 Poeck, K. siehe Fußnote 70

schiedlicher Erscheinungsformen, bei denen die Fähigkeit, einfache oder kompliziertere Handlungsabläufe zu planen und auszuführen beeinträchtigt ist. „Sehr wahrscheinlich handelt es sich um eine zentrale Integrationsstörung, bei der in erheblichem Ausmaß Reifungsstörungen des ZNS beteiligt sein dürften. Von der Entwicklung her gesehen, handelt es sich bei den Entwicklungsdyspraxien um Desorganisationen der motorischen Entwicklung und der Realisierung von Handlungsabläufen, wobei die Ursachen sehr unterschiedlich sind." (Remschmidt, H. 1981)

Im folgenden seien einige Formen der Entwicklungsdyspraxie aufgeführt[37].

- Störungen der motorischen Fertigkeiten.
  Bei dieser, im Kindesalter nicht seltenen Störung, kommt es zu einer mangelnden Koordination von Handlungen, die alltägliche Aktivitäten betreffen (Schuhebinden, Jacke zuknöpfen). Die Bewegungsabläufe sind verlangsamt, ungelenk und nicht auf ein Ziel hin organisiert.

- Konstruktive (Apraxie) Dyspraxie
  Sie kommt oft gemeinsam mit einer unausgebildeten Lateralisation und Störung des Körperschemas vor (z.B. Fingeragnosie[38], Autotopagnosie[39]). Die Kinder haben oft erhebliche räumliche Orientierungsstörungen, insbesondere der Rechts-Links-Orientierung. Vielfach wird diese Form der Entwicklungsdyspraxie zufällig in Zeichentests erkannt, besonders, wenn es sich um leichtere Formen handelt.

- Räumliche Dyskinesie[40]
  Bei dieser Störung ist die zeitliche Sequenz von Bewegungsabläufen, die räumliche Orientierung verlangen, desorganisiert. Gleichzeitig ist meist das Körperschema gestört. Die Kinder sind oft nicht in der Lage, oben und unten und links und rechts zu unterscheiden. Sie haben daher ähnliche Schwierigkeiten wie Kinder mit einer konstruktiven Dyspraxie. Aufgrund dieser extremen Orientierungsschwäche und insbesondere in Anbetracht der Störung der zeitlichen Sequenz von Bewegungsabläufen sind die Kinder vielfach nicht in der Lage, sich anzuziehen (hier ist die Reihenfolge wichtig), sich die Schuhe zu binden, die Jacke zuzuknöpfen oder sich ein Butterbrot zu schmieren. Auch die Imitation von einfachen komplexen Bewegungen ist gestört.

---

[37] Nach Remschmidt, H. in Neuropsychologie des Kindesalters, 1981. Wegen der Bedeutung, die das Wissen um diese Erscheinungsformen kindlicher Ungeschicklichkeit für das Verständnis der betroffenen Kinder hat, wurden sie in der Benennung und Erklärung weitgehend wörtlich übernommen (S. 244-245).

[38] Fingeragnosie: Nichterkennen der Finger bei Läsionen des Gyrus angularis

[39] Autotopagnosie: Störung des Körperschemas bei Läsionen des Gyrus supramarginalis

[40] Dyskinesie: Störung im Bewegungsablauf

– Spezielle Formen der Entwicklungsdyspraxie
  Die fasziale Dyspraxie
  Bei ihr kommt es zu einer Fehlkoordination mimischer Bewegungen im Gesichtsbereich. Sie ist auf diesen Bereich beschränkt und nicht mit Störungen der Praxie in anderen Bereichen verbunden. Bei manchen Kindern besteht eine Unfähigkeit, bestimmte Zungenbewegungen nach Aufforderung durchzuführen, obwohl diese unwillkürlich realisiert werden können.
  Okuläre Apraxie
  Als okuläre Apraxie wird eine Unfähigkeit, mit den Augen einem hin und her bewegten Gegenstand zu folgen, bezeichnet, obwohl keine Augenmuskelstörungen vorliegen.
  Verbale Apraxie
  Als verbale Apraxie wird ein besonderes verbalmotorisches Störungsmuster beschrieben[41], das das Sprachverständnis nicht betrifft, aber bei dem die Fähigkeit, adäquate Artikulationsbewegungen auszuführen, erheblich beeinträchtigt ist (ohne Vorliegen von motorischen Störungen oder Lähmungen). Synonyme Bezeichnungen für diese Störung sind artikulatorische Apraxie (Dyspraxie), apraktische Dysarthrie und kortikale Dysarthrie.

Jean Ayres beschreibt Entwicklungsdyspraxie bzw. entwicklungsbedingte Ungeschicklichkeit als Funktionsstörung des Gehirns, „welche die Ordnung taktiler und manchmal auch vestibulärer und propriozeptiver Empfindungen behindert und dadurch die Fähigkeit zur Bewegungsplanung stört. Die Bezeichnung weise darauf hin, dass die Störung frühzeitig im Leben des Kindes auftritt und seine Entwicklung während des Wachstums in Mitleidenschaft zieht.“ (S.114) Aus Gründen unzureichender Bewegungsplanung muss es zu jeglicher Arbeit mehr Energie einsetzen. Da die jeweiligen Bewegungsmuster nicht automatisiert werden können, bedarf es immer wieder neuer Planung, was sich auch in einer allgemeinen Verlangsamung von Handlungsabläufen zeigt.

Nach Ayres ist ein Kind vermutlich bei folgenden Auffälligkeiten dyspraktisch:[42]

1. Tut Dinge uneffektiv.
2. Hat eine schlaffe Muskelspannung, wodurch der Eindruck erweckt wird, dass es schwächlich sei.

[41] Nach Wallon und Denjean (1958) in Remschmidt, Schmidt 1981, S. 245
[42] Ayres 1984, S 148/149

3. Braucht mehr Schutz als andere Kinder – hat Schwierigkeiten „groß zu werden“. Seine Mutter war vielleicht immer zu stark um das Kind bemüht, da es ihrer Meinung nach ein so schweres Leben hat.

4. Es ist ein Unfallkind.

   Kleine Missgeschicke passieren ihm häufig, wie z.B. Milch verschütten und ebenso auch größere Unfälle, wie vom Dreirad fallen.

5. Es ist sehr gefühlsbetont gegenüber Dingen, die ihm passieren. Seine Gefühle sind leicht verletzbar. Es kann keine plötzlichen Änderungen hinsichtlich Plänen oder Erwartungen ertragen.

6. Jammert überstark bei geringfügigen körperlichen Verletzungen. Quetschungen, Beulen und Schnitte scheinen ihm mehr Schmerzen zu bereiten als anderen Kindern.

7. Es neigt dazu stur und unkooperativ zu sein. Sein Nervensystem ist unflexibel; so will es immer, dass sich alles nach ihm richtet.

Für den Umgang mit einem entwicklungsdyspraktischen Kind empfiehlt Ayres:

> „Man kann dyspraktischen Kindern am besten näher kommen, wenn man vermeidet, sie äußerem Druck und Misserfolgserlebnissen auszusetzen. Man sollte den inneren Antrieb des Kindes als Richtschnur dienen lassen, so lange, wie dieser einigermaßen konstruktiv ist. Man sollte es nach seinen eigenen Maßstäben sich entwickeln lassen, da es sich nicht nach den Maßstäben anderer richten kann. Man sollte ihm keine Aufgaben übertragen, die ihm Furcht machen. Man sollte ihm Verständnis und Sicherheit bieten und Möglichkeiten, seinem eigenen Niveau entsprechend zu handeln. (Und als Begründerin der Theorie einer Therapie zur *sensorischen Integration* empfiehlt sie:) Vor allem aber sollte man eine intensive Behandlung mit sensorischer Integration einleiten, um ihm zu helfen, dass sein Gehirn wirksamer funktionieren kann.“

Dyspraxie als Lernstörung

Kinder mit Symptomen einer Dyspraxie finden wir heute mit Sicherheit in jeder Schulklasse und in jedem Kindergarten. Allerdings werden sie uns so, wie hier beschrieben, nicht sofort auffallen. Es ist das Problem neuropsychologischer Beeinträchtigungen, dass sie in unterschiedlicher Ausprägung und vielfach in Mischformen auftreten: Von deutlich erkennbaren Störungen bis hin zu diskreten Schwächen, die u.U. auch gut kompensiert werden können. Möglicherweise zeigen sie sich nur in Belastungssituationen. Dann ist vielleicht die Schrift nicht zu lesen, Gegenstände fallen aus der Hand, es kommt zu kleinen oder größeren Missgeschicken. Vielleicht erscheinen diese Kinder auch *nur* unaufmerksam. Wenn wir uns aber vorstellen, wieviel mehr Energie ein dyspraktisches Kind aufwenden muss, um zu Handlungserfolgen zu kommen, dann ist es gut nachvollziehbar, dass sich der Energievorrat schnell erschöpft. Diese Kinder erscheinen dann vielleicht unkonzentriert, unaufmerksam und unruhig und werden ständig ermahnt, verständlicherweise meist ohne Erfolg.

Kiphard[43] hat zum Verständnis der „Dyspraxie als Störung zielgerichteten Handelns“ an einem Modell gezeigt, aus welchen Teilschritten sich erfolgreiches Handeln zusammensetzt. Danach wird zum einen deutlich, dass Störungsbilder der Dyspraxie unterschiedlichen Gliedern des Verlaufes einer Handlung zugeordnet werden können. Zum anderen gibt das Modell Anhaltspunkte für diagnostische Beobachtungen. Vor allem aber kann es eine Hilfe für die Planung gezielter Fördermaßnahmen sein.

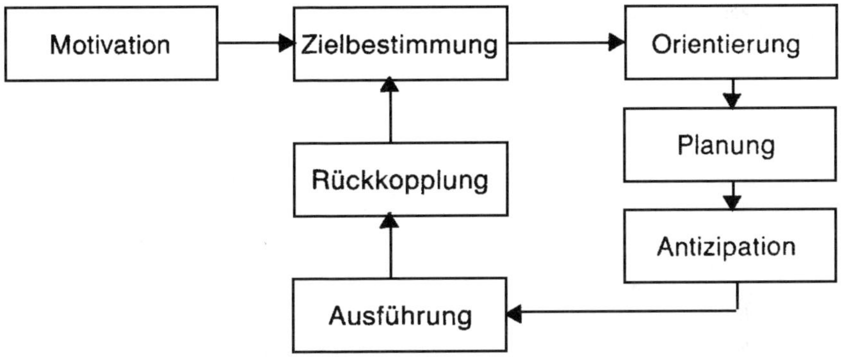

Abb. 24: Modell zum Verständnis erfolgreichen Handelns (nach Kiphard in Doering 1990)

Da sich dieses Buch an Pädagogen wendet, die von ihrer Ausbildung und Erfahrung her sicher genügend Störungsbilder kennen, um sie den Gliedern der beschriebenen Handlungskette zuordnen zu können, wird auf entsprechende Beispiele verzichtet. Hingewiesen sei in diesem Zusammenhang aber auf zwei Beeinträchtigungen, die im schulische Alltag möglicherweise in ihrer Tragweite nicht beachtet werden. Dabei handelt es sich um Dyspraxie im Hand- und Mundbereich.

[43] Kiphard, Dyspraxie - das Problem kindlicher Handlungsstörungen, in: Doering, Sensorische Integration, Borgmann Dortmund 1990

Von besonderer Bedeutung ist das Wissen um die Dyspraxie für das Erlernen des Sprechens. Gesprochene Sprache entwickelt sich über das Hören und über das Empfinden motorischer Bewegungsmuster, an denen sowohl sensorische Anteile – Taktilität und Kinästhesie – wie motorische Anteile – die motorische Planung und Programmierung, die Reihenfolge der Bewegungsabläufe – und schließlich das Gedächtnis beteiligt sind.

Wie sich Beeinträchtigungen in den Bereichen der Sensorik und Motorik als Dyspraxie auswirken können, beschreibt van Uden im Zusammenhang seiner Erfahrungen mit gehörlosen aber auch mit hörenden Kindern.[44]

> Bei gehörlosen Kindern wird durch eine Dyspraxie das Sprechenlernen bedroht. Dies kann allerdings auch für Kinder mit audiometrisch normalem Gehör zutreffen. Diese haben keinen audiometrischen Befund; sie haben eine normale Hörschwelle und ein normales Diskriminationsvermögen, aber ihr auditives Gedächtnis ist sehr schwach. Wenn ein schwaches auditives Gedächtnis mit einer Dyspraxie verbunden ist, kommt es zu einem sehr schwachen Sprechgedächtnis. Seine Folgen sind für ein davon betroffenes Kind katastrophal:
> Ein langer Satz wird nicht verstanden, weil er nicht in seiner ganzen Länge aufgenommen wird.
> Das Kind beginnt nicht zeitgerecht zu sprechen; es kann zu Verzögerungen von mehreren Jahren kommen.
> Es hat Schwierigkeiten, die Wörter und ihre Bedeutung zu behalten und daher zu verarbeiten.
> Die morphologischen Änderungen werden entweder nicht aufgenommen oder nicht behalten.
> Die ganze Syntax[45] gerät in Verwirrung.

Wenn man diese Auflistung betrachtet, dann kann einem schon das eine oder andere Kind mit solchen oder ähnlichen Auffälligkeiten aus dem Schul- oder Therapiealltag dazu einfallen. Es ist auch hier wieder die Verhältnismäßigkeit, die wir berücksichtigen müssen, der Ausprägungsgrad der Beeinträchtigungen, der geringer oder schwerer sein kann. Van Uden hat seine Beobachtungen und Forschungen vornehmlich an gehörlosen Kindern gemacht. Dennoch können seine Hinweise eine Hilfe sein, Sprech- und Sprachauffälligkeiten mit sensomotorischen Anteilen, über die unter dem Aspekt auditiver Beeinträchtigungen noch genauer zu sprechen sein wird, als „Vergrößerungsglas“ zu benutzen, um auch auf diskrete Beeinträchtigungen aufmerksam zu werden. Van Uden gibt auch Beispiele für diagnostische Verfahren sowie für Förderansätze bei gehörlosen Kindern, die in abgewandelter Form ebenfalls hilfreich sein können.

---

[44] Van Uden, Teilleistungsstörungen beim gehörlosen Kind, Julius Groos Verlag Heidelberg 1988

[45] Syntax: Satzlehre

2.5 Körperbegriffe

Die Bedeutung des Begriffes Körperschema wird von verschiedenen Autoren in unterschiedlicher Weise interpretiert. „Körperschema ist eine zusammenfassende Bezeichnung für Vorstellungen vom, Wissen um und Orientierung am eigenen Körper. Zahlreiche synonyme Bezeichnungen wie Körperimage, Körperbewusstsein, Körperbild, Körpervorstellung und -orientierung, Somatognosie umschreiben den gleichen Bedeutungskreis und tragen manchmal erheblich zur Begriffsverwirrung bei" (NIEBERGALL et al. 1981).

Bei FROSTIG[46] bezieht sich der Ausdruck Körperschema auf die automatische Anpassung von Teilen des Skelettsystems auf die Spannung und Entspannung der Muskeln, die man benötigt, um eine Körperhaltung beizubehalten, sich ohne Hinfallen zu bewegen und Gegenstände in sinnvoller Weise manipulieren zu können (Frostig 1980 S. 47). Sie stellt die Begriffe Körperschema und Körperbild gegenüber und gibt ein Beispiel, um eine Unterscheidung zu verdeutlichen.

> Bei einer vorübergehenden sensorischen Deprivation wird das *Körperbild* gestört, nicht aber das *Körperschema.* Nach einer Periode sensorischer Deprivation hat ein Mensch keine Schwierigkeiten, sich zu bewegen aber Störungen der körperlichen Empfindungen können für eine Zeit anhalten.
> Störungen des Körperschemas treten bei vielen Fällen allgemein neurologischer Schädigungen (z.B. cerebraler Lähmung) und bei lokalen Funktionsstörungen des Vestibularapparates besonders deutlich hervor. Sie kommen in falschen Bewegungsmustern eines Kindes zum Ausdruck, besonders in Bewegungen, bei denen die Mittellinie des Körpers gekreuzt werden muss und die ein großes Koordinationsvermögen erfordern.
> Störungen des Körperschemas umfassen ebenso Störungen der Rechts-Links-Orientierung im Raum und an sich selber.
> Störungen des Körperschemas werden durch Bewegungserziehung und Physiotherapie behandelt, besonders durch Maßnahmen, die dem Kind die Veränderungen, Anpassungsvorgänge und Regulierungen seiner Körperhaltung bewusst machen.

Kinder mit Störungen des Körperschemas können durch ihre Grobmotorik (heute spricht man lieber von Großmotorik) auffallen. Der Gang ist unkoordiniert, sie bewegen sich staksig, die Armhaltung beim Schreiben ist auffällig. Manchmal wird ein Arm auch dabei vernachlässigt und hängt herab. Aus derlei Beobachtungen allein darf natürlich nicht auf ein gestörtes Körperschema geschlossen werden. Andere Symptome müssen hinzukommen. Aber aufmerksames Beobachten kann rechtzeitiges Eingreifen im Sinne einer Behandlung möglich machen, und deshalb

[46] Frostig, M. 1980

sollte in der Schule immer auch die „Beweglichkeit“ des Kindes in Betracht gezogen werden.

Auch die motorischen Auffälligkeiten bei schwer emotional gestörten Kindern (z.B. Psychotikern) lassen sich hier einordnen. Vielfach ist bei ihnen die Entwicklung des Körperschemas gestört. Neben anderen Theorien werden heute auch extreme Wahrnehmungsstörungen als Ursache z.B. für Autismus vermutet. Was immer die Gründe sein mögen, u.U. eine Kombination mehrerer Faktoren, sie wirken sich bereits auf das „sensorische Konzept“ (DE AJURIAGUERRA, 1965) vom eigenen Körper aus und beeinflussen damit die Entwicklung des Körperschemas.

Wenngleich in der Normalschule nur in seltenen Fällen extreme Störungen vorkommen werden, in „Verdünnung“ sind sie doch bisweilen zu beobachten. Sie lassen sich manchmal anhand von Menschendarstellungen in Kinderzeichnungen vermuten. Da fehlen die Füße oder die Hände oder die Finger. Oder die Gliedmaßen setzen an falscher Stelle an, wobei man zur Beurteilung der Zeichnung natürlich immer das Alter des Kindes berücksichtigen muss. Ganz sicher muss auch hierbei berücksichtigt werden: Zeichnet das Kind so, wie es sich empfindet, bzw. welches Bild es von sich hat? Da Propriozeption und Kinästhesie nicht immer bewusst werden müssen, können z.B. Gliedmaßen fehlen, weil sie nicht gespürt werden und dennoch kann die Ganzkörpermotorik, das Körperschema in Ordnung und funktionstüchtig sein.

Als Orientierungshilfe zur Beurteilung des Körperschemas bei Kindern seien Untersuchungsergebnisse von POECK und ORGASS (1964, 1965) erwähnt (nach NIEBERGALL et al., 1981). Danach können bereits Vierjährige die wichtigsten Teile des Kopfes, Gesichtes und Rumpfes, sowie die größeren Extremitätenabschnitte nach sprachlicher Aufforderung korrekt benennen. 6-7-Jährige können alle Körperteile zutreffend identifizieren, was ihnen auch an einer vorgehaltenen Puppe gelingt. Die einfache Rechts-Links-Orientierung am eigenen Körper wird mit 7 Jahren beherrscht. An der Puppe war sie bei 4-5-jährigen Kindern noch nicht möglich; bei den 6-7-jährigen verlief sie vorwiegend „egozentrisch“, d.h. am eigenen Körper orientiert. Erst ab dem 9. Lebensjahr konnte sie objektiv getroffen werden.

„Nach DE AJURIAGUERRA (1965) lassen sich drei Stadien der Entwicklung des Körperschemas unterscheiden:

1. Das *sensorische Konzept* vom eigenen Körper, das durch Sinneserfahrungen mit der Umwelt gebildet wird und mit der kognitiven Entwicklung (sensomotorisches Stadium der Intelligenz nach PIAGET) zusammenhängt;

2. das *präoperative Konzept*, das unter der Kontrolle von Wahrnehmungsprozessen steht, die körpergebunden sind, wenngleich schon eine symbolische Orientierung möglich ist;

3. das *operationale Konzept*, das die räumlich-objektive Vorstellung vom Körper umfasst und von Sinnesreizen und Wahrnehmungsprozessen weitgehend abgelöst, als räumliche Anschauung allen, mit dem eigenen Körper zusammenhängenden kognitiven und emotionalen Prozessen zugrundeliegt" (vergl. NIEBERGALL et al., 1981).

In allen drei Stadien spielen Erfahrungen, die durch die Sinneswahrnehmung erworben wurden, eine entscheidende Rolle. Vergleicht man die Vorstellungen von DE AJURIAGUERRA mit denen, die AYRES zur sensorischen Integration entwickelt hat, so stimmen beide darin überein, dass sowohl für das Körperschema wie für die visuelle Wahrnehmung Reifungsstadien durchlaufen werden, die auf gemeinsamen grundlegenden Funktionen der Sensomotorik aufbauen.

Die folgende Tabelle veranschaulicht, wie propriorezeptive, vestibuläre und taktile Wahrnehmung zunächst die entscheidenden Informationen über die Lage des Körpers und die Stellung der Gliedmaßen geben und wie erst zu einem späteren Zeitpunkt diese Informationen durch die visuelle und die auditive Wahrnehmung ergänzt und vervollkommnet werden. Die Darstellung der Entwicklung sensorisch-integrativer Prozesse macht auch deutlich, dass die Körperwahrnehmung der Reifung der visuellen Wahrnehmung vorausgeht. PIAGET hat das für die Raumwahrnehmung experimentell nachgewiesen. Eine Integration beider Bereiche erfolgt erst später. Das wiederum sollte bei einer Behandlung berücksichtigt werden.

Die Entwicklung integrativer Prozesse als Voraussetzung höherer psychischer Funktionen

Wahrnehmungsbereiche	1. Ebene Leistungen	2. Ebene Leistungen	3. Ebene Leistungen	4. Ebene Leistungen
Auditive Wahrnehmung		Sprachverständnis	Sprachbenutzung	Fähigkeit zur Konzentration, Organisation, zum abstrakten Denken und Verstehen,
Vestibuläre Wahrnehmung (Gleichgewicht u. Bewegung)	Augenbewegungen Haltung Balance Muskeltonus	Kinästhesie Bewegungsplanung Aktivitätsgrad Aufmerksamkeitsdauer	Körperschema motorische Geschicklichkeit Gedächtnis Raumwahrnehmung	zum Erlernen der Kulturtechniken;
Propriozeptive Wahrnehmung (Muskeln u. Gelenke)	Sicherheit in Beziehung zur Schwerkraft	Aktivierungsreaktion Körperwahrnehmung	Visuelle Wahrnehmung im Sinne von z.B. Auge-Handkoordination	Spezialisierung einer Hirnhälfte u. einer Körperseite
Taktile Wahrnehmung	saugen, essen taktiles Wohlbefinden Mutter-Kindbeziehung	Koordination beider Körperseiten	Figur-Grunddifferenzierung Formkonstanz Raumlage Raumbeziehung	Selbstbewußtsein, Selbstkontrolle, Selbstvertrauen, Fähigkeit, Beziehungen aufzunehmen.
Visuelle Wahrnehmung		emotionle Stabilität	zweckvolle Aktivität	
Therapiemöglichkeiten	Krankengymnastik Beschäftigungstherapie, Psychotherapie	Psychomotorik	Bewegungs-und Wahrnehmungsförderung (Frostig,Kephart Kiphard)	Schulische Stütz- und Förderkurse Montessori-Pädagogik Psychotherapie

II. Sinnessysteme und Wahrnehmungsverarbeitung

Auch im Bereich des visuellen und auditiven Systems haben wir es mit Funktionskreisen zu tun. Der aufnehmende, der afferente Schenkel dieser Regelkreise ist aber hierbei der dominierende. „Es ist nun aber nicht so, dass alle Sinnessysteme ausschließlich nur aus afferenten Neuronenketten bestünden. Wie die neuere Sinnesphysiologie gezeigt hat, ist der Wahrnehmungsprozess kein passiver, ausschließlich durch Umweltreize bedingter Vorgang, sondern ein intentionaler Akt des wahrnehmenden Subjekts, der sowohl eine spontane wie eine rezeptive Seite besitzt" (vergl. Rohen, 1975, S. 171). Außerdem spielt die emotionale Beteiligung bei dem Aufnahme- und Verarbeitungsprozess von Information eine wichtige Rolle. Es ist ein Unterschied, ob wir alles grau in grau sehen oder durch die rosa Brille betrachten. So zeigt sich auch hier wieder die enge Verflechtung von physischen und psychischen Vorgängen. Diejenigen, die an der Erziehung von Kindern beteiligt sind, sollten genügend Informationen über diese Zusammenhänge haben, um zur rechten Zeit in der rechten Weise nicht nur pädagogisch sondern heilpädagogisch handeln zu können.

Die Ursachen von Lern- und Verhaltensproblemen sind selten auf den ersten Blick eindeutig zu erfassen. Oft ist es ein Suchen und Sammeln von Hinweisen, die Eltern, Lehrer und manchmal auch das Kind selber geben können, ergänzt durch gezielte Beobachtungen. Damit wir aber wissen, was und wie wir beobachten können, brauchen wir auch im Bereich der Sinnesverarbeitung ein gewisses Maß an Grundkenntnissen über anatomische und funktionelle Zusammenhänge.

Wahrnehmungsverarbeitung

Vom Sehen zum Erkennen

Verarbeitung

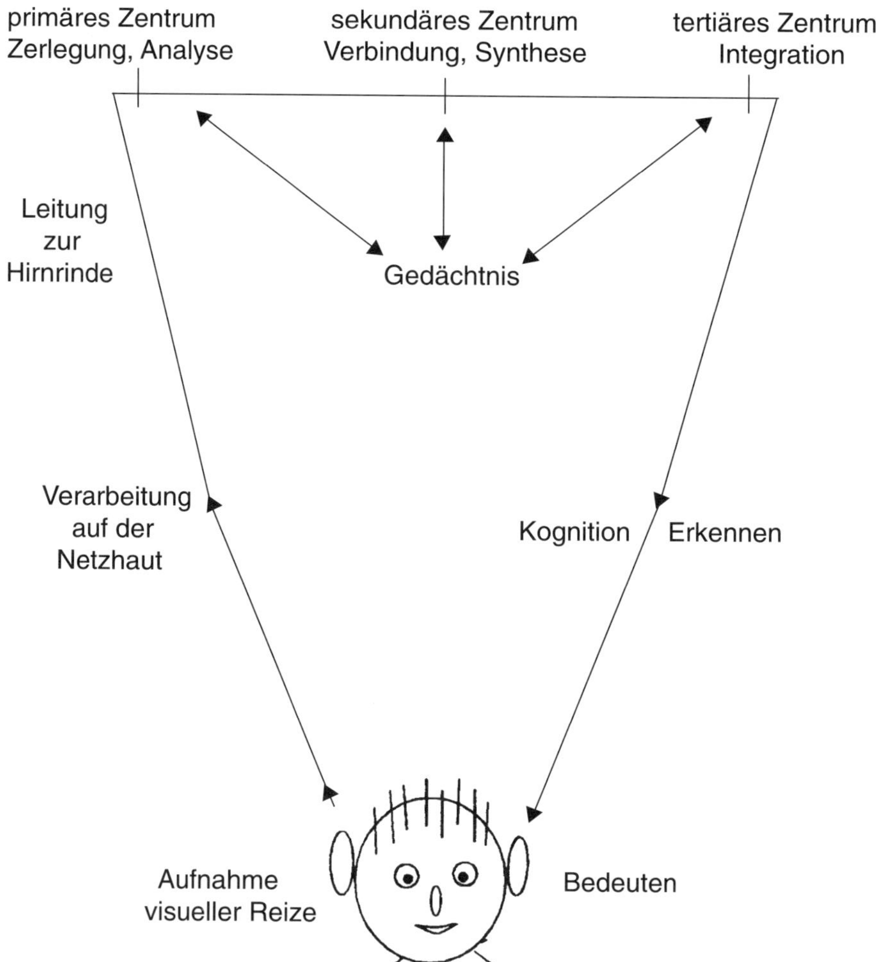

1. Die Bedeutung der visuellen Wahrnehmungsverarbeitung für Lernen und Verhalten

1.1 Einführung in die funktionellen Zusammenhänge des visuellen Systems

Unter funktionellen Gesichtspunkten gliedert sich das visuelle System in einen sensorischen und einen motorischen Bereich.[47]

Zum sensorischen Teil gehören das Auge als aufnehmender, rezeptiver Apparat, die Sehnerven, die Sehbahnen und das Sehzentrum.

Zum motorischen Teil werden die Augenmuskeln, die Hirnnerven, die die Augenmuskeln steuern mit ihren Kernen sowie verschiedene Blickzentren und Verbindungsbahnen zwischen letzteren gerechnet.

Wenngleich es für das neuropsychologische Verständnis nicht unbedingt erforderlich ist, die subkortikalen (unterhalb der Hirnrinde ablaufenden) Zusammenhänge nachvollziehen zu können, soll das visuelle System in einer Übersicht so dargestellt werden, wie es innerhalb der Seminare zur Erlangung des Marianne Frostig Zertifikates vermittelt wird.[48]

Übersicht über das visuelle System

I. Sensorischer Teil

1. Auge:	Brechende Medien (Hornhaut, Regenbogenhaut, Linse, Glaskörper), Netzhaut, Aderhaut
2. Verbindung Auge-Sehzentrum:	Sehnerv, Sehbahn, Sehstrahlung
3. Sehzentrum	

II. Motorischer Teil
(Die römischen Zahlen stehen für die beteiligten Hirnnerven)

1. Augenmuskeln:

„gerade" Augenmuskeln	M. rectus superior.(III)
	M. rectus inferior (III)
	M. rectus medialis (III)
	M. rectus lateralis (VI)
„schräge" Augenmuskeln	M. obliquus superior (IV)
	M. obliquus inferior (III

47 Hoeft 1991 Seminarunterlagen im Rahmen der Frostig-Weiterbildung

48 Die im Folgenden geschilderten Zusammenhänge wurden im Wesentlichen aus den Seminaren und Seminarunterlagen von Dr. Hoeft, Göttingen zusammengestellt.

2. Hirnnerven:	N. oculomotorius (III) N. trochlearis (IV) N. abducens (VI)
3. Verbindung:	internukleäres Längsbündel, verbindet (auf Hirnstammebene) supranukleäre Blickzentren
4. supranukleäre subkortikale Blickzentren:	Zentrum für horizontale Blickbewegungen (auf der Ebene der Brücke) Zentrum für vertikale Blickbewegungen (Vierhügelplatte) – hypothetisch
5. Verbindung:	subkortikale Blickzentren-kortikale Blickzentren (mit Verbindung zum Labyrinth u. Kleinhirn)
6. kortikale Blickzentren	Zentrum für willkürliche Augenbewegungen (2. Frontalwindung) Zentrum für reflektorische Spähbewegungen (Okzipitalhirn)

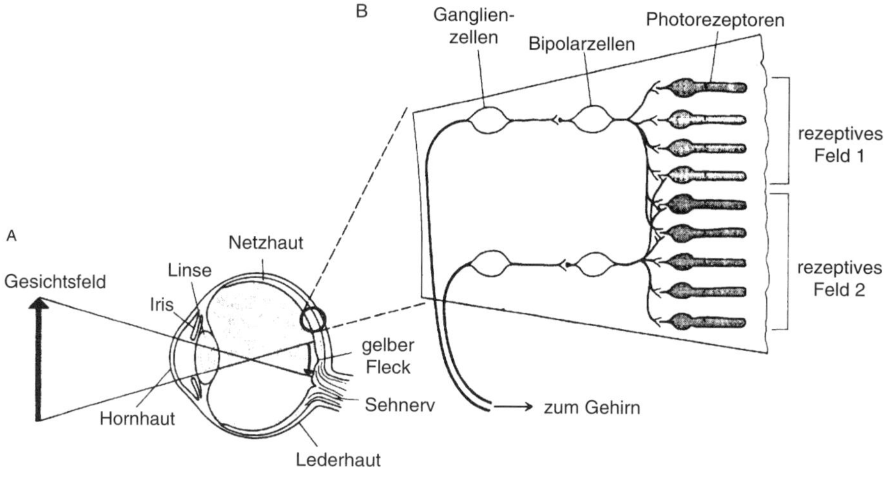

Abb. 25: A. Die Anatomie des Auges. B. Die Anatomie der Retina (aus Kolb/Whishaw 1993. ©1990 by W.H. Freeman and Company)

Die Abbildung macht deutlich, wie Licht, das von einem Objekt auf das Auge trifft, durch die Hornhaut und die Linse abgelenkt wird und auf die Rezeptoren des Augenhintergrundes, der Netzhaut, trifft. Die Stelle schärfsten Sehens ist die Makula mit der Fovea. Die Axone (Nervenfasern) der Ganglienzellen der Netzhaut sind im Sehnerven gebündelt. An der Stelle, an der der Sehnerv aus der Augenhöhle austritt, befinden sich keine Rezeptoren, deshalb erscheint diese Stelle im Sehprozess als blinder Fleck. Die Sehnerven beider Augen vereinigen sich vor der Hypophyse zur Sehnervenkreuzung, dem Chiasma opticum. Hier findet eine teilweise Faserkreuzung statt, durch die jede Gesichtsfeldhälfte auf die jeweils gegenüberliegende Hemisphäre des Gehirns abgebildet wird. Beide Fasergruppen bilden zusammen die Sehbahn der jeweiligen Hirnhälfte, den Tractus opticus. Die Sehbahnen führen zum seitlichen Kniehöcker (Corpus geniculatum laterale) der gleichen Hemisphäre, werden dort umgeschaltet und ziehen zum primären Sehzentrum, dem visuellen Cortex. Außerdem zweigen im Bereich der Sehnervenkreuzung Fasern vom Sehnerven ab, von denen eine Bahn über subkortikale Schaltstellen zum sekundären visuellen Zentrum auf der Hirnrinde leitet, die andere Verbindungen zu solchen des vegetativen Nervensystems im Stammhirn herstellt.

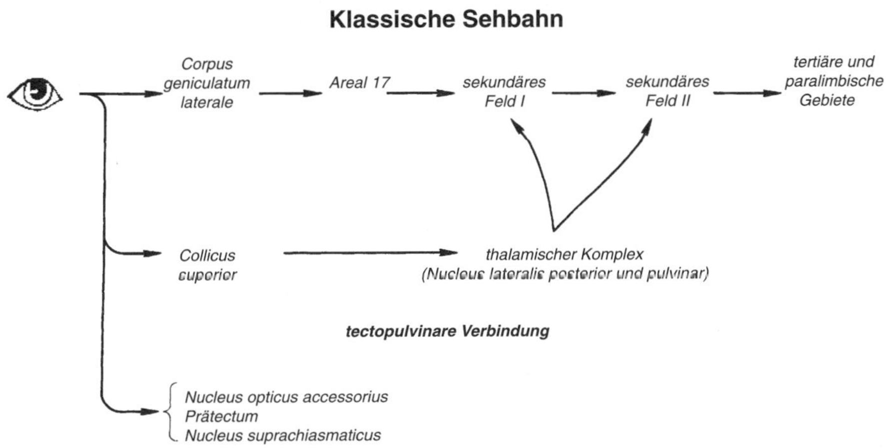

Abb. 26: Die Faserverbindungen des visuellen Systems. Eines der Subsysteme, nämlich die klassische Sehbahn, ist auf die Analyse von Mustern spezialisiert. Das andere System, (die Verbindung über Tectum und Pulvinar), spielt für die Entdeckung visueller Reize und die Ausrichtung des Kopfes zu ihnen eine besondere Rolle (nach Kolb/ Whishaw 1993)

Dieser vereinfachte Überblick über den Aufbau des Sehapparates soll genügen als Voraussetzung für das Verständnis der funktionellen Zusammenhänge bei der Verarbeitung von Seheindrücken und deren möglichen Beeinträchtigungen.

Funktionskreise des visuellen Systems

Als Teilfunktionen des visuellen Systems werden im Folgenden betrachtet:

1. die Sehschärfe
2. die Akkommodation
3. das räumliche Sehen
4. die Augenstellungen
5. die Augenbewegungen
6. das Gesichtsfeld

Diese Themen sollen aber hier nur soweit behandelt werden, wie wir beobachten lernen können, ob bei einem Kind ein visuelles Problem vorliegt. Es kommt nämlich immer wieder vor, dass Kinder im Lernen und/oder im Verhalten Auffälligkeiten zeigen und in alle Richtungen hin therapiert werden, nur dass sie u.U. nicht richtig sehen können, das merkt keiner. Offensichtlich ist es nicht immer einfach, Kinder augenärztlich zu untersuchen. Manchmal verstehen sie die Anweisungen nicht genau. Oder sie können nicht exakt angeben, wonach sie gefragt werden. Manchmal strengen sie sich aber auch besonders an, um alles richtig zu machen. So aber wird es zu keinem befriedigenden Ergebnis kommen. Entweder fehlt dem Kind dann nichts, oder es ist nach Aussage des Arztes nicht diagnostizierbar. In beiden Fällen kann ihm nicht geholfen werden, und es schleppt sein visuelles Problem weiter mit sich herum. Vielleicht bekommt es Lernprobleme oder wird verhaltensauffällig. Und derlei wäre u.U. zu vermeiden, wenn diejenigen, die mit dem Kind zu tun haben, lernten, genauer zu beobachten und dann dem Augenarzt sagen könnten, was ihnen aufgefallen ist. Die Voraussetzung dafür ist allerdings auch hier die Kenntnis der Zusammenhänge.

Die Sehschärfe

Was bedeutet der Begriff Sehschärfe?

Sehschärfe ist die Fähigkeit, in einer bestimmten Entfernung zwei benachbarte Punkte noch getrennt wahrzunehmen, das heißt, Einzelheiten, die dicht nebeneinanderliegen, als unterschiedliche Einheiten zu erkennen.

Was bedeuten die Prozentangaben, z.B. 100 % Sehschärfe?

100 % Sehschärfe ist ein Erfahrungswert, der besagt, dass der Durchschnitt der Bevölkerung von 30 Jahren in 5 m Entfernung zwei benach-

barte Punkte im Abstand von 1 Bogenminute als getrennt voneinander erkennt. Es wird auch Menschen geben, die 150 % Sehschärfe haben und solche, mit weniger.

Was bedeutet es, wenn wir hören, jemand hat 80 % Sehschärfe?

Eine Sehschärfe von 80 % bedeutet im allgemeinen im Alltag keine wesentliche Beeinträchtigung. Eine schwächere Sehschärfe, z.B. von 60 %, bedeutet schon eine deutliche Störung.

Die Beeinträchtigung des Sehens steigt mit abnehmendem Prozentwert an. Dennoch kann ein Kind mit 20 % Sehschärfe u.U. ohne Probleme die Normalschule durchlaufen. Mit den richtigen optischen Hilfen, einer durchschnittlichen Intelligenz und förderungswilligen Eltern, fällt das Kind vielleicht nicht einmal auf.

Kinder, die mit einer schlechten Sehschärfe geboren werden, entwickeln ein starkes Kompensationsverhalten. Wir dürfen nicht erwarten, dass sie von sich aus über schlechtes Sehen klagen. Da sie es nicht anders gewöhnt sind, meinen sie, dass die Welt so aussieht, wie sie ihnen erscheint. Sie werden sich nie darüber beschweren. Zwar werden sie merken, dass sie bestimmte Leistungen nicht so erbringen können, wie andere, aber das werden sie nicht auf ihr Sehvermögen zurückführen. In der Regel ist es vielmehr so, dass sie diese Mängel eher als persönliches Leistungsdefizit verarbeiten. Deshalb sind wir, die wir mit Kindern umgehen, ganz besonders gefordert, bei Lern- und Verhaltensauffälligkeiten aufmerksam zu beobachten, ob hier möglicherweise Sehprobleme vorliegen.

Kinder werden nicht mit 100 %-iger Sehschärfe geboren. Die Sinneszellen sind zwar vorhanden und die Nervenbahnen auch, die Funktionen sind aber noch nicht entwickelt. Das Kind wird mit ca. 10 % Sehschärfe geboren. Es kann zunächst nur hell und dunkel und Kontraste unterscheiden. Erst durch die Reize von außen, durch das Aufnehmen und das Verarbeiten von Bildern werden zwischen den einzelnen Nervenfasern Synapsen, Verbindungen, gebildet, die Verschaltungen ermöglichen. Erst im Laufe der Zeit entwickelt sich durch Reifung und Übung die volle Sehschärfe. Das heißt, wenn keine Gelegenheit zur „Übung“ gegeben ist, aus welchem Grunde auch immer, zum Beispiel weil die Netzhaut keine scharfe Abbildung erhält (durch Brechungsfehler), kann Sehschärfe nicht geübt, nicht trainiert werden. Innerhalb der ersten zwei Lebensjahre wird die Entwicklung der Sehschärfe im Wesentlichen abgeschlossen.

Die Akkommodation

Mit Akkommodation wird die Fähigkeit zur scharfen Bildeinstellung in der Nähe bezeichnet. Unsere Augen sind in der Regel im entspannten Zustand auf die Ferne eingestellt. Sie sollten ab 5 m in die Ferne scharf sehen können. Um in der Nähe sehen zu können, insbesondere unter 1 m müssen zwei Umschaltprozesse erfolgen. Der eine ist die Konvergenz (die Einstellung der beiden Augen auf einen bestimmten Winkel) und der andere die Veränderung der Linsendicke (damit ist die Krümmung gemeint) als drittes kommt die Veränderung der Pupillenweite hinzu.

Bei der Einstellung des Auges auf die Nähe kontrahiert sich ein ringförmiger Muskel (M. ciliaris) in dessen Mitte die Linse an Fasern aufgehängt ist. Durch die Kontraktion des Muskels erschlaffen die Fasern, und die Linse verdickt sich ihrer Eigenelastizität folgend und wird immer fester. Die Bezeichnung für diesen Zustand kennen wir alle unter dem Namen Altersweitsichtigkeit (Presbyopie). Der alte Mensch kann zwar in die Weite noch ganz gut sehen aber seine Augen nicht mehr auf die Nähe einstellen, und er braucht deshalb zu Beginn des Alterungsprozesses zunächst eine Lesebrille oder den sogenannten Nahteil in der Weitsichtigenbrille.

Diese Form einer Akkommodationsstörung unterscheidet sich deutlich von der juvenilen Hypoakkommodation, einer Akkommodationsstörung im Jugendalter. Darüber Bescheid zu wissen, ist wichtig, weil diese Beeinträchtigung gar nicht so selten bei Schulkindern vorkommt. Kinder mit einer solchen Akkommodationsstörung können nicht schnell genug oder gar nicht auf die Nähe einstellen. Sie können u.U. in der Ferne klar sehen, vielleicht auch mit Mühe und maximaler Anstrengung kurzfristig in der Nähe. Lässt die Energie nach, wird das Bild in der Nähe aber bald unscharf. Vielleicht bekommen sie dann Kopfschmerzen, oder sie können sich nicht mehr konzentrieren, weil es für sie zu anstrengend wird und sie allein, um das Bild in der Nähe scharf zu halten, zu viel Energie verbrauchen. Jeder ältere Mensch, der sich im Übergang zur Altersweitsichtigkeit befindet, merkt, dass das Nahsehen anstrengend wird. Das Kind merkt das so nicht. Kinder können im allgemeinen nicht formulieren, warum ihnen das Lesen, Schreiben oder Basteln, kurz, Tätigkeiten in der Nähe Schwierigkeiten machen. Sie tun das dann einfach nicht gerne. Belastend ist auch das Abschreiben von der Tafel. Hierbei müssen sich die Augen ständig von fern auf nah und umgekehrt einstellen. Wenn diese Fähigkeit beeinträchtigt ist, ist auch die Abschreibleistung gestört. Sie wird ungenau und ist verlangsamt.

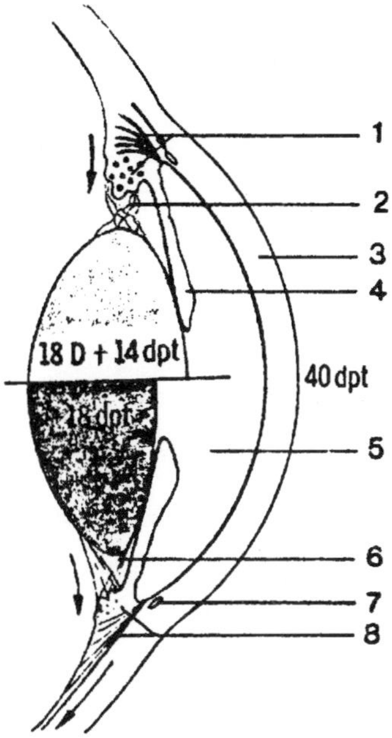

Abb. 27: Vereinfachte Darstellung des Akkommodationsvorganges. Obere Hälfte Naheinstellung, untere Hälfte Ferneinstellung. 1 Kontraktion des Muskels im Strahlenkörper (M. ciliaris). 2 Entspannter Aufhängeapparat der Linse. 3 Hornhaut (Cornea). 4 Regenbogenhaut (Iris). 5 Vordere Augenkammer. 6 Gespannter Aufhängeapparat der Linse (Zonula ciliaris). 7 Schlemmscher Kanal (Sinus venosus sclerae). 8. Erschlaffter Muskel des Strahlenkörpers. Er wird durch die elastischen Kräfte der Augenhäute nach außen und nach innen gezogen (aus Faller, 1984)

Wenngleich das Phänomen der juvenilen Hypoakkommodation heute wissenschaftlich belegt ist, weiß man noch nicht, wodurch es verursacht wird. Man vermutet einen zentralen Steuerungsfehler. Leider lässt sich dieser nicht durch Trainingsmaßnahmen beeinflussen sondern muss wie die Altersweitsichtigkeit durch eine Lesebrille, evt. durch eine Bifokalbrille korrigiert werden.

Auch bei der Kurzsichtigkeit ist kein Training möglich. Hier handelt es sich im allgemeinen um einen Fehler im Bau des Auges. Das Auge ist zu lang. Der Brennpunkt der Linse liegt vor der Netzhaut. An dem Längenwachstum des Auges wird man durch ein Üben nichts ändern. Der Brennpunkt kann nicht durch irgendwelche Anstrengungen nach hinten verlagert werden.

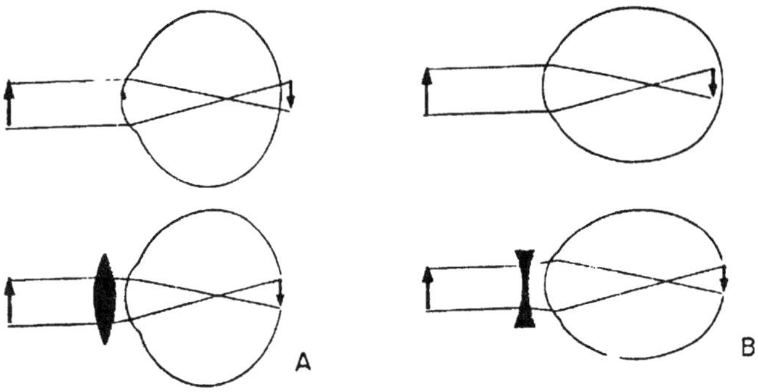

Abb. 28 A Fernsichtiges (hypermetropes) Auge, zu kurzer Augapfel, Korrektur mit + Dioptrien
B. Kurzsichtiges (myopes) Auge, zu langer Augapfel: Korrektur durch – Dioptrien (aus Faller 1984)

Bei der Weitsichtigkeit ist das etwas anderes. Der Weitsichtige (gemeint ist jetzt nicht der Altersweitsichtige) kann in der Ferne gut sehen, aber nur, wenn er dafür bereits (in der Ferne) den Akkommodationsmechanismus benutzt. Sonst liegt der Brennpunkt der Linse hinter der Netzhaut. Wenn der Weitsichtige nun seine Linse verdickt, also akkommodiert, kann er den Brennpunkt nach vorne auf die Netzhaut verlagern und sieht so 100 %. Der Weitsichtige muss sich dann jedoch beim Sehen in der Nähe doppelt anstrengen, also noch für die Nähe zusätzlich akkommodieren. Dies kann je nach Ausmaß der Weitsichtigkeit sehr belastend werden.

Der Geringkurzsichtige ist häufig „akkommodationsfaul". Kurzsichtig sein heißt ja, auf kurzen Abstand sichtig zu sein. Sein Auge ist fälschlicherweise auf die Nähe eingestellt. Er braucht nur seine Brille hochzuheben, dann sieht er in der Nähe gut. Das merken die Kurzsichtigen ziemlich schnell und gewöhnen sich leicht daran, weniger zu akkommodieren.

Das Räumliche Sehen

Räumliches Sehen bedeutet die Fähigkeit zur Wahrnehmung von Tiefenunterschieden. Jede Stelle auf der Netzhaut im Auge hat einen Raumwert. Es gibt beidseits in beiden Augen einen sogenannten „Raumwert geradeaus". Diesen hat in der Regel das Zentrum der Netzhaut, die Makula (Macula lutea = gelber Fleck) mit der Fovea centralis, dem Zentrum der Makula. Hier sind die Sinneszellen am dichtesten angeordnet und ermöglichen die höchste Auflösung, die größte Sehschärfe. Bei optimal koordinierten Augenbewegungen schauen wir, wenn wir uns einen Gegenstand ansehen, mit parallelgestellten Augen in der Ferne so auf einen Gegenstand, dass das Bild in diesem Zentrum der Netzhaut, und zwar beidseits im Zentrum der Netzhaut, abgebildet wird. Beide Bilder haben, da ja die Augen etwas auseinanderstehen, eine minimale Differenz. Aus dieser minimalen Differenz berechnet das Gehirn bei optimaler Augenbewegung den Tiefenunterschied. Jeder Gegenstand, der neben dem liegt, den wir uns anschauen, kommt an einer anderen Stelle der Netzhaut, mit einem anderen Raumwert zur Darstellung. Diese beiden Bilder werden im Gehirn vereinigt und zur Deckung gebracht. Aus der kleinen Differenz der Bilder – die müssen ja unterschiedlich sein, denn sie werden aus unterschiedlichen Winkeln betrachtet – lernen wir, die Tiefe abzuschätzen.

Räumliches Sehen ist an Lernerfahrung gebunden. Das heißt, das räumliche Sehen wird erworben. Da es sich hierbei um komplexe und sehr differenzierte Verarbeitungsprozesse handelt, braucht die Entwicklung der vollkommenen Stereopsis relativ lange. Das Erlernen des räumlichen Sehens ist erst mit ungefähr 6 Jahren abgeschlossen.

Wichtig ist, dass man sich klarmacht, dass räumliches Sehen nur dann erlernt werden kann, wenn wirklich das betreffende Bild in beiden Augen auf den zentralen Netzhautmittelpunkt fällt. Wenn eine Augenbewegungsstörung oder ein Schielen irgendeiner Form vorliegt, kommt natürlicherweise das Bild nicht mehr auf die entsprechenden Netzhautstellen. Das heißt, räumliches Sehen kann sich nur bei koordinierter Beidäugigkeit entwickeln. Deswegen ist es gefährlich, wenn ein noch so kleiner Schielwinkel nicht rechtzeitig erkannt wird. Augenärztliche Behandlung ist in solchen Fällen so früh wie möglich erforderlich. Allerdings gibt es Menschen, die nur mit einem Auge sehen und dennoch Ball spielen oder Tennis spielen. Auch der Einäugige kann ein grobes räumliches Sehen erwerben. Der dabei zugrundeliegende Mechanismus ist jedoch ein völlig anderer. Höhere Grade der Stereopsis sind damit nicht möglich.

Die Augenstellung

Das Auge wird von 6 Augenmuskeln gesteuert, und diese müssen entsprechend koordiniert sein, damit Bewegung aber auch Ruhestellung möglich wird.

Eine besondere Störung dieses Gleichgewichtes ist das sogenannte Augenzittern (Nystagmus). Hierbei können die Augen entweder gar nicht oder nur in einer bestimmten Blickrichtung ruhig gehalten werden, wodurch es zu einer Kopfzwangshaltung, insbesondere bei Tätigkeiten mit hoher Sehschärfenanforderung (z.B. Lesen) kommen kann. Dies führt u.U. wiederum zu einer Blickfeldeinengung. Das Augenzittern stellt in der Regel eine wesentliche Störung dar, die augenärztlich abgeklärt und gegebenenfalls behandelt werden sollte. Manchmal kann das Augenzittern auch ein erstes Anzeichen für eine schwere neurologische Störung sein.

Das Schielen

Beim Schielen fällt das Abbild des betrachteten Objektes auf 2 Netzhautstellen mit unterschiedlichem Raumwert. Dies würde ab einer bestimmten Schielwinkelgröße zur Doppelsichtigkeit führen. Um das zu vermeiden, wird ein Kind, das schielt, ein Auge ausblenden. Das heißt, das schielende Auge wird nicht benutzt. Dadurch wird es schließlich schwachsichtig, die Sehschärfe entwickelt sich nicht oder lässt nach. Um dieser Gefahr vorzubeugen, wird das gesunde Auge häufig zeitweise „abgeklebt" (augenärztliche Bezeichnung für das Zukleben des Auges). Damit sollen auch weiterhin Anforderungen an die Sehschärfe des schielenden Auges gestellt werden. Die Entwicklung des räumlichen Sehens wird zwar dadurch beeinträchtigt. Wenn aber ständig nur ein Auge beansprucht wird, kann sich, wie eben ausgeführt wurde, auch kein räumliches Sehen entwickeln. Die Frage des Abklebens wird immer eine Frage der Verhältnismäßigkeit sein und darf nur unter ärztlicher Kontrolle erfolgen.
Auch wird zu überlegen sein, ob und zu welchem Zeitpunkt eine Operation erforderlich ist.

Es sind verschiedene Formen des Schielens zu unterscheiden.

Lähmungsschielen

Das Lähmungsschielen, kommt bei Kindern selten vor. Es ist nicht angeboren, sondern tritt plötzlich auf z.B. nach Unfällen, schweren Infektionskrankheiten und bei neurologischen Erkrankungen. Hierbei ist es so, dass eine Bewegung des Auges nicht ausgeführt werden kann, weil ein Muskel gelähmt ist. Bei dieser Form von Schielen wechselt der Schielwinkel. In mancher Richtung zeigen die Augen keinen Schielwinkel, in mancher Richtung einen besonders großen. Hinweise auf ein Lähmungsschielen gibt es meist schon aus der Anamnese, der Lebensgeschichte des Kindes. Die Eltern berichten dann vielleicht, das Kind sei vom Stuhl gefallen oder Ähnliches, und danach habe es geschielt. Lähmungsschielen tritt in der Regel ganz plötzlich auf. Das Kind ist dadurch sehr behindert. Es hat ja vorher richtig gesehen und jetzt erhält es plötzlich Doppelbilder. Es muss erst lernen, ein Auge auszuschalten. In jedem Fall ist das Auftreten eines Lähmungsschielens ein Alarmzeichen. Ein solches Kind muss sofort neurologisch untersucht werden.

Begleitschielen

Eine andere Form von Schielen ist das sogenannte Begleitschielen, das meist angeboren ist. Das schielende Auge begleitet das nichtschielende immer in dem gleichen Winkel. 90% dieser Schielkinder schielen, weil eine zentrale Störung der Steuerung der beidäugigen Augenbewegung vorliegt. Die eigentliche Augenbeweglichkeit der einzelnen Augen ist frei. Diese Störung kann man nicht durch ein Training beheben.

Latentes Schielen

Der Parallelstand der Augen ist wichtig, damit der Gegenstand des Interesses jeweils beidseits im Zentrum der Netzhaut abgebildet werden kann. Dieser Parallelstand muss jedoch als innervatorisches Gleichgewicht erst erlernt werden und entspricht nicht notwendigerweise der Ruhestellung der Augen. Deshalb schielen auch viele Säuglinge.

Die sogenannte Ruhestellung der Augen ist bei 80% der Bevölkerung nicht der Parallelstand sondern eine Außen- oder Innenschielstellung. Das heißt, wenn wir Tote betrachten und ihre Augen ansehen würden, dann könnten wir feststellen, dass sie fast alle schielen. Die Ruhestellung der Augen, wenn keine Steuerung mehr erfolgt, ist bei den meisten Menschen eine Außenschielstellung. Je weiter die sogenannte Ruhestellung der Augen vom Parallelstand entfernt ist, desto höher ist der innervatorische Aufwand, ihn zu erlangen und zu erhalten. Man spricht von einem latenten Schielen, da das nicht fixierende Auge sofort in die Ruhestellung, das heißt, in relative Schielstellung abweichen wird.

Obgleich das latente Schielen meist gut kompensiert ist, wird ein Kind mit einem starken latenten Schielen aber immer wieder dekompensieren zum Beispiel bei Müdigkeit, Stress oder einem Infekt. Dann schielt es u.U. manifest. Manchmal hält es sich sogar ein Auge zu, weil es damit die Wahrnehmung von Doppelbildern verhindern kann. Diese Kinder sind zum Teil ganz erheblich in ihrem Sehen und in ihrer räumlichen Wahrnehmung gestört. Sie schaffen kurzfristig mit dem Aufwand aller Kraft ein räumliches Sehen, das sie dann aber wieder verlieren. Sie können sich weder auf den Zustand einstellen, dass sie nur einäugig sehen, noch auf den Zustand der Beidäugigkeit. Sie sind u.U. schlechter dran als ein Kind, das dauernd schielt. Beim Augenarzt lassen sich diese Störungen möglicherweise nicht genau diagnostizieren. Da wird vielleicht während der Untersuchung unter Aufbietung aller Kräfte die latente Schielstellung kompensiert, und der Augenarzt erhält bei seinen Untersuchungen keine eindeutigen Ergebnisse.

Es ist verständlich, dass diese Kinder in der Schule beim Lesen und Schreiben schneller ermüden als andere. Sie verlieren die Zeilen, wissen nicht, wo sie gerade beim Vorlesen sein sollten und zeigen häufig am Ende eines Schreibvorganges eine deutlich schlechtere Schrift als am Anfang. Und da sie sich beim Schreiben mehr anstrengen müssen, machen sie in der Rechtschreibung dann auch mehr Fehler. Die Energie zum Nachdenken ist verbraucht.

Wenn man diese Kinder gut beobachtet, kann man vielleicht feststellen, dass bei Müdigkeit ein Auge abweicht bzw. wegrutscht. Man wird das auch erfahren, wenn man die Eltern daraufhin befragt. In jedem Falle muss man dem Augenarzt einen Hinweis auf diese Beobachtungen geben, damit das beidäugige Sehen im Rahmen einer Sehschuluntersuchung zusätzlich von einer Orthoptistin dokumentiert wird.

Mikroschielen

Es gibt eine leichte, kosmetisch nicht auffällige Innenschielstellung, das sogenannte Mikroschielen. Dabei handelt es sich um eine geringfügige Abweichung im Sinne eines kleinen Innenschielwinkels. Manchmal wird es vielleicht als Silberblick empfunden. Die meisten meinen aber, die Augen ständen parallel. Das sogenannte Mikroschielen wird vom Gehirn als Parallelstand gewertet. Diese Kinder erlangen beidäugiges grobes räumliches Sehen. Sie werden aber nie ein höheres räumliches Sehen entwickeln können, z.B. schlecht einen Beruf erlernen, bei dem diese Fähigkeit in differenzierter Weise gefordert ist. Das Mikroschielen selbst ist nicht behebbar, kann unkorrigiert (Korrektur z.Zt. durch Mikrochirurgie) jedoch zu einer hohen Schwachsichtigkeit am schielenden Auge führen und sollte deshalb rechtzeitig erkannt werden.

Die Augenbewegungen

Es gibt verschiedene Typen von Augenbewegungen, die von unterschiedlichen Zentren im Gehirn gesteuert werden (siehe S. 84):

Augenfixationsbewegungen
Führungsbewegungen,
Kommandobewegungen.

Das Gehirn versucht, die beiden Augen parallel zu führen. Dementsprechend kann man normalerweise nur gleichsinnige Augenbewegungen durchführen. Wir können nicht das eine Auge nach außen und das andere gleichermaßen nach außen bewegen. Möglich ist nur, mit beiden Augen nach rechts oder nach links, nach oben oder nach unten zu sehen. Die einzige nichtgleichsinnige Augenbewegung, zu der wir fähig sind, ist die Konvergenzbewegung in der Nähe.

Augenfixationsbewegungen

Augenfixationsbewegung bedeutet, dass ich ein Objekt, das ich mir betrachten will, trotz Veränderung meiner Körperlage nicht aus den Augen lasse. Ich halte es sozusagen mit den Augen fest (zentrale Blickfelderhaltung). Das ist deshalb möglich, weil sich meine Augen kompensatorisch zu der bewussten Körperbewegung, die ich mache, unbewusst, (meist gegensinnig) bewegen. Die Bewegung verläuft ohne meinen Willen, also unwillkürlich, ab. Störungen in diesem Bereich sind sehr behindernd, weil ständige kompensatorische Ausgleichsbewegungen erfolgen müssen.

Führungsbewegungen

Mit Hilfe der Führungsbewegungen wird ein Objekt, das sich bewegt, bei ruhiggehaltenem Kopf verfolgt. Die Augen werden gleichsam von dem sich bewegenden Gegenstand geführt. Die Verschaltungen hierfür liegen oberhalb der Stammhirnebene supranukleär.

Kommandobewegungen

Bewegungen, die auf höchster Hirnebene kortikal gesteuert werden, sind die Kommandobewegungen. Sie ermöglichen bewusst und willentlich, den Blick auf ein Objekt zu lenken. Häufig ist eine kortikale Störung im Bereich der Motorik auch mit einer kortikalen Störung im Bereich der Sensorik verbunden. Das heißt, die Kinder verarbeiten ihre Seheindrücke, auch wenn sie scharfe Bilder bekommen, nicht richtig.

Beeinträchtigungen der Augenbewegungen können Einfluss auf die Koordination von Auge und Hand und damit für das Erlernen von Lesen und Schreiben haben. Deshalb ist es für die heilpädagogische Arbeit mit Kindern wichtig, auch als Nichtmediziner um die Zusammenhänge zu wissen, auch wenn es sich hierbei um Begriffe besonderer augenärztlicher Untersuchungstypen handelt, die zur Diagnostik spezieller Störungen beitragen.

Konvergenz

Bei der Konvergenz geht es darum, beide Augen in der Nähe auf einen Punkt einzustellen. Im Zusammenhang mit der Akkommodation wurde bereits darüber informiert.

Das Gesichtsfeld

Als Gesichtsfeld eines Auges wird die Summe aller Punkte im Raum bezeichnet, die gleichzeitig auf der Netzhaut abgebildet werden. Das heißt, das Gesichtsfeld umfasst den gesamten Bereich, den ich, wenn ich den Kopf ruhig halte, mit diesem einen Auge übersehen kann. Wenn wir die Gesichtsfelder der beiden Augen zusammenschieben, erhalten wir ein herzförmiges Gesamtblickfeld. Die beiden äußeren Halbmonde dieses Herzens sehen wir jeweils nur mit einem Auge. Zentral überschneiden sich die beiden Gesichtsfelder. Bis 65° zur Seite hin wird das Gesichtsfeld von beiden Augen gesehen. Das bedeutet, dass Ausfälle eines Auges u.U. sehr spät wahrgenommen und erkannt werden. Wenn große Teile des Gesichtsfeldes fehlen, kann sich auch kein räumliches Sehen entwickeln, weil dann keine zwei Bilder vorhanden sind, die erst aufeinandergelegt, das räumliche Sehen ergeben. Dann ist häufig auch die Steuerung der Augenbewegungen beeinträchtigt.

1.2 Neurologische Organisation der visuellen Verarbeitung

Die neurologische Verarbeitung der sensorischen Reize geschieht auf der Hirnrinde in den Projektionszentren im Bereich der nach Luria bezeichneten Zweiten Funktionalen Einheit (siehe S. 194). Diese Einheit, umfasst das gesamte Gebiet hinter der Zentralfurche. Hier werden die von der Peripherie kommenden Reize zunächst in unzählig kleinste Einzelteile zerlegt, um in bestimmter Weise wieder zusammengesetzt bzw. strukturiert zu werden. Schließlich geschieht eine Integration verschiedener Sinnesmodalitäten, wodurch ein ganzheitliches Erfassen und damit Information ermöglicht wird.

Die primären Felder des okzipitalen Kortex (des Hinterhauptlappens), Area 17, sind die, in denen die Nervenfasern enden, die aus der Netzhaut kommen. Sie verlaufen anfänglich innerhalb des Sehnerven und nehmen, nachdem ein Teil dieser Fasern in der Sehnervenkreuzung (dem Chiasma opticum) auf die jeweils andere Seite übergegangen ist, weiter ihren Verlauf in der Sehbahn. Die Fasern der Sehbahn werden im seitlichen Kniehöcker (Corpus geniculatum) umgeschaltet, als Sehstrahlung weitergeführt und enden im primären Feld des Hinterhauptlappens. Im Bereich der Sehbahn kann es zu verschiedenen Formen von Sehstörungen kommen, die sich als Ausfälle im Gesichtsfeld (Skotome) darstellen. Eine teilweise Beeinträchtigung des Sehfeldes kann aber auf unterschiedliche Weise ausgeglichen werden, einmal dadurch, dass die Netzhaut ihre Funktion der Beeinträchtigung anpasst, man spricht dann von funktionaler Anpassung der Netzhaut, zum anderen durch entsprechende Augenbewegungen.

Die sekundären Felder des okzipitalen Kortex sind zuständig für die visuell-kognitiven Funktionen (Area 18 u. 19). Diese Felder nehmen mehr Raum ein als die primären und sind ihnen übergeordnet. Hier geschieht das Zusammenfügen der visuellen Reize, die Synthese, die Kodierung und die Ausgestaltung zu komplexen Systemen. Das heißt, diese Zonen spielen eine entscheidende Rolle bei der Verarbeitung und Speicherung visueller Information auf der Ebene des Erkennens. Wenn in den sekundären Bereichen der visuellen Verarbeitung Beeinträchtigungen vorliegen, kommt es zu Störungen des ganzheitlichen Erfassens. Der Betroffene ist unfähig, ganzheitliche Muster aus einzelnen Eindrücken zu bilden, und er hat Schwierigkeiten, Gegenstände in ihrer Gesamtheit und deren bildhafte Darstellung zu erkennen. Im Krankheitsfall handelt es sich um eine optische Agnosie, ein visuelles Nichterkennen. Diese Störung muss aber nicht andere Sinnesbereiche oder intellektuelle Prozesse mit einbeziehen. Sie bleibt eher ein „partieller Defekt", und obgleich diese Menschen ganze Gegenstände visuell nicht wahrnehmen, können sie sie dennoch über ihren Tastsinn „erkennen".

Bei der Betrachtung der sekundären visuellen Zonen muss noch berücksichtigt werden, dass es neben den vielfältigen Unterschieden in der Ausprägung und den Erscheinungsformen von Störungen auch noch darauf ankommt, welche Hirnhälfte davon betroffen ist. Die sekundären Bereiche der linken Hemisphäre (bei Rechtshändern dominant für Sprache) unterscheiden sich in ihrer Aktivität von den sekundären Bereichen der rechten (nicht dominanten) Hemisphäre. Diese Unterschiede lassen sich damit begründen, dass die sekundären Zonen der linken Hemisphäre unmittelbar mit der Sprache zu tun haben, während das bei der rechten nicht der Fall ist. Bei Beeinträchtigungen der linken Hemisphäre ist das Erkennen komplexer Buchstaben betroffen, ähnliche werden verwechselt und in ihrer Richtung vertauscht. Dementsprechend erschwert wird der Leselernprozess. Beeinträchtigungen der rechten Hemisphäre zeigen ein anderes Bild. Hier ist die Störung im Erkennen von Buchstaben weit weniger ausgeprägt oder manchmal gar nicht zu beobachten. Dafür ist die unmittelbare visuelle Wahrnehmung schwerwiegender betroffen; einmal beim Erkennen von Gegenständen, vor allem aber beim Wiedererkennen von Gesichtern. Oft wird ein Bekannter nur an der Stimme erkannt, nicht aber am Gesicht.

Die tertiären Zentren liegen im Bereich der Gebiete, in denen sich die kortikalen Felder für visuelle, Gehör-, Gleichgewichts-, Haut- und propriozeptive Empfindungen überlappen. Den Mittelpunkt bilden die Felder 39 und 40, vermutlich aber auch die Felder 37 und 21 (Hier hat subkortikal von den sekundären Thalamuskernen her eine Integration stattgefunden). In diesen tertiären Feldern werden die eingehenden Informationen nun nicht mehr nur modalitätsspezifisch verarbeitet, sondern hier findet eine Synthese, eine Vereinigung der Erregungen aus verschiedenen Sinnesbereichen statt. Das heißt, wenn in diesen Bereichen eine Beeinträchtigung vorliegt, kann Information nicht in ihrer Gesamtheit unter Einbeziehung verschiedener Sinnesempfindungen erfasst werden. Vor allem können zeitlich hintereinander wahrgenommene Bestandteile einer Situation nicht zu einem qualitativ neuen gleichzeitigen Eindruck umgesetzt werden. (Als Beispiel kann hier das Erkennen eines Quadrates dienen. Die Eigenschaft quadratisch ergibt sich nur aus der Synthese der Qualität von Winkeln und Seiten. Beim Beachten nur einer Eigenschaft, kann es wohl zum Erkennen eines Vierecks kommen aber nicht zum Erkennen des Quadrates). Die Orientierung besteht aus lose zusammengesetzten Versuchen, die keine wirkliche Orientierung ermöglichen. Menschen mit Beeinträchtigungen in diesen Bereichen sind unfähig, sich innerhalb eines räumlichen Koordinatensystems zu orientieren, vor allem auch zwischen rechts und links zu unterscheiden. Sie haben Schwierigkeiten, symmetrische Zeigerstellungen auseinanderzuhalten, und komplizierte Zeigerstellungen erfassen sie überhaupt nicht. Sie sind unfähig, sich auf einer Landkarte zu orientieren und auch darin, die räumliche Anordnung der Striche, die einen Buchstaben bilden, zu behalten.

Letztlich wird auch die Sprache in einer zeitlich räumlichen Anordnung benutzt, und damit gibt es dann u.U. auch Schwierigkeiten. Wenn man um diese Dinge weiß, kann man beobachten, wie oft am Sinn vorbei verstanden wird und es zu vielfältigen gröberen oder feineren Missverständnissen kommt.

Alle diese Beobachtungen sind an hirngeschädigten Erwachsenen gemacht worden. Sie lassen sich so sicher nicht auf Kinder mit neuropsychologischen Beeinträchtigungen übertragen. Da aber die Verarbeitung von Sinnesreizen auf Hirnrindenebene generell in den dafür spezialisierten Bereichen (Feldern) geschieht und diese Felder, die primären, sekundären und tertiären, nacheinander reifen bzw. aufeinander aufbauen, ist gut vorstellbar, dass Entwicklungs- und Reifungsverzögerungen, vielleicht auch Beeinträchtigungen, sich zwar „in Verdünnung“ aber ähnlich auswirken, wie es für pathologische Fälle beschrieben wird.

Auswirkungen auf Lesen und Schreiben

Sicher werden wir in der Regelschule keine Kinder mit derartigen Störungen finden. Die Auffälligkeiten der visuellen Verarbeitung stellen sich bei Kindern in Sonderschulen und Sonderkindertagesstätten in anderer

Weise dar. Manche Probleme bei Schulkindern vermitteln allerdings den Eindruck, als ob auch sie in einem Zusammenhang mit visuellen neurologischen Verarbeitungsproblemen verstanden werden könnten.

Möglicherweise äußern sich Entwicklungsstörungen oder -verzögerungen in den sekundären und tertiären Zentren als Lese- und Schreibprobleme. Da gibt es Kinder, die können Buchstaben, wenn sie isoliert dastehen z.B. auf Buchstabentafeln, erkennen und auch dem Buchstaben den entsprechenden Laut zuordnen. Sie können aber einzelne Buchstaben nicht zu einem Ganzen zusammenfügen, wie es beim Zusammenschleifen zu einem Wort im ersten Schuljahr erforderlich ist. Die Synthese, wie es in der pädagogischen Fachsprache heißt, gelingt nicht oder nicht in dem Maße, wie es erwartet wird. Es kann sich folglich auch nicht die Fähigkeit entwickeln, die Zusammenschau der einzelnen Merkmale zu automatisieren und damit das Wort als Ganzes zu erkennen. Die Kinder beginnen anhand von Einzelheiten, meist des ersten Buchstabens, zu raten. Das reicht aber nicht, um das Wortbild zu speichern und es sich schließlich vorzustellen. Dadurch kann der Leselernprozess erheblich behindert, wenn nicht verhindert werden. An Patienten mit dieser Störung wird beschrieben, dass sie nicht in der Lage seien, zwei Gegenstände gleichzeitig wahrzunehmen. So sind sie unfähig, die Umrisse eines Gegenstandes nachzufahren oder beim Schreiben auf Papier den aufgedruckten Linien zu folgen. Wenn sie die Bleistiftspitze beachten, verlieren sie die Linien aus den Augen (Luria 1992 S. 120). Auch hierzu lassen sich Beispiele „in Verdünnung" aus den Beobachtungen von Kinderschriften finden. Könnte es sich dabei um Verarbeitungsstörungen handeln, vielleicht in einem sekundären Zentrum? Könnten Beeinträchtigungen der Integration verschiedener Sinnesempfindungen in den tertiären Zentren sich vielleicht auf die Fähigkeit zur Buchstabe-Lautsynthese und zur Wortbildspeicherung auswirken?

In manchen Fällen lassen sich auf dem Hintergrund des gegenwärtigen neuropsychologischen Forschungsstandes Vermutungen über Zusammenhänge anstellen. Es werden aber nur Vermutungen bleiben. Hilfreich können sie dennoch sein, einmal zum Verständnis der Situation des Kindes, zum anderen, um immer neu nach Hilfsmöglichkeiten Ausschau zu halten. Wenn wir Erscheinungsformen visueller Verarbeitungsstörungen vermuten, nützt es z.B. wenig, auf der „höchsten" Ebene, den tertiären Zentren, das Kind mit Übungsangeboten zu belasten, wenn vielleicht bereits im primären Sehzentrum wegen einer Sehschwäche die Reize nicht angemessen verarbeitet werden können.

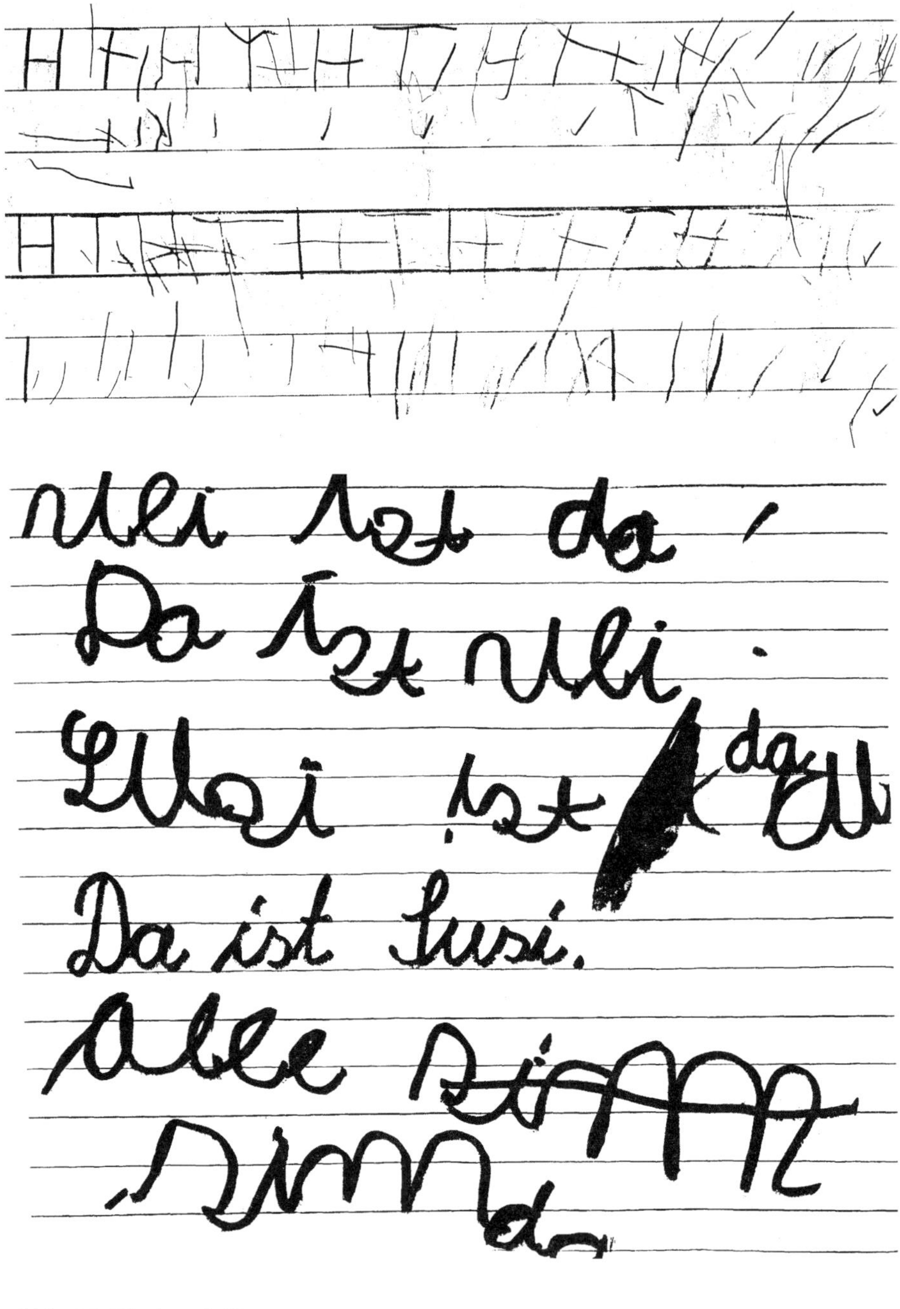

Abb. 29: Kinderschriften

1.3 Beispiele visueller Verarbeitung[49] und ihrer Beeinträchtigung

Beispiele für die Verarbeitung visueller Eindrücke lassen sich an Hand von Tests darstellen, die zur Überprüfung visueller Leistungen entwickelt wurden. Keiner dieser Tests prüft allerdings *nur* den Aspekt des Visuellen dabei. Immer gehen auch andere Faktoren mit ein, je nach Test in unterschiedlicher Weise. Wenn aber die Grundlagen der neuropsychologischen Zusammenhänge bekannt sind, können die Ergebnisse der Untertests im Vergleich zueinander und im Vergleich mit Beobachtungen in bestimmten Leistungsbereichen, sowie Untersuchungsergebnissen des Augenarztes Hinweise auf Schwächen in der visuellen Verarbeitung geben.

Im Folgenden werden zwei Tests vorgestellt: der *FEW Frostigs Entwicklungstest der visuellen Wahrnehmung und der DTVP-2 Developmental Test of Visuell Perception, second edition*, eine Weiterentwicklung des FEW. Der DTVP-2 liegt noch nicht in Deutscher Sprache vor. Wenn er im Zusammenhang mit der visuellen Verarbeitung hier dennoch erwähnt wird, dann darum, weil er eine Erweiterung und Vertiefung für das neuropsychologische Verständnis bedeutet und damit eine Hilfe im Rahmen neuropädagogischen Umgangs mit einem teilleistungsschwachen Kind.

Zum FEW

Anhand des FEW lässt sich zeigen, wie in dem Zusammenspiel von Reifung und Lernen visuelle und sensomotorische Erfahrungen sich zu komplexen funktionellen Systemen verbinden und dadurch bestimmte Leistungen visueller Verarbeitung ermöglichen. Und es lassen sich daraus Schlüsse ableiten über die Bedeutung einer beeinträchtigten Entwicklung in ihren Auswirkungen auf schulisches Lernen und Verhalten. Es geht aber in diesem Zusammenhang nicht um die Darstellung oder Interpretation des FEW als Test. Deshalb werden zur Verdeutlichung der einzelnen Wahrnehmungsbereiche, wo es hilfreich erscheint, auch aus anderen Verfahren Beispiele zur Veranschaulichung hinzugezogen.

Es werden 5 Bereiche vorgestellt:

- I Visuo-motorische Koordination (VM)
- II Figur-Grund-Unterscheidung (FG)
- III Formkonstanz-Beachtung (FK)
- IV Erkennen der Lage im Raum (LR)
- V Erfassen räumlicher Beziehungen (RB).

I Visuomotorische Koordination (VM)

Hierbei geht es um die Koordination von Auge und Hand. Das Kind soll innerhalb verschieden enger Begrenzungen sowie ohne Begrenzung Linien von einem Ausgangspunkt zu einem Zielpunkt ziehen.

[49] Zur Darstellung der visuellen Verarbeitung anhand des FEW wurden Teile aus Milz 1993 und 1994 verarbeitet.

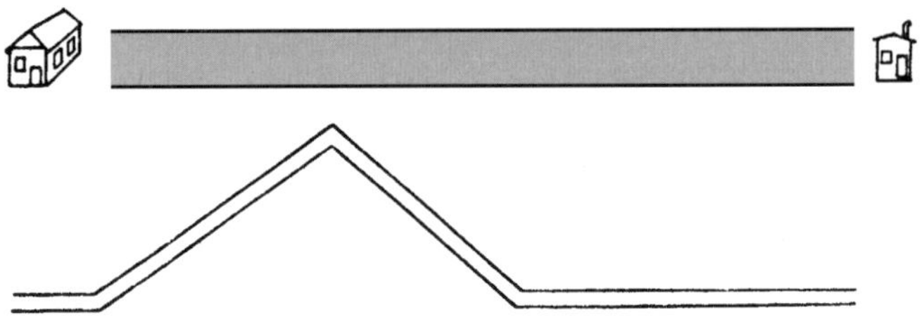

Abb. 30: Zwei Aufgaben aus Subtest I des FEW „Visuomotorische Koordination“

Das kontinuierliche Zusammenspiel der Augen und der Hände, ist ein Entwicklungsprozess. Beim Säugling ist es zunächst vornehmlich die Hand, die Informationen aus der Umgebung einholt – passiv und aktiv. Erst im 4. bis 5. Lebensmonat gelingt es dem Baby, die Hände in sein Gesichtsfeld zu bringen. Was zunächst zufällig geschieht, gelingt allmählich immer besser. So lernt das Kind zu sehen, was seine Hände spüren. Im Laufe der weiteren neurologischen Reifung übernimmt schließlich das Auge die Führung, und die Hände folgen ihm. Damit kommt es zur Koordination von Auge und Hand.

Der Subtest „Visuomotorische Koordination“ prüft diese Fähigkeit anhand verschiedener Aufgaben mit unterschiedlichen Schwierigkeitsgraden. Dabei handelt es sich um Fertigkeiten, die bereits ein komplexes Zusammenspiel visueller und motorischer Funktionen voraussetzen. Einmal ist es das Auge, das einen Ausgangspunkt fixieren und einen Zielpunkt anvisieren muss. Dazu ist die Fähigkeit zur Fixation sowie die gleichsinnige Beweglichkeit beider Augen erforderlich. Wenn hier Störungen vorliegen, wird das nur unzureichend gelingen. Der Strich (innerhalb der Testaufgaben) kann dann nicht in einem Zuge ausgeführt werden. Die Hand muss mehrmals anhalten, um neue Informationen durch das Auge zu bekommen. Zum anderen ist es die Hand, die sich dem Auge folgend, einer vorgestellten Linie entlang bewegen muss. Dazu bedarf es einmal der Vorstellung der gedachten Linie, zum anderen der taktil-kinästhetischen Wahrnehmung und der ständigen Rückmeldung darüber, wo die Hand sich befindet. Beides ist notwendig, und wenn das nicht oder nur unzureichend möglich ist, wird die Hand die Begrenzungen nicht berücksichtigen oder bei den Punkt-zu-Punkt-Aufgaben neben dem Ziel ankommen, was einige Kinder dadurch zu korrigieren versuchen, dass sie den Strich abwinkeln und so doch noch den Punkt treffen. Schließlich bedarf es noch der Fähigkeit zur Planung einer Handlung und im Rahmen dieser Planung zur schrittweisen Hintereinanderausführung der Tätigkeit.

Auswirkungen von Beeinträchtigungen der Auge-Hand-Koordination

Die Auge-Hand-Koordination ist eine komplexe Leistung auf intermodaler Stufe. Sehen und Bewegen müssen miteinander integriert die entsprechenden Informationen liefern, damit eine gezielte Bewegung ausgeführt werden kann, und die muss über das Differenzierungslernen immer feiner und genauer abgestimmt werden können. Kinder, die zur Schule kommen, haben damit häufig noch ihre Schwierigkeiten, manche nur aufgrund ungenügender Übung, andere aufgrund einer Entwicklungsverzögerung oder einer Beeinträchtigung.

Vielleicht war der Greifreflex nicht gut genug ausgebildet, und die Hand hat nicht gelernt zu umschließen. Oder sie hat Schwierigkeiten, geschmeidige Bewegungen auszuführen, weil die taktil-kinästhetische Verarbeitung betroffen ist. Die Stellung der Fingergelenke und des Handgelenkes wird dann nicht genügend gespürt. Das Zusammenspiel taktiler und kinästhetischer Informationen ist aber davon abhängig. Vielleicht ist auch die Rückmeldung, die Reafferenz, verlangsamt oder ungenau, was sich auf die Feinanpassung und Kraftdosierung auswirken kann. Im Extremfall müssen Bewegungsmuster immer wieder (pyramidal) neu programmiert werden und können nicht automatisiert (extrapyramidal) ablaufen. Das führt zur Verlangsamung von Handlungsabläufen und zu einem größeren Energieaufwand. Die Kinder ermüden beim Schreiben schneller als ihre Klassenkameraden, werden unaufmerksam und können sich nicht konzentrieren. Und weil sie sich nicht mehr genügend konzentrieren können, kommt es zu einer Fehlerhäufung im Laufe oder gegen Ende der schriftlichen Arbeiten.

Wenn man einem Kind eine solche oder ähnliche Aufgabe, wie sie dieser Untertest stellt, anbietet, macht man sich im allgemeinen nicht klar, welche Fähigkeiten im einzelnen dafür erforderlich sind. Es handelt sich um Teilfunktionen, die zum Erlernen der Kulturtechniken, zum Erbringen von schulischen Leistungen von grundlegender Bedeutung sind. Dementsprechend können Beeinträchtigungen vielfältige und unterschiedliche Auswirkungen haben, je nachdem welche Ursachen ihnen zugrunde liegen. Es kann sich um eine mehr oder weniger ausgeprägte Dyspraxie handeln, es können Störungen in der Bewegungsplanung vorliegen oder Beeinträchtigungen im visuellen System, um nur einige Beispiele zu nennen. Zu beobachten ist dann vielleicht eine verkrampfte Schrift, eine auffällige Stifthaltung, der zu starke Druck beim Schreiben, oder es gibt Schwierigkeiten beim Ballfangen, möglicherweise auch generell beim Anpassen der Hände an einen bewegten Gegenstand. Visuomotorische Beeinträchtigungen können vielfältige Auswirkungen auf Lernen und Verhalten haben. Neben oder wegen der Graphomotorik kann die Rechtschreibung betroffen sein.

So ist gut vorstellbar, dass durch „schlechte“ Schrift auch die Speicherung des Wortbildes beeinträchtigt wird, denn die Schreibweise wird nicht nur visuell, sondern auch über das „Muskelgedächtnis“ gespeichert. Das betrifft auch das Lesenlernen, weil wir auf das Wiedererkennen von Wortbildern dabei angewiesen sind. Nicht zuletzt kann sich eine Beeinträchtigung der Auge-Hand-Koordination auch auf das Rechnen auswirken. In der Praxis wird es deshalb immer wichtig sein herauszufinden, warum bestimmte Leistungen nicht oder nicht so, wie erwartet, erbracht werden können. Zu leicht kommt es zu Fehlbeurteilungen, und oft wird einem so betroffenen Kind lediglich das Üben empfohlen, aber es wird ihm nicht gezeigt, wie es das machen soll.

Generell verläuft die Entwicklung folgendermaßen:

Die Motorik	führt	die Perzeption	Wir sprechen von einem motorisch-perzeptiven Stadium
Die Bewegung der Hand	führt	die Augen	

Die Perzeption	führt	die Bewegung	Wir sprechen von einem perzeptiv-motorischen Stadium
Die Augen	führen	die Hand	

Schließlich übernimmt die Perzeption die Informationsverarbeitung weitgehend allein, und wir sprechen von einem perzeptiven Stadium. Aus diesem perzeptiven Stadium kommt es bei weiterer Integration zur Konzeptbildung.

Vielleicht hat die Beobachtung von jüngeren Kindern (manchmal auch noch solchen in der Grundschule), die bei bestimmten Spielen nicht die Augen schließen wollen oder können, einen Grund in der noch nicht genügend entwickelten Integration kinästhetischer und visueller Verarbeitung. Wie es sich auswirken kann, wenn diese Entwicklung nicht „der Reihe nach“ erfolgt, zeigt das Beispiel eines Vorschulkindes[50]. Es fällt auf, dass Rita sich in allen Handlungen ganz auf ihre visuelle Wahrnehmung verlässt. Augenschließen in Verbindung mit einer Übung ist für sie eine Belastung, wenn nicht sogar unmöglich und bringt sie in Panik. Sie beginnt am ganzen Körper zu zittern und sich hysterisch aufzuführen, so scheint es, so lange man nicht weiß, warum sie so reagiert. Verlässlich aber ist für Rita in der Hauptsache ihre Sehwelt. Mit der Motorik, hier der Feinmotorik, wurde keine Sicherheit gebende Integration eingegangen. Wenn Rita abzählt, kann sie das nur mit den Augen. Wenn sich die Finger daran beteiligen, zählt Rita falsch, die Auge-Hand-Koordination stimmt nicht. Mit den Augen allein aus einer Gruppierung Elemente auszusondern, geht aber im allgemeinen nur bis zu einer begrenzten Anzahl (etwa 5 bis 7). Deshalb

[50] Vorschulkind heißt hier altersmäßig schulfähig, aber zurückgestellt.

kann Rita nicht weiter als bis 5 oder 7 zählen, weil Auge und Hand nicht in Übereinstimmung miteinander und nicht im Rhythmus zueinander einen Gegenstand erfassen. Auch beim Malen zeigt sich die Beeinträchtigung. So geht freies Malen besser als Ausmalen, es brauchen dabei keine vorgegebenen Grenzen berücksichtigt werden. Kleine Formen werden vor großen bevorzugt. Die Hand braucht dann dem Auge nur über kleine Distanzen zu folgen. Auch das rhythmische Zusammenspiel kann durch mangelnde taktilkinästhetische Verarbeitung bzw. eine Beeinträchtigung der motorisch-perzeptiven Entwicklung betroffen sein. Dabei ist noch das Sprechen beteiligt. Da wundert man sich, dass das Abzählen nicht klappt, das Hinzeigen (Bewegen und Sehen) auf Elemente einer Menge und das gleichzeitige Dazusprechen. Aber wenn die Integration beeinträchtigt ist, kann eine solche Leistung nicht erbracht werden.

II Figur-Grund-Unterscheidung

Unter Figur-Grund-Unterscheidung versteht man die Fähigkeit, eine Figur visuell aus ihrem Hintergrund herauszulösen, von ihm zu differenzieren, sie als getrennt von ihm zu erkennen. Dieses Hervorhebenkönnen von Objekten gegenüber einem Hintergrund setzt eine charakteristische Struktur der umgebenden Lichtsituation voraus[51]. Es wird erleichtert, sofern das Objekt sich bewegt oder bewegt wird. In Fällen, in denen das visuelle Feld nicht in dieser Weise charakterisiert ist, kann es schwierig werden, Figur und Grund visuell zu differenzieren.

Mit diesem Begriff wird aber mehr angesprochen, als nur die Fähigkeit, eine Figur vor einem Hintergrund wahrzunehmen, bzw. sie aus einer Anzahl von Figuren zu isolieren. Da wir bei Kindern mit Lernproblemen möglichst genau erkennen wollen, in welchem Bereich ihre Wahrnehmungsverarbeitung betroffen ist und wie gefördert werden sollte, wird im folgenden versucht, die neuropsychologischen Zusammenhänge für die Leistung der Figur-Grund-Unterscheidung darzustellen.

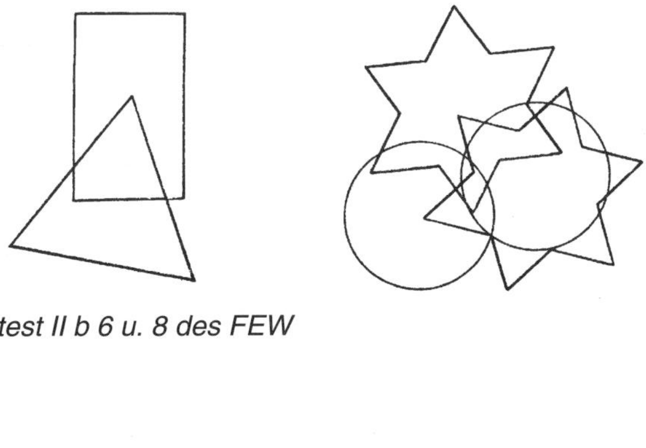

Abb. 31: Untertest II b 6 u. 8 des FEW

[51] Gibson 1982

Bei den Testaufgaben des FEW kommt es zunächst darauf an, eine demonstrierte geometrische Form zu erfassen, im Gedächtnis zu behalten und vorzustellen, um sie innerhalb der sich überschneidenden Linien wiederzuerkennen und mit einem Stift zu umfahren.

An diesem Prozess sind verschiedene Wahrnehmungsfunktionen beteiligt. Vor allem muss die Fähigkeit entwickelt sein, eine geometrische Gestalt visuell zu erfassen. Wo das nicht möglich ist, wird eine derartige Figur auch nicht von einem Hintergrund herausgelöst werden können. Und um eine geometrische Gestalt zu erfassen, bedarf es des in Beziehungssetzens von Geraden, Winkeln und Kurven, des Analysierens und Abstrahierens. Für Piaget beinhaltet der Terminus Analyse in diesem Zusammenhang

> (...) eine über die reine Wahrnehmung hinausgehende motorische Aktivität, die auch an der Quelle vieler anderer aktiver Bewegungen liegt: „Übertragungen" der wahrgenommenen Tatsachen aufeinander, „Vergleiche" (oder wechselseitige Übertragungen), „Transpositionen" (oder Übertragung von Relationen), „Antizipationen" (zeitliche Übertragungen oder Transpositionen) usw. Diese Gesamtheit bildet die Wahrnehmungsaktivität. Wenn bei Kindern auf dieser Stufe die Analyse fehlt, so bedeutet das also im ganzen ein Fehlen der Wahrnehmungsaktivität selbst, d.h. die Wahrnehmungen des Kindes bleiben noch passiv oder statisch, anstatt sich in ein sensomotorisches Koordinierungssystem einzuordnen, die sie miteinander verknüpfen" (PIAGET, INHELDER, 1975, S. 47-48).

Mit dieser Feststellung wird wieder deutlich, welchen Stellenwert die motorische Aktivität auch bei der Verarbeitung visueller Reize – hier zum Erfassen geometrischer Formen – hat.

Interessant ist es, dass es Kindern im allgemeinen leichter fällt, Abbildungen bekannter Gegenstände vor einem Hintergrund zu isolieren als ihnen das bei geometrischen Formen möglich ist. Nach Piaget ist das zur Bestimmung geometrischer Formen nötige Forschen nicht das gleiche, wie dasjenige, das zum Erkennen gebräuchlicher Gegenstände ausreicht (PIAGET, INHELDER, 1975). Vermutlich geben auch hier wieder die taktil-kinästhetische Erfahrung und das Gedächtnis daran die Basis zum Erkennen der Abbildungen konkreter Gegenstände, da die Verarbeitung in diesem Bereich früh reift. Das Kind greift, umfasst und umschließt. Es hat bereits „Eindrücke", die ihm helfen, sie mit dem visuellen Bild in Verbindung zu bringen und ihm dadurch Bedeutung zu geben, es zu erkennen. So stellt das „nur" visuelle Erfassen von geometrischen Formen eine Entwicklungsstufe dar, die voraussetzt, dass das Kind Erfahrungen im Abtasten (taktil-kinästhetisch) von Körpern hat, um an einer zweidimensionalen Figur Eigenschaften wie z.B. rund oder eckig zu erkennen.

Die Figur-Grund-Unterscheidung beinhaltet neben dem Erfassen der Figur selbst aber auch das Erfassen räumlicher Beziehungen wie benachbart und getrennt. PIAGET erklärt dazu:

> Die elementarste räumliche Relation, die die Wahrnehmung erfassen kann, ist anscheinend das Benachbartsein, das selbst der einfachsten Bedingung jeglicher Wahrnehmungsstrukturierung entspricht, nämlich derjenigen der Nähe, der in einem und demselben Feld wahrgenommenen Elemente. Eine zweite elementare räumliche Beziehung ist die Trennung. Zwei benachbarte Gegenstände können sich gegenseitig durchdringen und teilweise vermischen: Eine Trennungsrelation zwischen ihnen aufstellen heißt, sie dissoziieren oder zumindest ein Mittel zu ihrer Unterscheidung zu liefern. Je analytischer die Wahrnehmung wird, desto bestimmter sind die Trennungsrelationen (PIAGET, INHELDER, 1975)

In seinem Lebensraum macht das Kind auch diese Erfahrungen zunächst vornehmlich taktil-kinästhetisch und dann erst visuell. Aber wie es sie macht, wird auch von der Veranlagung zur Wahrnehmungsverarbeitung abhängen und von dem Reifungsstadium, in dem das Kind sich befindet. Wir gehen heute davon aus, dass das kindliche Gehirn zunächst mit beiden Hirnhälften gleichermaßen „ganzheitlich“ verarbeitet. Erst allmählich erlangt die linke Hirnhälfte neben anderen speziellen Verarbeitungsformen die Fähigkeit zu analysieren. Bei Reifungsverzögerungen und bei frühkindlicher Hirnschädigung kann möglicherweise auch die Fähigkeit zum Analysieren verzögert sein. Schließlich spielt auch die genetische Veranlagung zur Bevorzugung der rechten Hirnhälfte eine Rolle. Manche Kinder, die als lernbehindert gelten, sollten nicht nur auf ihre kognitiven Fähigkeiten, sondern auch auf die Art ihrer Wahrnehmungsverarbeitung hin überprüft werden.

Der Vollständigkeit halber sei noch auf den engen Zusammenhang zwischen der Figur-Grund-Wahrnehmung im visuellen und im körperlichen Bereich hingewiesen. Die Vermutungen von Kephart[52], dass jegliche Figur-Grund-Wahrnehmung ihren Ursprung im Bereich der kinästhetischen Verarbeitung des Körpers hat, wurde bereits erwähnt.

Beeinträchtigungen im Bereich der Figur-Grund-Unterscheidung

Beeinträchtigungen der Figur-Grund-Unterscheidung können sich auf vielfältige Weise im schulischen Lernen auswirken, und sie können sich gegenseitig bedingen: Betroffen sein kann

- *das Erkennen von Buchstabengestalten* im Wort, auf einer Heft- oder Buchseite (hierauf wird bei der Besprechung der Formwahrnehmung

[52] Kephart, 1977

noch eingegangen);

- *die Konzentration*, denn diese erfordert Zentrierung der Wahrnehmung;
- *die Aufmerksamkeit,* wenn die Zentrierung beeinträchtigt oder nur unzureichend möglich ist, erlischt die Aktivierungsreaktion zu schnell (siehe Abschnitt III.2);
- *das Lesen und Schreiben*, hierbei wird neben dem Erfassen der Buchstabengestalt auch die Figur-Grund-Wahrnehmung beansprucht. Das ist besonders bei der Ganzsatz- und Ganzwortmethode der Fall, die deshalb für Kinder mit Schwächen in diesem Bereich weniger gut geeignet ist. Aber auch bei der synthetischen Methode kommt der Zeitpunkt der Analyse. Dann müssen Buchstaben innerhalb eines Wortes erkannt und isoliert werden können. Ob es sich dabei um einzelne Buchstaben handelt oder um Signalgruppen oder um Silben, immer ist auch die Figur-Grund-Wahrnehmung an der Isolierung bzw. Differenzierung beteiligt. Wo diese nicht gut genug gelingt, kann sich das auf den Leseprozess und die Rechtschreibung auswirken.

Manchmal fallen uns Kinder auf, die sich auf einer Buch- oder Heftseite nicht orientieren können. Beim Lesen verlieren sie die Zeilen und finden sie nicht wieder. Beim Vorlesen von Rechenhausaufgaben wissen sie oft nicht, welche Aufgabe gerade dran ist. Einmal den Blick vom Buch oder Heft abgewandt, und sie haben den Anschluss verloren. Sicher gibt es für diese Auffälligkeiten auch wieder mehrere Ursachen. Bei manchen Kindern können wir aber, wenn wir um die verschiedenartigen Auswirkungen von Beeinträchtigungen visueller Wahrnehmung wissen, anhand von Beobachtungen und Testergebnissen doch den Schwerpunkt der Störung herausfinden.

Ganz besonders betroffen sind Kinder mit Schwächen in der Figur-Grund-Wahrnehmung beim Abschreiben von der Tafel. Hier kommt noch der Abstand vom visuellen Objekt, der dieses verkleinert, hinzu und erschwert so das Erfassen der Zeilen, Wörter und Buchstaben. Der ständige Wechsel der Blickrichtung – fern-nah –, die Anpassung der Linse an diese Situation erschweren so betroffenen Kindern die Zentrierungen erheblich und damit auch das Isolieren einzelner Gestalten vom Tafelgrund. Wir wundern uns dann, dass der Schüler „nicht einmal“ richtig von der Tafel abschreiben kann und berücksichtigen gar nicht, welche Leistung und Anstrengung das von ihm erfordert. Bei Kindern, die hier auffallen, sollte vom Augenarzt die Akkommodation überprüft werden, da bei juveniler Akkommodationsschwäche die Umstellung von Fern- auf Nahsicht beeinträchtigt sein kann.

Die Figur-Grund-Differenzierung ist auch Voraussetzung für mathematisches Denken. Wenn z.B. als Vorstufe des Zählens beim Ordnen und

Zuordnen von Elementen die Auge-Hand-Koordination erforderlich ist, so versteht sich von selbst, dass Auge und Hand nur ergreifen und erfassen können, was sich von der Umgebung abhebt.

III Formkonstanzbeachtung

Formkonstanz im eigentlichen Sinne bedeutet, dass die Wahrnehmung einer Form auch dann konstant bleibt, wenn diese unter perspektivischer Veränderung gesehen wird. Wir nehmen z.B. eine kreisförmige Scheibe nur dann optisch als Kreis wahr, wenn wir senkrecht auf sie sehen. Wird sie etwas gedreht, „sehen" wir sie immer noch als Scheibe, obgleich auf der Netzhaut das Bild einer Ellipse entsteht. Unsere Hand, die taktil-kinästhetische Wahrnehmung, hat uns das im Laufe unserer Entwicklung gelehrt. So erkennen wir im allgemeinen auch unter perspektivischer Veränderung die eigentliche Form. Sie ist für uns konstant.

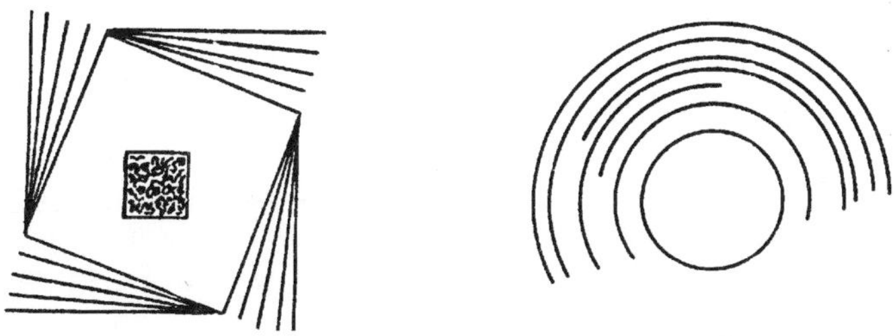

Abb. 32: Zwei Aufgaben aus dem Subtest III „Formkonstanzbeachtung"

Bei den Testaufgaben geht es um das Wiedererkennen von Kreisen und Quadraten, die in verschiedenen Größen und Positionen, Schattierungen und Umgebungen zusammen mit anderen geometrischen Figuren dargestellt sind. Das Kind darf sich dadurch nicht verwirren lassen. Es soll Kreise und Quadrate erkennen und nicht mit ähnlichen Formen verwechseln.

Formen als konstant zu erkennen, auch wenn sie unterschiedliche Positionen einnehmen, setzt die bereits besprochenen elementaren Fähigkeiten der visuellen Wahrnehmungsverarbeitung im Sinne von Auge-Hand-Koordination und Figur-Grund-Differenzierung voraus. Außerdem ist es wichtig, dass Formen überhaupt in ihrer „Eigenheit" erkannt werden. Das Baby, so nimmt man an, sieht zunächst nur schlecht abgegrenzte Klumpen, deren Haupteigenschaft ihr Zusammenhalt ist. Diese Klumpen sind im Wesentlichen undifferenziert und amorph. Das perzeptive Lernen beginnt aber sehr früh, vermutlich schon in den ersten Lebenstagen. Allmählich werden aus diesen Klumpen einzelne Elemente ausgegliedert und bekommen Signaleigenschaft. Diese Differenzierung geschieht allerdings nicht plötzlich. Sie wird vielmehr schrittweise erworben und setzt sich durchaus noch im Erwachsenenalter fort (siehe auch Abschnitt Differenzierungslernen). Auch Erwachsene lernen, immer noch differenzierter und genauer Gestalten zu erkennen und zu unterscheiden, und nicht nur Formen und Gestalten. Das differenzierte Wahrnehmen bezieht sich auch auf andere Bereiche wie Hören und Fühlen. Daraus ergibt sich, dass bei genügender Plastizität des Gehirns bis zu einem gewissen Grade immer noch eine Förderung möglich ist, unabhängig vom Alter.

Sehen wir uns weiter an, wie diese Differenzierung im Bereich der visuellen Verarbeitung vor sich geht. Zunächst sind es einzelne Merkmale, die sich ausgliedern lassen, sie sind aber noch nicht miteinander zu einem Ganzen integriert. Sie bestehen vielmehr nebeneinander und geben der Gestalt noch keine charakterisierende Eigenschaft. Wie bereits beschrieben, werden z.B. bei einem Quadrat zunächst die Merkmale: Länge der Seiten und Verhältnis der Seiten zueinander isoliert wahrgenommen. Wie schwierig offensichtlich dieser Lernprozess ist, wird immer wieder daran klar, dass auch ältere Schüler Probleme haben, ein Quadrat als Quadrat zu benennen. Meist sagen sie nur Viereck, womit sie ja auch nicht Unrecht haben. Das heißt, wenn wir die Entwicklung zur Formkonstanz als Erklärung benutzen: Diese Kinder erkennen *ein* Merkmal der Form, nämlich die vier Ecken, nicht aber die anderen Merkmale, die integriert miteinander erst die Eigenschaft „quadratisch" ausmachen. Sie erkennen einzelne Teile, nicht aber die neue Ganzheit, in diesem Falle das Quadrat.

Auch hierbei lassen sich Vermutungen über die neuropsychologischen Reifungsvorgänge anstellen.

Wie bei der Deutung der Hemisphärenreifung, die zum Verständnis der Entwicklung der Figur-Grund-Unterscheidung angeboten wurde, lässt sich davon ausgehen

- dass die eingehenden Reize zunächst von beiden Hirnhälften in gleicher Weise verarbeitet werden;
- dass diese Verarbeitung im Laufe der Entwicklung der sekundären visuellen Felder der rechten und linken Hirnhälfte in unterschiedlicher Weise geschieht, auf der linken Hirnhälfte eher analytisch, auf der rechten eher ganzheitlich;
- dass sich mit zunehmender Reifung des Corpus callosum (des Balkens) der Austausch zwischen den beiden Hirnhemisphären ständig

verbessert und dadurch sowohl analytische wie die synthetische Funktionen gemeinsam an der Wahrnehmungsverarbeitung beteiligt werden;

- dass dieser Prozess sich durch Lernen und Reifen ständig vervollkommnet;
- dass es auf dem Wege der Vervollkommnung Verzögerungen oder Beeinträchtigungen geben kann und
- dass es in der Bevorzugung der einen oder anderen Verarbeitungsform individuell konstitutionelle Unterschiede gibt.

Wenn wir den Mechanismus der Entwicklung der Formerkennung verstanden haben, dann werden wir immer wieder darauf aufmerksam werden, wie viele Kinder im Unterricht nur scheinbare Formwahrnehmung zeigen, während sie tatsächlich nur Einzelelemente oder kleine Elementgruppen verarbeiten. Aus diesem Grund ist nach PIAGET die *Wiedergabe von Formen* ein besserer Anhaltspunkt für Formwahrnehmung als die *bloße Formerkennung*. Bei der Formwahrnehmung müssen alle Elemente der Form in geordneter Weise behandelt werden. Bei der Formerkennung erlaubt bereits der Vergleich weniger Elemente eine Benennung. Nach KEPHART unterscheiden wir weiter eine globale und eine konstruktive Formwahrnehmung. Bei letzterer handelt es sich um einen komplexen Prozess, der ausgedehntes und intensives Lernen erfordert.

Kinder, die von ihrem Reifestadium her noch keine integrierte Form aufbauen können, und in ihrem Verhalten mehr auf einzelne Elemente als auf das Insgesamt einer Situation reagieren, werden durch neue, ungewohnten Situationen leicht verunsichert und orientierungslos. Je nach ihrer Art damit umzugehen, erscheinen sie dann vielleicht impulsiv, „hyperkinetisch“ vielleicht auch extrem aggressiv. Dabei dürfen wir aber nicht übersehen, dass für ein solches Kind nicht dasselbe Datengefüge bestehen muss wie für uns. Wenn es zu viele Einzelheiten sind, die nicht zu einem Gesamteindruck verarbeitet werden können, erlebt das Kind ein Chaos und verhält sich dementsprechend. Vielleicht zieht es sich aber auch in seine eigene Welt zurück und zeigt dann autistische Züge.

Es gibt andererseits auch Kinder, die nur auf *eine* bestimmte Einzelheit reagieren, wo gerade die Beachtung vieler Einzelheiten gefordert wäre, damit ein Gesamteindruck, ein „Bild“ entsteht. Sie werden dadurch aber nicht zu einer angemessenen Lösung des Problems kommen. Sie reagieren auf jeden Reiz, aber auf jeden einzeln. Reizgebunden nennen wir sie dann oder ablenkbar, vielleicht auch unkonzentriert oder disziplinlos. Aber das unangemessene Verhalten hängt möglicherweise wiederum damit zusammen, dass hier noch keine adäquate Form ausgebildet werden kann.

Das gilt allgemein für das Verständnis verhaltensauffälliger Schulkinder aber auch für das Verständnis von lernbehinderten Kindern wie für entwicklungsverzögerte erwachsene Behinderte.

Einzelne Merkmale einer Form zueinander in Beziehung setzen und erkennen können, dass daraus eine neue Qualität entsteht, die unveränderlich, bzw. konstant bleibt, ist bereits eine höhere kognitive Leistung. Diese Erkenntnis betrifft aber nicht nur Formen, das Phänomen Konstanz betrifft auch Größen, Mengen, Raum und Zeit[53].

Für PIAGET[54] ist Konstanz oder der Invarianz, wie er es nennt, von besonderer Bedeutung für die Entwicklung des mathematischen Denkens.

> Eine Menge oder eine Gruppe von Gegenständen ist nur vorstellbar, wenn ihr Gesamtwert unverändert bleibt, gleich welche Veränderungen in den Verhältnissen der Elemente eintreten mögen. Eine Zahl ist nur in dem Maße verständlich, wie sie mit sich selber gleich bleibt, unabhängig von der Disposition der Einheiten, aus denen sie zusammengesetzt ist. Überall und immer setzt der Geist die Erhaltung von irgendetwas als notwendige Bedingung für jedes mathematische Verständnis voraus.

IV Erkennen der Lage im Raum

Das Erkennen der Lage eines Objektes im Raum, Drehungen in der Horizontalen und Vertikalen konkret und an schematischen Zeichnungen wahrzunehmen, setzt die bisher besprochenen Fähigkeiten der Auge-Hand-Koordination, der Figur-Grund-Differenzierung und der Formkonstanz voraus. Das heißt aber nicht, dass sich diese einzelnen Funktionen der visuellen Verarbeitung nun schematisch nacheinander entwickeln. Die Reifungsprozesse greifen ineinander. Nur, wenn in einem Bereich eine Beeinträchtigung vorliegt, wird sich das auf den nächst komplexeren auswirken.

In den Testaufgaben sollen aus einer Reihe von Bildern diejenigen erkannt werden, die entweder in die gleiche oder in die entgegengesetzte Richtung zeigen wie die Beispielabbildungen. Um aber Richtungen zu erkennen und sich im Raum zu orientieren, muss die Orientierung am eigenen Körper entwickelt sein. Das Kind erwirbt diese Fähigkeit mit Hilfe sensorischer und motorischer Erfahrungen. Die Empfindung für senkrecht-

---

[53] Es würde den Rahmen dieser Arbeit sprengen, näher darauf einzugehen. In Milz 1993 ist ein Beispiel dazu angeführt.

[54] Piaget 1975 Bd. 3

waagerecht, rechts-links, vorne-hinten, die Koordinaten unseres Bezugssystems, werden durch Bewegung erworben. Sie ermöglichen, sich im Raum zurechtzufinden und auch die Lage von Objekten im Raum zu erkennen.

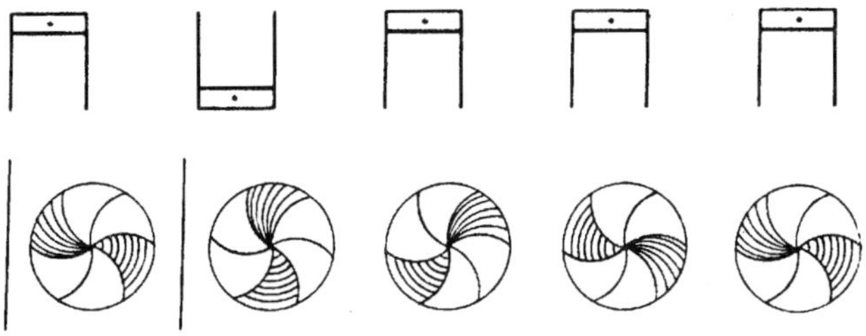

Abb. 33: Zwei Aufgaben aus Subtest IV des FEW „Erkennen der Lage im Raum“

Beeinträchtigungen im Bereich der Raumlage-Wahrnehmung

Störungen im Bereich der Raum-Lage-Verarbeitung stehen häufig in enger Verbindung mit Störungen des Körperschemas, vor allem mit unausgeprägter Seitigkeit. Die Unsicherheit an seinem Körper nicht eine Seite bevorzugt vor der anderen zum Gebrauch zur Verfügung zu haben und dadurch auch keine sichere Übertragung auf den extrakorporalen Raum zustande zu bringen, kann sich in extremen Fällen zu mehr oder weniger ausgeprägten emotionalen Störungen bis hin zu Depressionen auswirken. Auf derlei Beeinträchtigungen wird jedoch in der Schule kaum geachtet. Kinder, die mit der Raumlageverarbeitung Schwierigkeiten haben, werden u.U. Probleme mit Buchstabenvertauschungen und Verdrehungen bekommen, z.B. bei b/d; q/p oder bei d/p; b/g; n/u; m/w, auch mit a und e. Sie werden als „typische“ Legastheniker in Förderkursen behandelt, aber das oft nur mit geringem Erfolg, weil die Ursachen nicht alleine im kognitiven Bereich zu suchen sind, sondern auch im körperlichen. Das Körperschema ist unzureichend entwickelt. Manche dieser Kinder „landen“ in der Sonderschule, obgleich sie durchschnittlich intelligent sind. Andere quälen sich mit viel Nachhilfe von Schuljahr zu Schuljahr immer mit dem Gefühl, dumm zu sein.

Auch Zahlen werden manchmal seitenverkehrt geschrieben. Da es aber bei letzteren nicht zu Verwechslungen kommen kann außer bei 6 und 9, werden sie im Mathematikunterricht im allgemeinen nicht so sehr zum Problem. In extremen Fällen von Drehungen und Wendungen kann diese Beeinträchtigung allerdings zu großen Schwierigkeiten führen. Das Kind verwechselt beispielsweise 86 und 98 oder 63 und E9. Ein linkshändiger Junge verwechselte die 4 mit der 7. Er hatte dabei nicht nur rechts und links vertauscht sondern die Zahl auch noch gekippt. Durch derartige Raum-Lage-Probleme kommt es zu Fehlern, die eigentlich vom Denkvorgang her keine sein müssen. Wenn man die Rechenfehler analysiert, dann hat das Kind vielleicht richtig gedacht und nur die Stellung der Zahlen vertauscht.

V Erfassen räumlicher Beziehungen

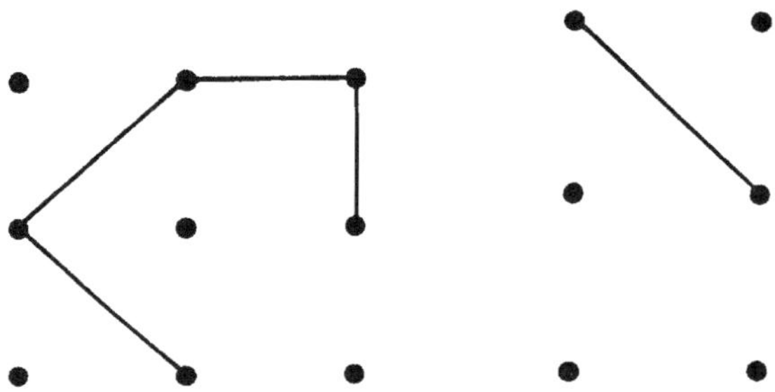

Abb. 34: Zwei Aufgaben aus Subtest V des FEW „Erfassen räumlicher Beziehungen

Das Erfassen von Beziehungen im zweidimensionalen Raum und das Rekonstruieren des Erfassten setzt vielfältige Erfahrungen voraus, die durch den Umgang mit Objekten erworben wurden.

> „Es geht aus von den Handlungen selbst und vom zuerst sensomotorischen, dann geistigen und vorgestellten Raum, der durch die Koordinierung dieser Handlungen bestimmt ist. Ob es sich um die topologischen Relationen „benachbart", „getrennt", „Reihenfolge", „umgeben" und „kontinuierlich" handelt oder um die euklidischen Relationen „Entfernung", „Geradlinigkeit", „Winkel", „Schrägen" und „Parallelität" usw., von Anfang bis Ende gehen solche Strukturen aus der Koordinierung der Handlung hervor" (nach PIAGET, INHELDER, 1975).

Wieder sind es also zunächst die Handlungen, die Auge-Hand-Koordination, die taktil-kinästhetische Wahrnehmung, welche dem Kind die Erfahrung vermitteln, in welcher Richtung ein Objekt liegt, in welchem Abstand zu ihm selbst und im welchem Abstand zu einem anderen Objekt. Begriffe wie vor, hinter, darüber und darunter u.a.m., aber auch Relationen im Sinne von größer und kleiner, mehr oder weniger sind Voraussetzungen für das Erlernen der Kulturtechniken. Damit kommt der Wahrnehmung von

Beziehungen im Raum eine besondere Bedeutung zu. Auch die Fähigkeit zur Seriation wird dadurch mitbestimmt.

Viele Erstklässler, aber auch ältere Grundschüler haben noch Probleme, räumliche Beziehungen zu erfassen. Sie sind unsicher im Verstehen von Begriffen wie gegenüber, zwischen, davor und danach. Abgesehen von den Schwierigkeiten, die es dadurch in der Rechtschreibung geben kann, weil die Beziehung der Buchstaben untereinander, ihre Reihenfolge im Wort nicht erfasst und behalten wird, kann sich das auch auf das Sprachverständnis auswirken. Neben Missverständnissen bei Arbeitsaufträgen zeigt sich das meist dann, wenn Geschichten nacherzählt werden sollen oder wenn es sich um Inhaltsangaben handelt. Hierbei geht es zwar mehr um zeitliche Beziehungen, aber Zeit und Raum sind untrennbar miteinander verbunden. Wir sprechen ja auch von einem Zeitraum und von einem Zeitpunkt.

Bei Kindern mit Lese-Rechtschreib-Schwächen (LRS) wird häufig für die Anerkennung einer Legasthenie zur Voraussetzung gemacht, dass sie im mathematischen Bereich gute oder doch durchschnittliche Leistungen erbringen. Es ist wichtig zu wissen, dass sich Schwächen im Erfassen räumlicher Beziehungen auf den sprachlichen wie auf den mathematischen Bereich auswirken können. Mathematisches Denken ist Denken in Räumen. Wenn uns das von der Geometrie, der Raumlehre, her vertraut ist, müssen wir berücksichtigen, dass auch die Grundrechenarten räumliches Denken und Vorstellen erfordern. Wir sprechen vom Zahlenraum, dem Zahlenraum des ersten Zehners, vom Zahlenraum bis hundert und von der Erweiterung dieses Raumes. Wir sprechen vom Überschreiten eines Zehners, und was wir überschreiten, sind immer Räume. Wir zerlegen Zahlen oder bilden Teilmengen, wir messen Längen – Strecken – Zeiten. Wir stellen fest, was ist gleich und was ist ungleich. Und bei allem geht es um Beziehungen im Raum. Beeinträchtigungen in diesem Bereich sollten als solche anerkannt und behandelt werden. Bei einigen Schülern wirken sie sich auch *nur* im mathematischen Denken aus. Wird das nicht berücksichtigt, sind diese Kinder im Nachteil gegenüber denen, die als Legastheniker anerkannt werden.

Auch seriale Leistungen können betroffen sein. Wo Beziehungen wie „benachbart" und „getrennt", „Reihenfolge", „umgeben" und „kontinuierlich" nicht entwickelt sind, wird das Kind auch in anderen Bereichen Schwierigkeiten haben, die Reihenfolge von Ereignissen zu erfassen, z.B. in Bildgeschichten oder wo sonst seriale Leistungen erforderlich sind. Zuweilen hat es den Anschein, als ob Kinder, die in der Wahrnehmung räumlicher Beziehungen beeinträchtigt sind, auch Probleme im sozialen Bereich haben, vielleicht auch in der Beziehung zur Mutter. Ob eine Störung in den ersten Objektbeziehungen die primäre Ursache für die Beeinträchtigung der Raumwahrnehmung ist oder Störungen der Körperwahrnehmung sich auf die Fähigkeit, Beziehungen aufzunehmen, auswirken, ist eine Frage, der nur mit größter Behutsamkeit nachgegangen werden sollte. Untersucht man derart beziehungsgestörte Kinder im Hinblick auf das Erfassen von Raumbeziehungen, scheinen sich manchmal Zusammenhänge zu ergeben.

Zum DTVP-2

In Tests, die zur Überprüfung der visuellen Verarbeitung konstruiert wurden, stellt sich der Wissenschaft immer die Frage: Was misst der Test wirklich? Hier sind die Meinungen insbesondere hinsichtlich des Einflusses der Motorik auf das Ergebnis visueller Verarbeitung unterschiedlich. Insbesondere ist der Untertest Visuomotorische Koordination davon betroffen. Die Überprüfung der visuellen Verarbeitung eines Kindes sollte Aufgaben einschließen, die bevorzugt wenig oder gar keine motorischen Fähigkeiten beanspruchen, sowie solche, die die visuell-motorische Integration oder visuell begleitetes motorisches Verhalten einbeziehen.

In dem DTVP-2, der eine Aktualisierung des DTVP (in deutscher Ausgabe FEW) ist, wird der Einfluss der Motorik bewusst eingegrenzt. Er besteht aus 8 Untertests:

Subtest 1. Auge-Hand-Koordination

Es soll eine Linie gezogene werden innerhalb eines geraden breiten Bandes. Die folgenden Bänder werden zunehmend enger und weisen Winkel und Kurven auf.

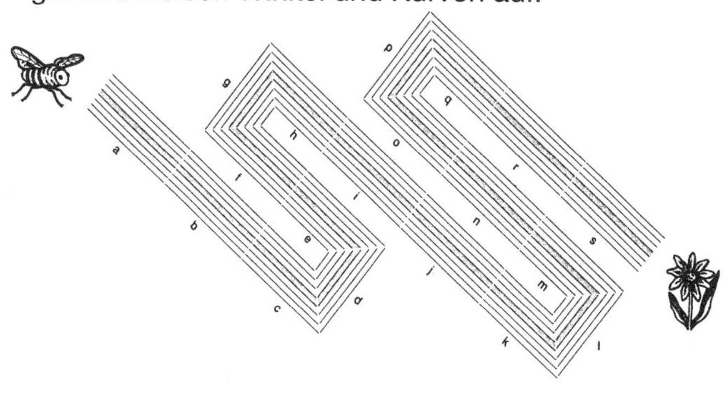

Subtest 2. *Lage im Raum*

Es wird eine Stimulus-Figur gezeigt. Exakt die gleiche Figur soll aus einer Reihe von ähnlichen, in der räumlichen Anordnung ihrer Elemente aber unterschiedlichen Figuren herausgefunden werden. (Diese Aufgabe wird als reine Zuordnungsaufgabe betrachtet.)

Subtest 3. *Nachzeichnen*

Eine einfache Figur, die als Modell dient, soll auf Papier nachgezeichnet werden. Die nachfolgenden Figuren werden immer komplexer.

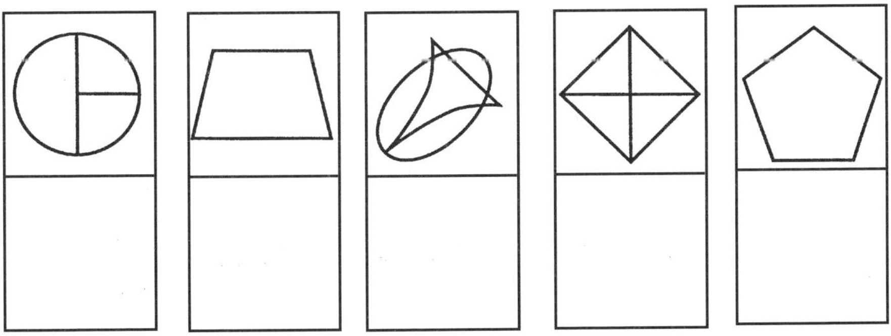

Subtest 4. *Figur-Grund*

Stimulus-Figuren sollen aus einer Anzahl sich überschneidender Figuren herausgefunden werden.

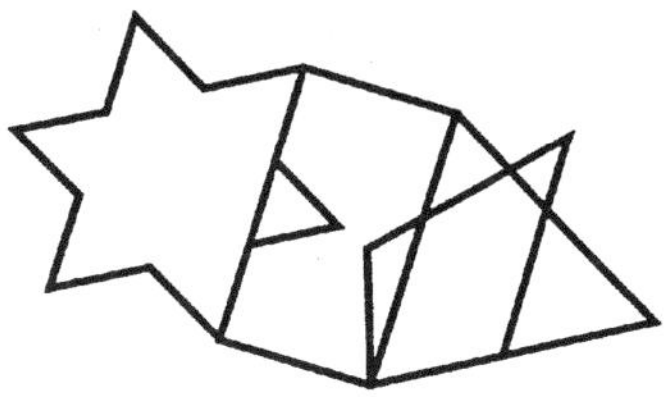

Subtest 5. *Räumliche Relationen*

In einem Punktgitter sind Muster von Punkt zu Punkt eingezeichnet. In ein leeres Gitter mit der gleichen Anzahl von Punkten soll das jeweilige Muster nachgezeichnet werden.

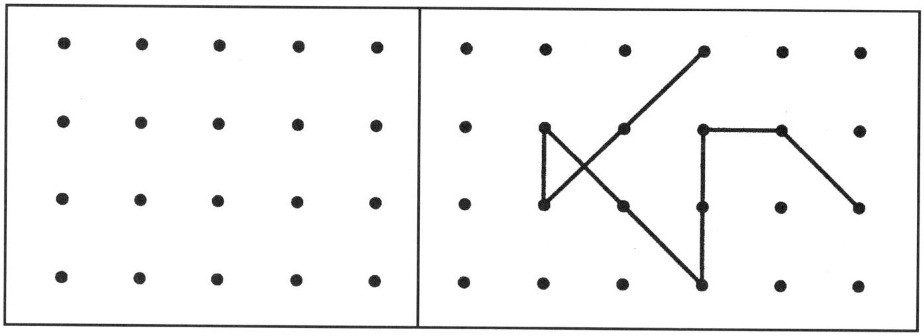

Subtest 6. Visuelles Gestaltschließen

Es wird eine Stimulus-Figur gezeigt, die das Kind unter einer Anzahl unvollständig gezeichneten Figuren wiedererkennen soll. Zum Vergleich muss es in seiner Vorstellung die fehlenden Teile der Figuren ersetzen.

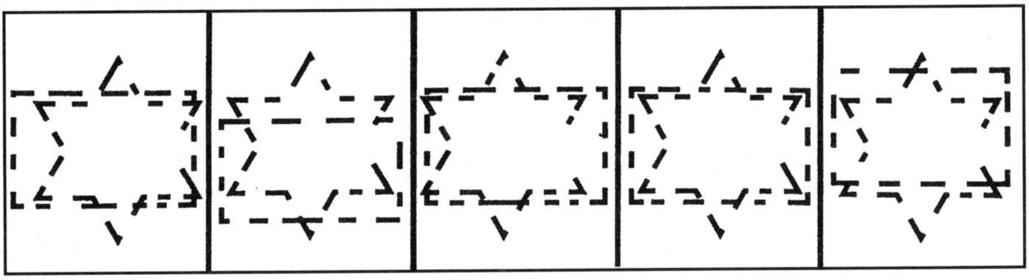

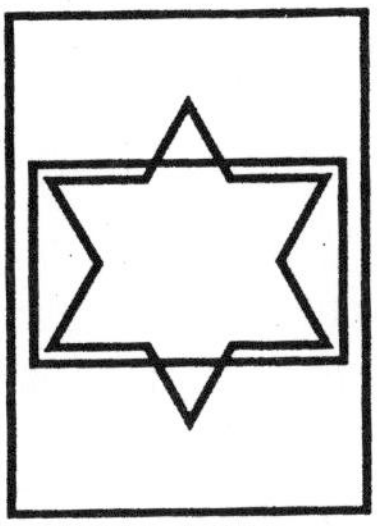

Subtest 7. Visuomotorische Geschwindigkeit

Dem Kind werden a) vier verschiedene geometrische Figuren gezeigt von denen zwei mit besonderen Zeichen versehen sind und b) eine Seite, die vollständig mit den vier geometrischen Figuren ausgefüllt ist, von denen aber keine ein besonderes Zeichen enthält. Die Aufgabe besteht darin, in einer bestimmten Zeit so viele Zeichen in die entsprechenden geometrischen Figuren zu setzen wie möglich.

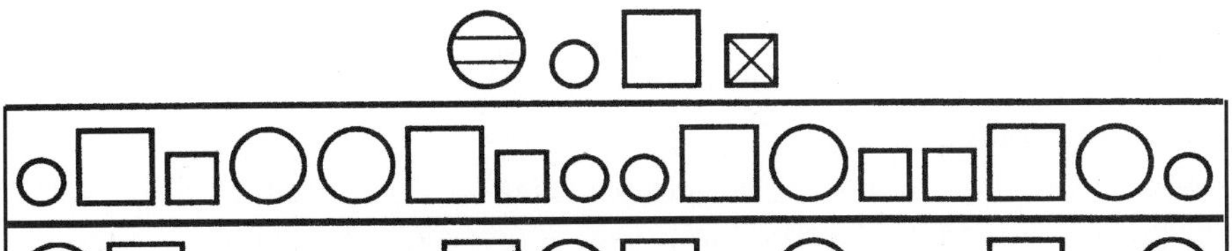

Subtest 8. Form-Konstanz

Es wird eine Stimulus-Figur gezeigt, die in einer Serie von Figuren wiedergefunden werden soll. Die Zielfigur kann unterschiedlich groß sein, verschiedene Positionen einnehmen, in einen ablenkenden Hintergrund eingebettet oder schattiert sein.

Die folgende Tabelle aus dem Manual gibt einen Überblick über die Art der visuellen Verarbeitung innerhalb der einzelnen Untertests und den Anteil der Motorik dabei. Er ist entweder vermindert (reduced) oder erhöht (enhanced).

Constructs Underlying DTVP-2 Subtests			
DTVP-2 Subtests	Types of Visual Perception Measured	Motor Involvement in Subtests	
		Motor-Reduced	Motor-Enhanced
Eye-Hand Coordination	Spatial Relations		Yes
Position in Space	Position in Space	Yes	
Copying	Form Constancy		Yes
Figure-Ground	Figure-Ground	Yes	
Spatial Relations	Spatial Relations		Yes
Visual Closure	Form Constancy	Yes	
Visual-Motor Speed	Form Constancy		Yes
Form Constancy	Form Constancy	Yes	

Abb. Tabelle aus Manual DTVP-2, S. 6

Zusammenfassung

Beide Testverfahren, der FEW und der DTVP-2 überprüfen bestimmte Bereiche der visuellen Verarbeitung. Die neuropsychologischen Überlegungen, die für den FEW dargestellt wurden, gelten gleichermaßen für den DTVP-2. Da der FEW auch als Gruppentest eingesetzt werden kann (Alter 4 – 8.11), eignet er sich für Kindergarten, Vor- und Grundschulbereich, um generell die visuelle Verarbeitung zu überprüfen. Sollten sich dabei Hinweise auf eine Beeinträchtigung ergeben, ist der DTVP-2 als Einzeltest (Alter 4 - einschließlich 10.11) zur differenzierten Überprüfung zu empfehlen. Dem erweiterten Altersbereich entsprechend sind in einigen Untertests die Anforderungen an die visuelle Verarbeitung erheblich gesteigert und weisen bereits in die Richtung kognitiver Verarbeitung.

Vorschläge zur Förderung

Die ausführliche Darstellung der einzelnen Komponenten, die an der visuellen Verarbeitung beteiligt sind, sollte deutlich werden lassen, wie mehrschichtig bei einer Behandlung oder Förderung vorgegangen werden muss, wenn wir Erfolg haben wollen. Auf welcher Stufe der Entwicklungsverzögerung oder Beeinträchtigung wir ansetzen, immer werden wir die „Bausteine der kindlichen Entwicklung"[55] berücksichtigen müssen, z.B. mit Angeboten aus der Ergotherapie im Sinne der sensorischen Integration, aus der Psychomotorik, nach den Anregungen von Affolter, Frostig, Kephart, Montessori, um einige der bekanntesten Richtungen zu nennen.

Bei der Auge-Hand-Koordination müssen wir uns vergegenwärtigen, dass sich die Auge-Hand-Koordination aus der Hand-Auge-Koordination entwickelt. Für eine Therapie bedeutet das: zurück zur elementareren Entwicklungsstufe. Wir müssen die Hand wieder führen und das Auge folgen lassen. Taktil-kinästhetische und damit propriozeptive Erfahrungen müssen ermöglicht werden. Hierzu gibt die Affoltertherapie Anregungen. Das kann auch auf direkte Weise geschehen, wie bei der Behandlung sakkadischer Augenbewegungen beschrieben (siehe folgenden Abschnitt). Autoren wie Brand, Frostig, Kephart, Kiphart, geben Beispiele für Bewegungsprogramme, die als Grundlage für eine Arbeit mit Papier und Bleistift zu verstehen sind. Liegen schwerere Beeinträchtigungen im Sinne einer Entwicklungsdyspraxie vor, sollte eine Behandlung durch eine Beschäftigungstherapeutin, die in sensorischer Integration ausgebildet ist, vorgenommen werden.

Einige thematische Beispiele

1 Führen der Hände, um Spürerfahrung zu ermöglichen (Affolter);
2 Übung der Augenfolgebewegungen;
3 Übungen des täglichen Lebens (Montessori);
4 Gezielter Umgang mit Montessori-Sinnesmaterial;
5 Führen der Hand beim Schreibenlernen (Affolter);
6 Ballspiele an der Wand, Regelspiele z.B. Ballschule;
7 Jede Art von Ballspielen, bei denen die Hände benutzt werden;

[55] Titel des Buches von Jean Ayres 1984 in seiner deutschen Übersetzung

8 Psychomotorik;
9 Frostig-Therapie;
10 Ergotherapie.

Für Kinder mit Beeinträchtigungen der Figur-Grund-Unterscheidung kann es eine Hilfe sein, wenn im Klassenunterricht anstatt der Tafel ein Overhead-Projektor verwendet wird. Bei einem Text, der zeilen- oder wortweise abgedeckt wird, braucht das Kind dann nur jeweils einen Ausschnitt des Ganzen zu erfassen. Auf Arbeitsblättern können wichtige Passagen graphisch herausgehoben werden, durch Unterstreichungen, Einrahmen, andere Buchstaben, Farbe usw. Kinder mit Beeinträchtigungen der Figur-Grund-Differenzierung haben manchmal Schwierigkeiten mit Umweltpapier. Der Bleistiftstrich hebt sich nicht deutlich genug ab. Die Schiefertafel mit dem Griffel hatte in diesem Fall ihre Vorteile. Das Kind spürt beim Schreiben einen deutlicheren Widerstand als auf dem Heft. Sein Muskeltonus hebt sich dabei besser vom Grundtonus ab. Kindern, die hiermit Schwierigkeiten haben, kann man eine feste Unterlage (Resopalbrettchen) unter das Heftblatt legen. Sie werden es so leichter haben zu schreiben. Die Schrift auf Arbeitsblättern sollte groß genug sein. Die bekannte Forderung nach gut gestaltetem Tafelanschrieb und Anschauungsmaterial findet hier ihre Begründung. Auch die Raumgestaltung, die Art und Weise, wie Schülermaterial an den Wänden angeordnet ist, all diese kleinen Dinge können Auswirkungen auf die Aufnahmefähigkeit teilleistungsgestörter Kinder haben. Ja selbst die heute nicht mehr geübte Gewohnheit, Kinder beim Sprechen aufstehen zu lassen, kann für sehr reizgebundene Schüler eine Hilfe sein, dem Sprecher aufmerksamer zu folgen. Dieser hebt sich so deutlicher aus der Menge heraus, ist besser zu sehen und u.U. auch zu hören. Auch für das Kind, das aufsteht, hat das Vorteile, es findet eine Veränderung des Muskeltonus statt und damit innerhalb des Körpers eine Figur-Grund-Differenzierung. Manche alte pädagogische Maßnahme war sinnvoll und wäre heute neuropsychologisch zu begründen. Bei den vielen motorisch unruhigen Kindern in unseren Klassen könnte der Wechsel von aufstehen, etwas mitteilen, sich wieder setzen manchem Kind etwas Bewegung bringen und damit auch die Aktivierungsreaktion im Sinne von Konzentration und Aufmerksamkeit steigern.

1.4 Die Bedeutung der Augenfolgebewegungen für Lesen und Schreiben

Kenntnisse über die funktionellen visuellen Zusammenhänge sind für alle wichtig, die mit Kindern zu tun haben, vornehmlich aber für Pädagogen im schulischen Bereich. Viele Kinder sind so lange unauffällig, bis sie in die

Schule kommen. Da sollen sie Lesen, Schreiben und Rechnen lernen, sich auf Tafel, Buch und Heft einstellen und Augen und Ohren aufhalten, um alles aufzunehmen, was ihnen angeboten wird und das dann auch noch verarbeiten. Da beginnt für manche Kinder eine regelrechte Leidenszeit. Sie können die Buchstabenformen nicht erfassen oder, wenn sie sie schon erfassen, nicht behalten, die Buchstaben nicht den entsprechenden Lauten zuordnen, sich im Buch oder an der Tafel nicht orientieren, und was es sonst noch an Schwierigkeiten geben mag. Die Lust an der Schule ist bald verflogen, und das Selbstwertgefühl nimmt rapide ab. Natürlich ist das nicht generell so. Manche Kinder mogeln sich durch bis zum dritten Schuljahr. Sie kompensieren vielleicht mit Fähigkeiten, die ihnen eine Weile über die Schwierigkeiten hinweghelfen, aber dann stellt sich doch heraus, dass beträchtliche Lernmängel vorliegen. Da hat z.B. keiner gemerkt, dass immer auswendig „gelesen“ wurde und das Kind eigentlich gar nicht lesen kann. Oder, wie bei einem kleinen Jungen: Da er ein so liebes Kerlchen ist und die Lehrer an der betreffenden Schule ein so verständnisvolles Kollegium, hat man über sein Unvermögen zu lesen und zu schreiben großzügig hinweggesehen. Er gibt sich ja solche Mühe! Die Mutter schreibt derweil die Hausaufgaben vor, und er fährt sie mit dem Stift nach!!! Keiner hat gemerkt, dass hier eine massive Beeinträchtigung der visuellen Verarbeitung vorliegt. Bei einigem Verständnis der Wahrnehmungszusammenhänge hätte man das an der Schrift bzw. Krakelei, erkennen können. Drei Jahre ist der Junge aus pädagogischen Gründen immer „mitgenommen“ worden, zumal er in Sachkunde auch „gut mitarbeitet“. – Und drei Jahre sind versäumt worden!

Die Ausführungen zu den fünf Bereichen der visuellen Verarbeitung können nur einen Einblick und eine Einführung in die gesamte Problematik visueller Beeinträchtigungen in ihren Auswirkungen auf Lernen und Verhalten geben. Sie können aber die Sensibilität steigern für solche Kinder, die in Schwierigkeiten sind, damit gegebenenfalls rechtzeitig die visuelle Verarbeitung vom Augenarzt überprüft wird.

Wozu zunächst keine fachärztliche Untersuchung notwendig erscheint, und was in der Schule oder von Eltern selbst beobachtet werden kann, das sind die Augenfolgebewegungen.

Wenn man ein Kind einen Gegenstand, den man vor seinen Augen langsam hin und herbewegt verfolgen lässt, sollten die Augen geschmeidig folgen. Tun sie das nicht, bewegen sie sich vielleicht ruckartig, gibt es u.U. Probleme beim Lesenlernen mit allen Konsequenzen, die daraus folgen können. Wie ist das zu verstehen?

An Untersuchungen von normallesenden Kindern, langsamen Lesern und Dyslektikern stellte PAVLIDIS[56] erhebliche Unterschiede in den Augenfolgebewegungen fest. Während gute Leser die Wörter in rhythmischer Bewegung und gleichmäßiger Folge abtasteten und bei den langsamen Lesern zwar ein verlangsamter aber ebenfalls kontinuierlicher Rhythmus beibehalten wurde, waren die Augenfolgebewegungen bei Dyslektikern völlig unrhythmisch, und es bestand keine Kontinuität. Diese Beobachtungen kann man auch ohne elektrische Aufzeichnungen bei leseschwachen Schülern machen, z.B. wenn Vertauschungen innerhalb der Buchstabenreihenfolge stattfinden. Da die Augen sich beim Abtasten des Wortes nicht geschmeidig bewegen, überspringen sie Buchstaben, wechseln die Leserichtung und können so das Wort nicht analysieren.

Sakkadische Augenbewegungen erschweren u.U. auch das Aufnehmen und Wiedererkennen einer Gestalt. Wie bereits beschrieben, geschieht das im Laufe der Entwicklung zunächst mit Hilfe der taktil-kinästhetischen Wahrnehmung der Hände. Sie befühlen einen Gegenstand und die Augen folgen und „begreifen". Mit zunehmender Reife sind die Augen allmählich in der Lage, mehr Informationen in kürzerer Zeit zu verarbeiten. Und schließlich wird nach „handelnder" Vorerfahrung ein Körper, eine Form und später auch ein Symbol, wie z.B. ein Buchstabe, rein visuell wahrgenommen. Geschieht das in kontinuierlicher Bewegung von einem Reizmerkmal zum anderen, können diese Reizmerkmale zentriert, zu einem Eindruck zusammengefasst, gespeichert und vorgestellt werden.

> Das Erforschen mit dem Blick ist (dann) leichter als mit der Hand, denn eine visuelle Zentrierung umfasst viel mehr gleichzeitige Elemente als eine taktile Zentrierung" (PIAGET, INHELDER, 1975).

Wo dagegen das visuelle Abtasten ohne „System" (unter sakkadischen Augenfolgebewegungen), vor sich geht, wird der Eindruck ungenau und kann dementsprechend auch nur diffus gespeichert werden. Wenn PIAGET feststellt, dass „dieser Mangel an Erforschung oder Wahrnehmungsaktivität auch die Schwierigkeiten beim Zeichnen erklärt" (PIAGET, INHELDER, 1975), dann erklärt er vermutlich auch die Schwierigkeiten beim Erfassen und Wiedergeben graphischer Symbole.

Überprüfung der Augenbewegungen[57]

Wir können die Augenfolgebewegungen auf drei Arten überprüfen

1. Mit jeweils einem Auge, das andere ist geschlossen.
   Wir beobachten, wie das Kind mit jedem Auge einzeln dem Daumen

[56] Pavlidis, 1980
[57] nach Delacato

der jeweiligen gleichseitigen Hand folgt. Der Arm soll sich in verschiedenen Richtungen in Augenhöhe vor dem Kopf bewegen in Form einer liegenden Acht. (Überprüft wird dabei die Hand-Auge-Koordination monokular.)

2. Wir beobachten die Augenfolgebewegungen beider Augen bei der gleichen Aufgabenstellung. (Überprüft wird dabei die Hand-Auge-Koordination binokular.)

3. Wir beobachten, wie die Augen unabhängig von der Führung durch die eigene Hand einen Gegenstand verfolgen, den der Untersucher vor ihm inform einer liegenden Acht bewegt. (Überprüft werden dabei die Führungsbewegungen siehe S. 91.)

Zu Aufgabe 1
Es wird überprüft, ob das Kind mühelos mit dem rechten Auge der rechten Hand (und mit dem linken Auge der linken Hand) folgen kann. Dazu verdeckt es mit der linken Hand sein linkes Auge. In der rechten hält es mit ausgestrecktem Arm einen Gegenstand und bewegt ihn in verschiedenen Richtungen: vertikal, horizontal, diagonal und kreisförmig. Der gleiche Vorgang wird mit der anderen Seite wiederholt. (Das Kind kann die Seite, mit der es beginnen will, selbst wählen. Wir bekommen damit gleichzeitig einen Hinweis auf das bevorzugte Auge bzw. die bevorzugte Hand). Der Kopf soll dabei stillgehalten werden.

Bei den Bewegungen des Auges ist zu beachten: Wie geschmeidig folgt es der Hand? Schießt es über das Ziel hinaus? Sind die Bewegungen grobschlägig oder zeigen sich nur kleinere Sprünge? Gibt es besondere Auffälligkeiten beim Überkreuzen der Mittellinie? Daneben kann man die Art beobachten, mit der das Kind seine Armbewegungen ausführt. Sind sie großräumig genug, dass sie das ganze Blickfeld ausfüllen, oder bleibt das Kind mit kleinen Bewegungen innerhalb des Greifraumes auf einer Seite? Das könnte ein Hinweis auf eine Beeinträchtigung der Großmotorik, wie auch der Kinästhesie, evtl. auf eine Dyspraxie sein. Manche Kinder muss man führen, weil sie allein nicht in der Lage dazu sind, ihre Arme so zu bewegen, wie es für diesen Zweck erwünscht ist. Dabei kann man Informationen über den Tonus von Arm und Hand erhalten. Versteift der Arm oder erschlafft er? Kann der Kopf still gehalten werden oder muss er die Bewegungen mitmachen (assoziierte Bewegung)?

Zu Aufgabe 2
Die Überprüfung wird in der gleichen Weise und nach den gleichen Kriterien vorgenommen, nur geht es jetzt um die gleichzeitige Bewegung beider Augen, die nun beobachtet werden soll.

Zu Aufgabe 3
Bei dieser Aufgabe soll das Kind mit beiden Augen einen Gegenstand verfolgen, den der Untersucher in etwa 40 cm Abstand vom Kind in verschiedenen Richtungen hin und her bewegt.

Bei allen Aufgaben behält das Kind, falls es eine Brille trägt, diese auf. Es gilt zu beobachten, ob sich die Augen unter den verschiedenen Bedingungen gleichmäßig und rhythmisch mitbewegen. In besonderer Weise ist darauf zu achten, wie sie die Mittellinie überkreuzen und ob es dabei Sprünge gibt.

Augenfolgebewegungen können trainiert werden

Wenn es sich nicht um Beeinträchtigungen medizinischer Verursachung handelt (das sollte abgeklärt werden), lassen sich Augenfolgebewegungen gut trainieren. Dafür gibt es im Rahmen der Psychomotorik vielfältige Anregungen (EGGERT, 1975; FROSTIG, 1975/1977; KEPHART, 1977, KIPHARD, 1975). Auch jede Art von Ballspielen, die mit der Hand auszuführen sind, können hilfreich sein. Will man aber gezielt vorgehen, empfiehlt es sich, Übungen nach DELACATO durchzuführen, und zwar nach dem gleichen Prinzip wie die Untersuchungen. Die Erfahrung zeigt, dass es vorteilhaft ist, damit auf der untersten Ebene, also monokular, zu beginnen. Man lässt das Kind mit ausgestrecktem Arm die Hand mit hochgestelltem Daumen großräumig bewegen und das jeweilige Auge den Bewegungen des Daumens folgen. Dreimal am Tag sollte das mit jedem Auge jeweils eine Minute geschehen. Man kann das sogar im Rahmen der Klasse durchführen lassen. Die Kinder haben Spaß daran und können sich, falls nötig, auch gegenseitig die Hand führen. Nach gewisser Zeit, die u.U. individuell festzulegen ist, geht man zu Übungen der nächsten Ebene über. Im Einzelfall wird minimal vier Wochen und maximal sechs Wochen zur Übung auf einer Ebene empfohlen. Beobachtungen, die an Kindern einer Grundschule gemacht werden konnten, zeigten erstaunliche Erfolge, auch hinsichtlich des Lesens und Schreibens.[58]

1.5 Die Bedeutung des bevorzugten Auges[59]

Im Zusammenhang mit Aufnahme und Verarbeitung der visuellen Reize wurde auf die Bedeutung der Sensorik und Motorik innerhalb des visuellen

[58] Beobachtungen der Autorin während ihrer Tätigkeit in einer Kleinklasse (Einrichtung in Hessen für verhaltensauffällige Kinder).

[59] Da sich die folgenden Ausführungen an Pädagogen wenden, denen u.U. die speziellen medizinischen Kenntnisse, vor allem die der Augenheilkunde fehlen, ist versucht worden, die Erklärungen der Zusammenhänge bewusst verständlich darzustellen.

Systems hingewiesen und dabei auch auf das harmonische Zusammenspiel beider Augen. Wie wichtig diese Zusammenarbeit ist, wurde vor allem an den Auswirkungen von Schielstellungen beschrieben. Beide Augen müssen als „physiologisches Doppelauge" zusammenarbeiten aber, damit diese Zusammenarbeit gelingt, übernimmt ein Auge dabei die Führung.

> „Die(se) binokulare (beidäugige) Integration geht nach Walls (1951)[60] so vor sich, dass das führungs- oder richtungsdominante Auge das Wahrnehmungsobjekt zunächst für Bruchteile von Sekunden allein fixiert. Das andere Auge folgt dem dominanten Auge unmittelbar und völlig deckungsgleich nach. Das geschieht mit reflektorischer synkinetischer[61] Funktionskoppelung. Durch diese „konzertierte" Aktion wird gewährleistet, dass dem Gehirn deckungsgleiche visuelle Eindrücke über die Netzhäute beider Augen vermittelt werden. Im Grunde sind es die Eindrücke, die das erstfixierende Richtungsauge gemeldet hat. Das andere hat sich dementsprechend optisch völlig angeglichen." (Kiphard 1994)

Über die Bedeutung, die unausgeprägte Lateralität für das Bewusstsein des eigenen Körpers hat (Körpervorstellung, Körperschema, Raumwahrnehmung, Raumbeziehung),[62] bestehen keine Zweifel. Wie ausgeprägt die jeweilige einseitige Bevorzugung im einzelnen Fall und in den einzelnen Bereichen (Modalitäten) erscheint, ob sie entwicklungsabhängig und geschlechtsspezifisch auftritt, darüber gibt es verschiedene Meinungen und Untersuchungen[63]. Sie sollen in diesem Rahmen nicht diskutiert werden. Hier geht es um die Frage, ob und welche Auswirkungen es für den schulischen Lernprozess haben kann, wenn sich noch keines der beiden Augen zum führenden entwickelt hat.

Seit längerer Zeit ist die Problematik lese-rechtschreibschwacher (LRS) Kinder u. Erwachsener bekannt. Sie ist allerdings komplex, und wenn sie hier im Zusammenhang mit der visuellen Wahrnehmungsverarbeitung angesprochen wird, sollte berücksichtigt werden, dass dieser Bereich im Einzelfall möglicherweise nur einen Teil des Gesamtproblems berührt. Es geht um Auswirkungen unzureichender visueller Verarbeitung auf schulisches Lernen, die auch bei Augenärzten noch wenig bekannt sind und deshalb bei LRS-Kindern selten Berücksichtigung finden. Es handelt sich dabei um funktionelle Skotome, die den Lese- und Schreiblernprozess, vor allem aber das Erlernen der Rechtschreibung erheblich beeinträchtigen können. Bei dieser Störung ist noch kein bestimmtes Auge das ständig führende. Es findet ein wechselseitiges Führen des einen und des anderen Auges statt und dabei

---

[60] Walls ,1951 in Ullmann, 1974
[61] synkinetisch: zusammenbewegt
[62] Frostig, 1975; Kephart, 1977; Milz, 1982
[63] Deegener; 1978; Gazzaniga, 1983; Remschmidt u. Schmidt, 1981; Spreen et al., 1984

kommt es zu einem kurzzeitigen „Verschwinden“ einzelner Bildteile. Beim Lesen und Schreiben betrifft das Buchstaben, die „wegrutschen“ und Auslassungen oder Vertauschungen.[64]

Eine Untersuchung, durchgeführt durch die Augenklinik in Heidelberg, konnte den Zusammenhang der visuellen Verarbeitungsbeeinträchtigungen mit der LRS bestätigen.

> Nun ist bei Legasthenikern tatsächlich ein intermittierendes Versagen des physiologischen Binokularverhaltens nachweisbar. Dies ergaben vergleichende Untersuchungen von 10-12-jährigen Kindern ohne Lese- und Rechtschreibschwierigkeiten und Kindern, die eine als „legasthenisch“ gekennzeichnete isolierte Lese- und Schreibfehlleistung hatten. Der Unterschied der Untersuchungsergebnisse war trotz der bei beiden Gruppen gleichermaßen bestehenden vollen Sehschärfe jedes Auges für Ferne und Nähe, einer Unauffälligkeit des motorischen Apparates und vorhandener Fusionsfähigkeit mit normaler Korrespondenz eindeutig.
>
> Den Legasthenikern misslangen nämlich immer wieder ein klein wenig die exakten Binokularleistungen, besonders beim Wechsel von Ferne zu Nähe und umgekehrt; auffällig war dies besonders in Verbindung mit Folgebewegungen in der Nähe. (.....) Es ließ sich also ein unphysiologisch verstärktes Wettstreitphänomen mit intermittierendem Zentralskotom finden, das für alle intermittierenden Fehlleistungen bei den vorangegangenen Prüfungen verantwortlich ist; es dürfte zugleich eine der Ursachen der Legasthenie sein. (Rabetge, Kraus-Mackiw 1982, Visuelle Störfaktoren bei Legasthenie)[65]

Mit Wettstreitphänomen ist hier (sehr vereinfacht ausgedrückt), gemeint, dass sich die beiden Augen nicht darauf einigen können, welches von ihnen die Führung übernimmt. Wenngleich es sich bei dem Führen auch nur um Bruchteile von Sekunden handelt und mit dem Fixieren sofort eine Fusion zum binokularen Sehen eintritt, wird diese bei einem „Wettstreit“ beider Augen verhindert. Als Folge davon kann es geschehen, dass bestimmte Teile eines fixierten Objektes z.B. eines Wortes zeitweise verschwinden.

Wie es von der Entwicklung her vorzustellen sein könnte, dass ein Auge zum führenden wird, soll im folgenden näher ausgeführt werden.

Zu Beginn der sensorischen und motorischen Entwicklung bewegt das Kind seine Hände in seinem Greifraum von seiner Körpermitte nach außen zu: die rechte Hand von der Mitte nach rechts und die linke Hand von der Mitte nach links. Der Greifraum ist so im Wesentlichen in zwei Greiffelder geteilt. Es ist die Hand, die einen Gegenstand erfasst, und das Auge folgt ihr. So

---

[64] Kiphard, 1979; Schuhmacher, 1989, 1991; Rabetge, 1989;

[65] Rabetge, G. und Kraus-Mackiw, E. in pädiat. prax. 26, 27-38 (1982) Leider kann an dieser Stelle nicht ausführlicher auf Einzelheiten eingegangen werden.

lange die visuelle Wahrnehmung und die Okulomotorik noch nicht ausgereift und die einzelnen Bereiche noch nicht miteinander integriert sind, ist es die Hand, die das Auge lenkt. Bevorzugt das Kind nun den rechten Greifraum, wird auch durch das rechte Auge mehr Information über diesen Greifraum aufgenommen und umgekehrt. Ein Überkreuzen der Körperlängsachse für die Hände wie für die Augen wird erst auf der nächsten Entwicklungsstufe, der Stufe der bilateralen Integration, möglich. Mit der Ausreifung der Hirnrinde kommt es schließlich zu einer funktionellen Asymmetrie der beiden Hirnhemisphären und zur Ausbildung der Lateralität, der Bevorzugung eines Auges, eines Ohres, einer Hand und eines Beines.

Bei Schulkindern kann man häufig beobachten, dass sie noch nicht in der Lage sind, unbewusst und mechanisch ihre Körpermitte zu überkreuzen. Wie bereits beschrieben benutzen sie beim Tafelabwischen die linke Hand auf der linken Seite ihrer Körperlängsachse und die rechte, wenn sie in ihren rechten Greifraum kommen. Sie wechseln dabei den Schwamm wie selbstverständlich von einer Hand in die andere und vermeiden u.U. dabei das Hinsehen. Beim Schreiben umgehen sie das Überqueren der Mittellinie, indem sie, anstatt mit der rechten Hand (beim Rechtshänder), in den Greifraum nach links überzugreifen, entweder das Heft nach rechts rücken oder, was häufiger vorkommt, den Körper nach links drehen. Sie sitzen dann völlig verbogen da. Beim Malen oder Zeichnen vermeiden sie, eine waagerechte Linie von links nach rechts auszuführen. Sie drehen das Blatt und ziehen lieber den Strich von oben nach unten. Fordert man das Kind auf, das Blatt liegen zu lassen, verdreht es wiederum den Oberkörper, damit es mit seiner Tätigkeit in seinem einseitigen Greifraum bleiben kann. Was für die Hände gilt, gilt offenbar auch für die Augen. Manche Kinder bewegen während des Schreibens ihren Kopf ständig hin und her. Das sind dann möglicherweise die, bei denen es, wie beim Wechsel der Hände, zu einem ständigen Wechsel des führenden Auges kommt.

1.5.1 Feststellung des bevorzugten Auges[66]

Wenn wir bei einem Kind mit Lernproblemen die oben beschriebenen Beobachtungen etwas mehr absichern wollen, können wir das mit einfachen Mitteln versuchen. Das sollte für Fern- und Nahsicht getrennt geschehen, denn es kommt durchaus vor, dass sich dabei Unterschiede ergeben. Grundsätzlich muss aber zunächst die Sehtüchtigkeit beider Augen durch den Augenarzt abgeklärt werden.

Das bevorzugte Auge für Fernsicht im binokularen Sehen überprüfen wir, indem wir mit beiden Augen offen durch eine Röhre (zusammengedrehtes

[66] nach Delacato, 1973

DIN A4 Blatt), die mit ausgestreckten Armen gehalten wird, ein entferntes Ziel anvisieren lassen. Die Röhre wird, ohne das Ziel aus dem Auge zu verlieren, langsam zum Gesicht hingeführt und kommt schließlich bei dem Auge an, welches das bevorzugte ist.

Eine andere Möglichkeit, das führende Auge zu bestimmen, besteht darin, dass wir bei ausgestrecktem Arm und mit beiden Augen offen durch ein bleistiftdickes Loch in einem Papier (z.B. DIN A5 Blatt), ein entferntes Ziel anvisieren lassen. Das Blatt wird langsam an das Gesicht geführt, ohne das Ziel aus dem Auge zu verlieren. Es kommt an dem Auge an, welches das bevorzugte ist. Die Überprüfungen werden mit drei verschiedenen Zielen durchgeführt. Wenn nicht jeweils alle drei Versuche eindeutig sind, ist auch keine eindeutige Aussage über die Bevorzugung eines Auges zu machen.

Die Nahsicht wird in der gleichen Weise überprüft, dazu sitzt das Kind am Tisch. Der Abstand zur Tischplatte soll ca. 30 cm betragen. Für das binokulare Sehen wird ein kleines Röhrchen (zusammengerollte DIN A6 Karteikarte), über ein Kreuz gehalten, das auf ein Blatt gezeichnet wurde. Dieses Kreuz wird mit beiden Augen offen durch das Röhrchen anvisiert und das Röhrchen, ohne das Kreuz aus den Augen zu verlieren, an das Gesicht geführt. Das Auge, bei dem es in drei Versuchen hintereinander ankommt, ist das bevorzugte.

Bei der zweiten Möglichkeit, das führende Auge zu bestimmen, wird das Kreuz durch ein bleistiftdickes Loch in einer Karteikarte anvisiert und die Karte an das Gesicht geführt. Das Auge, an dem das Loch ankommt, ist das bevorzugte.

Auch bei der Überprüfung der Nahsicht ist eine Aussage hinsichtlich der Bevorzugung eines Auges nur dann zu machen, wenn bei allen Versuchen immer das gleiche Auge bevorzugt wurde.

1.5.2 Folgerungen aus der Feststellung des bevorzugten Auges

Für die Fernsicht

In welcher Weise das bevorzugte Auge im Hinblick auf die Tafel oder Demonstrationsobjekte berücksichtigt werden sollte, wurde bereits beschrieben. Bei Linksbevorzugung sollte sich die Tafel im linken, bei Rechtsbevorzugung im rechten Blickfeld befinden. Sofern keine eindeutige Lateralisation für Fernsicht entwickelt ist, sollte das Kind frontal zur Tafel sitzen, jedoch nicht zu nah, damit das Blickfeld nicht zu sehr eingeschränkt ist.

Für Nahsicht

Bei Rechtsbevorzugung sollte das Kind das Heft in seinem rechten, bei Linksbevorzugung in seinem linken Greifraum zu liegen haben. In amerikanischen Schulen werden die Kinder angehalten (je nach Händigkeit bzw. Äugigkeit), das Heft in einem Winkel von ungefähr 30° von der Waagerechten aus zu drehen. Auf diese Weise wird das jeweilige Sehfeld gut ausgenutzt. Sofern sich noch keine eindeutige Bevorzugung eines Auges ausgebildet hat, kann mit Psychomotorik und Übungen aus der Bewegungs- und Wahrnehmungsförderung versucht werden, den Prozess der Lateralisation zu unterstützen[67].

Wenn linksäugige Kinder auch mit der linken Hand schreiben, sollten die Empfehlungen, die NAVILLE allgemein für Linkshänder gibt, beachtet werden:

1. Gerade sitzen, d.h. gleichmäßig auf dem ganzen Gesäß, Gewicht nicht nur auf eine Seite verlagern.
2. Heft oder Schreibblatt nicht zu nahe an den Bauch ziehen. Unterarm bleibt auf dem Tisch liegen. Ellbogen oder Handgelenk dürfen weder hochgehoben noch abgewinkelt werden.
3. Das Heft oder Blatt liegt von der Körpermitte nach links.
4. Das Heft oder Blatt liegt bei Linkshändern nicht in einem bestimmten Winkel zur Tischkante, da man bei einem linkshändig schreibenden Kind die Schriftneigung nicht bestimmen sollte. Im Fall ein Lehrer auf der Neigung besteht, dann muss sie 30-45° nach oben gehen, d.h. gerade in der entgegengesetzten Diagonale wie bei Rechtshändern.
5. Der Linkshänder „stößt“ die Schrift. Die Bewegung geht von außen nach innen, d.h. zur Körpermitte. Dazu bleibt die Hand in der geraden Linie des Unterarmes, wenn möglich auch unter der Schreiblinie. Die Schreibbewegung muss daher viel stärker aus den Fingern kommen. Es sieht so aus, als ob die Finger nach „oben“ schreiben müssten. Nur so kann vermieden werden, dass die Hand das eben Geschriebene verdeckt oder verwischt.
6. Für eine flüssige Schrift ist es unumgänglich, einen speziellen Füllfederhalter für Linkshänder zu kaufen, oder einen harten, feinen Filzstift.
7. Jeder Linkshänder braucht mehr Schreibtraining als ein Rechtshänder, um zu einer flüssigen Schrift zu kommen. Es ist anzuraten, die Lineatur des Schreibheftes möglichst groß zu wählen.
8. Ein Linkshänder, der trotz dieser Hilfen nicht schreiben lernt, ist möglicherweise ein Linkshänder mit kompensatorischer Händigkeit (evtl.

---

[67] Ayres, 1979/1984; Delacato, 1973; Eggert, 1975; Frostig, 1980; Kephart, 1977; Kiphard u. Huppertz, 1977

Rechtshänder mit minimalster, cerebraler Bewegungsstörung rechts), oder ein Kind mit beidseitiger Feinkoordinationsschwäche. Seine Handdominanz und seine Handgeschicklichkeit (feinmotorischer Entwicklungs- und Übungsstand) müssen mit speziellen Testverfahren geprüft werden (Testkasten NAVILLE).

9. Es ist wichtig, dass der Lehrer die Schreibhaltung und die Bewegungsabläufe beim Schreiben, neben dem Kind sitzend, auch mit seiner linken Hand vorzeigt (NAVILLE, 1980).

1.5.3 Heilpädagogische Hilfen

Alle Erkenntnisse nützen dem Betroffenen nichts, wenn sie nicht in die Praxis umgesetzt werden.

1. Zu beachten ist der Sitzplatz

Wenn es dem Kind schwerfällt, mit seinen Augen die Mittellinie zu kreuzen, sollte der Sitzplatz so gewählt werden, dass der Blickwinkel derart ausgerichtet ist, dass das bevorzugte Auge möglichst wenig kreuzen muss. Bei einem rechtsäugigen Kind wäre das der Fall, wenn die Tafel im rechten Blickfeld (Greifraum) liegt und umgekehrt. Nicht umsonst haben sich Verkaufspsychologen in Warenhäusern diese und ähnliche Wahrnehmungsstrategien zwecks Umsatzsteigerung zunutze gemacht. Warum sollten wir uns nicht der gleichen Erkenntnisse bedienen, um den „Lernumsatz" bei Kindern zu fördern?

Es gibt noch einen Grund für die Beachtung des Sitzplatzes. Kinder, die Schwierigkeiten mit der Lese- und Schreibrichtung von links nach rechts haben, sollten so sitzen, dass die Lichtquelle auf ihrer linken Seite ist. Die Lese-Schreibrichtung führt dann von hell nach dunkel, später von gelb nach braun und schließlich von links nach rechts. Natürlich müssen derartigen Hilfen Orientierungsübungen am Körper vorausgehen (siehe auch Zapke 1994 u. 2001).

2. Zu beachten ist die Händigkeit

Da sich u.U. die Bevorzugung der rechten oder linken Hand bzw. des rechten oder linken Auges auch auf die Leserichtung[68] auswirkt (die Leserichtung verläuft bei „linksäugigen" Kindern von rechts nach links!), kann unausgeprägte Bevorzugung oder Linksäugigkeit zu Störungen im Lesen und Schreiben führen. Bei unausgeprägter Bevorzugung sind Angebote zur Entwicklung der Seitigkeit sinnvoll. Ob Lateralität über

[68] Milz, 1982

das „Nachreifen" der motorische Entwicklung von der Homolateralität (Einseitigkeit) über die Bilateralität (Beidseitigkeit) zur Bevorzugung einer Hand bzw. eines Auges erreicht werden kann, ist umstritten. Delacato ist ein Befürworter dieses Vorgehens und die Vertreter der Kinesiologie schließen sich ihm an. Nach Frostig, die selbst Schwierigkeiten mit der Händigkeit hatte, ist es wichtig, die Eigenwahrnehmung in der Hand, bzw. dem Arm zu stärken, der tendenziell im Gebrauch mehr zu einer Seite „hinneigt". Sie empfahl dafür jede Art von Übung, die den Muskeltonus auf der entsprechenden Seite (und nur auf der) anregen und die Muskulatur kräftigen kann[69].

3. Zu beachten ist die Schreibhaltung

Hierbei lässt sich feststellen, dass wir den Kopf in eine schräge Lage und das bevorzugte Auge dadurch in einen etwas größeren Abstand zum Blatt bringen. So hält der Rechtshänder seinen Kopf leicht nach links geneigt, und der Linkshänder umgekehrt. Das bevorzugte Auge sucht sich automatisch die Stellung, bei der das Objekt des höchsten Interesses auf die Makula, den Punkt schärfsten Sehens, trifft. Kinder, bei denen sich noch keine Bevorzugung ausgebildet hat, wechseln mit der Kopfhaltung hin und her. Die Augen können noch nicht die Mittellinie überkreuzen. Während die Hand das u.U. bereits gelernt hat, wird für das Sehen als führendes Auge jeweils dasjenige benutzt, welches das größere Gesichtsfeld freigibt, und das ist beim Kopfneigen nach links das rechte und beim Neigen nach rechts das linke Auge. Hier müssen wir beobachten, bzw. das bevorzugte Auge feststellen und danach anleiten, wie das Heft am günstigsten liegen sollte. Bei ständig wechselnder Kopfhaltung ist eine augenärztliche Untersuchung zu empfehlen.

4. Zu beachten ist die Lesefertigkeit

Viele Pädagogen haben sich Gedanken gemacht, wie das Lesen sinnvoll geübt werden kann. Von besonderer Bedeutung sind die Empfehlungen einer Ärztin, die auf den Erfahrungen der Untersuchung der Heidelberger Augenklinik aufbauen. Im Folgenden wird aus dem Therapieprogramm für Kinder mit nachgewiesenen visuellen Wahrnehmungsstörungen durch funktionelle Zentralskotome zitiert. Darin wird zunächst begründet, unter welchen Bedingungen eine Brille verordnet werden sollte, danach wird der schrittweise Aufbau der Lesefähigkeit beschrieben. Wenn durch genaueste orthoptische und augenärztliche Untersuchung der visuellen Wahrnehmungsprozesse funktionelle Zentralskoto-

---

[69] Nach persönlicher Mitteilung

me nachgewiesen wurden, sind monokulare Leseübungen sinnvoll. Welches Auge zum Lesetraining benutzt werden soll, wie lange und unter welchen Bedingungen okkludiert wird ect., ist für den Einzelfall ärztlich festzustellen.

Leseübungen nach Schuhmacher[70]

Monokulare Leseübungen

Das Abdecken eines Auges beim Lesen und Schreiben in der Schule, zu Hause bei den Hausaufgaben und während der nachfolgend beschriebenen Übungen, stellt eine Grundvoraussetzung des Therapiekonzepts dar, dem folgende Überlegung zugrundeliegt:
Der intermittierende Verlust des exakten Binokularsehens erschwert die zum buchstabierenden Lesen notwendigen feinen Fixationsbewegungen von Buchstabe zu Buchstabe, die mühelos vorwärts und rückwärts auf der gelesenen Zeile möglich sein müssen, um jeden Buchstaben jedes Wortes genau zu erfassen und ihn notfalls wieder auffinden zu können, wenn der Blick schon weitergewandert ist. Bei Kindern mit LRS „stolpern" die Fixierlinien sozusagen dauernd übereinander, anstatt mühelos gemeinsam über die Textzeile zu gleiten.

Durch monokulares Sehen wird die sichere, nicht durch zentrale Hemmung unterbrochene foveolare Fixation geübt und durch spezielle Übungen die zum Lesen notwendigen feinen Fixationsschritte und Abtastbewegungen auf der Lesezeile erlernt. Das zunächst monokulare Lesenlernen, das immer mit demselben Auge geübt wird, also mit dem rechten oder linken, stellt natürlich eine Vorstufe für das anschließend auch binokular zu übende Lesen dar. Ein Verlust des Binokularsehens ist dabei nicht zu befürchten, da die Okklusion nur zeitweilig getragen wird und als Abschluss der Therapie eine gezielte Binokularschulung vorgesehen ist.

Durchstreichübungen[71]

Um die Kinder übend zum ganz genauen Anblicken jedes einzelnen Wortes einer Textzeile zu führen, wird als erste Übung der Text dadurch gegliedert, dass in jede Lücke zwischen zwei Worten ein Punkt gesetzt werden soll. Verwandt werden dazu Zeitungs- und Zeitschriftenseiten mit möglichst viel unauffälligem Text ohne Bilder.
Dann sollen einzelne Buchstaben aus dem Text herausgesucht und

[70] Schuhmacher H. 1986 Therapiekonzept für Kinder mit Lese-Rechtschreibstörungen aufgrund funktioneller visueller Wahrnehmungsstörungen

[71] Diese Übungen werden als Ausstreichübungen in bestimmten Situationen auch von Augenärzten zur Verbesserung der Sehschärfe eingesetzt.

durchgestrichen werden. Zunächst muss z.B. jedes kleine „e“, das im fortlaufend betrachteten Text auftaucht, gesehen und so konzentriert durchgestrichen werden, dass die angrenzenden Buchstaben dabei nicht berührt werden.
Beispiel: L~~e~~s~~e~~-R~~e~~chtschr~~e~~ibschwäch~~e~~.
So werden nacheinander die Vokale herausgesucht, dann Konsonanten, und schließlich Konsonanten, die durch Formähnlichkeit oft verwechselt werden. Pro Textabschnitt sollen zwei Buchstaben verschiedenfarbig gekennzeichnet werden, Paare wie b und d, d und g, p und g, t und l, sch und ch, oder Doppellaute wie mm, nn, ll.
Als Hilfsmittel wird die Leseschablone benutzt.

Buchstabenzählen

Die nächste Übungsstufe ist das Buchstabenzählen. Sie dient dem Erlernen der kleinen, foveolar geführten Fixationsschritte, die zum buchstabierenden Lesen notwendig sind, durch Nutzung der Auge-Hand-Koordination unter Führung der Hand.
Durch die Leseschablone wird eine Textzeile herausgehoben und diese zusätzlich mit den Fingern so abgedeckt, dass nur ein Wort zu sehen ist. Dieses Wort wird mit dem rechten Zeigefinger ganz verdeckt. Durch langsames Gleiten des Fingers von links nach rechts kommt ein Buchstabe nach dem anderen zum Vorschein und wird gezählt. Wird diese Aufgabe sicher gelöst, dann besteht die nächste Stufe darin, ohne Hilfe des Fingers nur durch Fixation von einem Buchstaben zum nächsten Buchstaben eines Wortes zu zählen.
Variationen zu dieser Übung sind die Fragen:
– Wieviele „e“ sind in diesem Wort, dieser Zeile?
– Wieviele Oberlängen sind in diesem Wort, dieser Zeile?

Lesen mit Schablone und führendem Finger

Um den Vorgang des buchstabierenden, genau analysierenden Lesens zu erlernen, wird als Hilfsmittel eine schwarze Pappschablone verwendet, die die zu lesende Zeile von oben und unten eingrenzt und so ein Abschweifen des Blickes verhindert. Außerdem wird durch den Schwarz-Weiß-Kontrast das Lesefeld besonders hervorgehoben. Zum Lesenüben soll nun der rechte Zeigefinger den Blick führen, indem er von links nach rechts über die eingegrenzte Zeile gleitet, so dass Buchstabe für Buchstabe dem Blick freigegeben wird. Der Finger darf sich nur weiterbewegen, wenn der Buchstabe erkannt und ausgesprochen wurde. Aus diesem Grund kann der Zeigefinger des Lesenden nicht von einem Helfer geführt werden, da nur der Lesende selbst ermessen kann, wann der Buchstabe gefunden und erkannt wurde.

Jedes Wort wird so zunächst laut buchstabiert und dann ausgesprochen. Durch die Verbindung: führender Zeigefinger auf der Zeile – genaues Anblicken jedes einzelnen Buchstabens, wird die foveolare Führung kleinster Fixationsschritte durch Nutzung der Auge-Hand-Koordination zunächst monokular sicher erlernt.
Es ist notwendig, dass immer unter Aufsicht gelesen wird, damit Fehler sofort bemerkt und korrigiert werden können. Dazu werden die Eltern angewiesen, genau auf das langsame Entlanggleiten des führenden Fingers über die Textzeile zu achten. Die notwendige Geduld aufzubringen, ist für manche Kinder schwer, denn sie „können" ja eigentlich schon lesen, wenn auch mit unzähligen Fehlern, und sind an das flüchtige über-den-Text-huschen gewöhnt. Werden Fehler gemacht, soll das Kind nur hingewiesen werden, dass ihm in der Zeile ein Fehler unterlaufen ist. Es soll das falsch gelesene Wort immer selbst finden und so lange buchstabieren, bis das Wort richtig aufgefasst ist.
Um das ganz genaue Hinsehen auf jeden einzelnen Buchstaben noch auf andere Weise zu erreichen, verwandten wir außer deutschen Lesetexten auch italienische und spanische, die im geschriebenen Sinne buchstabierend gelesen wurden. Die Fremdheit der Buchstabenanordnung machte ein Raten nicht möglich, sonst ein Ausweg, zu dem die Kinder durch die Ähnlichkeit ungefähr erkannter Wortbilder immer wieder verführt wurden. Es ist für die Kinder immer ein Erfolgserlebnis, dass sie eine ganz fremde Sprache „lesen" können, oft sogar mit weniger Fehlern als bei deutschen Texten.

Wenn monokular sicher und fehlerfrei gelesen wird, gehen wir dazu über, die Kinder binokular mit Schablone lesen zu lassen. Treten Schwierigkeiten auf, kehren wir zu vorläufiger Okklusion beim Lesen zurück bis zu einem nächsten Versuch nach weiterem monokularen Üben. Wer binokular mit Schablone und führendem Finger fehlerfrei lesen kann, darf dann ohne die Hilfsmittel lesen.

Diktat eines zuvor gelesenen Textes

Zur Diktatübung wird mit Schablone und führendem Finger ein Abschnitt langsam gelesen. Dann wird der gerade gelesene Text diktiert – anfangs nicht mehr als 4 bis 5 Zeilen im Diktatheft – und vom Kind selbst auf Fehler untersucht. Jedes Wort wird mit dem Lesetext verglichen und wenn es falsch geschrieben ist, die kritische Stelle rot angestrichen. Werden Fehler übersehen, wird das Kind nur darauf hingewiesen, in welcher Zeile er sich befindet.

Wir legen großen Wert darauf, das „Selbstfinden" der Fehler durch genaues Analysieren der geschriebenen und gedruckten Wörter zu üben –

immer mit dem Ziel, durch das genaue Anblicken eines jeden Wortes einen Fundus ganz genauer Wortbilderinnerungen zu schaffen. Die falsch geschriebenen Wörter werden nacheinander richtig unter das Diktat geschrieben und für die nächste Übungsstufe weiter verwertet.

Anlegen eines Karteisystems

Damit die Kinder lernen, sich die bisher falsch geschriebenen Wörter richtig einzuprägen, wird nach dem Diktat jedes dieser Wörter zweimal richtig aufgeschrieben, einmal unter das Diktat und einmal jedes Wort mit Wortstamm auf eine eigene kleine Karteikarte. Diese Karteikarten kommen in ein Kästchen mit der Aufschrift „Das kann ich noch nicht". Ein zweites Kästchen wird angelegt mit der Aufschrift „Das kann ich jetzt".
Nach folgendem Prinzip wandern die Karten aus dem ersten Kästchen in das zweite: Jeden zweiten Tag wird ein Wörterdiktat durchgeführt mit 10 Karten, die das Kind aus dem ersten Kästchen ziehen darf. Jedes richtig geschriebene Wort bekommt ein rotes Plus auf dem oberen Rand der Karte, jedes falsch geschriebene ein blaues Minus. Wenn auf einer Karte dreimal hintereinander ein rotes Plus erscheint, kommt die Karte in den Kasten „Das kann ich jetzt".
Für Nachschub an Karten für den Kasten „Das kann ich noch nicht" sorgen die Diktate.

Fehlersuchtexte

Wenn die Leistungen im Lesen und Rechtschreiben deutlich gebessert sind, werden als sehr vergnügliche Übung Fehlersuchtexte eingeführt. Sie sollen von den Eltern angefertigt sein, werden mit Schreibmaschine getippt und enthalten Fehler, auffällige und weniger leicht zu findende, jedoch immer Fehler, die das Kind in zurückliegenden Diktaten selbst machte. Die Kinder haben großen Spaß daran, einmal diejenigen zu sein, die „anderen" Fehler anstreichen dürfen. Die Fehlersuchtexte werden jedoch hauptsächlich erst in der Abschlussphase des Rechtschreibtrainings benutzt, weil es vor allem darauf ankommt, sichere und insbesondere richtige Wortbilderinnerungen zu üben.

Eine sichere Rechtschreibleistung basiert auf der Fähigkeit sicherer Wortbilderinnerung, so dass Fehler im Wortbild bemerkt und korrigiert werden können. Die Fähigkeit, durch Lesen Fehler im Wortbild zu erkennen, ist eine wichtige Grundvoraussetzung, um in Diktaten oder Aufsätzen eigene Fehler selbst korrigieren zu können. Sie kann jedoch erst, wenn ein sicheres Wortbildgedächtnis vorhanden ist, entwickelt werden.

Wahrnehmungsverarbeitung

Vom Hören zum Sprachverständnis

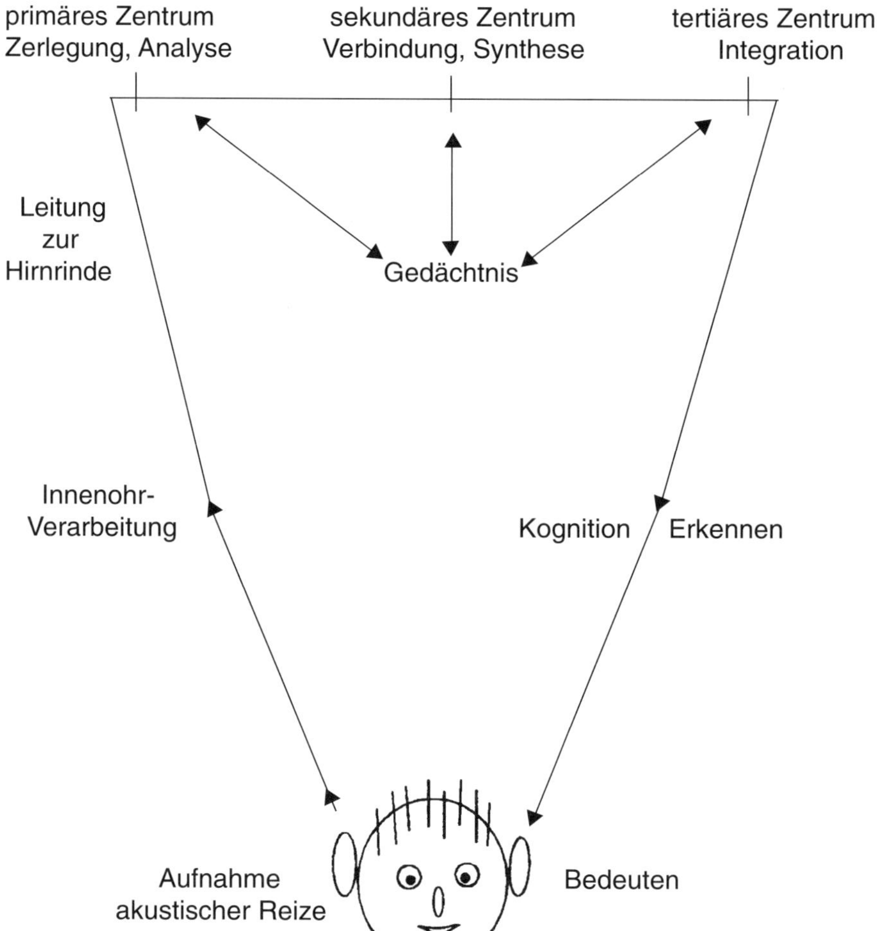

2. Die Bedeutung der auditiven Wahrnehmung und der Sprache für Lernen und Verhalten

Das auditive System ist für die menschliche Kommunikation und Kognition von herausragender Bedeutung, ist es doch natürlicherweise die Voraussetzung für Sprechen und Denken. Hören und Verstehen, Sich-Mitteilen sind Grundbedürfnisse menschlichen Seins und Störungen oder auch „nur" Schwächen des auditiven Apparates können zu zwischenmenschlichen Problemen führen mit Rückwirkungen auf das eigene Selbstverständnis. Nichthörende oder schwerhörige Schüler werden im allgemeinen an besonderen Schulen unterrichtet. Es sitzen aber immer auch Kinder in den Regelklassen, die bei Hörüberprüfungen durch den Schularzt unauffällig erscheinen und bei denen dennoch Hörbeeinträchtigungen vorliegen. Ein Ohrenarzt wird diese Beeinträchtigungen nur diagnostizieren können, wenn er von den Erwachsenen, die mit dem Kind zu tun haben, Hinweise erhält. Und da werden es wohl neben den Eltern eher die Pädagogen sein, denen etwas auffallen kann, weil sie das Kind in der Gruppe unter anderen „Schallbedingungen" und Leistungsanforderungen beobachten können, als es in einer allgemeinen ohrenärztlichen Untersuchungssituation der Fall ist. Wie Schallereignisse, hier im Wesentlichen sprachlicher Art, unter unterschiedlichen Bedingungen verarbeitet werden und wie diskrete Beeinträchtigungen störende Auswirkungen haben können, soll im folgenden dargestellt werden.

2.1 Einführung in die funktionellen Zusammenhänge des auditiven Systems

Das auditive System dient der Aufnahme und Verarbeitung von Schallereignissen. Es gliedert sich in

1. äußeres Ohr und Gehörgang
2. Mittelohr
3. Innenohr und Rezeptoren
4. Hörbahn und Hörzentren.

Wir sind ständig den verschiedensten Geräuschen ausgesetzt. Sie umgeben uns wie ein Mantel und das „vom Mutterleibe" an. Im allgemeinen bemerken wir wenig davon. Erst wenn der gewohnte Geräuschmantel wegfällt oder sich extrem verändert, wird uns bewusst, dass etwas fehlt. Experimente haben gezeigt, dass Menschen es nicht lange in einer geräuschleeren Situation (die immer nur künstlich hergestellt werden kann), aushalten. So leben wir natürlicherweise in und mit Geräuschen, nehmen von ihnen auf, indem wir auswählen und schalten aus, was nicht in unserem Interesse liegt. Manches „überhören“ wir, aber u.U. hören wir auch das Gras wachsen. „Der hört alles, was er nicht hören soll“, sagen manche Eltern, vielleicht aber auch: „Dem kann man zehnmal etwas sagen, er hört einfach nicht.“ Da wird aus Hören – Horchen und aus Horchen – Gehorchen, und wenn wir weiter nach Worten und Ausdrücken zu diesem Thema suchten, würde die Grenze der neuropsychologischen Betrachtung schnell überschritten.

Was ist das, was wir hören und wie kommt es, dass wir hören?
Einige Grundbegriffe aus der Akustik, sollen uns zunächst das weitere Verständnis erleichtern. Es handelt sich hierbei um Fachausdrücke, die Pädagogen nicht unbedingt vertraut sein müssen, die uns aber in der Literatur der auditiven Verarbeitung doch immer wieder begegnen. Und da es mühsam ist, die Begriffe in dem jeweiligen Fachwörterbuch herauszusuchen, werden sie hier aufgeführt.

Bei dem, was wir als Geräusche und Klänge wahrnehmen, handelt es sich im engeren Sinne um Schallereignisse. Schall entsteht durch Schwingungen bzw. Druckschwankungen in einem Medium, z.B. Luft oder einer Flüssigkeit, und Schall hat bestimmte Eigenschaften. Wir unterscheiden sie nach Qualität und Quantität.

Die *Qualität* betrifft die Tonhöhe, die *Quantität* betrifft die Lautstärke.
Die *Frequenz* betrifft die Häufigkeit der Schwingungen. Sie wird in Hertz (Hz) gemessen.
Ein *Hertz* ist ein periodischer Vorgang pro Sekunde.
Die *Tonhöhe* ist abhängig von der Frequenz, der Häufigkeit der Schwingungen.
Der tiefste vom Menschen wahrnehmbare Ton hat eine Frequenz von 16 Hz.
Tiefere Schallschwingungen nennt man *Infraschall*.
Die höchsten, von Jugendlichen wahrnehmbaren Töne haben eine Frequenz von 20000 Hz.
Höhere Schallschwingungen nennt man *Ultraschall*.
Die *Lautstärke* entsteht durch den Schalldruck. Er wird in *Dezibel* (dB) gemessen.

Als *Grundton* wird der reine obertonfreie Ton bezeichnet. Er ist bei allen Musikinstrumenten von gleicher Qualität, während die *Klangfarbe* zwischen den einzelnen Instrumenten durch die Verschiedenheit ihrer Obertöne zustande kommt.

Obertöne sind mit dem Grundton mitklingende Töne, die sich zum Grundton, dessen Schwingungszahl 1 sei, wie 2:3:4:5 usw. verhalten.[72]
Als *Formanten* bezeichnet man person- und phonemspezifische Obertöne der menschlichen Sprache, die durch Resonanz des oralen (1. F.) und / oder pharyngalen (2.F.) Hohlraumes entstehen (Partialtongebiet besonderer Intensität).
Klänge sind Tongemische, die durch zusammengesetzte regelmäßige Druckschwankungen von ganz bestimmten Frequenzen hervorgerufen werden. Ihr Zusammenklang ist dem Ohr angenehm.
Die *Klangfarbe* wird durch die Zahl und Art der mitschwingenden Obertöne bedingt (siehe oben).
Geräusche entstehen durch eine Vielzahl nicht regelmäßig zusammenklingender Töne verschiedener Frequenz und Höhe.

Der Mensch hört nur innerhalb eines bestimmten Bereiches von Frequenzen. Man bezeichnet diesen Bereich als Hörfeld. Das Hörfeld eines Menschen ist also der Bereich, in dem er Schallwellen hören kann. Es reicht von den tiefsten bis zu den höchsten für den Menschen wahrnehmbaren Schallschwingungen und von den jeweils leisest wahrnehmbaren Lautstärken, der *Hörschwelle,* bis zu den unangenehm empfundenen Lautstärken, der *Unbehaglichkeitsschwelle*. Die noch lauteren, schmerzhaft empfundenen Lautstärken liegen oberhalb der *Schmerzschwelle.*

Die Aufnahme und die Transformation der akustischen Reize in nervale Erregungen geschieht beim Menschen mit Hilfe von Systemen, die nicht wie beim Auge kugelschalenförmig ineinander sondern hintereinander gruppiert sind. Die Luftschwingungen werden erst umgeformt, ehe sie von den Rezeptorzellen aufgenommen werden. Diese Aufgabe übernehmen die Organe des äußeren und mittleren Ohres. Das äußere Ohr dient als Schallempfänger, das mittlere übersetzt die Luftschwingungen der Außenwelt in feine Flüssigkeitsbewegungen der Perilymphe des Innenohres, wo die Peri- und Endolymphschwingungen dann vom Sinnesepithel der Schnecke in Nervenerregungen, d.h. Rezeptorpotentiale, transformiert werden (vergl. Rohen 1975, S. 252).

Äußeres Ohr und Gehörgang

Die Ohrmuschel nimmt den Schall auf und schützt den Eingang zum äußeren Gehörgang. Der äußere Gehörgang setzt sich aus einem knorpeligen und einem knöchernen Teil zusammen. Im knorpeligen Teil ist die Gehörgangshaut reich versehen mit Duft-,Talg- und Schweißdrüsen. Diese Drü-

[72] Die Definitionen Grundton, Oberton und Formant sind Dorsch 1976 entnommen.

sen bilden zusammen mit kleinen Hautschuppen das Ohrenschmalz (Cerumen). Bei manchen Menschen ist die Produktion von Ohrenschmalz besonders reichlich. Es kann sich zu einem richtigen Pfropf entwickeln und das Ohr regelrecht verstopfen. Der Ausdruck: „Bohnen in den Ohren“ ist dann gar nicht so verkehrt, denn das Hören kann dadurch erheblich eingeschränkt werden. Ein Ohrenschmalzpfropf ist allerdings leicht zu beheben. Das Ohr wird vom Ohrenarzt mit warmem Wasser ausgespült, und der Gehörgang ist wieder frei.

Eine unübersehbare Beeinträchtigung kann durch eine Missbildung des Gehörganges hervorgerufen sein oder durch ein Fehlen des äußeren Ohres.

Das Trommelfell bildet die Grenze zwischen dem äußeren Ohr und dem Mittelohr. Es hat die Aufgabe, die Luftschwingungen an das Mittelohr weiterzuleiten.

Mittelohr und Tube

Im Mittelohr, bzw. im Paukenraum, werden die Schwingungen, die das Trommelfell erregen, über eine Brücke aus kleinen Knöchelchen zum Innenohr weitergeleitet. Wenn im Mittelohr Flüssigkeit die Schwingungen des Trommelfells verlangsamt, ist die *Schallleitung* betroffen, wir sprechen dann von einer *Schallleitungsstörung.* Die kleinen Knöchelchen Hammer, Amboss und Steigbügel bilden eine Übertragungskette. Von ihnen kommt dem Steigbügel besondere Bedeutung zu. Er bringt durch seine kolbenartigen Bewegungen die Membran des ovalen Fensters und dadurch die Flüssigkeit im Innenohr in Schwingungen, die ihrerseits die Haarzellen im Corti-Organ erregen. Diese Erregungen werden hier in elektrische Impulse umgewandelt und über die Hörbahn zum Gehirn weitergeleitet. Eine Beeinträchtigung der Schwingungsfähigkeit des Steigbügels, z.B. durch Kalkeinlagerungen (Otosklerose), führt zu einer Beeinträchtigung der Übertragungen auf das Cortische Organ und dadurch zu einer Hörstörung. (Diese Störung kommt im Erwachsenenalter vor und spielt im Kindesalter keine Rolle).

Tube

Die Tube (Tuba auditiva) oder Eustachische Röhre stellt die Verbindung her zwischen dem Nasen-Rachenraum und dem Mittelohr. Sie dient der Belüftung des Paukenraumes und sorgt für Druckausgleich. Wir kennen das Gefühl beim Fliegen oder, wenn der Zug durch einen Tunnel fährt. Dann spüren wir Druck im Ohr und müssen erst einmal schlucken. Bei jedem Schluckakt erfolgt die Öffnung der Tube, und es kommt zu einem Druckausgleich im Paukenraum. In dem gesamten Bereich Tube – Mittelohr können bei Kindern leicht Entzündungen auftreten, ohne dass sie erkannt werden. Normalerweise ist so eine Entzündung oder ein Tubenmittelohrkatarrh nach 14 Tagen abgeheilt. In manchen Fällen ist er das aber nicht. Und da Mittelohrentzündungen nicht immer weh tun müssen, merkt das Kind häufig gar nicht, dass etwas nicht in Ordnung ist. Bei jeder Mittelohrentzündung aber kann die Schalleitung betroffen sein. Das hat folgenden Grund: Tube und Mittelohr sind mit Schleimhaut ausgekleidet. Normalerweise ist die Mittelohrschleimhaut dünn, bei schlechter Belüftung wird sie dick und aufgeschwemmt. Dadurch wird der zur Verfügung stehende Raum, in dem Luftschwingungen entstehen sollen, verringert. Hinzu kommt, dass bei einem kleinen Kind die Innenräume ohnehin enger sind. So ist gut vorstellbar, dass die Übertragung des Schalls über die Gehörknöchelchen beeinträchtigt wird. Das heißt, das Kind hört in dieser Zeit nicht gut. Kommen Mittelohrentzündungen bei kleinen Kindern mehrmals im Jahr vor, dann kann es sein, dass das Kind über einen längeren Zeitraum des Jahres nicht richtig gehört hat.

Eine Schallleitungsstörung kann auch durch einen Erguss, der sich nicht von selbst zurückbildet und so länger bestehen bleibt, hervorgerufen werden. Dann hat sich in diesem Raum, der luftgefüllt sein sollte, Flüssigkeit, Sekret einer Entzündung, angesammelt, wodurch die Schallleitung beeinträchtigt wird. Deshalb muss der Erguss durch eine kleine Operation, bei der ein Röhrchen in das Trommelfell eingesetzt wird, nach außen abgeleitet werden. Manchmal berichten Eltern, wie erstaunt die Kinder sind, wenn sie plötzlich deutlicher hören können. Es erschließt sich ihnen eine andere „Hörwelt".

Nicht selten wiederholt sich das Auftreten solcher Paukenergüsse. Gelegentlich werden sie zäh, manchmal heilen sie zwischendurch auch wieder ab. Da das Kind selbst aber oft nicht weiß, dass es nicht richtig hört, kann die Störung leicht übersehen werden. Auch bei Neigung zu häufigen Erkältungen, evt. verbunden mit Mandelentzündungen, sowie bei starkem Heuschnupfen kann es zu Belüftungsstörungen von Tube und Mittelohr und den damit verbundenen Auswirkungen kommen. Wir müssen aber immer davon ausgehen, dass es so sein kann, aber nicht zwangsläufig so sein muss.

Die beschriebenen Beeinträchtigungen sind medizinisch meist geringfügig, und erscheinen einem Arzt im allgemeinen nicht bedeutsam. Unter Umständen wird aber die Sprachentwicklung eines Kindes, das im frühen Alter häufig Mittelohrentzündungen hatte, darunter leiden. Eine Hörbeeinträchtigung kann möglicherweise auch eine Ursache für Verhaltensstörungen sein. So erbringt ein betroffenes Kind vielleicht unter optimalen Bedingungen und bei ansonsten guter Verfassung eine annähernd volle Hörleistung unter Aufbietung der ihm zur Verfügung stehenden Kräfte. Die Energie, die dafür erforderlich ist, wird aber im Laufe eines Schulvormittags nachlassen. Und dann wird das Kind unkonzentriert und unruhig werden und vielleicht stören, und niemand vermutet, dass hier ein Hörproblem vorliegt. Dabei weiß das Kind selbst oft nicht, dass es nicht richtig hört. Man erkennt es aber meistens an seinem Gesichtsausdruck, an einem sogenannten adenoiden Habitus, das heißt, die Augen sind offen, der Mund ist offen und die Nase läuft. Dann fragt es vielleicht auch noch häufig nach oder sagt „Hää?“ Bei diesen Kindern sollte immer an eine vielleicht vorübergehende Hörstörung gedacht werden.

Innenohr

Die Gehör*empfindung* entsteht in der Schnecke (Cochlea). Sie enthält das Cortische Organ, in dem etwa 16 000 Hörzellen mit Sinneshaaren eingelassen sind. Die Schwingungen des Steigbügels am ovalen Fenster des Innenohres erzeugen in einer Flüssigkeit, der Perilymphe, Wellen, die in der Schnecke in Nervenimpulse umgewandelt werden. Sie werden über den Hörnerv und zahlreiche Schaltstellen und rückwärtige Verbindungen auf verschiedenen Hirnebenen schließlich den Hörzentren auf der Hirnrinde zugeleitet.

Liegen im Innenohr Beeinträchtigungen vor, sprechen wir von *Schallempfindungsstörungen*. Wegen der engen Verbindung zu dem Vestibularorgan kann es unter gewissen Umständen auch zu Gleichgewichtsstörungen kommen. Beide Systeme liegen im häutigen Labyrinth des Innenohres: Dazu gehören:

die Bogengänge – halbkreisförmige, in den drei Ebenen des Raumes senkrecht aufeinanderstehende, rundliche Schläuche;

das Vestibulum – bestehend aus zwei sackförmigen Gebilden, dem Utriculus und dem Sacculus;

der Ductus cochlearis, die Schnecke – ein 2 1/2 mal um die Schneckenachse herumgewundener Gang.

Vestibulum und Bogengänge (zusammenfassend als Vestibularorgan bezeichnet) enthalten Rezeptoren für die motorischen Gleichgewichts- und Tonusregulationen, während die Schnecke die Rezeptoren des Gehörapparates enthält.

Hörbahn

Die in der Schnecke entstandenen Erregungen werden über die Hörbahn den, wie es Luria nennt, Endanalysatoren auf der Hirnrinde zugeleitet. Er will damit betonen, dass bereits auf dem Wege zu den Hörfeldern Verarbeitung stattfindet. Von Bedeutung sind auch die zahlreichen rückläufigen Bahnverbindungen. Sie bilden auf den verschiedenen Verarbeitungsebenen Rückkoppelungskreise. Daneben gibt es auch efferente, zentrifugale Bahnen, wie zum Beispiel das Rasmussen-Bündel. „Die Aufgabe dieser zentrifugalen Bahn besteht vor allem in einer Regulation der Reizschwelle bei der auditiven Perzeption und einer Verstellung des Schärfenbereiches durch isolierte Hemmung einzelner Rezeptoren oder Rezeptorgruppen".[73]

An bestimmten Schaltstellen, Neuronen, werden die aufgenommenen Impulse kodiert, gefiltert und umkodiert, bis sie schließlich *die primären akustischen Projektionsfelder* auf der Hirnrinde, die Heschelschen Querwindungen (Area 41) erreichen. Sie liegen auf der Innenseite der Sylvischen Furche des Temporallappens. Auf der Außenseite, den primären Projektionszentren benachbart, befinden sich *die sekundären akustischen Felder*, zu denen auch das Wernickesche Sprachzentrum gerechnet wird (Area 22). Hier findet die begriffliche Verarbeitung des Gehörten statt im Sinne von Wort-, Sprach- und Tonverständnis. *Tertiäre Felder* schließen sich den sekundären nach unten hin an (Area 21, Area 20). Sie ermöglichen spezifischere Verarbeitung wie akustische Aufmerksamkeit, akustische Intentionen, akustische Erinnerungen, Wort-, Musik- und Sprachverständnis im „höheren" Sinn. Ihren Funktionen nach ebenfalls tertiär sind nach Luria die Bereiche der hinteren Gehirngebiete an der Grenze zwischen den okzipitalen, temporalen und postzentralen Regionen[74] der Hemisphäre, wo sich die kortikalen Felder für visuelle, Gehör- und Gleichgewichts-, Haut- und propriozeptive Empfindungen überlappen. Den Mittelpunkt bilden die Felder 39 und 40 oder das untere parietale Gebiet (Scheitellappen), obwohl es auch keine schwerwiegenden Gründe dafür gibt, die benachbarten temporo-okzipitalen Formationen der Felder 37 und 21 davon auszunehmen (vergl. Luria 1992, S. 148). In der Lokalisation der sekundären und tertiären Felder der auditiven Verarbeitung herrscht *scheinbar* zwischen Neurologen und Neuropsychologen keine Übereinstimmung, wie an der aufgeführten Klassifizierung zu sehen ist. Hinsichtlich der Funktion der Felder, ihrer Art, eingegangene Reize zu verarbeiten, gibt es aber keine nennenswerten Unterschiede. Möglicherweise hat Luria, der zunächst Psychologe war und sich erst später der Medizin zuwandte und dessen Interesse in besonderer Weise in der Erforschung der psychischen Auswirkungen bei Hirnschädigungen lag, den Schwerpunkt seiner Untersuchung so auf dieses Gebiet konzentriert, dass er zu differenzierteren Erfahrungen hinsichtlich der Verarbeitungssysteme kam. Seine umfassenden Beobachtungen geben eine Grundlage für das Verständnis von Beeinträchtigungen in der

[73] Rohen 1975 S. 272
[74] Hinterhauptslappen, Schläfenlappen und dem Bereich, der hinter der Zentralfurche liegt.

sprachlichen Verarbeitung und darüber hinaus Ansätze für eine heilpädagogische Förderung.

Hörapparat

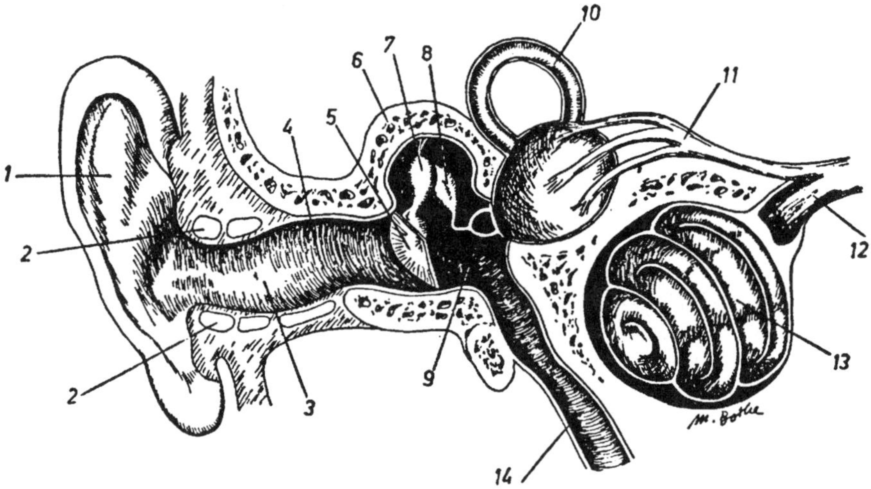

Der Hörapparat in schematischer Darstellung. Die Schallwellen werden durch den Trichter der Ohrmuschel und des Gehörganges auf das Trommelfell zugeleitet. Hier werden die Schallwellen in mechanische Schwingungen umgesetzt und über die Hörknöchelchen dem Innenohr zugeleitet. Die Zuleitung erfolgt bis zur Cochlea oder Schnecke über eine Flüssigkeitssäule. Die Verbindung zwischen dem Steigbügel (9) und der Cochlea über die Scala vestibuli ist hier nicht eingezeichnet. Die Empfindungen des Vestibularapparates werden durch die Bogengänge aufgenommen, von denen einer im Bilde sichtbar ist (10).

1 = Auricula
2 = Cartilagines meatus auditorii externi
3 = Meatus auditorius externus
4 = Meatus auditorius externus osseus
5 = Tympanum
6 = knöcherner Anteil des Mittelohres
7 = Malleus (Hammer)
8 = Incus (Amboß)
9 = Stapes (Steigbügel)
10 = Canalis semicircularis
11 = Nervus vestibularis
12 = Nervus acusticus
13 = Cochlea
14 = Tuba oto-pharyngica (Eustachii)

Abb. 35: Hörapparat (aus Glees 1971)

Verlauf der Hörbahn

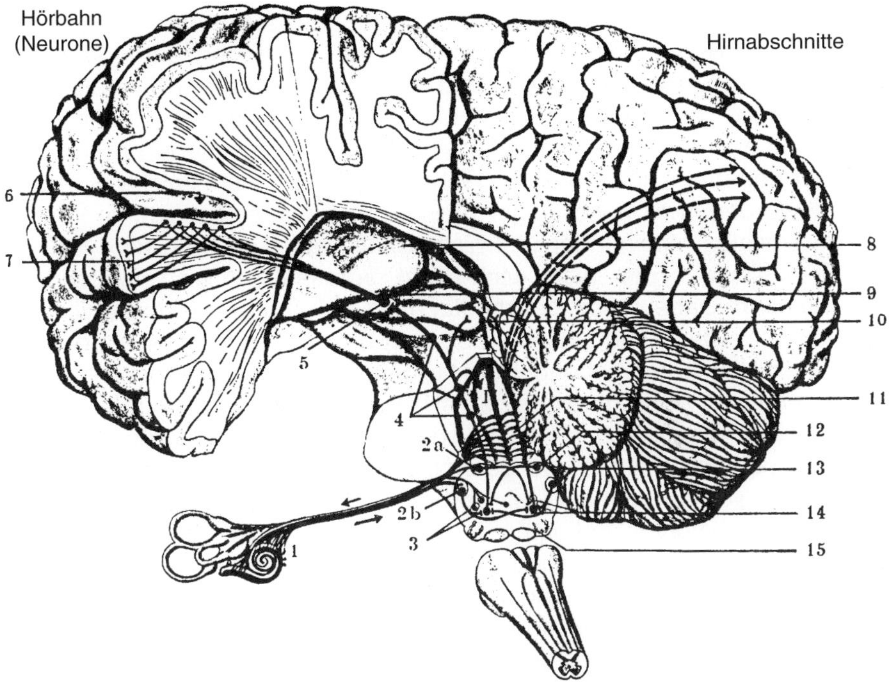

Schema über den Verlauf der Hörbahn [rot = Rasmussen-Bündel (Tract. olivocochlearis)]. 1 = Ganglion spirale cochleae, 2a = Nucleus cochlearis dors., 2b = Nucleus cochlearis ventr., 3 = Corpus trapezoideum und Nucleus olivaris sup., 4 = Nuclei lemnisci lat., 5 = Corpus genuculatum med., 6 = Gyri temporales transversi (Heschl) - primäre Hörfelder, 7 = Gyri temporales sup. - sekundäre Hörfelder. I = Colliculus inf., II = Pedunculus cerebellaris sup. (Tractus nucleo-cerebellaris). Hirnabschnitte: 8 = Thalamus, 9 = Corpus geniculatum med., 10 = Colliculus inf., 11 = Striae medullares, 12 = Nucleus cochlearis dors., 13 = Nucleus cochlearis ventr., 14 = Corpus trapezoidum, Nucleus olivaris sup., 15 = Oliva inf.

Abb. 36: Verlauf der Hörbahn (aus Rohen 1975)

2.2 Beeinträchtigungen im Bereich des auditiven Systems

Es liegt auf der Hand, dass Beeinträchtigungen des auditiven Systems sich auf das Hören und die Verarbeitung des Gehörten auswirken und damit auf das Sprachverständnis und unter Einbeziehung des oralen Apparates auch auf die Sprachbenutzung. Da Sprachverständnis und Sprachbenutzung eine wesentliche Voraussetzung für menschliches Miteinander bedeuten, können Beeinträchtigungen, vor allem solche, die nicht erkannt werden, sich in vielfältiger Weise auswirken: im Lernen, im Verhalten, im sozialen Miteinander und nicht zuletzt auf die psychische Befindlichkeit desjenigen, der nicht richtig hört, versteht und sich verständlich machen kann. Dabei muss es sich durchaus nicht nur um schwere Störungen handeln. Die werden in den meisten Fällen erkannt und die Betroffenen finden dementsprechend Berücksichtigung und Verständnis, wenngleich auch das nicht immer sicher ist. Diskrete Störungen werden dagegen oft nicht diagnostiziert, sei es, dass sie immer nur vorübergehend auftreten oder medizinisch so geringfügig sind, dass sie scheinbar vernachlässigt werden können. Das Verhalten aber der so Betroffenen stößt oft auf Unverständnis. Und durch die Wechselwirkungen von Aktionen und Reaktionen zwischen dem Kind, den Bezugspersonen und dem sozialen Umfeld können sich Beziehungsstörungen und u.U. schwerwiegende Verhaltensauffälligkeiten entwickeln, deren Ursachen nicht in einer Beeinträchtigung der auditiven Verarbeitung vermutet werden.

Es würde zu weit führen, in diesem Zusammenhang auf die vielen möglichen klinischen Erscheinungsbilder von Hörstörungen einzugehen. Dafür steht genügend Fachliteratur zur Verfügung. Hier soll vielmehr beispielhaft auf die hingewiesen werden, die uns im pädagogischen Alltag begegnen können, die sich im Lernen und Verhalten auswirken und die leicht missdeutet werden können.

Der Lokalisation entsprechend werden periphere und zentrale Hörstörungen unterschieden.

Eine periphere Hörstörung betrifft entweder die Schalleitung oder die Schallempfindung.

Bei der *Schalleitungsschwerhörigkeit* liegt die Störung im Außen- und Mittelohr. Beeinträchtigt ist die Hörqualität im Sinne von undeutlichem, gedämpftem Hören.

Bei der *Schallempfindungsschwerhörigkeit* liegt die Störung im Innenohr (Innenohrschwerhörigkeit). Betroffen sind die Sinneszellen in der Schnecke (Cochlea). Es kommt zu einem Hörverlust, zu einer Verschiebung gehörter Frequenzen, zu einer veränderten Lautheitsempfindung.

Die Störung kann aber auch die erste Schaltstelle, den Hörnerven (Ganglion spirale), betreffen. Dann wird von Nervenschwerhörigkeit gesprochen. Hierbei kommt es ebenfalls zu einem Hörverlust, zu einer Verschiebung gehörter Frequenzen, zu Verwechslung ähnlicher Klangmuster, zu Hörermüdung.

Eine zentrale Schwerhörigkeit betrifft die zentral-neurale sowie die zentral-kortikale Verarbeitung.

Bei der *zentral-neuralen Schwerhörigkeit* liegt die Störung auf Hirnstammebene und wirkt sich auf das Richtungshören und die Fähigkeit zur Signal-Geräusch-Unterscheidung aus.

Bei der *zentral-kortikalen Schwerhörigkeit* liegt die Störung auf Hirnrindenebene. Sie zeichnet sich durch auditive Verlangsamung, Rhythmisierungsverlust, Missdeutung des Tonfalles, bruchstückhaftes Verstehen und auditive Verwirrung aus.

Übersicht über periphere und zentrale Hörstörungen (nach Gabriel)[75]

Schall-Leitungs-Schwerhörigkeit

Außenohr **+ Mittelohr**	- gedämpftes Hören Hörfeldverschiebung	- operative Behandlung (Tympanoplastik/Stapesplastik) - Hörgeräteversorgung

Schall-Empfindungs-Schwerhörigkeit

Sinneszellen im Innenohr (Cochlea)	**Innenohrschwerhörigkeit:** - Hörverlust - Frequenzgangs- Änderung - Recruitment = erhöhte Lautheitsempfindlichkeit Hörfeld-Kompression	Hörgeräteversorgung mit - Frequenzgangs-Korrektur - Dynamik-Kompression (mit KILIAN-Emplifire AGCI ab 45 dB) -gut zu versorgen-
Hörnerv/ Ganglion spirale	**Nervenschwerhörigkeit:** - Hörverlust - Frequenzgangs-Änderung - verminderte Lautheits-Unterscheidungsfähigkeit - Verwechslung ähnlicher Klangmuster - Hörermüdung Hörfeldausdünnung	Hörgeräteversorgung mit - Frequenzgangs-Korrektur - Linear-Verstärkung - ausprobieren -schlecht oder gar nicht zu versorgen- Klagen: zu laut, zu leise, zu undeutlich - Resound-Geräte (Stör-Nutzschall-Trennung)

[75] Dr. Gabriel, P. HNO-Arzt Göttingen, Lehrtherapeut der Internationalen Marianne Frostig Gesellschaft Würzburg

zentral-neurale Schwerhörigkeit		
Hirnstamm	- mangelhaftes Richtungsgehör - Signal-Geräusch-Unterscheidungsstörung	- Hörgeräte in Entwicklung zur technischen Vergrößerung des Laufzeitunterschiedes - Hörhygienische Maßnahmen

zentral-kortikale-Schwerhörigkeit		
Cortex	- auditive Verlangsamung - Rhythmisierungsverlust - Missdeutung des Tonfalls - Inselverstehen - **auditive Verwirrung**	-Hörhygienische Maßnahmen - Konzentrations- und Wahrnehmungstraining Gesprächshelfer/Dolmetscher

2.3 Auswirkungen auditiver Beeinträchtigungen auf Sprachverständnis und Sprachbenutzung

Hören ist von zentraler Bedeutung für das Verstehen und die Benutzung von Sprache, wenn wir von der Sprache Gehörloser in diesem Zusammenhang absehen. Aber gerade deren Sprachbenutzung und ihre Art zu verstehen zeigt, dass noch andere Sinnesempfindungen beteiligt sind. Dazu gehören die taktil-kinästhetische, aber auch die visuelle Verarbeitung, die auf höchster kortikaler Ebene, auf der die „Endanalysatoren" der verschiedenen Modalitäten sich überlappen, den tertiären Zentren, komplexe funktionelle Systeme bilden. Die Zusammenhänge von Sprachverständnis und Sprachbenutzung sollen hier nur so weit angesprochen werden, wie sie im weitesten Sinne mit der auditiven Verarbeitung in Verbindung stehen.

Beeinträchtigungen im Bereich der Aufnahme

Im allgemeinen rechnen wir als Pädagogen in der Regelschule und im Kindergarten nicht mit hörschwachen Schülern, und wir achten auch nicht so genau auf die Aussprache. Allenfalls sind es gröbere Artikulationsstörungen, die auffallen. Undeutliches oder verwaschenes Sprechen, auch Lispeln, wird hingenommen und nicht weiter beachtet. Wenn man sich aber bewusst macht, dass viele stimmlose Laute unserer Sprache nicht lauter als Geflüster klingen und dass besonders Wortendungen nicht immer deutlich ausgesprochen, sondern eher verschluckt werden, wird verständlich, wie bereits eine leichte Hörminderung die Artikulation beeinflussen kann. Die Laute werden dann von den Sprechwerkzeugen so unvollständig gebildet, wie sie durch das Ohr aufgenommen wurden. Die Folge ist eine undeutliche und verwaschene Aussprache. Diese erschwert aber wieder die Rechtschreibung, und so ist es ein Teufelskreis, in den ein Kind mit einer nichterkannten Hörschwäche unter Umständen hineingeraten wird. Um das zu verhindern, sollte das Hörverhalten des Kindes in Spiel- und Lernsituationen beobachtet und bei Auffälligkeiten den Eltern zu einem Besuch bei einem HNO-Arzt geraten werden. Dabei kann dieses Hörverhalten durchaus unterschiedlich sein, besonders dann, wenn eine Hörbehinderung im Sinne einer Schallleitungsstörung geringfügig ist und nur während oder auch nach katarrhalischen Erkrankungen deutlicher in Erscheinung tritt. Wie bereits erwähnt, sind Kinder mit häufigen Mittelohrentzündungen oder mit leichten Defekten des Trommelfelles besonders betroffen. Selbst verhärtetes Ohrenschmalz kann beeinträchtigend wirken. Oft hat es auch den Anschein, als könnte das Kind hören, wenn es nur wollte. Vielleicht gelingt es ihm auch, mit anderen Wahrnehmungsbereichen zu kompensieren, besonders mit der visuellen Wahrnehmung. Im Laufe der Sprachentwicklung geht aber doch ein gewisses Maß an akustischer Stimulierung verloren, was sich dann unter Umständen auf die gesamte Sprachbenutzung auswirkt, obgleich die Hörschwäche nur gering und vielleicht vorübergehend ist.

Beeinträchtigung der Lautheitsempfindung

Im Zusammenhang mit einer Innenohrschwerhörigkeit, kann es zu einer erhöhten Lautheitsempfindlichkeit kommen. Die Kinder fühlen sich durch „normale“ Lautstärken gestört und fallen auf, weil sie sich die Ohren zuhalten in Situationen, die Normalhörenden keineswegs als laut erscheinen. Es kann auch unterschiedlich empfunden werden. Einmal soll lauter gesprochen werden, ein anderes Mal leiser. Mit einem derartigen Verhalten lässt sich für Eltern und Erzieher nur umgehen, wenn man weiß, dass es so etwas gibt. Ohne diese Kenntnis wird man das Kind nicht verstehen und es vielleicht für launenhaft und ungezogen halten.

Beeinträchtigungen im Bereich der Verarbeitung

Das Hören kann auch auf einer höheren Ebene der neurologischen Organisation beeinträchtigt sein. Die Laute werden dann zwar von außen her richtig aufgenommen, das Unterscheiden auditiver Reize ist jedoch erschwert. Das kann einmal die auditive Figur-Grund-Wahrnehmung betreffen. Dabei können „Lautgestalten“ nicht genügend differenziert von einem allgemeinen Geräuschhintergrund wahrgenommen werden. Es kann sich aber auch um das Unterscheiden stimmhafter und stimmloser Laute handeln, und zwar besonders, wenn diese ähnlich gebildet werden. Zum Beispiel: b-p, d-t, g-k, j-ch, r-ch aber auch s-sch, oder, wenn es sich um „kurze“ und „lange“ Vokale oder mehrere aufeinanderfolgende Konsonanten handelt. Ein Kind mit einer solchen auditiven Differenzierungsschwäche hat natürlich auch Schwierigkeiten, den Sinn ähnlich klingender Wörter zu unterscheiden, manchmal sogar dem Klang eines Wortes einen bestimmten Sinn zuzuordnen. Es braucht dazu mehr Zeit als andere, ist dadurch langsamer im Verstehen und muss häufiger nachfragen. Beim Schreiben nach Diktat hat es Schwierigkeiten mitzukommen, es gerät in Zeitnot und dadurch schließlich ganz durcheinander. Eine aufmerksame Beobachtung in entsprechenden Situationen, eine genaue Fehleranalyse in den Diktaten und schriftlichen Übungen und ein Lautdiskriminationstest[76] können hier einen Hinweis auf die Art der vorliegenden Beeinträchtigung geben. Auch die Überprüfung der Fähigkeit, „lange" und „kurze" Selbstlaute zu unterscheiden und aus einem Wort herauszuhören, gibt einen Anhaltspunkt für eine Störung dieser Art. Wenn dann noch Artikulationsauffälligkeiten auftreten, wenn zum Beispiel ein Laut oder mehrere der genannten Laute nicht richtig gebildet werden, kann es sich um eine Beeinträchtigung im Bereich der auditiven Verarbeitung handeln.

Kinder, die Laute und Lautverbindungen nicht immer voll erfassen und differenzieren, können auch Schwierigkeiten haben mit ähnlich klingenden Wörtern. Das Wortsinnverständnis ist dadurch beeinträchtigt und manchmal auch das Verständnis des ganzen Satzes. Die Kinder haben dann die Neigung, auf einzelne, aus dem Zusammenhang gerissene Wörter zu reagieren. Sie verknüpfen diese mit früheren Erfahrungen und Erinnerungen und interpretieren den Satz dementsprechend auf ihre Weise. Dieses bruchstückhafte Satzverständnis kann natürlich zu folgenreichen Fehldeutungen führen, zu Fehldeutungen bei Arbeitsaufträgen, besonders, wenn sie nur mündlich gegeben werden, zu Fehldeutungen aber auch bei der Erklärung von Testaufgaben. Deshalb müssen Testergebnisse sehr sorgfältig interpretiert und durch andere Befunde abgesichert sein. Zu Fehldeutungen kann es aber auch in bestimmten Situationen kommen. Auch hier wird oft der Sinnzusammenhang des Gesprochenen nicht verstanden. Satzfetzen, die wiederum mit persönlichen Erfahrungen und Erinnerungen assoziiert und umgedeutet werden, ergeben einen anderen Sinn als den ursprünglich gemeinten. Dadurch kommt es zu Missverständnissen, die häufig gar nicht so schnell beseitigt werden können, weil bei jedem neuen Satz der gleiche Mechanismus abläuft. Wenn dann noch eine gefühlsmäßige Erregung hinzutritt, ist zunächst jegliche Kommunikation unterbrochen. Manchmal haken sich zwei Gesprächspartner regelrecht aneinander fest, und wenn dann die Ursache dieser Mechanismen nicht durchschaut wird, kann sich die Situation zu einem Konflikt ausweiten. Möglicherweise liegen bestimmten Verhaltensauffälligkeiten derartige Kommunikationsstörungen, die auf eine Hörbeeinträchtigung zurückzuführen sind, zugrunde.

---

[76] z.B. Untertests aus dem PET

Wir müssen uns auch immer wieder vor Augen halten, dass auditive Reize, die von der Schnecke aufgenommen werden, zunächst eine Kodierung erfahren, über die Hörbahn und deren verschiedene Schaltstellen zur Hirnrinde geleitet, auf Hirnrindenebene wieder dekodiert und mit Bedeutung versehen werden müssen. Nur die Reize, die *Bedeutung* erhalten, können wir auch *deuten.* Was wir nicht deuten können, verunsichert. Ein Kind mit Hörproblemen kann u.U. das, was es aufnimmt, nicht oder nicht immer deuten. Es überrascht uns mit seiner Verunsicherung in Situationen, die wir nicht beängstigend finden und die vielleicht für uns zum normalen Alltag gehören. Diese Auffälligkeit zeigte sich an einem Kind, von dem vermutet wurde, dass es Schwierigkeiten mit dem Hören hatte, obgleich ohrenärztlicherseits keine Beeinträchtigung nachzuweisen war. Normalerweise kam der Junge zu Zeiten in die therapeutische Einrichtung, zu denen sich keine anderen Kinder in den Räumen befanden. Einmal aber war das anders. Als er die Einrichtung betrat, lauschte er verängstigt auf die ungewohnten und für ihn undeutbaren Geräusche. Er verkroch sich in der Garderobe und konnte nur mit gutem Zureden herausgelockt werden. Dieser Junge war im zweiten Schuljahr aufgefallen, weil er sich immer mehr zurückzog, sich nicht am Unterricht beteiligte und bei durchschnittlicher Intelligenz immer weniger Leistung erbringen konnte. Er entwickelte aber ungeahnte Kenntnisse in Wissensbereichen, die er sich selbst angeeignet hatte, fühlte sich darin sicher und konnte darüber berichten. Wieviele dieser Kinder werden wohl unverstanden von Eltern und Pädagogen in den Kindergärten und Klassen sitzen? Manchen von ihnen kann man aber, wenn man die Zusammenhänge von Beeinträchtigungen der auditiven Verarbeitung kennt, an ihrem Gesichtsausdruck ansehen, ob sie verstehen, was zu ihnen gesagt wurde. Um sich keine Blöße zu geben, sagen sie oftmals einfach: „Ja, ja," und haben dennoch nichts verstanden.

Beeinträchtigungen intermodaler Verarbeitungsprozesse

Eine andere Form von Beeinträchtigung im Bereich der Aufnahme von auditiven Reizen, die häufig vorkommt und manchmal als Verhaltensauffälligkeit gedeutet wird, hat ihre Ursache in einer gestörten intermodalen Integration verschiedenartiger Stimuli. Da hat man als Lehrer den Eindruck, ein Kind hört nicht und ist unaufmerksam. Aber, wenn man genau beobachtet, unter welchen Umständen das Kind nicht hört, kann man feststellen, dass es sehr wohl hören kann, nur dann nicht, wenn noch ein anderer Stimulus gleichzeitig aufgenommen wird. Dem Kind fehlt die Fähigkeit „auszublenden" oder zu hemmen. Wann immer ein so beeinträchtigtes Kind mit irgendetwas beschäftigt ist, z.B. mit einer Bewegung, einer Beobachtung oder mit seinen eigenen Gedanken, hat es Schwierigkeiten, zusätzlich auch noch zu hören, es sei denn, es wird mit einer gewissen

Lautstärke angesprochen, wodurch das „laufende Programm“ unterbrochen werden kann. Diese Kinder werden als unaufmerksam oder als Träumer angesehen und bisweilen, vor allem auch von den Eltern, beschimpft: Er kann wohl hören, wenn er will! Und genau das stimmt. Wenn das Kind nur auf den auditiven Stimulus ausgerichtet ist, hört es gut, soll es aber dabei gleichzeitig an die Tafel sehen, geht das vielleicht schon nicht mehr. Rennt es in der Bewegungsstunde im Raum umher, ist die ganze Wahrnehmung durch die Sensomotorik in Anspruch genommen, akustische Reize dringen dann nicht mehr durch. Neuropsychologisch betrachtet heißt das: Hier stört ein Aufnahmekanal den anderen. Reize verschiedener Art können nicht integriert werden. Das Kind kann entweder zusehen oder zuhören oder sich bewegen. Oder es ist zwar in der Lage, mehrere Stimuli gleichzeitig wahrzunehmen, es fehlt jedoch die Fähigkeit, aus einem laufenden Programm umzuschalten, Neues zuzulassen, die „Gestalt“, die im Augenblick im Vordergrund steht, zurückzudrängen, um eine andere „Gestalt“ wahrzunehmen und das Programm darauf einzustellen.

Diese sensorisch-integrative Störung wird sich durch alle Lernbereiche hindurchziehen, denn das intermodale Lernen erfordert ein ständiges Hervorheben oder Zurückdrängen bestimmter Reize und Reizgestalten. Auch besteht die Gefahr des Überladens eines Kanals. Kinder mit einer derartigen Auffälligkeit können lernbehindert sein bei guter Intelligenz. Häufig zweifeln sie an sich selbst, weil sie spüren, dass sie nicht „hören“, obgleich sie von jedem Ohrenarzt bestätigt bekommen, dass ihr Gehör völlig normal ist. So verunsichert, wie sie manchmal aussehen, so unsicher werden sie in ihrem Selbstbild.

Beeinträchtigungen der verbal-kinästhetischen Verarbeitung

Sprache wird zwar durch das Hören, das Aufnehmen von Lauten ermöglicht. Aber das Gehörte muss auch wieder ausgedrückt, geformt, also ausgesprochen oder geschrieben werden. Dieser Vorgang ist, was den Mundbereich betrifft, äußerst kompliziert und erfordert ein feines Zusammenspiel der Sprechwerkzeuge. Wer als Laie einmal versucht hat, einem Kind, das einen Laut falsch ausspricht, die richtige Artikulation beizubringen, weiß, wie schwer das ist und bekommt eine Ahnung davon, wie komplex die Vorgänge sind, die das Sprechen ermöglichen. Oft wird dabei nicht berücksichtigt, dass auch hierfür das Hören eine entscheidende Rolle spielt. Es hat in besonderer Weise eine Kontrollfunktion. Wir müssen hören, wie wir aussprechen, um unsere Sprechwerkzeuge immer besser dem jeweilig erforderlichen Klangbild anzupassen.

Manchmal weisen wiederkehrende Fehlereigentümlichkeiten auf eine Beeinträchtigung der verbal-kinästhetischen Wahrnehmung hin, wenn zum

Beispiel r, ch, k und t verwechselt werden. Bei leichteren Formen kommt es zu Vertauschungen oder Auslassungen von l, n, d oder b, m, p. Wenn man diese Laute selbst bildet, merkt man deutlich, dass es nur einer feinen Einstellungsveränderung bedarf, um jeweils das L, das N oder das D zu artikulieren. Da ist auch vorstellbar, dass bereits eine leichte Behinderung einer solchen Feineinstellung zu Verwechslungen führen kann. Beim Sprechen fällt das meist gar nicht so auf. Die Aussprache ist in diesen Fällen nur undeutlich und gerne wird an Wortenden *n* statt *m* benutzt (mit meine*n* Vater!). Auch das Lesen ist meist weniger betroffen. Aber im Diktat kommt es zu Fehlern, weil vor dem Schreiben ein inneres Sprechen erfolgt, und wo dieses ungenau ist, wird auch das geschriebene Wort fehlerhaft. Diese Kinder werden unter Umständen als Legastheniker in Kursen „behandelt", was aber meist wenig Erfolg hat, ja eigentlich gar keinen haben kann, weil bei der Behandlung nicht am Grundproblem angesetzt wird, sondern nur an einem Symptom dieser Störung. Das Kind schreibt falsch, weil es nicht richtig ausspricht. Der eigentliche Grund für das Rechtschreibproblem ist hier eine Artikulationsstörung, und die wiederum kann durch eine Hörschwäche und/oder durch eine mehr oder weniger leichte Behinderung der Sprechwerkzeuge verursacht sein.

Beeinträchtigungen von Bewegungsabläufen

Luria weist darauf hin, dass zum Umsetzen von Gehörtem neben der reinen Lautzuordnung noch eine rhythmische Komponente von Bedeutung ist, damit sowohl die Bildung der Laute wie das Aneinanderreihen derselben, also der Ablauf einer Handlung in Sequenzen möglich wird. Dabei geht es um Bewegungsakte, die hintereinander ausgeführt werden müssen und die nach bestimmten Mustern zu erfolgen haben. Luria bezeichnet sie als Bewegungsmelodie. Bei Beeinträchtigungen in diesem Bereich der auditiven Verarbeitung stellt sich einmal die Frage, ob der Rhythmus des Gehörten überhaupt wahrgenommen wird. Luria vermutet, dass die sekundären Felder des akustischen Kortex bei der Differenzierung von rhythmischen Reizverbindungen eine wichtige Rolle spielen (vergl. Luria 1992, S.131). Es stellt sich zum anderen die Frage, ob die tertiären Felder, in denen die Integration von verbal-kinästhetischer und auditiver Verarbeitung geschehen soll, schon so weit gereift sind, dass diese intermodale Leistung erbracht werden kann.

Der tertiären und damit intermodalen Verarbeitung von Reizen entsprechend ist Rhythmuserfassen auch nicht auf Hören und Umsetzen von Gehörtem begrenzt. Auch im visuellen und sensomotorischen Bereich sprechen wir von rhythmischer Differenzierung. Kinder, die Schwierigkeiten mit dem Rhythmuserfassen haben, können eine einmal begonnene Bewegung nicht anhalten oder schnell genug auf eine andere umschalten. Dann beharren die einzelnen Elemente, und so kommt es zu keinem fließenden und gleichmäßigen Sprachrhythmus. Oft haben sie auch Schwierigkeiten, im Takt zu gehen, zu rennen oder zu klatschen. Sie fallen dabei sofort auf. Entweder sie kommen schnell aus dem Rhythmus oder gar nicht erst in ihn hinein. Beim Sprechen äußert sich das in Form von Hängenbleiben bis hin zu leichten Stotterformen. Manchmal scheint es so, als ob diese Kinder schneller denken, als sie sprechen können. Auch den entgegengesetzten Mechanismus kann man beobachten, dann wird das letzte Wort oder werden die letzten Worte eines Satzes mehrmals wiederholt. Es kann nicht umgeschaltet und dadurch das „Tonband" angehalten werden.

Beeinträchtigungen der Zeitverarbeitung

Das, was Luria hinsichtlich rhythmischer Bewegungsabläufe beschreibt, das Bilden von Lauten und das Aneinanderreihen derselben zu Sequenzen, setzt zunächst das Erfassen von Gehörtem in einem bestimmten zeitlichen Rahmen voraus. Für dieses Erfassen bedarf es, wie Kegel es ausdrückt, innerer Uhren, die ein Maß für die Zeit geben, in der erfasst werden kann. Er unterscheidet zwischen Gegenwartsuhr und Ordnungsuhr. Das, was er als Gegenwartsuhr bezeichnet, betrifft einen Zeitraum von etwas 2-5 Sekunden. Diese Zeitspanne erlebt der Mensch als Augenblick, als zeitlose Gegenwart. In ihr nimmt er Sätze, Teilsätze oder Satzverbindungen auf.

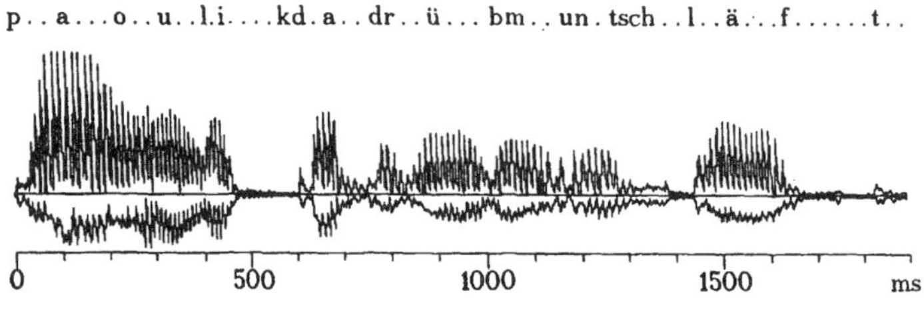

Abb. 36: Oszillogramm des Satzes: Paul liegt da drüben und schläft (aus Kegel 1993)

Alles, was unterhalb dieser Zeitspanne abläuft und sprachliche Teilereignisse betrifft, wird von der Ordnungsuhr nach einem festgelegten Takt gesteuert. Beim gesunden Erwachsenen und bei Kindern im Alter von ungefähr 8-10 Jahren beträgt er 20 Millisekunden, bei Kindern zum Zeitpunkt des Schuleintrittes 60-80 Millisekunden. Der Takt der Ordnungsuhr oder die Ordnungsschwelle betrifft den zeitlichen Abstand von zwei Teilereignissen. Er wird mit Hilfe von zwei über Kopfhörer gegebene Klicks – je einem für das rechte und linke Ohr – gemessen. Der Zeitraum, indem die Klicks noch als getrennt wahrgenommen werden, wird in der Fachsprache als Interstimulationsintervall (ISI) bezeichnet. Das ISI bestimmt, wie differenziert Sprache aufgenommen wird, d.h. wie schnell einzelne Teilereignisse zu einem Sprachsignal verarbeitet werden. Ist das Intervall zwischen den Teilereignissen größer, bzw. der Takt der Ordnungsuhr langsamer oder unruhig, kann der Hörer nicht mehr mit notwendiger Genauigkeit die Artikulationsbewegungen des Sprechers aus dem Sprechsignal entnehmen. „(...Er) hört nicht mehr das Gesagte, bzw. hört alle Schwingungen miteinander verbunden als einen Gesamtklang."[77]

Um Gesprochenes zu verstehen, ist also nicht nur die Fähigkeit zur Aufnahme der auditiven Reize in der entsprechenden Anordnung und deren Weiterleitung zur Hirnrinde erforderlich. Gesprochene Sprache kann vielmehr nur dann verstanden werden, wenn die zeitliche Verarbeitung mit einer bestimmten Geschwindigkeit erfolgt; und diese Geschwindigkeit der Zeitverarbeitung, die Ordnungsschwelle, ist wie alle neuropsychologischen Funktionen abhängig von Reifen und Lernen.

Nach Kegel findet die Zeitverarbeitung für Sprache auf Stammhirnebene statt, einem Bereich, der in der ontologischen Entwicklung früh reift. In diesem Bereich befinden sich zahlreiche Nervenkerne zur Weiterleitung sensorischer und motorischer Erregungen – intramodal wie intermodal[78] – zur Hirnrinde. Wenn es nach Kegel neben der auditiven Ordnungsschwelle auch eine visuelle Ordnungsschwelle gibt und beide individuell ungefähr übereinstimmen sollen, lässt sich vermuten, dass dergleichen auch für die taktile und propriozeptive Verarbeitung zutrifft. Damit käme der Ordnungsschwelle sowohl für das Sprachverständnis wie für die Sprachbenutzung eine wichtige Bedeutung zu und könnte bei der neuropsychologischen Betrachtung der kindlichen Sprachentwicklung sowie von Sprachentwicklungsverzögerungen oder Beeinträchtigungen aber auch für entsprechende Förderansätze neue Möglichkeiten eröffnen. (Geräte zur Bestimmung der Ordnungsschwelle sind im Handel erhältlich, siehe Anhang.)

Beeinträchtigungen der Gedächtnisfunktionen

Im allgemeinen sprechen wir im Zusammenhang mit Beeinträchtigungen von Gedächtnisfunktionen auch von Speicherschwäche. Sie kann das Kurzzeitgedächtnis betreffen aber auch das Behalten eines höheren Ord-

[77] Kegel, 1993

[78] Die Begriffe intramodal und intermodal wurden von Affolter geprägt. Intramodale Wahrnehmung bezieht sich auf Verarbeitung inerhalb nur eines Sinnessystems, intermodale Verarbeitung bezieht mehrere Sinnessysteme ein.

nungsschemas. Bei einer Störungen des Kurzzeitgedächtnisses sind einzelne Elemente nicht lange genug verfügbar. Ein Schüler meldet sich beispielsweise, kommt aber nicht sofort dran, und weg ist, was er sagen wollte. Sind dann andere Kinder an der Reihe, und hat er einen Augenblick Zeit, fällt ihm alles wieder ein. Manchmal ruft er es dann einfach in die Klasse, auch wenn er gar nicht dran ist. Beim Diktatschreiben müssen bestimmte Kinder immer wieder nachfragen, weil sie selbst kurze Satzabschnitte nicht behalten können.

Auch das Erkennen und Behalten auditiver Sequenzen kann betroffen sein. Diese Störung zeigt sich zum Beispiel darin, dass Buchstaben oder Silben in ihrer Reihenfolge vertauscht werden, wie z.B. Moli statt Limo oder Bittergett statt Gitterbett. Daneben gibt es eine andere Erscheinung, die häufig nicht als Beeinträchtigung des Kurzzeitgedächtnisses erkannt wird. Bei dieser Störung hält der Kurzzeitspeicher das eingehende Material zu lange fest. Er gibt es nicht weiter und wird dadurch nicht frei für neue Eindrücke. So kommt es, dass das Kind in seiner Aufnahmefähigkeit dauernd hinterherhinkt und den Anforderungen des Augenblicks gegenüber verunsichert wird. Und so verunsichert, ja regelrecht verwirrt sieht es dann auch aus und scheint „begriffsstutzig“.

Eine ähnliche Form der Beeinträchtigung von Gedächtnisfunktionen liegt vor, wenn das Erkennen und das Erinnern von Reihenfolgen, Ordnungsstrukturen oder Aufgabenformen betroffen ist. Dann ist die Fähigkeit vermindert, das Schema, nach dem die einzelnen Elemente abgerufen werden sollen, zu erfassen und beizubehalten. Später machen sich derartige seriale Störungen bei Arbeitsaufträgen deutlich bemerkbar. Immer sind da Kinder, die nicht gleich verstehen. Manchmal muss man etwas so oft erklären, dass man schon ungeduldig werden möchte. Und das Kind selbst beginnt an sich zu zweifeln, weil es deutlich merkt, dass es längere Zeit braucht als die anderen, um die zeitliche Abfolge, die in der Anweisung enthalten ist, zu begreifen. Schließlich reagiert es mit dem Ausspruch: „Das verstehe ich nicht“ und schaltet ab. Bei vielen Schülern mit Lernproblemen ist diese Reaktion zu einer Grundhaltung geworden. Sie arbeiten nur noch gelegentlich im Unterricht mit, weil sie das Bemühen, einen Auftrag zu verstehen, aufgegeben haben.

Sehr deutlich zeigt sich eine Beeinträchtigung im Behalten von Ordnungsstrukturen beim Kopfrechnen. Ehe die Lösungsstrategie erfasst ist, sind die Zahlenwerte wieder vergessen. Das kann z.B. bei Additionsaufgaben mit Überschreitung des Zehners sein oder beim Multiplizieren einer zweistelligen Zahl mit einer einstelligen oder aber beim Lösen einfacher Textaufgaben. Hierbei zeigt sich deutlich, wie neben der Sprache, zunächst der äußeren, dann der inneren auch die visuell-räumliche Vorstellung ihren Anteil an der erfolgreichen Bewältigung einer derartigen Aufgabe hat.

Auch die Wortfindungsstörungen haben etwas mit dem Gedächtnis zu tun. Ein Wort oder ein Name fällt uns nicht ein. Wir suchen angestrengt in unserem Gedächtnis, aber erst, wenn wir das Suchen aufgegeben haben, taucht das Wort plötzlich auf. Kinder helfen sich dann vielleicht mit Füllwörtern wie Dingsda oder Ähnlichem. In komplizierten Fällen ist dann aber der Sinn des Satzes dadurch nur noch schwer zu entschlüsseln.

Die Bedeutung der inneren Sprache

Auch die innere Sprache ist zunächst vom Hören abhängig. In dem Maße, wie sich das Sprechen entwickelt, beginnt schon sehr früh die Fähigkeit zum Mit-sich-Sprechen. Bei Kindern kann man beobachten, wie diese Entwicklung vor sich geht. Ein kleiner Junge hatte eine noch unreife Erdbeere abgepflückt. Er hielt sie in der Hand, betrachtete sie und sagte zu sich: „Ebe, nein, nein.“ (Erdbeere, nein, nein). Dann steckte er sie in seinen Mund und aß sie auf! Er hatte den gehörten Ausspruch der Erwachsenen schon ein Stück weit „verinnerlicht“ und war auf dem Weg, ihn zu seinem eigenen Leitspruch zu machen. Aber er war eben erst auf dem Wege dahin.

Leitsprüche werden in vielfältiger Weise angeboten, und sie können verinnerlicht, als innere Sprache, menschliches Verhalten steuern und manipulieren. Aus Religion und Geschichte und nicht zuletzt aus der Werbung ließen sich viele Beispiele dafür anführen. Auch die Pädagogik kann das Innere Sprechen nutzen. Methodisch lassen sich Ordnungsstrukturen, sei es im Bereich der Rechtschreibung und Grammatik, sei es im Mathematikunterricht, nachvollziehen und schließlich auch verstehen. Das Kind kann z.B. im Mathematikunterricht über die auditive Anleitung, „Zuerst........, dann........, zuletzt........“, lernen, sich die einzelnen Lösungsschritte vorzusprechen. Mehr und mehr übernimmt schließlich die „innere Sprache“ die Aufgabe des Lehrers, und es lernt, sich selbst zu steuern und anhand seiner auditiven Vorstellung ein vorgegebenes Ordnungsschema einzuhalten.

Die Bedeutung der Lateralisation

Wie bereits unter dem Abschnitt Lateralität und Dominanz dargestellt (Kap. I Abschn. 1.9) kommt es im Laufe der kindlichen Entwicklung zu einer Lateralisierung bestimmter Funktionen. Das heißt, die beiden Hirnhälften verarbeiten zwar die gleichen eingehenden Reize aber das geschieht in differenzierter Weise. Manche Kinder mit Sprachentwicklungsverzögerungen und solche, die eher linkshändig sind, zeigen im Laufe der Schulzeit, wenn immer mehr Anforderungen an die Sprachverarbeitung gestellt werden, bestimmte Auffälligkeiten im Lernen und Verhalten. Vereinfacht ausgedrückt betreffen diese Auffälligkeiten besonders den Erwerb des Lesens, Schreibens und vor allem die Rechtschreibung. Da es sich erfahrungsgemäß dabei um eine bestimmte Gruppe von Kindern handelt, können Kenntnisse über die funktionell unterschiedliche Verarbeitung beider Hirnhälften einen wichtigen Beitrag zum Verständnis dieser Kinder leisten und u.U. Anregungen zu gezielter Förderung geben.

Rohen gibt folgenden Überblick über die funktionellen Unterschiede beider Hirnhälften (vergl. Rohen 1975, S.159).

> Normalerweise dominiert bei Rechtshändern die linke Hemisphäre, in der auch das motorische Sprachzentrum (Broca) lokalisiert ist. Die gegenüberliegende Hirnhälfte besitzt in der Regel keine verbalen Fähigkeiten, sie ist gewissermaßen stumm, wenn diese auch bei Aphasien[79] geweckt werden können. Generell ist die linke Hälfte die beherrschende, aggressivere und für das Bewusstsein führende Hirnhälfte. Man glaubt, dass sie vor allem für das alltägliche Persönlichkeitsbewusstsein verantwortlich zu machen ist. Wie zahlreiche Tests an „split-brain persons“[80] **z**eigten, kontrolliert die linke Hälfte nicht nur die allgemeine Körpermotorik, Sprechen und Schreiben, sondern ist auch in besonderem Maße fähig, analytische Denkaufgaben zu lösen und rechnerische Operationen durchzuführen. Demgegenüber verfügt die rechte Hirnhälfte über ein geringeres Abstraktionsvermögen. Sie ist mehr passiv, schreibunfähig, „stumm“, kann andererseits aber formale Figuren besser erfassen und reproduzieren sowie auch Tonfolgen als Melodien besser erleben und erinnern. Die Lokalisation eines Punktes im Raum gelingt hier leichter als mit der anderen Hemisphäre. Insgesamt herrscht rechts mehr eine synthetische, auf das Ganze gerichtete, links dagegen eine mehr kritische, analytische „Denkweise“ vor. Die linke Hirnhälfte kann vergleichsweise vor lauter Bäumen den Wald nicht sehen, die rechte umgekehrt zwar den Wald als Ganzes aber nicht die einzelnen Bäume erkennen.
> Der biologische Sinn dieser Polarisierung beider Hirnhälften (Lateralisation, Asymmetrie), die nur beim Menschen vorkommt, ist zunächst schwer zu erfassen. Sie ist auch bei Linkshändern, bei denen das Sprachzentrum rechts liegt, weniger ausgeprägt. Neuere Untersuchungen an Linkshändern und Balkenpatienten sprechen dafür, dass die verbalen und nichtverbalen Fähigkeiten im Wettbewerb miteinander stehen und nicht im gleichen Umfang funktionieren könnten, wenn sie nur in ein und derselben Hemisphäre entwickelt wären. Unabhängig davon sollte jedoch immer die Plastizität des menschlichen Gehirns, besonders im jugendlichen Alter, im Bewusstsein behalten werden.

Die Frage, wie die auditive und damit auch die Sprachverarbeitung bei mehr rechtshirnig veranlagten bzw. linkshändigen oder beidhändigen Kindern zu verstehen ist, spielt in der Schule für diejenigen eine besondere Rolle, die Schwierigkeiten im Erlernen der Kulturtechniken haben.

---

[79] Aphasie: Störung oder Verlust der Fähigkeit zum sprachlichen oder schriftlichen Ausdruck, sowie ein Verlust des Verständnisses der gesprochenen Sprache; Folge einer Gehirnverletzung oder einer Gehirnkrankheit (Kolb,Wishaw, 1993).

[80] „split-brain persons: Personen, bei denen der Balken durchtrennt wurde.

Zusammenfassender Überblick

1. Beeinträchtigungen der auditiven Verarbeitung können *vielfältige Ursachen* haben. Sie sind nicht immer leicht zu erfassen, besonders dann nicht,

wenn es sich um vorübergehende oder „leichtere" Störungen handelt, die medizinisch keinen Krankheitswert haben;

wenn es sich um zentrale Fehlhörigkeit bzw. zentrale Störungen der auditiven Sprachverarbeitung handelt.

2. Beeinträchtigungen im Bereich der auditiven Verarbeitung können *vielfältige Auswirkungen* haben. Auch in diesem Fall sind die Beeinträchtigungen medizinisch oft nicht bedeutsam, können aber im Lernen und Verhalten erhebliche Probleme mit sich bringen.

Zum Verständnis der Vielfältigkeit von Störungen eine Übersicht nach Wirth 2000, S. 186:

Klinische Einteilung der auditiven Wahrnehmungsstörungen:

- Störung der auditiven Aufmerksamkeit (Konzentration)
- Störung der auditiven Merkfähigkeit bzw. Speicherfähigkeit (auditive Gedächtnisspanne, Kurzzeitgedächtnis für Schallvorgänge); kommt beim hyperkinetischen Syndrom (HKS) vor
- Störung des Analysierens von Klanggestalten (Funktionsschwäche des auditiven Analysators). Es bestehen Schwierigkeiten in der Verarbeitung des anflutenden Informationsvolumens bzw. Schwierigkeiten in der Reduzierung der Informationsmenge durch Strukturierung. Die akustische Umwelt erscheint als chaotisches Durcheinander, dem nichts entnommen werden kann. Laute oder Silben können nicht herausgegliedert werden. Geht mit einer Störung des Synthetisierens von Einzellauten einher.
- Störung des Differenzierens von Klanggestalten (Phonem-Diskrimination)
- Störung der Beziehung zwischen Wortklangbild und Wortbedeutung (Sinnbezug, Begriffsdifferenzierung, Wortfeld)
- Störung der Wahrnehmung der richtigen Lautfolge, d.h. des Erkennens auditiver Sequenzen. Diese Kinder können nur die einzelnen Laute richtig hören, erfassen und behalten aber nicht die richtige Reihenfolge. Ebenso bleibt ihnen die Bedeutung der einzelnen Wörter unklar. Es entstehen Missverständnisse durch Sequenzverwechslungen und Irrtümer im Bedeutungsverständnis.
- Störung des Richtungshörens, d.h. der auditiven Lokalisation. Panikreaktionen sind die Folge. Die Identifizierung von Stimmen der umgebenden Personen misslingt.
- Störung der Trennung von Nutzschall und Hintergrundschall (Figur-Hintergrund-Unterscheidung).

3. Auditive Verarbeitung und emotionale Befindlichkeit stehen in enger Beziehung miteinander. Durch auditive Beeinträchtigungen kann es zu psychi-

schen Störungen kommen, die sich in leichten Fällen als Verhaltensstörungen darstellen, aber auch zu Neurosen und Psychosen führen können.

Auditiven Beeinträchtigungen können emotionale Störungen zugrunde liegen. Das Kind kann so mit emotionalen Problemen belastet sein, dass es alle Kraft zur Bewältigung (Leugnung, Verdrängung) seiner seelischen Not einsetzen muss und äußere Eindrücke abschaltet und deshalb auch für kognitive Prozesse bzw. für die Verarbeitung von Sprache nicht genügend Energie zur Verfügung hat.

2.4 Diagnostik auditiver Beeinträchtigungen

Wenn wir die auditive Verarbeitung als Voraussetzung für das Sprachverständnis und die Sprachbenutzung ansehen[81], wird eine Diagnostik zunächst die Funktionsfähigkeit des auditiven Systems betreffen. Dafür ist der HNO-Arzt bzw. der Phoniater zuständig. Gleichermaßen wird das Kind in seinem Sprach- und Verstehensverhalten beobachtet werden müssen, um dem Mediziner Anhaltspunkte für eine mögliche auditive Beeinträchtigung zu geben. Dafür sind die Personen zuständig, die das Kind täglich erleben, sei es in der Familie, im Kindergarten oder in der Schule. Wenn der Verdacht auf eine zentrale auditive Verarbeitungsstörung besteht, wird eine neuropsychologische Abklärung mit Hilfe verschiedener Testverfahren durchzuführen sein.

Was immer die Ursache einer auditiven Beeinträchtigung sein mag, zur Erstellung einer Diagnose ist folgendes Vorgehen zu empfehlen:

I. Gezielte Beobachtungen
II. Erhebung einer Anamnese
III. Durchführung von Tests
IV. Audiometrische Untersuchungen

Zu I Gezielte Beobachtungen

Wenn Eltern merken, dass ihr Kind die Türglocke nicht hört oder das Telefon, werden sie schnell weitere Gelegenheiten zur Beobachtung nutzen, um einen Hörschaden auszuschließen. Sie werden zu einem Ohrenarzt gehen und das Gehör überprüfen lassen. Anders ist es bei den Hör- und Sprachbeeinträchtigungen, die hier gemeint sind. Die Gefahr, dass sie nicht oder zu spät erkannt werden, ist groß. Deshalb sollte auch auf „geringfügige“ Auffälligkeiten geachtet werden.

Zunächst sind es allgemeine Verhaltensweisen, die in der häuslichen Umgebung im Zusammensein mit dem Kind auffallen können, es manchmal

[81] Wir gehen in diesem Zusammenhang nicht auf die Sprachbenutzung Gehörloser ein.

aber nicht tun, weil sie einmal falsch gedeutet werden oder weil die Umgebung an dieses Verhalten des Kindes gewöhnt ist. Einige Beispiele, die auf eine Hör- bzw. Sprachbeeinträchtigung hinweisen können:

Es macht den Eindruck, als höre das Kind oftmals nicht zu, wenn ihm etwas gesagt wird.
Das Kind reagiert nicht, wenn ihm ein Auftrag gegeben wird und es gerade mit etwas beschäftigt ist. Es fragt häufig nach.
Es hat Schwierigkeiten, über einen längeren Zeitraum zuzuhören, und wird dann unruhig.
Machmal hat man den Eindruck, als ob es dauert, „bis der Groschen fällt".
Das Kind versteht zuweilen haarscharf am Sinn vorbei. Das zeigt sich bei Späßen oder Witzen. Es wundert sich, warum die anderen lachen.
Unbekannte Geräusche verunsichern, u.U. lösen sie Angst- und Panikreaktionen aus. Es fühlt sich durch laute Umgebung gestört.
Das Kind hat Angst und möchte größere Menschenansammlungen vermeiden, z.B. auch Kindergeburtstage.
Schnelles Sprechen verunsichert. Das Kind scheint manche Menschen besser zu verstehen als andere.
Die Aussprache ist nuschelig.

Im Bereich der Schule können sich weitere Verdachtsmomente ergeben:

Das Kind lässt sich leicht ablenken, es kann sich nicht konzentrieren.
Es kann nur schwer behalten, vor allem sich schlecht an Namen, Zeitangaben, Ortsangaben, Melodien und rhythmische Muster erinnern.
Vielleicht kann es auch keinen Rhythmus nachklatschen.
Es verwechselt ähnlich klingende Wörter.
Es nimmt voreilig Antworten vorweg, und die sind oft nicht zutreffend.
Es hat Schwierigkeiten, Arbeitsanweisungen zu verstehen, wenn es sie versteht, braucht es dafür länger als andere Kinder. Häufig muss es erst beobachten, was die anderen tun.

Für weitere Beobachtungsmöglichkeiten hinsichtlich der Sprachverarbeitung kann die Zusammenstellung „Gesprochene Sprache" Hinweise geben. Es sollte aber bei einem Schulkind auch ein Blick in die Hefte geworfen werden. Besondere Fehlereigentümlichkeiten wie Auslassungen von Buchstaben an bestimmten Stellen eines Wortes können ebenfalls Hinweise auf Beeinträchtigungen der auditiven Verarbeitung geben.

Gesprochene Sprache

Aufnahme-Verarbeitung-Verständnis-Ausdruck

Voraussetzung: Funktionsfähigkeit des auditiven Systems, Wahrnehmung und zentrale Verarbeitung von Gehörtem, funktionsfähige Sensomotorik im Mundbereich, Aufmerksamkeit, Emotion, Motivation und Gedächtnis

Aufnahme:	Erkennen von auditiv/sprachlichen Reizen
Verarbeitung:	Auditive Figur-Grund-Unterscheidung, Unterscheiden einzelner Lautgestalten, Lautkonstanz, Beziehung der Laute zueinander, Unterscheiden von Lautverbindungen Analyse und Synthese von Phonemelementen, Lautverschmelzung Erkennen auditiver Sequenzen im Wort Wortsinnverständnis Satzsinnverständnis Erkennen und Behalten auditiver Sequenzen im Satz Kognitive Interpretation von Sprache, Erkennen von Eigenschaften, Beziehungen, Klassifikationen, Seriationen
Ausdruck:	Stimm- und Lautbildung (Rückbezug auf das Gehörte, Vergleich mit dem Gehörten), Atmung, Steuerung der Motorik im Mund über die taktil-kinästhetische Verarbeitung Reproduktion von Phonemverbindungen in der richtigen Reihenfolge Reproduktion von Wörtern Abrufen von Wörtern Reproduktion von vollständigen Sätzen unter Beachtung der Reihenfolge ihrer Glieder Steuerung des Sprechablaufes und des Sprachrhythmus, der Sprachmelodie.

Zu II Anamnese

Informationen aus der Lebensgeschichte des Kindes und seiner körperlichen und kognitiven Entwicklung sowie seiner emotionalen Befindlichkeit können Hinweise auf Hörverarbeitung und Sprachentwicklung geben. Wichtige Fragen betreffen

das Vorliegen familiärer Dispositionen zu Hör-, Sprach- und Lernproblemen auch bezüglich der Links- oder Beidhändigkeit,
die Schwangerschaft,
den Geburtsverlauf, (Einsicht in das Vorsorgeheft),
die Entwicklung innerhalb der ersten beiden Lebensjahre (auch Sprachentwicklung),
Krankheiten,
die Kindergarten- und Schulzeit
und schließlich die Beschreibung der gegenwärtigen Probleme. (Letzteres wird im allgemeinen in der Exploration erfragt).

Zu III Durchführung von Tests

Anhand verschiedener Testverfahren lassen sich Vermutungen auf auditive bzw. Sprachverarbeitungsstörungen oder -schwächen aufstellen. Geeignet sind z.B.: der HAWIK-III, der KABC, der HSET, der PET. Dabei wird man sich entscheiden, entweder den oder die Tests vollständig durchzuführen oder sich auf Untertests zu beschränken, die vermutlich für Sprachbeeinträchtigungen am aussagekräftigsten sind. Für Kindergarten- und Vorschulkinder, auch solche des ersten und zweiten Schuljahres, empfiehlt sich zu einer ersten Orientierung die Differenzierungsprobe nach Breuer und Weuffen (1997).

Die Beschränkung auf einzelne Untertests aus verschiedenen Verfahren im Sinne eines Screening hat den Vorteil der Zeitersparnis. Nachteilig ist, dass der Blick bei der Auswahl der Untertests von vorneherein auf bestimmte Bereiche der Sprachverarbeitung eingeschränkt wird. Die vollständige Durchführung z.B. des HAWIK-III und des PET oder anderer Verfahren kann eine breite Sicht kognitiv sprachlicher Verarbeitung ermöglichen. Außerdem beschränken sich manche Beeinträchtigungen nicht nur auf den rein sprachlichen Bereich. Sie zeigen sich unter Umständen auch durchgängig in anderen Untertests und können Hinweise geben auf Vermutungen hinsichtlich ganzheitlicher oder analytischer (eher rechtshirniger oder linkshirniger) Verarbeitung. Bei einer Analyse der verschiedenen Testprofile kann sich weiter zeigen, ob sich die Ergebnisse vergleichen und damit bestätigen lassen. (Bei der Evaluation nach Frostig wird so vorgegangen.) Nachteilig ist der größere Zeitaufwand.

Zu empfehlen ist immer auch die Überprüfung der Ordnungsschwelle.

Zu IV Audiometrische[82] Untersuchungen

Hierbei werden für Kinder mit Verdacht auf auditive Sprachverarbeitungsbeeinträchtigungen je nach Notwendigkeit vier Verfahren hilfreich sein:

1. ein Tonaudiogramm;
2. ein Sprachaudiogramm;
3. ein dichotischer Sprachtest;
4. ein Sprachtest durchgeführt unter Störschall.

Ton-Audiogramm

Das Ton-Audiogramm vermittelt ein Bild darüber, was gehört oder nicht gehört wird. Es stellt die Hörschwelle dar, die angibt, bei welcher Lautstärke welche Frequenz gerade eben noch gehört werden kann. Die Lautstär-

[82] Audiometrie = Ermittlung des Hörvermögens mit einem Audiometer

ke ist in dB auf der linken Senkrechten des Formulares angegeben, die Frequenz auf der oberen Waagerechten. Erfasst wird ein Frequenzbereich von 0,125 bis 10 kHz, vereinfacht ausgedrückt, von den tiefsten bis zu den höchsten Tönen. Die Hörschwelle liegt im Audiogramm oben, der Hörverlust in Dezibel nimmt nach unten hin zu. Im Audiogramm sind zwei Arten von Messungen vorgesehen, die Bestimmung der Luftleitung und die Bestimmung der Knochenleitung. Aus der Differenz der beiden Ergebnisse lassen sich Schlüsse auf die Art und Lokalisation der Hörbeeinträchtigung ziehen.

Für die Dokumentation der Messergebnisse werden einheitliche Symbole und Farben verwendet.

Für die Luftleitung rechts (rot) o ——— o links (blau) x ——— x

Für die Knochenleitung rechts >-- - - - - - -> links <-- - - - - - -<

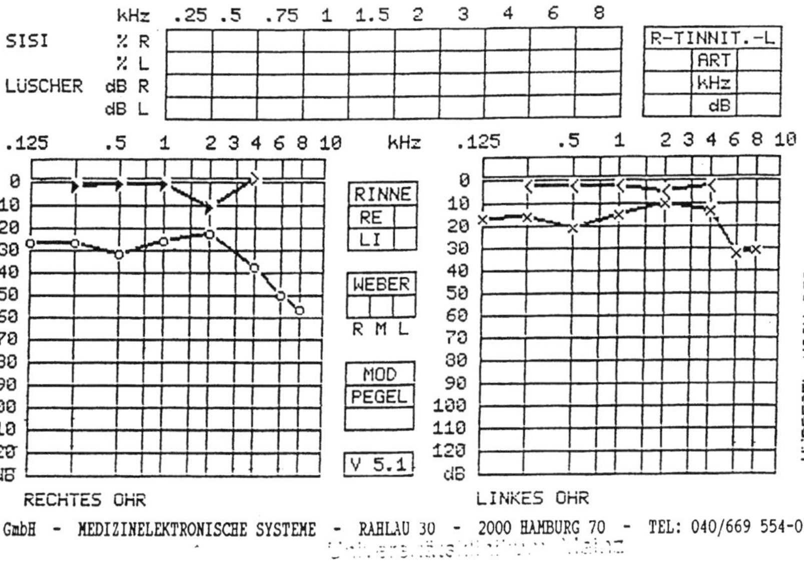

Abb. 38: Formular für ein Tonaudiogramm

Bei den Hörbeeinträchtigungen werden unterschieden:

- Gehörlosigkeit,
- Resthörigkeit,
- hochgradige Schwerhörigkeit,
- leicht- bis mittelgradige Schwerhörigkeit.

Wenngleich es bei diesem Thema eigentlich um einen sonderpädagogischen Fachbereich geht, für den Sprachheillehrer zuständig sind, soll es doch wenigstens gestreift werden. Es werden Beispiele für Audiogramme gegeben, die charakteristisch für die Ausprägung der Beeinträchtigung sind und kurze Beschreibungen der Erscheinungsformen (nach Michels 1982).

1. Das gehörlose Kind

Ein solches Kind reagiert wahrscheinlich nur auf ganz tiefe Töne wie etwa Trommelwirbel oder tiefe Orgelakkorde.
Eine lange und ausdauernde Hörerziehung ermöglicht es meistens aber einem derartigen Kind, seine eigene (mit Hilfe eines Hörgerätes) verstärkte Stimme zu erkennen. Unter Umständen ist es ihm sogar möglich, sich der Stimmen anderer bewusst zu werden, indem es geradezu *spüren* lernt, dass jemand in seiner Nähe spricht.
Auch bestimmte laute Alltagstöne kann es erkennen lernen. So kann es dazu gebracht werden, auf die Autosignale zu achten, indem es lernt, dass bestimmte Gefahren damit verbunden sind. Weiterhin vermag es zu lernen, den Knall einer Tür wahrzunehmen und auf diese Weise zu erkennen, dass irgendjemand das Zimmer betreten hat. Es kann lernen, den Sprechrhythmus wahrzunehmen und zu erkennen, dass manche Sprachlaute stärker oder länger sind als andere. Natürlich ermöglicht dies alles nur zu einem verschwindend geringen Teil, zu verstehen, was andere sagen. Trotzdem kann es später für seine eigene Sprachentwicklung äußerst hilfreich sein.
Auch ein gehörloses Kind kann bei entsprechender Übung sein Hörgerät sinnvoll nutzen.

2. Das resthörige Kind

Ein Kind, das zwar fast gehörlos ist, aber im Sprachbereich noch einige Hörreste aufweist, hat von Verstärkung und Hörerziehung natürlich weit mehr Nutzen als ein gehörloses Kind.
Alltagsgeräusche kann es in höherem Maße wahrnehmen als jenes (Türklingeln, Läuten des Telefons, Händeklatschen ....).
Auf nahe Stimmen reagiert es. Lange Übung ermöglicht es ihm, eine ganze Reihe von Sprachlauten zu hören. Es ist möglich, dass es fast alle Vokale (Selbstlaute) und auch bestimmte Konsonanten (Mitlaute) wahrzunehmen vermag. Bei entsprechend intensiver Schulung ist es sogar imstande, viele Wörter voneinander zu unterscheiden. Wenn es genau zuhört, kann es meist auch verstehen, was ihm gesagt wird. Gerade das

aber hilft ihm bei der eigenen Sprachentwicklung ganz bedeutend. Seine Stimme kann unter Umständen sogar Rhythmus und Melodie aufweisen. (Hierbei ist der Einsatz eines Hörgerätes aber unerlässlich.) Wie das gehörlose Kind benötigt es ebenfalls lange und fortgesetzte Schulung durch Hörgeschädigtenlehrer.
Sowohl resthörige als gehörlose Kinder nehmen freilich den größten Teil der Sprache über das Ablesen von den Lippen wahr.

3. Das hochgradig schwerhörige Kind

Bevor diese Kindern lernen, ihre noch vorhandene Hörfähigkeit auszunutzen, erscheinen sie wie gehörlos. Trotzdem können sie im Sprachbereich etwas hören. Das zeigen sie mit ihrem „Geplapper", dessen Töne ganz natürlich klingen, wenn sie auch noch keinerlei Wörter und Sinn erkennen lassen. Diesen Kindern kann jedoch durch Tonverstärkung und Hörerziehung geholfen werden, ihr Hörvermögen auszunutzen. Ohne Hörgerät und fachliche Hilfe wird das hochgradig schwerhörige Kind den Eindruck erwecken, als sei es gehörlos. Wird aber möglichst frühzeitig und richtig geholfen, und erhält es möglichst früh Hörgeräte, so wird aus dem einstmals gehörlos scheinenden Kind bald ein schwerhöriges.

4. Das leicht bis mittelgradig schwerhörige Kind

Der Hörverlust eines solchen Kindes kann als leicht bzw. mittelmäßig bezeichnet werden. Es hat genug Hörvermögen, um die Sprache großenteils über das Ohr aufzunehmen. Nach Möglichkeit sollte es jedoch auch Hörgeräte erhalten.
Bewegt sich die Hörfähigkeit eines Kindes nur geringfügig unterhalb der Durchschnittsnorm, also bei leichtem Hörverlust, so kann es im allgemeinen ohne Einschränkung des Verständnisses einer normalen Unterhaltung folgen. Es wird sich beinahe ebenso gut ausdrücken wie auch andere gleichaltrige Kinder. Trotzdem wird es gelegentlich zu Missverständnissen kommen. Außerdem weist seine Sprache nicht ganz den Wortreichtum auf, den andere Kinder besitzen. Sollte ein solches Kind am Unterricht der Grund- und Hauptschule teilnehmen, so braucht es eine zusätzliche Hörerziehung, außerdem eine spezielle Schulung im Absehen und einen besonderen Sprach- und Sprechunterricht. Ist der Hörverlust etwas größer als es bei einer leichten Schwerhörigkeit der Fall ist, so liegt eine mittelgradige Schwerhörigkeit vor. In diesem Fall empfiehlt sich der Einsatz von Hörgeräten.

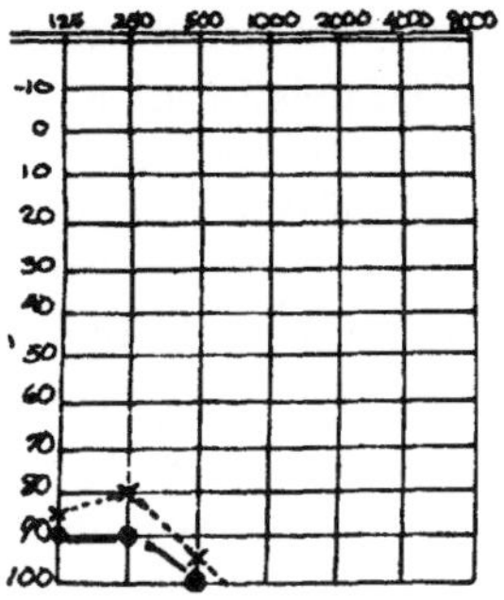

zu 1

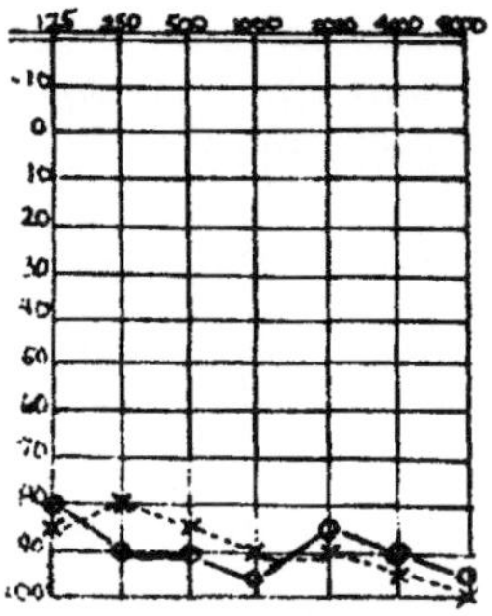

zu 2

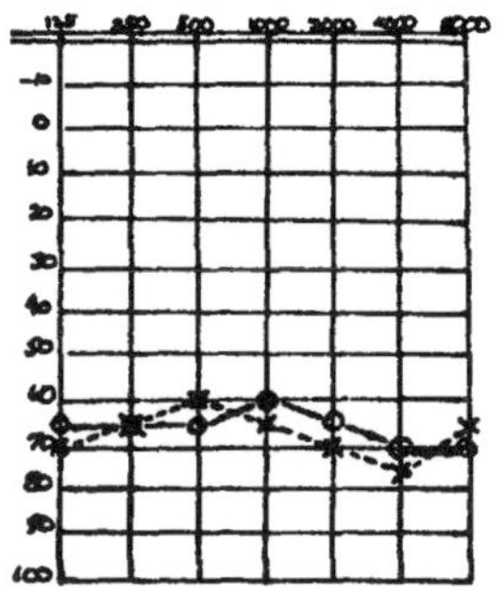

zu 3

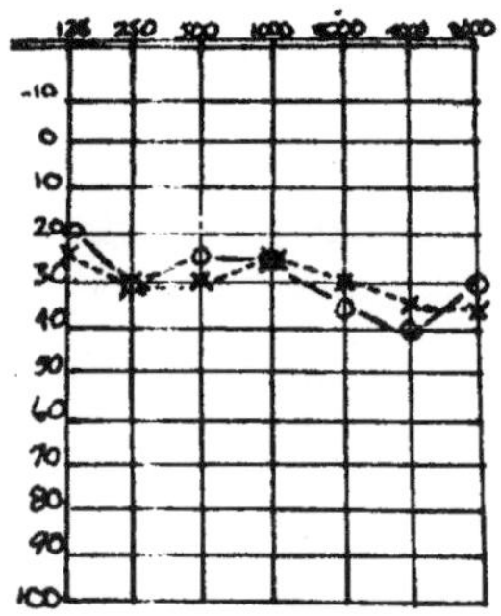

zu 4

Abb. 39: Audiogramme zu beschriebenen Schwerhörigkeitsgraden (aus Michels 1982)

Sprachaudiogramm

Das Sprachverstehen kann beeinträchtigt sein, obgleich das Tongehör intakt ist. Deshalb ist bei Verdacht auf eine zentrale Sprachstörung die Durchführung eines Sprachaudiogrammes erforderlich.
Es gibt für die verschiedenen Altersgruppen unterschiedliche Verfahren. Geprüft wird die Sprachverarbeitung über Kopfhörer mit jeweils einem Ohr. Dabei kann festgestellt werden, wie Wörter oder Zahlen mit dem rechten bzw. linken Ohr verstanden werden.

Dichotische Verfahren

Hierbei wird das Sprachverständnis unter erschwerten Bedingungen überprüft. Über Kopfhörer wird jedes Ohr gleichzeitig mit einem unterschiedlichen, aber gleichsilbigen Wort beschallt. Der Normalhörende ist fähig, beide Wörter, das vom rechten und das vom linken Ohr, getrennt nacheinander nachzusprechen. Interessant kann auch sein, mit welchem Ohr besser verstanden wird, um u.U. Vermutungen über die Leistungsfähigkeit der Sprachzentren anzustellen.

Untersuchungen unter Störschall

In manchen Fällen kann es sein, dass alle hier aufgeführten Untersuchungen keinen Hinweis auf eine Beeinträchtigung des Hörens und des Sprachverständnisses geben. Wenn dennoch der Verdacht auf eine Sprachverarbeitungsstörung besteht, sollte ein Sprachverständnistest unter Störschall durchgeführt werden.

Für gewisse Beeinträchtigungen wird eine umfassendere Diagnostik erforderlich sein. Im Rahmen einer großangelegten empirischen Untersuchung durch das Hörgeschädigten-Zentrum in Würzburg und in Zusammenarbeit mit Wissenschaftlern der dortigen HNO-Klinik der Julius-Maximilians-Universität sind Verfahren zusammengestellt und überprüft worden, die es ermöglichen, auditive Beeinträchtigungen über eine periphere Hörstörung hinaus in ihren Auswirkungen auf die Sprachverarbeitung zu erfassen

Audiologische Untersuchungen[83]

Hierbei geht es um Beeinträchtigungen, die in der Fachliteratur unter verschiedenen Bezeichnungen beschrieben werden z.B. als *zentrale Hörstörung, zentrale Schwerhörigkeit, Fehlhörigkeit, Wahrnehmungsschwerhörigkeit, zentral-rezeptive Störungen und Störungen der auditiven Wahrnehmung.* Im Rahmen des Forschungsprojektes, das auf dem Kongress: „Erkennen Verstehen Fördern“ 1992 in Würzburg vorgestellt wurde, hatte man sich auf die Bezeichnung „Zentrale Störungen der auditiven Sprachwahrnehmung“ (ZSAW) geeinigt und mit dieser Bezeichnung beides erfasst, die auditiven Beeinträchtigungen und die Auswirkungen auf die Sprache. Dementsprechend betrifft die Diagnostik ebenfalls beide Aspekte. In der Zusammenschau der Ergebnisse, sollte es möglich sein, nicht nur periphere Hörbeeinträchtigungen, sondern auch zentrale Störungen der auditiven Sprachwahrnehmung zu erfassen.

Die folgende Auflistung verschiedener audiometrischer und audiologischer Verfahren, die im Rahmen des erwähnten Forschungsprojektes eingesetzt worden sind, gibt einen Einblick darüber, was diagnostisch möglich ist und dass für Fälle einer zentralen Verarbeitungsstörung die Überprüfung allein mit den herkömmlichen HNO-Untersuchungen nicht ausreicht.

---

[83] Audiologie=Erforschung und Lehre vom Hören

Funktionen	*Verfahren*
Peripheres Hören	Tonaudiometrie Tympanometrie
Auditive Aufmerksamkeit	Systematische Verhaltensbeobachtung
Auditives Gedächtnis	Seashore-Test (Rhythmustest) Überprüfung des Tonfolgegedächtnisses
Lautheitsempfinden	Relation von Stapediusreflexschwelle zur normalen Reflexschwelle Sprachaudiometrie mit leiser Sprache (50 dB über der Hörschwelle) Universität Würzburg, Psychol. Institut III/Heller: Hörfeldmessung, Kategorienskalierung
Dichotisches Hören	Uttenweiler: Dichotischer Sprachtest Feldmann: Dichotischer Feldmanntest, Worte
Richtungshören	Prüfverfahren mit 5 Richtungslautsprechern; Geräusche und gewobbelte Sinustöne werden in einer Lautstärke von 50 dB über Hörschwelle angeboten
Selektivität	Sprachaudiometrie bei gleichlautem Störgeräusch, (Stimmengemurmel 50% Sprachdiskrimination Esser: Binaural Intelligibility Level Difference-Test (B.I.L.D.-Test), ein- und beidohriges Hören mit Störgeräuschen Esser: Vergleichende Stapediusreflexaudiometrie (unterschiedliche Auslösbarkeit des Reflexes auf Sinustöne und Geräusche) Heller Knoblach: Sprachtest S/L
Lautdifferenzierung	Mottier: Test zur akustischen Differenzierungs- und Merkfähigkeit, PET
Frequenzauflösung	Zwicker: Psychoakustische Tuningkurven, Abänderung durch Knoblach
Zeitauflösung	HNO-Klinik der Universität Würzburg: Test zur Zeitauflösung Zwicker: Messung des Zeitauflösungsvermögens des Gehörs.

Durchführung von Subtests verschiedener Testverfahren

Hierbei wird im allgemeinen eine Auswahl der angebotenen Tests zu verwenden sein. Es handelt sich jeweils um einzelne Untertests, deren Ergebnisse auf bestimmte Beeinträchtigungen schließen lassen. Sie könnten sicher um Untertests aus anderen als den hier aufgeführten Verfahren ergänzt werden, wie z. B Untertests aus dem KABC von Kaufmann.

Funktionen	*Verfahren*
Auditives Gedächtnis	Sprachliche Automatisierung, Angermeier PET, Zahlenfolgegedächtnis
	Grimm/Schöler: HSET, Nacherzählen eines Textes
	Kramer: Subtest V/5 Nachsprechen zehnsilbiger Sätze
	Mottier: Test zur akustischen Differenzierungs- und Merkfähigkeit
	Tewes/Rossmann/Schallberger: HAWIK-III, Zahlen nachsprechen
Sprachliche Automatisierung	Angermeier: PET, Laute Verbinden (Lautsynthese)
	PET, Wörter Ergänzen (Lautanalyse)
	PET, Grammatik-Test

Die Frage, die letztlich das gesamte weitere diagnostische Vorgehen durchzieht und die im Rahmen der empirischen Untersuchung des Hörgeschädigtenzentrums Würzburg gestellt wurde, (Bertelmann,U. 1993) ist folgende:

> Sind die Probleme der Kinder im Mitkommen in der Regelschule hauptsächlich auf zentrale Dysfunktionen im auditiven Bereich, die sich auf die Sprachwahrnehmung auswirken, zurückzuführen oder spielen Dysfunktionen in anderen neuropsychologischen Bereichen eine schwerwiegendere Rolle?

Ergänzend und der Situation des Kindes entsprechend, werden noch Beobachtungen empfohlen hinsichtlich

- der Motorik
- des Vollziehens automatisierter Bewegungsabläufe
- der Handdominanz
- u.U. auch projektive Verfahren zur Erhellung der psychischen Situation des Kindes.

Es werden mit diesen Untersuchungen Bereiche überprüft, von denen angenommen wird, dass sie in bedeutsamem Zusammenhang mit der Sprachentwicklung stehen und dass sich Dysfunktionen, die sich hier zeigen, auf die Entwicklung der Laut- und Schriftsprache auswirken können (vergl. Bertelmann 1993).

Die Würzburger Forschungsergebnisse haben gezeigt, dass Kinder, die durch die beschriebenen Auffälligkeiten in der Regelschule versagten, immer auch eine Kombination von Störungen im auditiven Bereich aufwiesen. Gerade *diese Kombination* von gestörten Teilfunktionen und *nicht die lineare Zuordnung* zur einzelnen Teilfunktion sind es, die dem Kind eine Kompensation durch Stärken in anderen Funktionsbereichen nicht mehr ermöglichen und in ihren schwerwiegenden Auswirkungen auch die Entwicklung integrativer Funktionen beeinflussen.

Drei Beispiele, die U. Bertelmann anführt, zeigen deutlich die Problematik, der wir in Kindergarten und Schule gegenüberstehen, und sie weisen auf die hohe Verantwortung hin, die wir als Pädagogen den betroffenen Kindern gegenüber haben.

> Ein Kind mit einer umschriebenen Schwäche bezüglich der Selektivität, also Hören unter Störgeräuschen, wird bei sonst intakten auditiven Teilfunktionen und intakten anderen neuropsychologischen Funktionsbereichen, normaler intellektueller Begabung und altersgemäßer sozialer Kompetenz immer Möglichkeiten zur Kompensation finden. Kommen aber ein schwaches auditives Gedächtnis und Schwierigkeiten im Bereich der akustisch-sprachlichen Automatisierung dazu, reichen die Ressourcen (Stärken und Energien) des Kindes wahrscheinlich nicht mehr aus, diese Probleme auszugleichen.
>
> Ein Kind, das diagnostizierte, zentrale Störungen der auditiven Wahrnehmung aufweist und bei dem zusätzlich im visuellen Funktionsbereich Probleme festzustellen sind, fällt in einen Grenzbereich, in dem es immer wieder individuell abzuklären gilt, wo die Dominanz der Störung liegt und wie das integrative Zusammenspiel der verschiedenen Sinnesbereiche sich vollzieht oder nicht vollzieht.
>
> Ein Kind mit zentralen Störungen der auditiven Wahrnehmung plus einer diagnostizierten Schwäche der Aufmerksamkeits-, Programm und Handlungssteuerung wird durch letztere immer auch Schwierigkeiten im visuellen Funktionsbereich aufweisen. Hier ist durch die Diagnostik zu erhellen, welche Probleme auf Störungen im auditiven Bereich zurückzuführen sind und welche durch die an anderer Stelle beschriebenen Schwierigkeiten im Problemkreis der Steuerung bedingt sind.

Ein möglichst genaues Bild der Schwächen und Stärken der Kinder ermöglicht eine adäquate Förderung und hilft, die schwerwiegenden Folgeerscheinungen, wie emotionale Spannungen, Ängste, aggressives Verhalten, sozialer Rückzug und Entwicklungsrückstände zu mindern.

Hörgeschädigten - Zentrum Würzburg

Erfassung von Störungen der zentralen auditiven Wahrnehmung

- Lehrerbeobachtungen -

KIND

Name ______________	Vorname ______________
geboren ______________	wohnhaft ______________
Schule ______________	______________
______________	Jahrgangsstufe ______________
______________	Klassenleiter/in ______________

Bisher erfolgte Untersuchungen und Beratungen:

____

____

____

____

Hörgeschädigten - Zentrum, Berner Str. 14 - 16, 8700 Würzburg,
Tel. (0931) 60060-0

Störung der auditiven Aufmerksamkeit

Unfähigkeit des Kindes, sich auf wechselnde akustische Signale (z.B. Sprachangebot des Lehrers - Unterrichtsgespräch) dauerhaft einstellen zu können

Zutreffendes bitte ankreuzen

	ja	nein
Kind wird in der Schule im Laufe des Vormittags motorisch unruhiger, paßt nicht mehr auf	☐	☐
Deutlicher Leistungsabfall in der Schule im Verlaufe des Vormittags	☐	☐
Zunehmende Ermüdung im Laufe des Unterrrichts	☐	☐
Zunehmende Ablenkbarkeit im Laufe des Unterrichts	☐	☐
Fehlende Ausdauer bei verbalen Aufgaben	☐	☐
Geringe Mitarbeit im mündlichen Unterricht	☐	☐
Reaktionen im mündlichen Unterricht sind nicht themenbezogen, sondern erfolgen auf "Reizwörter", die die momentanen persönlichen Interessen des Kindes ansprechen	☐	☐
Ablenkbarkeit durch Geräusche	☐	☐

Störung des Lautheitsempfinden

Bei gestörtem Lautheitsempfinden werden im besonderen laute Schallereignisse als zu laut bis schmerzhaft und normallaute (Umgangssprachenlautstärke) eher als zu leise empfunden

Lautstärkeempfindlichkeit, Reklamation größerer Lautstärken im Schulalltag: Kind beschwert sich, hält sich die Ohren zu, zieht sich zurück	☐ ja	☐ nein
Kind reklamiert, wenn leise gesprochen wird	☐ ja	☐ nein

Störung des Dichotischen Hörens

Unfähigkeit mit beiden Ohren gleichzeitig auftretende verschiedene Sprachinformationen verstehen zu können

Kind beschwert sich sofort, wenn durcheinander gesprochen wird	☐ ja	☐ nein
Kind kann nicht gleichzeitig auf mehr als einen Sprecher achten	☐ ja	☐ nein
Kind verliert leicht den roten Faden im Verlauf eines Gruppengesprächs	☐ ja	☐ nein
Kind bekommt bereits bei kurzem Schwätzen mit dem Nachbarn nicht mit, was der Lehrer und andere Schüler sagen	☐ ja	☐ nein

Störung der Selektivität

Bei gestörter Selektivität ist das Kind selbst bei gerichteter Aufmerksamkeit nicht in der Lage, aus komplexen Schallereignissen sprachliche Information herauszuhören

	ja	nein
Schlechteres Verstehen im Klassenverband bei Störgeräuschen	☐	☐
In der Kleingruppe und Einzelsituation deutlich besseres Sprachverstehen	☐	☐
Kind fragt häufig nach	☐	☐
Kind orientiert sich bei Aufträgen an Mitschülern	☐	☐
Informationen werden häufig falsch verstanden	☐	☐
Besseres Aufgabenverständnis bei zusätzlicher visueller und handlungsbezogener Darbietung	☐	☐
Kind gibt Antworten, die sich nicht direkt auf gestellte Fragen beziehen	☐	☐

Störung des Richtungshörens

Unfähigkeit, eine Schallquelle exakt zu orten

	ja	nein
Kind weiß nicht, wo es suchen soll, wenn es gerufen wird	☐	☐
Es fällt dem Kind schwer, sich in Gruppengesprächen dem jeweiligen Sprecher zuzuwenden	☐	☐

Auditives Gedächtnis

Bei einer Störung des auditiven Gedächtnisses ist das Kind nur begrenzt fähig, nacheinander eintreffende akustische Informationen für eine Weiterverarbeitung zu speichern

	ja	nein
Kind ist im Kopfrechnen deutlich schwächer als im schriftlichen Rechnen	☐	☐
Bei Diktaten wiederholtes Nachfragen oder Wortauslassungen	☐	☐
Nacherzählung eines gehörten Textes ist unvollständig	☐	☐
Kind lernt besser auswendig, wenn es eine schriftliche Vorlage hat	☐	☐
Kind kann sich Liedtexte schwer merken	☐	☐
Kind verliert Interesse, wenn Geschichten vorgelesen werden	☐	☐
Mündl. Handlungsanweisungen werden vor allem dann nicht oder unvollständig ausgeführt, wenn sie mehrere Teilschritte enthalten	☐	☐
Hausaufgaben müssen schriftlich notiert werden	☐	☐
Kind spricht in kurzen Sätzen und häufig dysgrammatisch	☐	☐

Störung der Lautdifferenzierung

Unsicherheit im Erkennen und Unterscheiden von Sprachlauten

	ja	nein
Kind verwechselt oft klangähnliche Wörter	☐	☐
Kind fragt auch in Einzelsituationen öfter nach	☐	☐
Kind spricht verwaschen, nuschelt	☐	☐
Häufige Fehler beim Schreiben nach Gehör	☐	☐

III. Neuropsychologische Beeinträchtigungen und ihre Ausdrucksformen

1. Die Beziehung zwischen motorischer und sensorischer Verarbeitung
2. Die drei grundlegenden Funktionseinheiten nach Luria
3. Die Entwicklung der Kognition
4. Neuropsychologische Beeinträchtigungen, Begriffsbestimmung
5. Ausdrucksformen neuropsychologischer Beeinträchtigungen
6. Bericht einer Mutter
7. Die Bedeutung unausgeprägter Hemisphärendominanz
8. Bewältigungsformen neuropsychologischer Beeinträchtigungen

1. Über die enge Beziehung zwischen sensorischer und motorischer Verarbeitung

Aus den bisherigen Ausführungen sollte deutlich geworden sein, dass es keine Sinnesleistung ohne motorische Komponente gibt und dass alle motorischen Akte mit Sinnesleistungen einhergehen. Efferente und afferente Leitungsbögen sind an jeder sensorischen oder motorischen Leistung beteiligt, das allerdings in unterschiedlichem Maße (siehe Kapitel I, Abschnitt 1.3).

Pickenhain (1992) hat diese Einheit von Bewegen und Wahrnehmen für alle Sinnesbereiche dargestellt. Einige Beispiele davon seien hier aufgeführt, um den Hintergrund für neuropsychologische Beeinträchtigungen verständlich zu machen.

Das visuelle System

Wenn wir bei Lähmung der Augenmuskulatur und Fixierung des Kopfes ein Bild konstant auf einen bestimmten Netzhaupunkt projizieren, dann beginnt er schon nach wenigen Sekunden zu verblassen und verschwindet nach 20 bis 30 Sekunden völlig. Dieses bekannte Phänomen hängt damit zusammen, dass die Bleichung des Rhodopsins in den Netzhautrezeptoren, die zur Auslösung einer Sinnesempfindung führt, rückgängig gemacht werden muss, um sie für eine neue Reizaufnahme vorzubereiten. Voraussetzung des Sehens sind also – selbst bei der Fixierung eines Punktes – ständige winzige (sakkadierende) Augenbewegungen, durch die die Projektionsstelle des eindringenden Lichtstrahles auf der Netzhaut verändert wird. Die Augenmuskeln gehören zu den am optimalsten innervierten Muskeln (sehr kleine motorische Einheiten), um ständig ganz subtile Bewegungen ausführen zu können. Hinzu kommen die ständigen Folge- und Sprungbewegungen des Augapfels, die Bewegungen des Kopfes und des ganzen Körpers im Raum, durch die die

Funktionsfähigkeit der Netzhaut konstant gehalten wird. (...) Das Sehen ist also niemals als eine isolierte Funktion zu verstehen, und selbst das Betrachten von Gegenständen und Umweltvorgängen hat seinen Bedeutungsgehalt in frühester Kindheit erst durch den aktiven Umgang mit dieser Umwelt und ihren Bestandteilen erhalten.

Das akustische System

Auch die periphere Funktion des akustischen Systems unterliegt efferenter Kontrolle. Zwar ist der Mensch nicht mehr in der Lage, seine Ohrmuscheln aktiv in bezug zur Schallquelle zu verstellen, wie es bei den meisten Säugetieren der Fall ist. Er vermag nur noch im Sinne einer Orientierungs- und/oder Aufmerksamkeitsreaktion seine Kopfstellung so zu verändern, dass die Aufnahme der Schallcharakteristika verbessert oder verschlechtert wird. Doch besteht ein deutlicher efferenter Einfluss auf die Übertragung der Schallwellen vom Trommelfell über die Gehörknöchelchenkette auf das Innenohr. An zwei der drei Gehörknöchelchen setzen kleine Muskeln an, durch deren Spannung die Schallübertragung im Mittelohr beeinflusst werden kann. Außerdem werden auch die Rezeptoren (Haarzellen) im Corti-Organ durch efferente Nerven innerviert, deren Wirkung noch nicht im Detail bekannt ist, die aber mit Sicherheit den Rezeptionsvorgang beeinflussen können.

Chemische Sinne

Dass der Geschmackssinn mit seinen vier Qualitäten süß, sauer, bitter und salzig an die Motorik der Zungen- und Mundmuskulatur gebunden ist, durch die die Geschmacksobjekte aufgebrochen, durchwalkt und in immer neuen Kontakt mit den verschiedenen Geschmacksrezeptoren gebracht werden, bedarf keiner besonderen Erläuterung.

Etwas weniger auf der Hand liegt die Beteiligung efferenter Komponenten an der Geruchswahrnehmung. Doch herrschen bei diesem System analoge Bedingungen. Erstens kann der Luftstrom durch unterschiedliche motorische Mechanismen stärker oder in geringerem Maß an der Regio olfactoria vorbeigeleitet werden. (...) Zweitens spielt die vor Austrocknung schützende Schleimschicht über dem Riechepithel eine wichtige Rolle, weil in ihr die zu riechenden Substanzen aufgelöst werden müssen, um zu den Geruchsrezeptoren zu gelangen. Ihre ständige Erneuerung durch das umliegende Epithel unterliegt ebenfalls zentralen Einflüssen. Schließlich wird auch das komplexe neuronale Netzwerk in der Riechschleimhaut, das die von den erregten olfaktorischen Zellen eingehenden Impulssalven integriert, durch efferente Nerven kontrolliert, die die Rezeptionsschwelle – unter Umständen sogar unterschiedlich für einzelne Geruchssubstanzen – verschiebt.

Sensomotorisches System

Der Begriff Sensomotorik beinhaltet bereits die obligatorische Einheit sensorischer und motorischer Informationsflüsse als Voraussetzung adäquater motorischer Leistungen. (...) Sie umfasst jedoch auch in vollem Umfange den sensorischen Anteil, der ohne motorische Komponenten insuffizient oder völlig wirkungslos ist. So ist die taktile Wahrnehmung eng an das Betasten des wahrzunehmenden Objektes gebunden, und die Wahrnehmung von Gelenkstellungen ist nicht nur eine Funktion der Gelenkrezeptoren, sondern hat sich im Zusammenwirken kinästhetischer, visueller und motorisch-effektiver Komponenten herausgebildet.

Zusammenfassend betont Pickenhain, dass die sensorische Informationsaufnahme unter den normalen Verhaltensbedingungen des Organismus ständig von efferenten, motorischen Kontrollmechanismen geregelt und gesteuert wird, dass aber auch der durch Motivation gesteuerten Aufmerksamkeitszuwendung im aktiven Umweltverhalten eine entscheidende Bedeutung zukommt.

Stolze (1976) betrachtet Bewegung und Wahrnehmung unter dem Gesichtspunkt eines Regelkreises, in den auch die psychische Gestimmtheit einbezogen ist. Für ihn ist Bewegung immer auch Bewegtsein, also Teil des seelischen Geschehens. Der Mensch bewegt sich nicht nur, er ist auch „bewegt". Auf dem Hintergrund der Lehre vom Gestaltkreis (V. v. Weizsäcker, 1947) zeigt er, in welcher Weise Bewegung als ganzheitliches Geschehen verstanden werden kann.

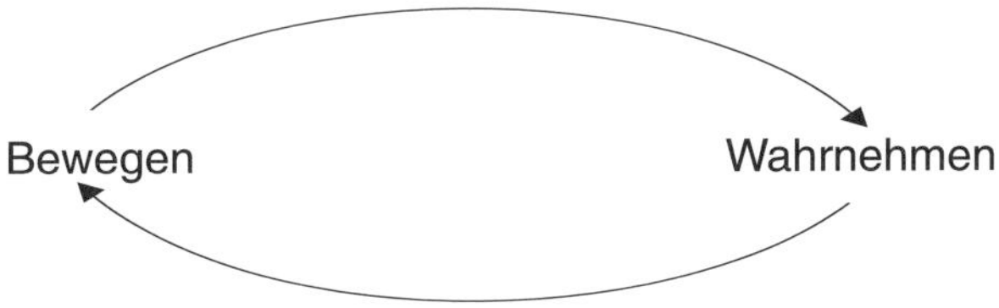

Bewegen und Wahrnehmen sind regelkreishaft aufeinander bezogen. Das Wahrnehmen, in erster Linie das Spüren, beeinflusst und regelt das Bewegen und dieses wiederum das Spüren.

Wie das Wahrnehmen bzw. das Spüren mit dem Bewegen, so ist das Denken mit dem Sprechen verbunden.

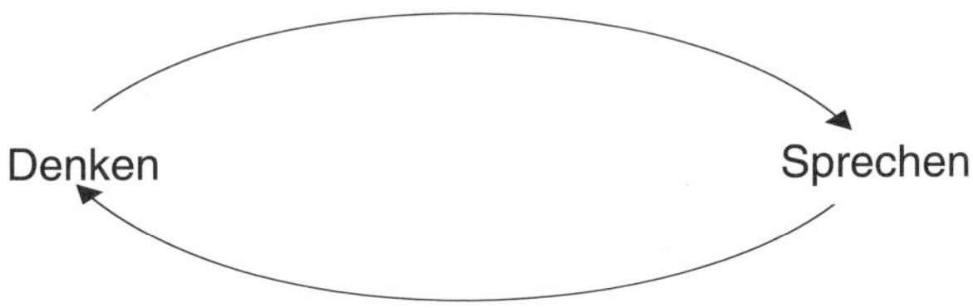

Bewegung im weiteren Sinne als Wahrnehmen – Aufnehmen, Fassen – Erfassen, Greifen – Begreifen, als sensorisch-motorische Leistung steht am Ursprung des Denkens. Piaget spricht von sensomotorischer Intelligenz.

Beide Bereiche, der averbale des Bewegens und Wahrnehmens und der verbale des Sprechens und Denkens, sind Bestandteile eines größeren, umfassenden Kreises, dem des Begreifens. Mit diesem sind Leistungen der eigenständigen Ich-Sphäre gemeint.

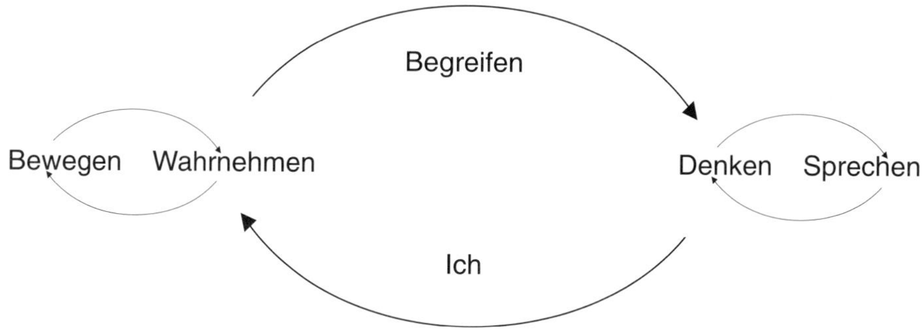

Dieses regelkreishafte Schema ist wiederum in ein übergeordnetes eingebettet, in welchem sich der Einzelne durch die Bewegung in Beziehung zur Gruppe befindet. Dabei ist das gesamte Schema nicht als starres Gebilde vorzustellen, sondern als ständig in Bewegung befindlich.

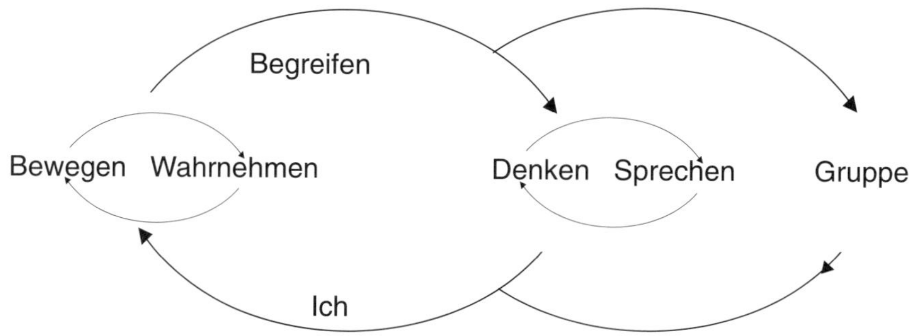

Sinn-volle, mit allen Sinnen voll erlebte Bewegung ermöglicht über die Förderung der Selbsterfahrung und über Selbstentfaltung hinaus die Entwicklung der Beziehungen zwischen dem Einzelnen und seinem sozialen Umfeld. Gleichermaßen sind Denken und Sprechen als Mittel der Kommunikation und Voraussetzung der Kognition in diesen Regelkreis eingebunden.

Wenn für Stolze Bewegen und Bewegtsein in engem Zusammenhang gesehen wird, und Bewegen und Wahrnehmen Auswirkungen auf die psychische Befindlichkeit und damit auf die Entwicklung der Persönlichkeit, der sozialen Beziehungen und der Kognition haben kann, dann sollte auch überlegt werden, welche Rolle die emotionale Befindlichkeit in einem derartigen Regelkreissystem spielt. Die Bedeutung des Wortes Emotion in seiner Ableitung von movere – bewegen – gibt bereits einen Hinweis dafür. Im ursprünglichen Sinn hat nämlich movere einen geistigen *und* einen örtlichen Aspekt. Bewegen im geistigen Sinn in der Bedeutung von Bewegtheit = Gefühlsbewegung; bewegen im örtlichen Sinn in der Bedeutung von Bewegung im Raum und damit auch des Körpers. So umschließt Bewegen und Wahrnehmen sowohl Körperliches, Geistig-Kognitives und Emotionales.

Unter diesem umfassenden Gesichtspunkt soll im folgenden versucht werden, die gegenseitigen Bedingtheiten neuropsychologisch zu betrachten. Wir werden Kindern mit neuropsychologischen Beeinträchtigungen nur helfen können, wenn wir mehr von den Zusammenhängen verstehen. Und um die zu verstehen, wird es wieder um die zentrale Verarbeitung von äußeren und inneren Reizen gehen. Manches, was in den vorherigen Kapiteln bereits behandelt wurde, wird sich wiederholen, allerdings in verändertem Zusammenhang. Aber selbst, wo es sich um bereits Bekanntes handeln sollte, für die Praxis kann es nur von Vorteil sein, die so komplexe Thematik noch aus einem anderen Blickpunkt zu betrachten.

2. Die drei grundlegenden Funktionseinheiten nach Luria[84]

Im folgenden werden einige der Erkenntnisse von Luria vorgestellt. Sie beschränken sich auf das, was für das Verständnis von Kindern mit Schwierigkeiten im Lernen und Verhalten und damit für die Arbeit von Pädagogen hilfreich sein kann.

Luria geht davon aus, dass psychische Prozesse beim Menschen in komplexen funktionellen Systemen verarbeitet werden, die sich nicht in eng umschriebenen Hirnregionen lokalisieren lassen, dass es aber dafür Grundeinheiten gibt, die das menschliche Gehirn konstituieren. So unterscheidet er drei fundamentale Einheiten des Gehirns, die an jeder Form psychischer Tätigkeit mitwirken (vergl. Luria 1992).

1. die Einheit zur Steuerung von Tonus und Wachheit;
2. die Einheit zur Aufnahme, Verarbeitung und Speicherung der von der Außenwelt eintreffenden Information;
3. die Einheit der Programmierung, Steuerung und Kontrolle psychischer Tätigkeit.

Alle psychischen Prozesse des Menschen im allgemeinen und die bewusste Tätigkeit im besonderen beruhen stets auf der Mitwirkung dieser drei Einheiten, deren wichtiges Kennzeichen ihr hierarchischer Aufbau ist.

[84] Dieses Kapitel bezieht sich im wesentlichen auf Luria, A. R. 1992

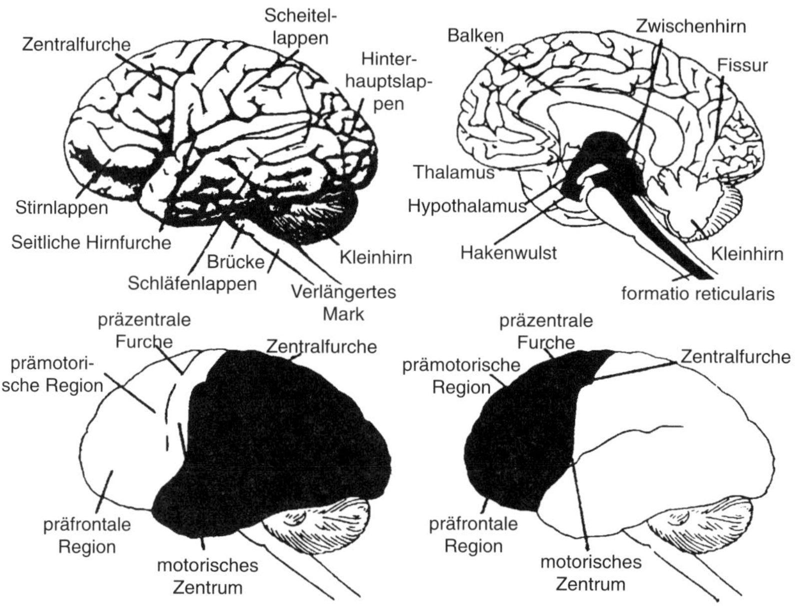

Abb 39: Die drei funktionalen Einheiten des menschlichen Gehirns nach Luria (nach Mecacci 1988): Die Einheit für Wachen und Schlafen (oben rechts), die Einheit für Analyse, Kodierung und Speicherung der Informationen (unten links) und die Einheit für Programmierung und Steuerung des Verhaltens (unten rechts).

2.1 Die Einheit zur Steuerung des Tonus, der Wachheit und der psychischen Zustände

Damit psychische Prozesse beim Menschen richtig ablaufen, sind der Spannungszustand, der Tonus der Hirnrinde und der Wachheitsgrad von wesentlicher Bedeutung. Beides wird durch die erste funktionelle Einheit mitbestimmt. Sie umfasst den Hirnstamm, das Zwischenhirn und die medialen Regionen der Hirnrinde und enthält die Formatio reticularis, ein Netzwerk, mit einer Vielzahl von Neuronen, die untereinander in Verbindung stehen. Dieses Netzwerk erfüllt eine doppelte Aufgabe:

Als aufsteigendes System führen Fasern der Formatio reticularis über die neuronalen Strukturen von Thalamus, Schweifkern, Archikortex bis zur Hirnrinde. Es steuert Tonus und Wachheit.

Als absteigendes System laufen andere Faser in entgegengesetzter Richtung. Sie beginnen in den höheren Strukturen des Neo- und Archikortex, des Nucleus caudatus und der Thalamuskerne und erstrecken sich bis zu Mesencephalon (Mittelhirn), Hypothalamus und Hirnstamm (vergl. Luria S.42). Sie modulieren die Programme der Hirnrinde in den tiefer gelegenen Strukturen.

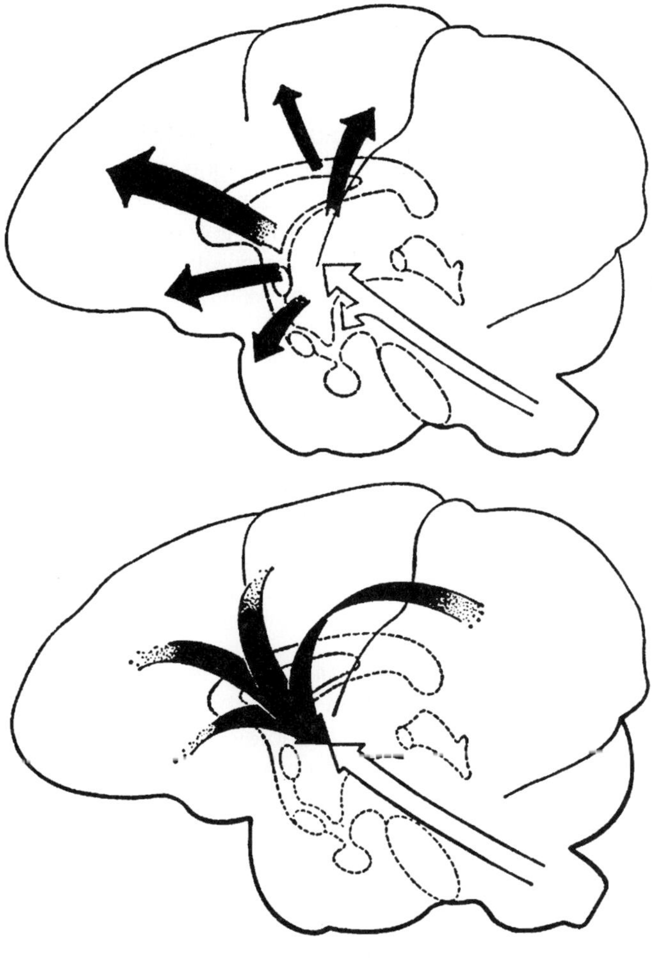

Abb. 40: Schematische Darstellung der Beziehungen zwischen den kortikalen Systemen und den Hirnstrukturen über die aufsteigende retikuläre Formation (nach Magoun); a) aufsteigende, b) absteigende Bahnen (aus Luria 1992)

Wenn hier von der Aktivierung der Hirnrinde durch die Formatio reticularis gesprochen wird, heißt das natürlich nicht, dass die Hirnrinde selbst keine Aktivität besäße. Das Nervensystem weist stets eine gewisse Aktivität auf. Die Aufrechterhaltung dieser Aktivität ist ein wesentliches Merkmal jeder Lebenstätigkeit. Es gibt aber Situationen, in denen der normale Aktivitätsgrad nicht ausreicht und deshalb angehoben werden muss. Diese Situationen sind die primären Ursachen der Aktivierung von der hier im Zusammenhang mit den Funktionen des Hirnstammes gesprochen wird.
Für diese Aktivierung lassen sich drei Ursachen unterscheiden.

Die erste Ursache

Die erste Ursache liegt im Metabolismus, im Stoffwechsel. Stoffe werden gewechselt mit Hilfe von Atmung und Verdauung, der Umwandlung von Kohlehydraten, Zucker und Eiweiß unter Beteiligung von Enzymen bzw. der inneren Sekretion. Alle diese Prozesse werden vom Hypothalamus und verschiedenen Nervenkernen im Stammhirn gesteuert, und die Formatio reticularis spielt bei dieser einfachsten Form der Aktivierung eine wichtige Rolle. Wir alle aktivieren diesen Bereich z.B. durch Stimulantien wie Kaffee oder Tee. Wir kennen auch die Folgen einer Überstimulierung. Dann erleben wir nicht die angenehme Wirkung der Anregung sondern werden übererregt bzw. aufgeregt. Wir wissen auch, dass Menschen auf die Reize von Kaffee oder Tee ganz unterschiedlich reagieren. Die einen können nach Kaffee nicht schlafen. Bei anderen wirkt er als Einschlafmittel.

Für Marianne Frostig war es stets wichtig, etwas Essbares für die Kinder in ihrer Einrichtung zu haben. Einer ihrer Grundsätze war: Ein Kind, das nicht gefrühstückt hat, kann auch nicht optimal seine geistigen Kräfte nutzen.

Manche unruhigen und verhaltensauffälligen Kinder sollen überempfindlich gegenüber dem Anteil von Phosphat in der Nahrung sein. Eltern berichten von deutlicher Verhaltensänderung während einer phosphatfreien Diät. Die Ansichten der Mediziner über den Zusammenhang von Phosphatempfindlichkeit und Verhaltensauffälligkeit gehen zwar auseinander. Die Meinungen betroffener Mütter hingegen bestätigen ihn. Interessant ist der Bericht eines 12-jährigen Jungen, der ähnliche Erfahrungen mit zu viel Zucker gemacht hat. Er und sein Freund wurden zappelig und unruhig, so dass es den beiden selbst auffiel, nachdem sie eine „Überdosis“ (Unmenge!) Eis zu sich genommen hatten. Anlässlich einer Tagung bestätigte eine Kinderärztin, die sich besonders mit Ernährungsfragen beschäftigt, dass Zucker vorübergehend aufputscht, dann aber der Zuckerspiegel schnell sinkt und Auswirkungen wie bei einer Unterzuckerung entstehen können. Deshalb empfahl sie, Zucker nur in Verbindung mit Nahrungsmitteln anzubieten, die langsam abgebaut würden. In diesem Zusammenhang wäre es sicher interessant, die Ernährungsgewohnheiten unserer Schulkinder zu überprüfen.

Auch für bestimmte Formen instinktiven Verhaltens wie Nahrungssuche, Fortpflanzung, Flucht oder Abwehr wird Aktivierung durch Stoffwechselprozesse ausgelöst. Hierbei handelt es sich allerdings um eine komplexere Form des Aktivierungstyps durch Metabolismus.

Die zweite Ursache

Die zweite Ursache der Aktivierung ist von gänzlich anderer Art. Sie hängt mit dem Eintreffen von Reizen aus der Außenwelt, zusammen, die ihrerseits ein reflexhaftes Verhalten, den Orientierungsreflex, auslösen. Dieser Reflex ist ein wichtiger Baustein bei der Such- und Erkundungstätigkeit und ist besonders gut bei Tieren zu beobachten. Wenn z.B. ein Hund ein für ihn verdächtiges Geräusch hört, spitzt er die Ohren, spannt seinen Körper, blickt in die Richtung des Geräusches und ist ganz Aufmerksamkeit und Bereitschaft. Merkt er aber, dass das Geräusch für ihn unbedeutend ist, entspannt er sich wieder. Der Orientierungsreflex erlischt. Beim Menschen sind diese Prozesse vergleichbar. Nur sprechen wir da nicht von Orientierungsreflex sondern von Aufmerksamkeit. Natürlich kommt zu dem reflexhaften, unwillkürlichen Aufmerken beim Menschen noch mehr hinzu, um eine willkürliche Aufmerksamkeit zu erregen. Aber zunächst ist diese Form der Aktivierung die Grundlage dafür.

Aufmerksamkeit spielt in der Schulpädagogik eine besondere Rolle. Wie der Orientierungsreflex ist sie vom Eintreffen äußerer Reize abhängig. Etwas, was das Kind hört oder sieht, wird seine Aufmerksamkeit erregen, und zwar unterschiedlich lange. Ist der Reiz neu und hat er Bedeutung für das Kind – das wird in einem besonderen Teil des Stammhirns überprüft, im Hippocampus und Nucleus caudatus –, dann bleibt die Aufmerksamkeit für eine Weile bestehen. Verändert sich der Reiz nicht, findet eine Gewöhnung statt. Der Orientierungsreflex und damit die Aufmerksamkeit lässt nach, und dem Kind wird es langweilig.

Die Schulpädagogik hat, ohne um diese theoretischen Zusammenhänge zu wissen, immer dieser Tatsache Rechnung getragen. Stets ist in der Lehrerausbildung im Zusammenhang mit Didaktik und Methodik auf die Bedeutung des Wechsels in den Unterrichtsangeboten und innerhalb einer Unterrichtseinheit als wichtiges Prinzip hingewiesen worden. Das betraf aber nicht nur den inhaltlichen Aufbau der Stunde, es betraf auch die Art und Weise, wie durch die Stimmführung und Sprechweise des Lehrers, der Lehrerin die Aufmerksamkeit erhalten werden konnte.

Nun gibt es aber Kinder, bei denen die Aufmerksamkeit zu schnell erlischt. Sie lässt bei ihnen eher nach als bei anderen in der Klasse. Wie ist das zu erklären? Vielleicht sind sie in ihrem Alltag zu vielen Reizen ausgesetzt und schalten schneller ab, um sich zu schützen. Vielleicht tritt aber auch einfach zu schnelle Gewöhnung an einen Reiz ein, er bedeutet nichts wesentlich Neues, als dass es sich lohnen würde „aufzumerken“. Es kann aber auch sein, dass die Art der Sinnesempfindung, visuell, akustisch, taktil-kinästhetisch nicht „reiz*voll*“ genug ist, um Aufmerksamkeit auszulösen. Das kann in besonderer Weise bei Kindern mit einer zentralen Sprachverarbeitungsschwäche der Fall sein. Dann sind die auditiven Reize vielleicht nicht stark genug, oder sie heben sich als Gestalt nicht genügend deutlich vom allgemeinen Geräuschhintergrund ab, um diesen Bereich des Gehirns zu aktivieren. Und weil das Gehirn bzw. dieser Bereich, in dem Augenblick keine angemessene Nahrung, Reiznahrung, erhält, müssen sie die selber suchen. Sie spielen vielleicht mit dem Federmäppchen oder mit dem Bleistift, oder sie kippeln mit dem Stuhl. Dieses Verhalten empfinden wir dann nicht zu Unrecht als Störung. Aber was machen die Kinder denn, wenn sie z.B. mit dem Stuhl kippeln? Sie reizen ihr Gleichgewichtssystem. Und da das Gleichgewichtsorgan in dem Bereich des Stammhirns wichtige Schaltzentren zu anderen Sinnesbereichen hat, kann hier über taktil-kinästhetische Reize weitere Stimulation an die Hirnrinde gegeben werden. Das Gehirn ist wieder aktiviert, nur nicht so, wie wir es gerne hätten.

Eine Erfahrungen von Jean Ayres ist in diesem Zusammenhang erwähnenswert. Jean Ayres[85] wollte ein Kind mit ihrem SCSIT-Test testen, merkte aber, dass die Aufmerksamkeit sehr bald nachließ. Was machte sie? Sie ließ das Kind mehrere Runden auf dem Rollerbrett durch den Raum „düsen“ und setzte danach ihren Test fort. Und so ging das mehrere Male, bis die Überprüfung beendet war. Mit Hilfe der vestibulären Stimulation und dadurch der Aktivierung des Stammhirnes konnte sie das Kind sozusagen bei der Stange halten.

Ein anderes Beispiel soll zeigen, welche unterschiedlichen Verhaltensformen der Orientierungsreflex auslösen kann. Da ist ein Junge, der hat Probleme mit dem Hören. Welcher Art diese Probleme sind, lässt sich unter normalen phoniatrischen Bedingungen nicht nachweisen. Da ist alles in Ordnung. Dennoch hört dieser Junge nicht richtig. Er hört nicht richtig zu, würden wir sagen. Aber das ist es nicht, denn andererseits hört er das Gras wachsen. So berichtet seine Lehrerin, dass er ein Auto bereits hört,

---

[85] Jean Ayres, die Begründerin der Methode zur Verbesserung der sensorischen Integration. Der Test SCSIT überprüft die Verarbeitung von Sinnesempfindungen.

wenn es noch niemand in der Klasse bemerkt hat. Die Autobahn ist weit entfernt von der Landschule, aber, wenn dort etwas fährt, Martin hört es. Und – er muss seine Tätigkeit unterbrechen und dem Reiz nachgehen, bis das Geräusch vorbei ist und sein Orientierungsreflex erlischt. Dazu passt ein anderes Beispiel von dem gleichen Jungen. Gewöhnlich hatte Martin seine Förderstunde zu einer Zeit, in der sonst keine anderen Kinder betreut werden. Ausnahmsweise musste er einmal an einem Tag kommen, an dem noch andere Kinder da waren. Die Geräusche, die er dadurch vom Flur her hören konnte, waren für ihn ungewohnt und regten ständig seinen Orientierungsreflex an. Er war so lange schwer auf seine Arbeit hin zu lenken, bis absolute Ruhe einkehrte. Nun könnte man meinen, das würde allen Kindern so gehen, aber das hier war wirklich außergewöhnlich auffällig. Es war nach dieser Beobachtung gut vorstellbar, wie sich Martins Verhalten in der Klassensituation darstellt.

Innerhalb der Familie, Martin hat noch 3 Geschwister, fällt auf, dass er häufig auch dort nicht hört. Aber warum hört er nicht? Er kann seine Aufmerksamkeit nicht „halten". Bei jedem neuen Reiz kommt seine Beeinträchtigung ins Spiel. Er ist reizgebunden, weil der Orientierungsreflex bei ihm in besonders leichter Weise auszulösen ist.

Eine Verhaltensform, die aber überhaupt nicht dazu passt, und die man nur einordnen kann, wenn man um die Zusammenhänge weiß, soll das Bild abrunden: Martin kann in dem kleinen Wartezimmer der Praxis sitzen und vertieft in ein Buch sein, obgleich es um ihn herum wuselt, weil viele Mütter da sitzen und miteinander erzählen. Da hindert ihn nichts daran, voll tiefster Konzentration bei der Sache zu sein. Wie ist *diese* Aufmerksamkeit bei *diesem* Kind zu erklären? Möglicherweise hilft die Beschreibung der dritten Ursache zum Verständnis der Situation.

Zuvor sei aber noch erwähnt, dass die Aufmerksamkeit einerseits zu schnell erlöschen, in manchen Fällen aber auch zu lange anhalten kann. Dann kleben Kinder an einer Sache und kommen nicht von ihr los. Der erste Fall ist allerdings häufiger.

Die dritte Ursache der Aktivierung

Hier ist der Vorgang der Aktivierung etwas komplizierter, aber für den Umgang mit Kindern nicht weniger wichtig. Stoffwechselprozesse und der Zustrom an Informationen, die die Aufmerksamkeit fesseln, sind nicht die einzigen Quellen, aus denen die menschliche Tätigkeit Aktivierung erhält. Menschliche Tätigkeit wird durch Absichten, Pläne, Vorhaben und Programme verwirklicht, und zwar unter Mitwirkung von Sprache, zunächst von äußerer Sprache und später von innerer Sprache. Luria behauptet, dass alles bewusste Handeln von innerer Sprache begleitet wird. Das geschieht von der Hirnrinde aus, aber nicht von ihr allein. Jede in Sprache gekleidete Absicht setzt ein bestimmtes Ziel und aktiviert ein Handlungsprogramm, das die Erreichung dieses Zieles lenkt. Und wenn es erreicht ist, wird die Tätigkeit abgeschlossen. Wird das Ziel aber nicht erreicht, dann führt dies im allgemeinen zur Mobilisierung zusätzlicher Energien bzw. Anstrengungen, und die werden von der Hirnrinde, im Wesentlichen vom Frontalhirn, über die absteigenden Bahnen bestimmten Teilen des Stammhirnes bzw. der Formatio reticularis zugeleitet.

Bis vor kurzem hat man gedacht, dass die Entstehung von Absichten und das Setzen von Zielen eine rein kortikale Angelegenheit sei. Heute weiß man, dass die Formatio reticularis einen entscheidenden Anteil daran hat. Man weiß, dass die Verbindungen vom Hirnstamm zur Hirnrinde und umgekehrt verlaufen und dass es eine gegenseitige Beeinflussung gibt. Man weiß aber auch, dass für die Ausführung eines Planes oder das Erreichen eines Zieles nicht nur ein gewisses Aktivierungsniveau erforderlich ist und beibehalten werden muss. Auch Motivation und Gestimmtheit sind beteiligt, wenn ein Spannungsbogen von der Planung einer Handlung bis zu deren Abschluss ausgehalten werden soll[86]. Hierbei spielen subkortikale Bereiche wie z.B. das limbische System in Verbindung mit retikulären Bahnen ebenfalls eine Rolle.

Die enge Beziehung zwischen Handlung und Sprache kann man gut an kleinen Kindern beobachten, die gerade sprechen lernen. Mit den wenigen Worten, die sie beherrschen, begleiten sie ihr Tun. Und wenn man Erwachsene beobachtet, die gerade erst gelernt haben, am Computer zu arbeiten, ist es nicht viel anders. Jeder Schritt in der noch ungewohnten Ausführung wird sprachlich kommentiert.

In der „altmodischen Schule“ wurde die Verbindung Sprechen und Tun besonders gepflegt. Da gab es viele „Sprüche“, z.B. im Rechenunterricht beim schriftlichen Teilen. Bei jedem Rechenschritt wurden komplette Verschen heruntergesagt. Und im Grammatikunterricht bei der Satzbestimmung ebenfalls. Das gehörte damals zum Handwerk des Lehrer. Heute muss uns die Neuropsychologie erst wieder daran erinnern, wie hilfreich so etwas sein kann. Die kognitive Verhaltenstherapie macht sich diese Erkenntnisse ebenfalls zunutze. Mit Hilfe der begleitenden Sprache wird das jeweilige „Verhaltensprogramm“ gesteuert und durch die Aktivierung der Spannungsbogen aufrecht erhalten. Wir klagen darüber, dass heute

---

[86] Siehe auch Kap. Folgerungen.

viele Kinder einen zu geringen Spannungsbogen haben. Sie halten die Spannung vom Handlungsentwurf bis zur Beendigung der Tätigkeit nicht mehr aus. Alles muss schnell gehen, und dann kommt die Langeweile. Aber das Klagen hilft weder den Kindern noch den Pädagogen. Pädagogik ist immer auch Erziehungs*kunst*. Und für die kann es eine Herausforderung sein, sich die neuropsychologischen Erkenntnisse nutzbar zu machen.

Kinder wie Martin (siehe oben), die im höchsten Grade reizgebunden sind, können u.U. immer dann über einen längeren Zeitraum bei einer Sache bleiben, wenn der Handlungsplan, das Programm, aus ihnen selbst heraus entworfen wurde. Das könnte die erstaunliche Leistung hoher Konzentration trotz massiver äußerer Reize bei Martin erklären. Die Kunst des Pädagogen wäre es dann, eine Aufgabe so anzubieten und das Kind damit so zu motivieren, dass es den Eindruck bekommt, die Idee, der Handlungsentwurf stamme von ihm selber. Der oft zu hörende Satz: Er kann, wenn er nur will, ist auf diesem Hintergrund zu verstehen. Aber was ist Wille? Das wäre wieder ein Thema für sich und hätte auch einen neuropsychologischen Aspekt, nur würde darüber nachzudenken den hier gesteckten Rahmen überschreiten.

Zusammenfassung

1. Zur ersten funktionellen Einheit rechnet Luria das Stammhirn mit der Formatio reticularis. Sie enthält eine Reihe vegetativer Kerngruppen, die u.a. Funktionen der Einatmung und Ausatmung, der Herztätigkeit und des Blutdrucks steuern. Sie enthält ferner aufsteigende Verbindungen zur Hirnrinde, vor allem zum Frontalhirn, und in umgekehrter Richtung absteigende Verbindungen von der Hirnrinde zum Stammhirn. Diese Verbindungen haben Einfluss auf die Aktivität, halten sie aufrecht, modulieren sie und sind beteiligt an der Programmsteuerung und Handlungsplanung. Sie wirken sich auch aus auf das allgemeine Verhalten. Da die absteigenden Verbindungen aber im Wesentlichen vom Frontalhirn gesteuert werden und das Frontalhirn später reift als andere Hirnbereiche, ist die Einflussnahme durch die absteigenden Verbindungen reifungsabhängig, ein Aspekt, der bei entwicklungsverzögerten Kindern besonders berücksichtigt werden muss.

2. Durch die Vermittlung der kortiko-retikulären Bahnen werden Anregungen hervorgerufen, welche Rückenmarksreflexe leichter auslösen, die Erregbarkeit von Muskelgruppen (über das System der afferenten Gammafasern) verändern, die Erregbarkeit der Cochlea (der Schnecke) erhöhen und die Schwelle sensorischer Diskrimination senken. Wir können dadurch besser aufnehmen und schneller reagieren.

3. Die Formatio reticularis steht auch in Verbindung mit dem limbischen System und hat dadurch Einfluss auf die Steuerung des allgemeinen Zustandes, die Veränderung des Tonus und die Kontrolle der Emotionen.

4. Die erste Einheit mit ihren Verbindungen zum Kleinhirn soll nach neueren Forschungsergebnissen auch an der Zeitverarbeitung der Sinnesempfindungen beteiligt sein (siehe Kap. II, Abschnitt 2.3).

6. Die erste Einheit ist nicht nur der Ort für aktivierende, sondern auch für hemmende und damit modulierende Funktionen, was besonders in Verbindung mit der Aufmerksamkeit von Bedeutung ist. Kinder, die in diesem Bereich der neurologischen Organisation beeinträchtigt sind, können sich schlecht steuern, werden von jedem Reiz erregt, weil sie nicht die Fähigkeit haben auszublenden, und erscheinen konzentrationsgestört. Manchmal werden sie als hyperkinetisch diagnostiziert. Diese erste Einheit ist es dementsprechend auch, auf deren Ebene eine Behandlung ansetzen sollte. Die Medikamente, die hyperkinetischen Kindern, wenn es denn wirklich solche sind, verordnet werden, wirken von hier aus. Sie wirken allerdings nicht im Sinne von beruhigend, sondern im Sinne von stimulierend. Stimulierend darum, weil dann der Transfer zur Hirnrinde und von der Hirnrinde zur Formatio reticularis zurück besser „fließen" kann und alle Funktionen, auch die auf Hirnrindenebene, besser ablaufen. Bevor allerdings entsprechende Medikamente eingesetzt werden, was in manchen Fällen nicht zu vermeiden sein wird, sollten andere Möglichkeiten versucht werden, den Stammhirnbereich zu aktivieren (z.B. mit funktioneller Entspannung nach Fuchs)[87]. Außerdem sollte unbedingt ein Kinderarzt konsultiert werden.

2.2 Die Einheit zur Aufnahme, Verarbeitung und Speicherung von Information

Während die erste funktionelle Einheit des Gehirns mehr allgemeine Prozesse aktiviert und steuert, ist die zweite funktionelle Einheit vor allem für die Aufnahme, Verarbeitung und Speicherung von Information zuständig. Das geschieht in drei miteinander in Verbindung stehenden Zonen in unterschiedlicher Komplexität.

---

[87] Näheres darüber in Teil II dieses Buches und in Milz, 2001

Die *primären Zonen* der Hirnrinde, auch Projektionsfelder genannt, bilden die Grundlage dieser Einheit. In ihnen werden entsprechend der jeweiligen Sinnesmodalität die von den Sinnesorganen kommenden Reize in viele kleinste Einzelelemente zerlegt, die eine hohe Spezifität besitzen. Für einzelne Neuronen des kortikalen visuellen Systems bedeutet das, dass sie nur auf eine bestimmte Eigenschaft von Reizen, z.B. Farbtöne, Linienführung oder Bewegungsrichtung reagieren (vergl. Luria, 1992 S.65). Daraus ergibt sich auch, dass die Verarbeitung der Sinnesreize in diesen primären Feldern bis auf einen geringen Prozentanteil (geschätzt werden 4 %) modalitätsspezifisch erfolgt.

Die Neuronen der *sekundären kortikalen Zonen* haben keine direkte Verbindung zur Peripherie. Sie verarbeiten nicht mehr ausschließlich in der gleichen modalen Spezifität wie diejenigen der primären Felder. Insgesamt aber werden die eintreffenden Erregungen in den sekundären Feldern zu Mustern zusammengefasst, integriert, und ermöglichen modalitätsspezifische Erkenntnisleistungen.

Nach Luria sind die primären und sekundären Zonen so angelegt, dass sie als Apparat zur Aufnahme, zur Verarbeitung und zu Speicherung der von der Außenwelt eintreffenden Information, d. h. als zerebrale Mechanismen modalitätsspezifischer Formen von Erkenntnisprozessen dienen (Luria, 1992, S. 67).

In den *tertiären Zonen* überlappen sich die kortikalen „Endstücke“ der verschiedenen Analysatoren. Sie haben die Aufgabe, die aus verschiedenen sekundären Feldern eintreffenden Erregungen zu integrieren, räumlich zu organisieren sowie aufeinanderfolgende Reize zu einem neuen, gleichzeitig wahrgenommenen zu verarbeiten. Ihre Tätigkeit ist auch am Übergang von konkreter Zusammenschau zu symbolischen Prozessen beteiligt, am Erschließen von Wortbedeutungen, an grammatischen und logischen Beziehungen und schließlich am Umgang mit Zahlensystemen und abstrakten Relationen. Damit spielen diese Zonen bei der Umsetzung konkreter Wahrnehmung in abstraktes Denken eine Rolle sowie beim Behalten organisierter Erfahrung, also auch bei der Speicherung von Information. Die Funktionen der tertiären Felder sind supramodal, das heißt nicht modalitätsspezifisch.

Von den primären Feldern beider Hemisphären ist bekannt, dass sie identische Rollen übernehmen. Mit anderen Worten: die primären Felder auf der rechten Hemisphäre haben die gleichen Aufgaben wie die der linken Hemisphäre. Die sekundären und tertiären Felder arbeiten dagegen hemisphärenspezifisch. Aufgrund der Rechtshändigkeit und der Sprachentwicklung hat sich die linke Hemisphäre für diese Funktionen zur dominanten entwickelt. Das heißt die linke Hemisphäre ist für die Sprachentwicklung bei Rechtshändern diejenige, die für die Verarbeitung im Wesentlichen allein zuständig ist. Sie spielt aber nicht nur bei der zerebralen Organisation der Sprache eine wesentliche Rolle, sondern auch bei der zerebralen Organisation aller höheren kognitiven Tätigkeit, die mit Sprache einhergeht. Aus diesem Grunde unterscheiden sich die Funktionen der sekundären und tertiären Zonen der linken (dominanten) von denen der rechten (nicht-dominanten) Hemisphäre.

Es muss aber daran erinnert werden, dass die Dominanz der linken Hemisphäre nicht für alles gilt und dass das Gesetz der Lateralisierung relativ ist. Diese Tatsache bekommt für uns in der Beurteilung von Auffälligkeiten im Lernen eine besondere Bedeutung und soll deshalb auch gesondert behandelt werden.

Zusammenfassung

Nach Luria wird die Zusammenarbeit der individuellen Felder von drei Grundgesetzen bestimmt.

1. *Das Gesetz des hierarchischen Aufbaus der kortikalen Bereiche*
Auf den primären Feldern bauen die sekundären und auf diesen die tertiären Felder auf. Die Beziehungen zwischen diesen Feldern sind nicht konstant. Sie verändern sich im Laufe der Ontogenese (der Entwicklung des Individuums). Beim Kind können sich die sekundären Felder nicht entfalten, solange die primären, auf denen sie aufbauen, nicht vollständig entwickelt sind. Entsprechend ist die Arbeit der tertiären Zonen nicht möglich ohne adäquate Entwicklung der sekundären (kognitiven) Zonen, die das Material zu umfassenden synthetischen Erkenntnisleistungen liefern. Eine Beeinträchtigung der niederen Felder in der Kindheit zieht deshalb unweigerlich eine unvollständige Entwicklung der höheren kortikalen Zonen nach sich. Deshalb verläuft, wie Wygotskij (1972) es ausdrückte, die Hauptlinie der Interaktion zwischen diesen kortikalen Zonen „von unten nach oben". Später übernehmen bei Erwachsenen mit vollständig ausgebildeten höheren psychischen Funktionen die höheren kortikalen Felder die führende Rolle. Sind z.B. die sekundären Zonen bei ihnen durch Verletzung beeinträchtigt, kompensieren die tertiären Zonen deren Tätigkeit.

2. *Das Gesetz der abnehmenden Spezifität der hierarchisch angeordneten Zonen*
Das zweite Grundgesetz ergibt sich durch logische Ableitung aus den oben beschriebenen Tatsachen. Während die primären Rindenregionen in höchstem Maße auf die Verarbeitung nur jeweils einer Sinnesmodali-

tät spezialisiert sind, ist das bei den sekundären und tertiären Feldern in viel geringerem Maße der Fall. Aber „unbeschadet der abnehmenden Spezifität (oder vielleicht wegen dieser abnehmenden Spezifität) sind sie in der Lage, eine organisierende, integrative Rolle bei der Arbeit der spezifischeren Felder zu übernehmen, und erhalten so eine Schlüsselposition in der Organisation der für komplexe Erkenntnisprozesse wesentlichen Systeme“ (Luria S. 74).

3. *Das Gesetz der zunehmenden Funktionslateralisierung*
Die primären kortikalen Felder verarbeiten Reize der gegenüberliegenden Rezeptoroberfläche in gleicher Weise. Hier besteht kein Unterschied zwischen der rechten und linken Hirnhälfte. Anders ist es mit den sekundären und besonders mit den tertiären Feldern. Im allgemeinen ist die linke Hirnhemisphäre für analytisch-einzelheitliche Verarbeitung zuständig und die rechte mehr für synthetisch-ganzheitliche (siehe auch Kap. I, Abschnitt 1.9).

2.3 Die Einheit für Programmierung, Steuerung und Kontrolle von Tätigkeiten

Die dritte funktionelle Einheit des Gehirns ist für die Organisation bewusster Tätigkeiten und für deren Programmierung, Steuerung und Kontrolle verantwortlich. Auch diese Einheit der neurologischen Organisation wird von drei verschiedenen Zonen versorgt. Es gibt aber einen Unterschied zu der zweiten Einheit. Während dort die Prozesse von den primären zu den sekundären und tertiären Zonen verlaufen, erfolgen sie in der dritten Einheit umgekehrt. Ein motorisches Programm wird in den tertiären und sekundären Zentren des Frontalhirns entworfen und läuft dann durch die Strukturen des primären motorischen Feldes, von wo aus die motorischen Impulse zur Körperperipherie geleitet werden.

Von besonderer Bedeutung für Steuerung und Kontrolle des menschlichen Verhaltens sind die tertiären Zentren der Stirnlappen. Diese präfrontalen Regionen der Hirnrinde reifen in der Entwicklung des Menschen verhältnismäßig spät. Nach Luria vergrößern sie sich bis zum 4. Lebensjahr und danach in einem zweiten Sprung zwischen dem 7. und 8. Lebensjahr. Von hier aus bestehen, wie bereits erwähnt, zahlreiche aktivierende aber auch hemmende Verbindungen zum Stammhirn und gleichermaßen zu allen anderen Hirnbereichen. Damit zählen die Stirnlappen zu den lebenswichtigen Strukturen, die für den Augenblick, die Gegenwart, aber auch für die Zukunft im Sinne von Vorausschau, Antizipation, wichtig sind, vor allem aber für die Steuerung des allgemeinen

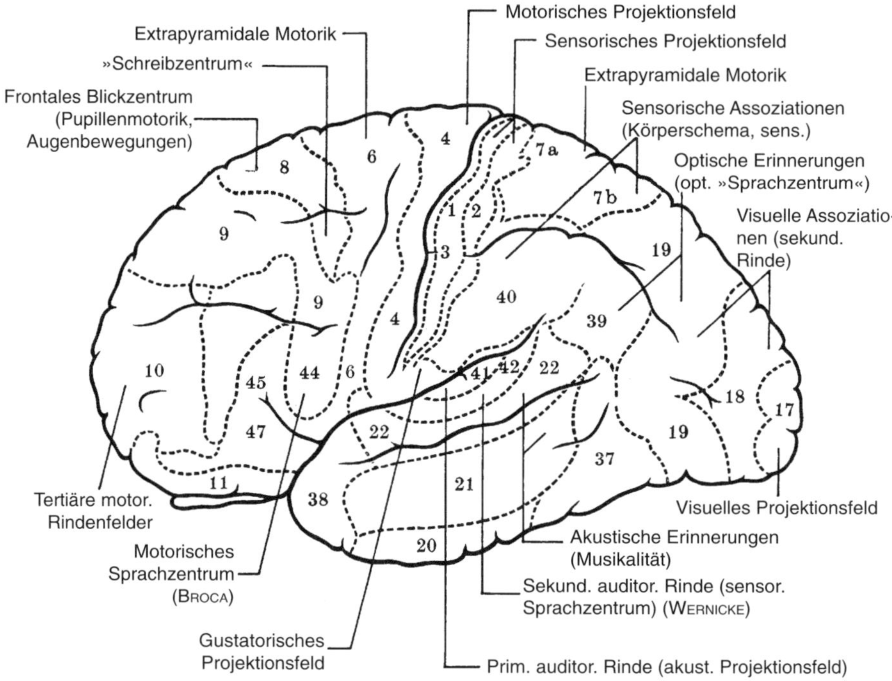

Abb. 41: Rindenfelder nach Brodmann und funktionelle Gliederung der Hirnrinde (aus Rohen 1975)

Verhaltens. Bekannt sind bei Schädigungen in diesem Bereich Erscheinungsformen wie Antriebsschwäche, Kontrollverlust, Enthemmung und allgemeine Wesensveränderungen.

Zusammenfassung

Die Kenntnis, der von Luria beschriebenen Gesetzmäßigkeit kann uns Richtlinien geben für die neuropsychologische Diagnostik. Sie kann uns gleichermaßen die Richtung angeben, die eine Förderung oder das therapeutische Vorgehen einnehmen sollte, um wirksam zu sein. In einigen Fällen erlebt man beim Kind plötzliche Fortschritte, ohne dass sie sich auf eine spezifische Behandlung zurückführen ließen. Vermutlich hat dann ein Reifungsprozess „von unten nach oben" stattgefunden, der nun differenziertere Funktionen ermöglicht. Manchmal hört man sagen, die Störung habe sich ausgewachsen. Bei einigen lese-rechtschreibschwachen Kindern können wir das so erleben. Dieser Reifungsprozess „von unten nach oben" ist vergleichbar dem, wie Ayres (1979) und Affolter (1987) von ihrer

Sicht her die Entwicklung neuropsychologischer Funktionen verstehen. Auch in deren jeweiligem Konzept geht es darum, auf elementarer Stufe der Wahrnehmungsverarbeitung eine Förderung bzw. Behandlung anzusetzen, wenn sich auf höherer Ebene Beeinträchtigungen zeigen.

Die Kenntnis der Reifungs- oder auch der Abbauprozesse kann davor bewahren, Dinge vorauszusetzen, oder zu erwarten, die von der neurologischen Organisation her noch nicht oder nicht mehr möglich sind. Das wird vor allem in solchen Fällen wichtig sein, wo wir z.B. mit Kindern oder Jugendlichen arbeiten, deren Entwicklung verzögert ist oder deren Hirnfunktionen durch einen Unfall beeinträchtigt sind.

3. Die Entwicklung der Kognition

Nachdem die neuropsychologischen Voraussetzungen, die Lernen und Verhalten möglich machen, beschrieben worden sind, soll es im folgenden um die geistige, die kognitive Entwicklung gehen. Der Begriff Kognition findet im pädagogischen Sprachgebrauch erst seit einigen Jahren vermehrt Verwendung. Was beinhaltet er? Vom Lateinischen cognoscere – erkennen abgeleitet, ist er nach Kolb/Whishaw (1993) als allgemeiner Ausdruck für Denkvorgänge zu verstehen. Davison/Neale (1988) verstehen Kognition als Sammelbegriff für alle Vorgänge oder Strukturen, die mit dem Gewahrwerden und Erkennen zusammenhängen wie Wahrnehmung, Erinnerung (Wiedererkennen), Vorstellung, Begriff, Gedanke, aber auch Vermutungen, Plan. Manchmal wird er auch mit Intelligenz gleichgesetzt.

Der Verlauf der kognitiven Entwicklung kann anhand von drei Denkmodellen veranschaulicht werden, dem Konzept von Kephart, dem Konzept von Piaget und einem neuropsychologischen Konzept nach Kolb/Whishaw.

3.1 Das Konzept von Kephart

Kephart betrachtet die Entwicklung des Kindes als Aufgabe, die Gesetze des Universums, in dem es lebt und dem es sein Leben lang ausgesetzt ist, zu erkennen.

> Es muss lernen, sein Verhalten so zu kontrollieren, dass es mit dem gesetzmäßigen Komplex übereinstimmt, von dem es ein Teil ist. Lernt es erfolgreich, so ist sein Verhalten, das die Gesetze der Umwelt geformt haben, dieser Umwelt angemessen. Lernt es jedoch unvollständig und fehlerhaft, so ist das Verhalten unangemessen und unbefriedigend. (...) Der Organismus, den das Kind für diese Aufgabe benützt, ist großartig angelegt. (...) Das Zentralnervensystem ist eine ausgeklügelte Lernmaschine. Es ermöglicht die Sammlung und Speicherung von Daten und ihre spätere Verwendung zur Modifikation des Verhaltens. Es ermöglicht dem Kind ein „kleines Modell des Universums“ (Craik 1952) in sich selbst zu bauen und sein Verhalten auf der Grundlage dieses Modells zu formen (Kephart, 1977, S. 20).

Die angeborene Ausstattung, die dem Kind die Voraussetzung dafür gibt, besteht im Bereich der Sensomotorik zunächst aus reflexhaften Verhaltensmustern (siehe Kap. I, Abschnitt 1). Die frühen Lernerfahrungen und die Reifung des ZNS machen bald immer komplexere Reaktionen möglich und führen schließlich zu motorischer Differenzierung. Ein Ergebnis dieser Differenzierung ist z.B. das, was wir mit Feinmotorik bezeichnen.

In der Schule finden sich Kinder, bei denen der Differenzierungsprozess nicht abgeschlossen ist. Aufgefordert, ein Bild auszumalen, nimmt ein solches Kind

> einen Farbstift in seine dicke kleine Faust und fuhrwerkt damit auf dem Papier herum. Die unabhängige Tätigkeit der Finger, ihre genaue Bewegung und die Daumenopposition sind aus der frühen generalisierten Bewegung noch nicht ausdifferenziert worden. Feine Manipulationen und genaue Reaktionen können nicht unterrichtet werden, bevor dieser Differenzierungsprozess abgeschlossen ist (Kephart 1977, S. 24).

Der Differenzierungsprozess erfolgt in geordneter Reihenfolge, und zwar von Kopf nach Fuß, cephalo-caudal, und von innen nach außen, proximodistal. Die Reihenfolge ist für die Planung einer Förderung von Bedeutung, denn motorische Übungen, die diese Entwicklungsrichtung nicht berücksichtigen, werden eher damit zu „Splitter"-Fertigkeiten führen, die isoliert von den übrigen motorischen Reaktionen bleiben.

Auch die Entwicklung im Bereich von Sehen und Hören verläuft, sehr vereinfacht ausgedrückt, von zunächst reflexhafter, dann globaler zu schließlich differenzierter und immer komplexer werdender Verarbeitung.

Während zu Beginn der kindlichen Entwicklung die motorischen und sensorischen Reize noch intramodal, also isoliert voneinander verarbeitet werden, kommt es bald zur intersensorischen Integration. Affolter nennt diesen Prozess intermodale Verarbeitung. Durch sie werden zwei oder mehrere sensorische Systeme verbunden und zu einem integrierten Ganzen kombiniert.

Kephart beschreibt, wie aufgrund der Integration motorischer und sensorischer Daten Perzeption (Wahrnehmung) möglich wird. Die Fähigkeit mit zwei Dingen gleichzeitig umzugehen, erleichtert das Vergleichen. Und Vergleichen und damit Ähnlichkeiten und Unterschiede zu erkennen, ist die Grundlage des Kategorisierens. So kommt es zur Bildung von Konzepten und Begriffen, und, da Begriffe wiederum Ähnlichkeiten und Unterschiede aufweisen, schließlich zu weiteren und abstrakten Kategorisierungen.

Folgende Übersicht (in Anlehnung an Ebersole/Kephart/Ebersole (1976) kann den Verlauf der Entwicklung zusammenfassen.

Entwicklungsstufen des Lernens

Das grobmotorische Stadium

Die ersten Versuche zur Organisation seiner Umgebung treten auf, wenn ein Kind bei seinen Bewegungen sensorische Information empfängt. In diesem Stadium ist nicht die Bewegung an sich interessant, sondern der Beitrag, den sie für die Ausbildung des kindlichen Informationsbestandes liefert. Durch die Entwicklung von immer komplexer werdenden Bewegungsmustern wird das Kind fähig

- zur Fortbewegung
  als aufrechtes Bewegen durch den Raum (Gehen, Laufen, Springen), zur Bewahrung der Lage im Raum
- dazu ist der Gleichgewichtssinn erforderlich, der eigene Schwerpunkt muss zum Bezugspunkt räumlicher Orientierung werden,
- zur Kontaktaufnahme mit Gegenständen in der Umgebung
  durch Bewegungsmuster des Hinlangens bzw. Nehmens, des Greifens (im Sinne Affolters des Umschließens) und des Loslassens,
- zum Kontakt mit sich bewegenden Objekten
  hierbei geht es einmal um das In-Bewegung-Bringen von Gegenständen durch z.B. Ziehen oder Schieben, aber auch um die Fähigkeit, den Körper oder Teile des Körpers in eine Lage oder Haltung zu bringen, die den Kontakt mit einem sich bewegenden Gegenstand möglich macht.

Das motorisch-perzeptive Stadium

Die Zusammenarbeit zwischen Bewegung und Wahrnehmung, Motorik und Perzeption, macht eine rationellere Bewegungen möglich. Zwar hat den Hauptanteil daran im Wesentlichen noch die Motorik, es werden aber mehr und mehr Wahrnehmungsdaten einbezogen.

Das perzeptiv-motorische Stadium

Allmählich übernimmt die Perzeption, vor allem die visuelle Wahrnehmung, mehr und mehr die Kontrolle über die Motorik. Zielgerichtete Bewegungen werden möglich.

Das perzeptive Stadium

Das Kind kann nun Daten in Beziehung zueinander setzen, ohne, dass es notwendigerweise zu einer motorischen „Mitarbeit“ dabei kommen müsste. (Gemeint ist hierbei eine *sichtbar* ausgeführte Bewegung oder Berührung. Wie an anderer Stelle erwähnt, gibt es keine Wahrnehmung ohne Bewegung). Dadurch kommt der Verarbeitung visueller und auditiver Reize eine besondere Bedeutung zu.

Das perzeptiv-konzeptive Stadium

Das Kind lernt nun Unterschiede und Ähnlichkeiten zu erkennen und beginnt, Konzepte zu entwickeln.

Das konzeptive Stadium

Wahrnehmungsdaten werden *bedeutungsvoll*. Sie können gruppiert, miteinander in Beziehung gesetzt und schließlich generalisiert werden. Bei dieser Generalisierung wird nun mehr und mehr von allem motorisch Erfassbaren abgezogen (abstrahiert), abstraktes Vorstellungsvermögen beginnt sich zu entwickeln.

Von der Begriffsbildung zur Kognition

Alle diese Entwicklungsschritte lassen sich bei einem Kind beobachten. Und wenn sie ohne Störungen oder Verzögerungen verlaufen sind, führen sie zur Bildung von Begriffen, zur Fähigkeit der Abstraktion und damit zu dem, was wir Kognition nennen. Auch die Begriffsbildung selbst ist ein Prozess (im Sinne von procedere) und verläuft Schritt für Schritt.

1. Ein Reiz wird identifiziert und wird damit zu einem *bedeutungsvollen* Sinneseindruck;
2. Sinneseindrücke werden zur Bildung von Begriffen aufeinander bezogen;
3. In der Vergangenheit zurückliegende und gegenwärtige Sinneseindrükke und Begriffe werden aufeinander bezogen, so dass durch Projektion zukünftige Begriffe gebildet werden können;
4. Zusammenhänge zwischen diesen Zukunftsbegriffen führen zu Voraussagen;
5. Bezüge zwischen den Voraussagen führen zur höchsten Form der Begriffsbildung, der Planung.

3.2 Das Konzept von Piaget

Piaget betrachtet die Entwicklung des Kindes als eine ständige Auseinandersetzung mit äußeren und inneren Gegebenheiten zur Sicherung eines Zustandes des Gleichgewichts. Er betont, dass das Gleichgewicht kein äußerliches oder aufgepfropftes Merkmal ist, sondern sehr wohl eine innere und konstitutive Eigenschaft des organischen und geistigen Lebens. Er vergleicht Gleichgewichtsformen eines Steines mit denen eines lebenden Organismus. So kann sich der Stein in einem stabilen, labilen oder indifferenten Gleichgewicht befinden, ohne dass sich an seinem Wesen etwas ändert. Anders ist das bei einem Lebewesen.

> Ein Organismus zeigt dagegen mannigfache Gleichgewichtsformen, von der Stellung in der Umwelt bis zur Homöostase[88], und diese Formen sind für sein Leben notwendig. Es handelt sich also um innere Merkmale, und anhaltende

[88] Homöostase – der Erhalt eines konstanten chemisch-physikalischen Innenmilieus (nach Kolb/Whishaw)

> Gleichgewichtsmängel stellen demnach – organisch oder geistig – pathologische Zustände dar. Darüber hinaus gibt es im Organismus eigene Gleichgewichtsorgane. Dasselbe gilt für das geistige Leben, dessen Gleichgewichtsorgane auf allen Stufen durch spezielle Steuerungsmechanismen gebildet werden: von den elementaren Regelvorgängen der Motivation (Bedürfnisse und Interessen) bis zum Willen (was das Gefühlsleben betrifft), und von den perzeptiven oder sensomotorischen Steuerungen bis zu den eigentlichen Operationen, was die kognitive Sphäre anbelangt. (...) Die Erwägung der Gleichgewichtsprobleme ist also für die biologischen und psychologischen Erklärungen unerlässlich (Piaget 1972).

Jeder lebende Organismus ist nach Piaget auf eine entsprechend strukturierte Umwelt bezogen. Deshalb geht es bei der Entwicklung kognitiver Fähigkeiten um drei Faktoren: den Organismus, die Umwelt und die Interaktion zwischen beiden.

Das Kind als lebender Organismus setzt sich aktiv mit der Umwelt auseinander, indem es einmal sie sich einverleibt, *assimiliert,* oder indem es sich ihr anpasst. Diese Auseinandersetzungen werden immer dann ausgelöst, wenn das Kind, der Organismus, sich in einem psychophysischen Ungleichgewicht befindet, das beseitigt werden muss. Piaget geht davon aus, dass ein Gleichgewichtszustand, ein Equilibrium, dann erreicht wird, wenn Assimilation und Akkommodation (Anpassung) ausgeglichen sind. Es handelt sich dabei um Prozesse, die sich während des ganzen Lebens fortsetzen. Sie werden aber je nach den Möglichkeiten des Organismus (auch seinem Reifungszustand) entsprechend unterschiedliche Formen annehmen.

Piaget unterscheidet sechs Entwicklungsstadien.

1. Das Stadium der Reflexe oder ererbten Reaktionen sowie der ersten triebbedingten Äußerungen (Ernährung) und der ersten Emotionen;

2. das Stadium der ersten motorischen Gewohnheiten und der ersten organisierten Wahrnehmungen sowie der ersten differenzierten Gefühle;

3. das Stadium der sensomotorischen oder praktischen Intelligenz (die der Sprache vorangeht), der elementaren Gefühlssteuerungen und der ersten äußerlichen Fixierungen des Gefühlslebens.

   Diese drei Stadien stellen zusammen die Periode des Säuglingsalters dar (die ersten eineinhalb bis zwei Lebensjahre, das heißt vor der Entwicklung der Sprache und des eigentlichen Denkens);

4. das Stadium der „intuitiven“ Intelligenz, der spontanen interindividuellen Gefühle und sozialen Beziehungen, einer Unterwerfung unter den Erwachsenen (von zwei bis zu sieben Jahren, der zweite Teil der „Kleinkindheit“);

5. das Stadium der konkreten intellektuellen Operationen (Beginn des logischen Denkens) und der moralischen und sozialen Empfindungen der Kooperation (sieben bis 11 oder 12 Jahre);
6. das Stadium der abstrakten intellektuellen Operationen, der Persönlichkeitsbildung und der gefühlsmäßigen und intellektuellen Eingliederung in die Erwachsenengesellschaft (Adoleszenz).

Er führt weiter aus:

> Ohne, dass man zum gegenwärtigen Zeitpunkt mit Sicherheit die Grenze zwischen dem, was aus der strukturellen Reifung des Verstandes resultiert, und den Auswirkungen der Erfahrungen des Kindes oder der Einflüsse seiner physischen oder sozialen Umwelt angeben könnte, darf man allem Anschein nach doch annehmen, dass diese beiden Faktoren stets im Spiel sind und dass die Entwicklung auf ihre permanente Wechselbeziehung zurückgeht.
> Im Hinblick auf die Schule bedeutet das einerseits,
> dass man die Existenz einer geistigen Evolution zugeben muss;
> dass eine bestimmte geistige Nahrung nicht für alle Alterstufen gleich gut ist und
> dass man die Interessen und Bedürfnisse jeder Periode berücksichtigen muss.
> Und es heißt andererseits auch,
> dass das Milieu eine entscheidende Rolle bei der Entwicklung des Verstandes spielen kann;
> dass, was Altersgrenze und Denkinhalte betrifft, der Ablauf der Stadien nicht ein für allemal festgelegt ist;
> dass günstige Methoden die Leistungsfähigkeit der Schüler erhöhen und sogar ihre geistigen Fortschritte zu beschleunigen vermögen, ohne deren Tiefe zu beeinträchtigen (Piaget 1972, S. 175-176).

Diese Überlegungen scheinen so plausibel, dass es eigentlich überflüssig ist, sie zu erwähnen. Im Zusammenhang mit der immer schwieriger werdenden Situation an unseren Schulen und auch in den Kindergärten, bekommen Piagets Überlegungen eine neue Bedeutung. Unter dem Thema „Heilpädagogische Folgerungen“ wird darüber noch nachzudenken sein.

3.3 Neuropsychologisches Konzept nach Kolb/Whishaw

Alles, was wir an körperlicher und geistiger Entwicklung äußerlich beobachten können, unter welchem Konzept auch immer, ist von neuropsychologischen Vorgängen abhängig und die haben, wie wir in den ersten Kapiteln sehen konnten, ihre Reifungsphasen. Geschieht die Verarbeitung äußerer und innerer Reize zunächst elementar und damit auf der niedrigsten Ebene des ZNS, so wird sie allmählich immer differenzierter. Es entwickeln sich funktionelle Systeme, die durch Assimilation und Akkommodation immer komplexere Reaktionen ermöglichen. Jede Verarbeitungsebene baut auf der vorigen auf, bezieht sie in das eigene System mit ein und bildet die Voraussetzung für die nächsthöhere.

Neuropsychologisch gibt es drei Sichtweisen, wie die Spezialisierung des Gehirns für kognitive Funktionen vorgestellt werden kann. Sie seien der Vollständigkeit halber hier erwähnt, wenngleich die neuropsychologische Position nach Luria, die in dieser Arbeit vertreten wird, nur eine Sichtweise bevorzugt. Kolb/Whishaw sprechen von Reifungshypothese, Invarianzhypothese und Parallelentwicklungshypothese.

> Nach der *Reifungshypothese* kann sich jede Hemisphäre sowohl auf sprachliche als auch auf nichtsprachliche Funktionen spezialisieren, wobei die Festlegung dem Zufall überlassen bleibt.
>
> Gemäß der *Invarianzhypothese* nimmt die linke Hemisphäre eine Sonderrolle ein, denn sie ist genetisch determiniert, sprachliche Fähigkeiten zu entwickeln. Die rechte Hemisphäre übernimmt dann, was übrigbleibt.
>
> Entsprechend der *Hypothese der parallelen Entwicklung* nehmen beide Hemisphären aufgrund ihrer Entwicklung eine Sonderrolle ein: Die eine Hemisphäre ist dazu bestimmt, Sprachfunktionen zu übernehmen, die andere ist für nichtsprachliche Bereiche prädestiniert. (...)Obwohl es für jede der genannten Hypothesen gute Argumente gibt, lassen sich mit der Hypothese der parallelen Entwicklung, wenn diese für frühe Entwicklungsphasen eine gewisse Flexibilität bzw. Equipotentialität zulässt, die meisten der vorliegenden Daten erklären. Die kognitiven Funktionen jeder Hemisphäre können als hierarchisch organisiert betrachtet werden. Einfache, oder auf einer „unteren Ebene“ liegende Funktionen bilden die Basis dieser Hierarchie. Ihnen entsprechen einzelne Funktionen aus primär sensorischen und motorischen Gebieten, aus Sprach- und aus visuell-räumlichen Feldern. Komplexere, das heißt, „höhere“ Ebenen repräsentieren Funktionen, die in diesem Hierarchiegebäude weiter oben stehen. Die Komplexesten liegen natürlich an der Spitze. Sie sind gleichzeitig am stärksten lateralisiert. Man kann annehmen, dass sich die Hemisphären bei der Geburt hinsichtlich ihrer Funktion weitgehend überlappen, weil beide grundlegende Verhaltensweisen steuern. Bei fünfjährigen Kindern zeigen die neuentwickelten kognitiven Fähigkeiten nur noch wenig Überlappung. Jede der Hemisphären spezialisiert sich zunehmend. In der Pubertät schließlich hat jede Hemisphäre ihr einzigartiges Funktionsspektrum entwickelt (Kolb/Whishaw 1993, S. 437).

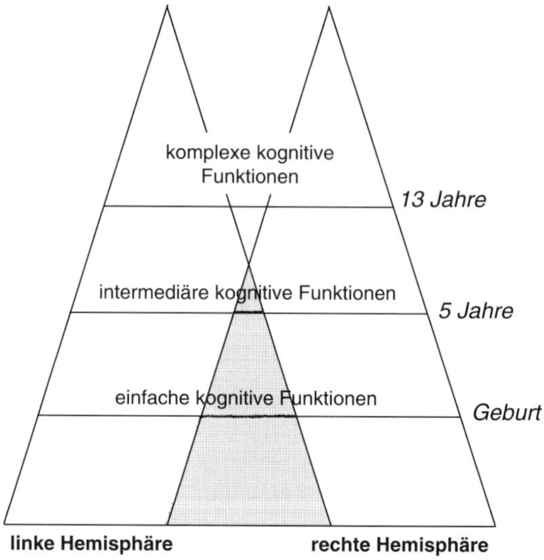

Abb. 42: Modell der Entwicklung kognitiver Funktionen der rechten und linken Hemisphäre bei gesunden Personen (nach Kolb/Whishaw 1993)

4. Neuropsychologische Beeinträchtigungen

Begriffsbestimmung

Der Hinweis auf die engen Beziehungen zwischen motorischer und sensorischer Verarbeitung und ihrer Verbindung mit Gedächtnis, Motivation und Emotion sowie die Darstellung der drei grundlegenden Funktionseinheiten des Zentralnervensystems nach Luria als Voraussetzung höherer psychischer Funktionen (Ausdruck von Luria) im Sinne von Kognition sollen nun helfen, die unterschiedlichen und vielfältigen Auswirkungen von neuropsychologischen Beeinträchtigungen zu verstehen. Über den Zusammenhang von bestimmten Lern- und Verhaltensstörungen mit zerebralen Dysfunktionen (gemeint sind hier sowohl morphologische wie funktionelle Beeinträchtigungen) sind sich Wissenschaftler seit langem im Klaren. „Learning Disabilities and Brain Function" (so der Titel eines Buches von Gaddes, 1980) wurden in Beziehung zueinander gesetzt und die wissenschaftlichen Beobachtungen und Erkenntnisse im deutschsprachigen Raum von verschiedenen Seiten mit unterschiedlichen Benennungen versehen. Am bekanntesten wurde von kinderpsychiatrischer Seite her bald der Begriff der Teilleistungsstörung oder Teilleistungsschwäche (Graichen) aber auch das frühkindliche hirnorganische Psychosyndrom (Lempp, R.), die umschriebene Leistungsschwäche (Schmidt, M. H.) und die minimale cerebrale Dysfunktion, MCD. Nicht alle Benennungen meinen exakt das Gleiche. Nach Remschmidt (1981) ist für die Klassifikation und die Differentialdiagnose neuropsychologischer Störungen erschwerend, dass unterschiedliche Schädigungen zu einer ähnlichen Symptomatik führen können und, noch viel gravierender, dass bei einer Reihe von klinischen Syndromen, die nachweisbar mit neuropsychologischen Ausfällen verbunden sind, die Ätiologie (Verursachung) noch unbekannt ist. Ein multiaxiales Klassifikationsschema z.B. ICD 10 (International Classification of Diseases) dient Medizinern als Diagnoseschlüssel und ermöglicht heute von mehreren Sichtweisen bzw. Ebenen aus, neuropsychologische Syndrome zu beschreiben.

Nach ICD 10 könnenTeilleistungsschwächen wie folgt klassifiziert werden:

Störungen des Sprechens und der Sprache
- einfache Artikulationsstörungen
- expressive Sprachstörungen
- rezeptive Sprachstörungen

Umschriebene Entwicklungsstörungen schulischer Fertigkeiten
- umschriebene Lesestörungen
- umschriebene Rechtschreibstörungen
- umschriebene Rechenstörungen

Umschriebene Entwicklungsstörungen der motorischen Funktionen
- Empfohlen wird auch hier der Einschluss sensomotorischer Funktionen

Hilfreich ist die Definition von Graichen, der den Begriff Teilleistungsschwächen prägte.

Er versteht unter Teilleistungsschwächen

> Leistungsminderungen einzelner Faktoren oder Glieder innerhalb eines größeren funktionellen Systems, das zur Bewältigung einer bestimmten komplexen Anpassungsaufgabe erforderlich ist (Graichen, 1973).

Auf dem Hintergrund der neuropsychologischen Sichtweise Lurias unterscheidet er strukturelle Teilleistungsschwächen, funktionale Teilleistungsschwächen und interhemisphärische Teilleistungsschwächen (in Wirth 2000, S. 188).

Strukturelle Teilleistungsschwächen. Man unterscheidet dabei:

- Störungen der Aufnahme, Analyse und Speicherung
  - Störungen der intramodalen Aufnahme
  - Störungen der intermodalen Aufnahme
  - Störungen der supramodalen Integration;
- Störungen der Programmierung, Regulation und Ausführung von Aktivitäten
  - Störungen der Zielantizipation mit Erfolgsregulation
  - Störungen der Zeiteinteilung und Programmantizipation
  - Störungen der Ausführung und Verlaufsregulation und körperkoordinierten sowie zeitlich sequentiellen, kinästhetischen und taktilen, räumlich und kraftmäßig integrierten Ablaufmuster.

Funktionale Teilleistungsschwächen. Störungen der momentanen, in einer Dimension wichtig/unwichtig oder reizintensiv/reizschwach ausbalancierten Regulation von Tonus, Aktivierung und Bewusstheit durch

- Störungen der Stoffwechsel- und Hormonregulation
- Störungen der Signale aus dem Umwelt- und dem körperlichen Erleben (Orientierungsreaktionen; Gedächtnissteuerung)
- Störungen von Plänen, Absichten, Vorsätzen, Programmen, Wertungen mit (inner)sprachlicher Steuerung und deren Integration.

Interhemispärische Teilleistungsschwächen. Störungen der partnerschaftlichen Funktionsaufteilung zwischen den beiden Hirnhemisphären

Schmidt ergänzt:

> Teilleistungsschwächen unterscheiden sich von Folgesymptomen von Schädelhirntraumen in ihren Auswirkungen; sie sind weniger scharf begrenzt aber oft global in ihren Folgen.
>
> Teilleistungsschwächen verbergen sich oft unter einer psychopathologischen Symptomatik und können mehr als Verhaltensstörungen denn als Teilleistungsstörungen imponieren.
>
> Teilleistungsschwächen können eine im betroffenen Bereich verzögerte Entwicklung beinhalten aber auch in nicht aufholbaren Defekten bestehen, für die allenfalls Kompensation möglich ist.

Sie zeigen häufig keine anatomischen, histologischen oder neurophysiologischen Korrelate.
Für ihre Genese kommen neben hirnorganischen Schädigungen der Einfluss gravierender soziokultureller und hereditärer Belastungen gleichermaßen in Frage.

(Schmidt, M.H. 1977)

Wirth (1994) betrachtet Teilleistungsstörungen oder Teilleistungsschwächen als übergeordnete Begriffe, unter die auch Wahrnehmungsstörungen fallen. Von pädaudiologischer Sicht her listet er eine Vielzahl von Symptomen auf, die im Zusammenhang mit Sprachentwicklungsstörungen gesehen werden können. Wenngleich bereits unter dem Kapitel „Die Bedeutung der auditiven Wahrnehmung und der Sprache für Lernen und Verhalten“ Beeinträchtigungen in diesem Bereich dargestellt worden sind, soll hier noch einmal von pädaudiologischer Seite und unter dem Gesichtspunkt „Ursachen verzögerter Sprachentwicklung“ die Einteilung auditiver Teilleistungsstörungen, wie Wirth sie versteht, aufgeführt werden. Er unterscheidet wie Graichen für diesen Bereich strukturelle und funktionale Teilleistungsschwächen. Die Bedeutung der interhemisphärischen Regulation findet in seinem Konzept allerdings keine Berücksichtigung. Da zur Sprache in unserem Kulturkreis immer auch geschriebene Sprache gehört, führt Wirth auch visuelle Teilleistungsstörungen auf (vergl. Wirth 1994, S.199 u. 2000, S. 189ff).

Einteilung der auditiven Teilleistungsstörungen im Hinblick auf verursachende Faktoren (in Anlehnung an Graichen nach Wirth 2000)

Ursachen sind:

Zentrale Schäden (frühkindlicher Hirnschaden, Hirnreifungsverzögerung Geburtsbedingte, erbliche, neuropsychologische, anlagebedingte Schäden)
Grob fehlerhaftes Lernangebot auf frühen Entwicklungsstufen, das ebenfalls den morphologischen und funktionalen Aufbau des zentralen Nervensystems beeinflusst
Nicht erkennbare Verursachungsmomente.

Strukturelle Teilleistungsschwächen.

Beim Vergleich der gehörten mit den gespeicherten Strukturen kann nicht zwischen richtig und falsch unterschieden werden. Die Folge ist eine Diskriminations- und Klassifikationsschwäche.

Störung der Aufnahme, Analyse, Speicherung: Die drei Bereiche können in unterschiedlicher Weise betroffen sein:

a) Störung der intramodalen Aufnahme

- Störung des auditiven Lernens
  - trotz normalen Gehörs bestehen Schwierigkeiten bei der Interpretation von Geräuschen oder Lauten
  - Störung der Schalllokalisation
  - verkürzte Aufmerksamkeitsspanne
  - Störung der auditiven Aufmerksamkeit (gehört auch in die funktionalen Teilleistungsschwächen)
  - gestörte Reizintensitätsbeurteilung (Amplituden)
  - extrem bei Kindern mit Autismus.
- Störung des auditiv-verbalen Verständnisses (verbale Agnosie). Geräusche werden interpretiert, Wörter oder Sprachlaute nicht.
- Störung der phonematischen Analyse. Die Verständnisstörung ist nur auf einzelne Sprachlaute, meist wenige Konsonanten beschränkt (partielle Lautagnosie). Die Sprachklänge werden zwar gehört, sie können aber schlecht in ihren phonematischen Klanggestalten unterschieden werden. Betroffen sind klangverwandte und nach dem Bildungsmechanismus ähnliche Sprachlaute. Die Folge ist eine Verlangsamung der Spracherfassung mit auditiven Verwechslungen. Keine Selbstkorrektur über das Gehör möglich. Rechtschreibschwierigkeiten.
  Differentialdiagnose: Stammeln
- Störung des auditiven Ultrakurzspeichers mit vermindertem zeitlichem Auflösungsvermögen für die im Klangspektrum sich überlappenden, raschen Phonemfolgen.

Die Störung der intramodalen Aufnahme kann sich auf folgende Teilbereiche beschränken:

- Störung des Erkennens auditiver Sequenzen. Einzelne Laute oder Wörter können nicht in der richtigen Reihenfolge gehört werden. Ihre Bedeutung ist daher unklar, obwohl die einzelnen Laute oder Wörter richtig gehört werden.
  Folgen: Verdrehungen von Lauten innerhalb eines Wortes: Anemone – Amenone. Austauschung von Vorsilben, Vertauschung von Wortteilen: Bootshaus – Hausboot.

Anmerkung: Verdrehungen von Lauten innerhalb eines Wortes ist meist jedoch Folge einer Produktionsstörung. Eine Prüfung ist daher erforderlich, ob wirklich bereits die Erfassung unsicher ist oder erst die aktive Verwendung.

- Störung der auditiven Ergänzung (fehlende Verzerrungsresistenz). Fehlende Laute, Wortteile oder Wörter können nicht aufgrund inhaltlicher Aspekte ergänzt werden.

Folgen: Schnell sprechende, kauende oder beim Sprechen den Mund verdeckende Menschen werden nicht verstanden.

- Störung der syntaktischen Analyse.
  Folgen: Normalerweise erfolgt eine syntaktische Analyse (Beziehung zwischen Wörtern in einem Satz) nach der Subjekt – Prädikat – Objekt – Regel. Bei Störungen der syntaktischen Analyse z.B. Verwechslungen von Subjekt und Objekt oder der Analyse aller Sätze nach der Subjekt – Prädikat – Objekt – Regel.
- Störung der semantischen Analyse.
  Folgen: Störung der exakten Diskrimination (auditiven Segmentation) der aneinandergereihten Wörter eines Satzes oder der Beziehung zwischen Wortkomponenten und dem gesamten Wort. Beispiel: Blumentopferde – Blumento – Pferde.
- Störung der Differenzierung semantischer Bedeutungsmerkmale.
  Beispiel: Tiger – Löwe; Gabel – Messer.
  Störung des Symbolisierungsprozesses oder der Transformation.

b) *Störung der intermodalen Kodierung. Intramodale Informationen können nicht zu Blöcken zusammengeschlossen werden. Beispiel: Der Begriff Vogel beinhaltet auditive Aufnahme (zwitschern), visuelle Verarbeitung, taktile Empfindung (leicht).*

- Störung der multidimensionalen Verankerung.
  Folgen: Entfremdung des Wortsinns. Eine intramodale, auditive Analyse ist möglich, jedoch kein Zusammenschluß und damit keine mehrdimensionale Rückmeldung; z.B. gleichzeitiges Achten auf die auditive Wahrnehmung und die motorisch-kinästhetische Steuerung beim Sprechen.
- Störung bei der Verknüpfung linguistischer Ebenen.
  Folgen: Störung der Fähigkeit, einzelne Sprachelemente zu stabilen Sequenzen zu verbinden, z.B. aus Einzellauten ein Wort zu bilden oder das Herstellen von Verbindungen zwischen Artikel und Substantiv.

- Störung der Verknüpfung der syntaktischen[89] Ebene mit der semantischen[90] Ebene (Dysgrammatismus).
- Störung der Fähigkeit, Verknüpfungen zwischen semantischem Feld und artikulatorischen Mustern herzustellen (Wortfindungsstörungen).
- Mangelnde Fähigkeit, gemachte Erfahrungen mit dem zugehörigen Begriff zu verbinden.

---

[89] syntaktisch = grammatikalisch
[90] semantisch = die Bedeutung betreffend

c) Störung der simultanen Stabilisierung und supramodalen Integration. Zwei oder mehrere intramodale Kode-Systeme können nicht gleichzeitig aufgenommen und abgerufen werden: z.B. Größe von Gefäßen und Mengen in PIAGETS Umfüllversuchen:

- Störung der simultanen Analyse
  Folge: Zwei auditive Informationen können nicht gleichzeitig aufgenommen und analysiert werden; z.B. ein Gespräch und das Geräusch eines näherkommenden Autos. Relevante Informationen können daher nicht von Nebengeräuschen unterschieden werden.
  Somit gestörte Diskrimination von Figur und Hintergrund im auditiven Bereich.

Anmerkung: Die Simultanagnosien und die Minderung der Kapazität zur Simultanbeobachtung mehrerer Merkmaldimensionen ist eigentlich eine Aufmerksamkeitsstörung, wahrscheinlich infolge einer Thalamusschwäche.

- Störung der simultanen Produktion bzw. der Simultanregelung verschiedener Modalitäten.
  Folge: Gleichzeitiges Sprechen und Klatschen oder Vorlesen und gleichzeitiges Sinnverständnis des Gelesenen sind nicht möglich.[91]

Störung der Programmierung, Regulation und Ausführung von Aktivitäten. (Ggf. in unterschiedlicher Weise betroffen.)

a) Störung des Entwurfs eines Sprachzieles. Notwendig ist eine Antizipation der sprachlichen Vorstellung.

b) Störung des Sprachentwurfs

- Störung der semantischen Kodierung (vokabularspezifische Störung oder Wortfindungsstörung). Schwierigkeiten bereitet vor einer sprachlichen Äußerung das Herausfinden der notwendigen Begriffe aus der semantischen Ebene. Meist kombiniert mit Formulierungsschwäche. Da das Sprachverständnis intakt ist, versuchen die Kinder, ihre Fehler durch Nichtsprechen zu vermeiden oder verwenden Zeichen und Gebärden. Oft wird ein zu dem Gegenstand gehörender Laut produziert. Nachsprechen intakt.
- Störung der morphologischen und syntaktischen Kodierung.
  Folge: Schwierigkeiten beim Aufbau des Sprachentwurfs nach den Regeln der Wort- und Satzlehre.

[91] Affolter spricht in diesem Zusammenhang von begrenzter Kanalkapazität.

- Störung der artikulo-motorischen Kodierung
  Folge: Bei überleichter Auslösbarkeit der motorischen Produktion Versprechen, Wortverdrehungen, Silben- und Lautvertauschungen.
- Störung der Zeitteilung
  Folgen: Schwierigkeiten bei der Festlegung der Reihenfolge der Wörter. Satzunterbrechungen und Wortwiederholungen.
- Störung der Übermittlung der gedanklich konzipierten Information im Bewegungsmuster bei korrektem Sprachentwurf. Wird auch als Dyspraxie bezeichnet.
- Störung der Sprachflüssigkeit
  Folgen: Unterbrechungsvorgänge, Nichteinhalten von Sprechpausen. Schwierigkeiten bei komplexen Konsonantenverbindungen.

Funktionale Teilleistungsschwächen. Reize der Umwelt können nicht als wichtig oder unwichtig (intensiv oder schwach) empfunden werden. Die Folge sind Reizüberflutung, Ablenkbarkeit, Abschweifen, programmfremde Nebenaktivitäten, mangelnde Konzentration mit Störung der Oberprogrammsteuerung; Störung der Reizintensitätswirkung in der Erzeugung von Orientierungsreaktionen. Reize der Umwelt und eigene Aktivitäten werden nur ungenügend mit dem Repertoire an Bekanntem verglichen; Folge ist eine mangelnde Habituierung bei wiederkehrenden Erlebnissen. Stereotypien usw.

Eine *Störung des unmittelbaren Behaltens* (Störung der Hörgedächtnisspanne, d. h. des Kurzzeitspeichers) kann bestehen durch:
- Zu wenige Einheiten
- Filterschwäche gegenüber programmfremden Intrusionen[92]
- Anfälligkeit gegen Perseverationen[93] (ungenügende Lösung nach Verarbeitung).

Die Folge ist ein *Leistungsdefizit des Kurzzeitspeichers*, d. h.:
- Satzanfang am Ende eines Satzes nicht mehr im Gedächtnis.
- Die Inhalte werden von programmfremden Eindrücken oder eigenen Aktivitäten herausgeworfen (Ablenkbarkeit, schweifendes, ruheloses Denken).
- Elemente aus vorausgegangener Tätigkeit mengen sich unter die momentane Verarbeitung.

Eine weitere funktionelle Teilleistungsschwäche ist die *Störung der Langzeitspeicherung*. Die in den Kurzzeitspeicher aufgenommene intramodale Einheit muss in den multidimensionalen Langzeitspeicher überführt wer-

[92] Intrusion = das Eindringen
[93] Perseveration = Festhalten, Haften

den durch einen Stabilisierungsprozess, entweder über

- bewusst-willkürliche Wiederholungen (rehearsels)
- oft wiederholte Darbietung (Kindergarten-Verse) oder
- emotional-affektive Valenz (Nicht-aus-dem-Sinn-gehen).

Teilleistungsstörungen im visuellen Bereich

Zentral-visuelle Wahrnehmungsstörungen (Perzeptionsstörungen) äußern sich in:

- Störung des visuellen Kurzzeitgedächtnisses;
- Störungen der Stereognosie (Links-Rechts-Diskriminierung und visuelle räumliche Integration)
- Störungen des visuellen Sequenzgedächtnisses
- Störung der Figur-Grund-Wahrnehmung
- Störungen der Wahrnehmungskonstanz
- Störungen der visuo-motorischen Koordination.

Visuelle Perzeptionsstörungen zeigen sich bei durchschnittlich intelligenten sowie bei über- und unterdurchschnittlich intelligenten Kindern. Gerade bei überdurchschnittlich intelligenten Kindern kommen in Zusammenhang mit den häufig isoliert auftretenden Perzeptionsstörungen in einem oder mehreren der fünf Wahrnehmungsbereiche auffallend unausgeglichene Intelligenzprofile vor. Nichtverbale Untersuchungstests bereiten besondere Schwierigkeiten, da zu deren Lösung meist visuell-perzeptive Fähigkeiten vorausgesetzt werden. Bei visuell-perzeptiv gestörten Kindern finden sich häufig Rechts-Links-Diskriminierungsstörungen. Zusätzliche Untersuchung der Handdominanz ist daher erforderlich. Häufig bestehen gleichzeitig Störungen der sensomotorischen Funktionen, der Fein- und Grobmotorik. Der Entwicklungszustand der Psychomotorik muss daher genau ermittelt werden.

Wirth hat als Pädaudiologe und damit als Fachmann für Sprachverständnis und Sprachbenutzung die verschiedenen Formen von partiellen Beeinträchtigungen vor allem unter dem Aspekt der auditiven Verarbeitung als Teilleistungsstörungen aufgelistet. Er hat dabei vornehmlich an Ärzte, Logopäden und Sprachheilpädagogen gedacht. Da die auditive Verarbeitung aber einen so zentralen Stellenwert in unserem Leben hat und Beeinträchtigungen sich *nicht* nur auf Lernen im weiteren Sinne sondern auch auf das Verhalten auswirken, sollten alle, die mit Kindern und Jugendlichen zu tun haben, sensibel dafür werden, auch wenn sie nicht für dieses Fachgebiet ausgebildet wurden. Die Zusammenstellung so vielfältiger Auffälligkeiten, die immer auch noch im Zusammenhang mit der kindlichen Entwicklung gesehen werden müssen, weist einmal auf die Bedeutung von Früherkennung und Frühförderung hin, zum anderen allgemein auf die Bedeutung einer guten Sprech- und Spracherziehung, wie sie z.B. die Montessori-Pädagogik empfiehlt.

Was hier im allgemeinen von medizinischer Seite beispielhaft als Teilleistungsstörungen oder -schwächen bezeichnet wird, vermischt allerdings *neuropsychologische Beeinträchtigungen* mit deren *Ausdrucksformen*. Dadurch besteht vor allem bei Nichtmedizinern die Gefahr, in manchen Fällen von Symptomen gradlinig auf neuropsychologische Verursachungen zu schließen und von da vielleicht sogar auf deren Ätiologie. Das kann erfahrungsgemäß zu Fehlschlüssen führen und im pädagogischen Bereich den Eindruck von diagnostischer Kompetenz vermitteln, die nicht unbedingt begründet sein muss. Hier sollte eine klare begriffliche Trennung Abhilfe schaffen. Graichen (1979) versuchte Missverständnissen zuvorzukommen, indem er erklärte:

> Niemals handelt es sich dabei – gemäß Definition – um die Gesamtleistung in irgendeinem Bereich des beobachtbaren Verhaltens. Es sind also weder Schulleistungen, noch sportliche oder berufliche, ja nicht einmal Testleistungen direkt angesprochen. Sie alle sind nämlich derartige Anpassungsaufgaben oder beobachtbare Oberflächenstrukturen, zu deren Realisierung sich das ZNS zu einem komplexen funktionellen System im Sinne einer Tiefenstruktur konstellieren muss. Diese komplexe Leistung .....kann beeinträchtigt werden durch Störungen in jedem einzelnen Teilglied, das sich an der Konstellierung des jeweiligen funktionellen Systems beteiligt.

Nicht nur in der Pädagogik ist der Begriff missverstanden worden, indem neuropsychologische Beeinträchtigungen mit ihren Ausdrucksformen verwechselt bzw. die Begriffe vermischt wurden. Natürlich geht es um die Leistungsfähigkeit des neurologischen Apparates, und die Bezeichnung Teilleistungsstörung für eine teilweise Beeinträchtigung einzelner Glieder innerhalb eines größeren funktionellen Systems ist stimmig. Nur die Auswirkungen dieser Beeinträchtigungen sind das, was sich dann als „umschriebene Störungen in bestimmten Bereichen schulischen Lernens“ (siehe Definition ICD 10) ausdrückt und das Erbringen von Fertigkeiten, die erwartet werden, u.U. verhindert. Es wäre klarer, den Begriff der *Teilleistungsstörungen* für die *Ausdrucksformen* neuropsychologischer Beeinträchtigungen zu benutzen und für vermutlich vorhandene, aber nicht immer nachweisbare zerebral verursachte Störungen den Begriff „neuropsychologische Beeinträchtigungen“. Letzterer umfasst im Wesentlichen das, was Graichen als Teilleistungsschwächen definiert hat und kann anhand eines Modells veranschaulicht werden[94]. In diesem Denkmodell werden verschiedene Ebenen dargestellt, die das Erbringen von Fertigkeiten und „Leistungen“ ermöglichen.

---

[94] Dieses Modell stammt von Isaacson und wurde von Lempp (1977) zur Darstellung von Teilleistungsstörungen benutzt, von der Autorin modifiziert.

Modellvorstellungen zur Veranschaulichung neuropsychologischer Beeinträchtigungen und ihrer Auswirkungen auf Lernen und Verhalten

In diesem Modell werden verschiedene Voraussetzungen angesprochen, die das Erbringen von Fertigkeiten und “Leistungen” ermöglichen. Wir wissen heute um die funktionale Vernetzung neurologischer Vorgänge. Wenn hier in den Modellen Ebenen dargestellt werden, dann darum, um die gegenseitigen Bedingtheiten bildhaft zu verdeutlichen.

Ebene 1	Allgemeine Voraussetzungen der neurologischen Entwicklung und
Ebene 2 u. 3	die morphologischen und funktionalen Bedingungen
Ebene 4	zur Erbringung von Leistungen
Ebene 5	sowie die Reaktionen auf Erfolg und Misserfolg

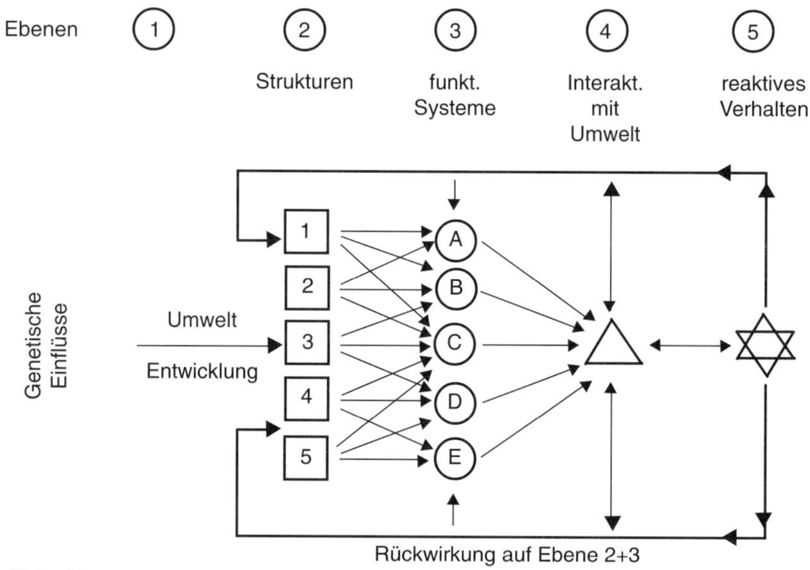

Abb. 43

1. *Die Ebene der Voraussetzungen*

Akert (1979) rechnet dazu genetische Einflüsse, Einflüsse von Reifung und Wachstum, Einflüsse des Umfeldes und möglicherweise auch des Zufalls, die sich z.B. auf Vorgänge wie Dendritensprossung und Synapsenbildung auswirken können. Heute gehen wir davon aus, dass auch vorgeburtliche Einflüsse Auswirkungen auf die neurologische wie emotionale Entwicklung haben können.

2. *Die Ebene der neurologischen Organisation*
Sie schafft im Laufe der Entwicklung durch vielfältige Verbindungen der Nervenzellen und Nervenbahnen untereinander Vernetzungen, die als funktionelle Systeme das Miteinander verschiedener zerebraler Bereiche ermöglichen. Insbesondere kann es hier und auf Ebene 3 zu Beeinträchtigungen kommen.

3. *Die Ebene der funktionellen Systeme*
Sie stellt das Potential im Sinne von Fähigkeiten zur Interaktion mit der Umwelt.

4. *Die Ebene der Interaktion mit der Umwelt*
Die Bezeichnung Interaktion beinhaltet die Wechselwirkung sowohl des Organismus, der nach PIAGET und INHELDER (1977) die Gegebenheiten der Umwelt assimiliert, in sich aufnimmt, wie er umgekehrt sich den Gegebenheiten der Umwelt anpasst, indem er seine eigene Organisation dem Umweltausschnitt gegenüber verändert, sich an die Umwelt akkommodiert und damit in gewissem Sinne Leistungen erbringt. Auch schulische Fertigkeiten sind hiermit gemeint. Auf dieser Ebene stellen sich die Auswirkungen von neuropsychologischen Beeinträchtigungen dar.

5. *Die Ebene des Verhaltens*
Sie betrifft Verhaltensformen, die sich aus Erfolg und Misserfolg ergeben können.

Die Bedeutung der Rückwirkung
Im Sinne einer Rückkoppelung können Auswirkungen aller Ebenen wiederum auf der Ebene 1 als Einflüsse zur Weiterentwicklung oder Hemmung der neurologischen Organisation betrachtet werden.

In Abbildung 44 wird angenommen, dass auf der Ebene 2 die Strukturen 3 und 4 beeinträchtigt sind. Durch die Verbindung zu Funktionen anderer Strukturen sind zwar alle Fähigkeiten vorhanden, außer A aber verändert. An diesem Beispiel kann gut verständlich gemacht werden, dass das Erbringen von Leistungen hier in besonderer Weise von der gegebenen Situation abhängig ist. Angst, Ärger, Krankheit, Hunger, emotionale Belastungen u.a.m. können die Leistungsfähigkeit erheblich beeinflussen. Kommt ein Kind z.B. ohne Frühstück, unausgeschlafen und schlecht gelaunt zur Schule, kann es vielleicht unter Aufbietung aller Kräfte lernen. Ein Kind mit neuropsychologischen Beeinträchtigungen hat aber oft nicht so viele Kräfte zur Verfügung. Die Energien sind möglicherweise für das Verarbeiten von Gehörtem und Gesehenem schon zu sehr beansprucht worden. Dann erscheint es unkonzentriert und abgelenkt und wird vielleicht obendrein noch ausgeschimpft für etwas, wofür es nichts kann.

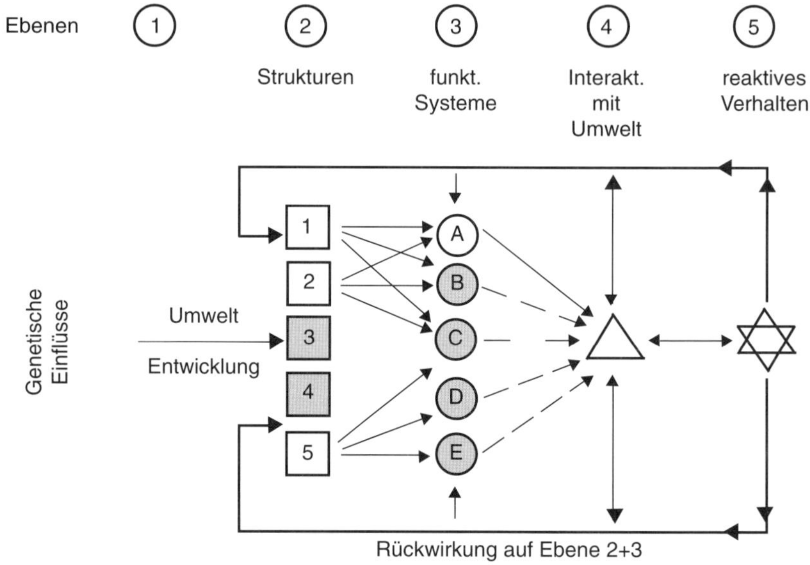

Ebenen
1
2
3
4
5
Strukturen
funkt. Systeme
Interakt. mit Umwelt
reaktives Verhalten
Genetische Einflüsse
Umwelt
Entwicklung
1
2
3
4
5
A
B
C
D
E
Rückwirkung auf Ebene 2+3

Abb. 44

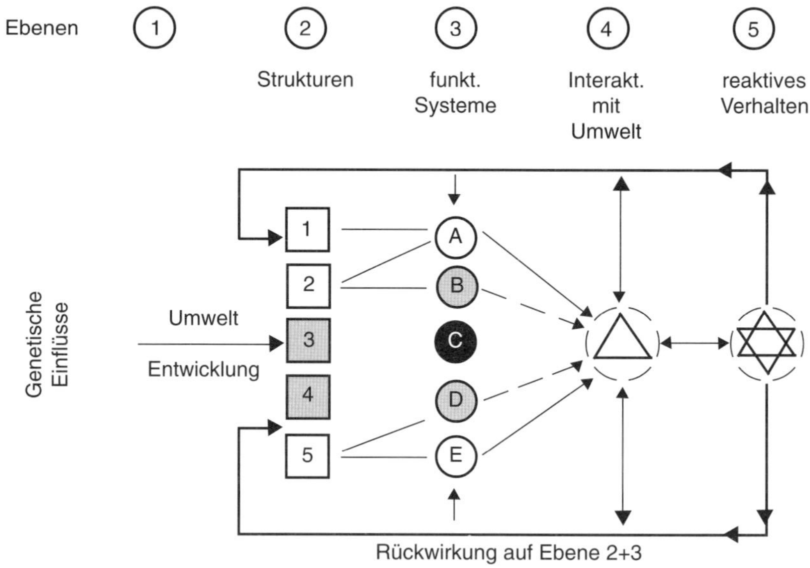

Ebenen
1
2
3
4
5
Strukturen
funkt. Systeme
Interakt. mit Umwelt
reaktives Verhalten
Genetische Einflüsse
Umwelt
Entwicklung
1
2
3
4
5
A
B
C
D
E
Rückwirkung auf Ebene 2+3

Abb. 45

In Abbildung 45 sollen wiederum die *Strukturen* 3 und 4 beeinträchtigt sein. Zusätzlich sind aber noch die *Funktionen* anderer Strukturen betroffen. Das bewirkt einen totalen Ausfall von C und verminderte Funktionen von B und D.

Aus mehreren Gründen ist dieses Modell hilfreich:
Einmal kann es den Weg diagnostischen Vorgehens weisen von der Beobachtung des Verhaltens in gegebenen Situationen über Auffälligkeiten bezüglich der Interaktion mit der Umwelt (z.B. bei Leistungsanforderungen) und zur Vermutung von Beeinträchtigungen in bestimmten Bereichen der Wahrnehmungsverarbeitung. Es zeigt weiter die Bedeutung, welche der jeweiligen Situation zukommt, unter der eine bestimmte „Leistung" erbracht werden soll. (Siehe auch „Heilpädagogische Folgerungen"). Letztendlich veranschaulicht es, wie vielfältig die Verursachungen neuropsychologischer Beeinträchtigungen sein können. Alle beschriebenen Ebenen bis hin zur Hirnentwicklung selbst können betroffen sein. Die Bedeutung der Einflüsse des Umfeldes, von Wachstum und Entwicklung und nicht zuletzt der genetischen Anlage wird bei der Planung eines heilpädagogischen Vorgehens und der Einschätzung einer erfolgreichen Förderung immer auch mit einbezogen werden müssen. Unter dem Gesichtspunkt „Einflüsse der Umwelt" sollte auch die allernächste Umwelt, nämlich die Mutter und das familiäre Klima, als bedeutsam für die neuropsychologische Entwicklung des Kindes in Betracht gezogen werden, denn, wenn wir davon ausgehen, dass sensorische und motorische Deprivation Entwicklung beeinträchtigen kann, dürfen wir das für psychische bzw. emotionale Deprivation nicht ausschließen. Dabei wird immer zu bedenken sein, dass sich zwar jeder einzelne der Einflüsse auf die neurologische Entwicklung auswirken kann, aber nicht muss. Gerade in dieser Beziehung gibt es die erstaunlichsten Erfahrungen.

Leider erfassen Modelle meist nur einen Teil der Wirklichkeit und selten das Ganze. In diesem Modell geht es vornehmlich darum, deutlich zu machen, dass es klarer Definitionen bedarf, auch, wenn sich die Ebenen in der Praxis nicht immer deutlich voneinander abgrenzen lassen. Unterschieden werden können:

neuropsychologische Beeinträchtigungen (Ebene 1, 2 und 3)

Ausdrucksformen neuropsychologischer Beeinträchtigungen, z.B. Teilleistungsstörungen (Ebene 4)

Verhaltensformen und Bewältigungsstrategien im Zusammenhang mit neuropsychologischen Beeinträchtigungen (Ebene 5).

Die Unterscheidung der 5 Ebenen ermöglicht es, aufmerksam aber auch gezielt zu beobachten und sollte davor bewahren, vorschnelle „Diagnosen" zu stellen. Oft ist, was sich uns zeigt, vergleichsweise nur die Spitze des Eisberges, und das unter der Oberfläche kann nur behutsam erschlossen werden. Im allgemeinen haben wir, da wir im pädagogischen Bereich mit Kindern regelmäßig einen längeren Zeitraum am Tag zusammen sind, vielfältige Möglichkeiten, Handlungen und Reaktionen sowohl auf der Ebene des Verhaltens, der Situationen wie der Fähigkeiten und Leistungen zu beobachten. Das hört sich in der Theorie zwar leichter an, als es in der Praxis sein wird, vor allem darum, weil in der Praxis, das, was hier modellhaft als Ebenen unterschieden wird, eng beieinanderliegt und sich zum Teil auch überlagert. Die Theorie kann aber die Leitlinie dafür geben, und die Beobachtung muss ja auch nicht in einem bestimmten (kurzen) Zeitraum abgeschlossen sein. Wenn dann genügend Beobachtungen zusammengetragen wurden, ist es möglich, mit Hilfe ärztlicher Abklärung das Puzzlespiel einer neuropsychologischen Diagnose zu beginnen, die uns als Grundlage für heilpädagogische Konzepte dienen kann.

Während Lempp (1977) noch betont, dass Teilleistungsschwächen meist *nicht* mit definitiven Ausfällen von Fähigkeiten gleichgesetzt werden dürfen, werden unter neuropsychologischem Verständnis auch derartige als Wahrnehmungsstörungen bezeichnete Ausfälle zu den neuropsychologischen Beeinträchtigungen gerechnet. Nicht unter diese Bezeichnung fallen allerdings Sinnesschäden wie Taubheit oder Blindheit.

5. Ausdrucksformen neuropsychologischer Beeinträchtigungen

Alles, was an „Ausdruck“ auf innere oder äußere „Eindrücke“ – Reize –, auch Pläne und Programmentwürfe hin geschieht, zeigt sich in irgendeiner Form von Verhalten. Sind innerhalb eines funktionellen Systems Teilglieder nicht voll funktionsfähig, wird auch das Verhalten, und damit ist hier auch das Erbringen von Leistungen gemeint, davon betroffen sein.

Félicie Affolter hat in ihrem Buch „Wahrnehmung, Wirklichkeit und Sprache“ (1987) beschrieben, in welchen Verhaltensformen sich Wahrnehmungsstörungen darstellen können. Sie hat das in so umfassender Weise getan, dass hier eine Zusammenfassung gegeben werden soll. Sie wird an einigen wenigen Stellen von eigenen Beobachtungen ergänzt.

> Jedes wahrnehmungsgestörte Kind fällt in seinem Verhalten auf. Das Verhalten wird je nach dem Ausmaß der Störung und der Reaktion der Umwelt als mehr oder weniger abwegig beurteilt.
>
> Wahrnehmungsgestörte Kinder fallen stets durch eine von zwei extremen Verhaltensweisen auf: Entweder, sie sind fast ständig in Bewegung, oder sie bewegen sich äußerst wenig.
>
> Die hektischen Kinder können kaum ruhig sitzen. Sie bewegen z.B. dauernd die Beine, wenn sie warten sollten. Sie schlagen sich an den Kopf. Sie flattern mit den Händen und bewegen den Rumpf.
>
> Die ruhigen wahrnehmungsgestörten Kinder verziehen sich in einer Gruppe meist in eine stille Ecke. Die Umwelt folgert daraus, dass diese Kinder den Kontakt meiden – Einzelgänger seien. Häufig übersieht man, dass diese Kinder nur in gewissen Situationen ruhig sind, in anderen hingegen lebhaft wirken können.
>
> Sie sprechen viel. Beobachtet man dieses viele Sprechen, dann ist es wichtig, sich über den Inhalt Gedanken zu machen. Er ist meist sehr eintönig oder in irgendeiner Weise auffällig. Je nach der Person besteht er vornehmlich aus Redensarten, aus Floskeln oder aus Bitten, Aufforderungen oder Klagen.
>
> Manche Auffälligkeiten werden als Unerzogenheiten gedeutet, z.B. beim Essen. Viele Wahrnehmungsgestörte sind in ihren Bewegungen fahrig. Sie verschütten Getränke; wenn sie einschenken, wissen sie nicht, wann sie mit dem Gießen aufhören müssen. Speiseteile fallen zu Boden oder auf den Schoß, ohne dass dies bemerkt würde.
>
> Sie essen schnell, stopfen die Speisen in den Mund, bis dieser überquillt, sie kauen kaum, bewegen den Kiefer nur auf und ab. Die Zunge liegt häufig flach und bewegungsträge im Mund. Das spärliche Kauen kann über viele Jahre hin auffällig bleiben. Schlecken, zum Beispiel Eis, ist für manche schwierig. Sie beißen eher ab, statt daran zu schlecken.

Öfter kommen sie mit dem Besteck nicht zurecht und müssen die Finger nehmen; einige können schlecht abbeißen. Sie bevorzugen deshalb u.U. weiche Speisen

Ein weiteres Problem kann das Toilettentraining sein. Viele wahrnehmungsgestörte Kinder benötigen sehr viel Zeit dafür. Dabei hängt die Dauer der Lernzeit mit dem Ausmaß der Wahrnehmungsstörung zusammen. Unter Umständen ist nicht nur das späte Sauberwerden sondern auch das erneute Einnässen und Einkoten im Zusammenhang mit einer Wahrnehmungsstörung zu verstehen.

Beim Berühren von ungewohntem Material – feucht, glitschig – können Spannungen ausgelöst werden, die zu besonderen Fingerbewegungen oder Fingerhaltungen führen. Manchmal werden einzelne Finger abgespreizt. Oft geschieht das Berühren nur mit zwei Fingern. Auffällig ist, dass die Kinder bei ihren Tätigkeiten dann oft wegsehen.

Wahrnehmungsgestörte Kinder suchen oft neben dem Unterlagenwiderstand nach einem zusätzlichen Seitenwiderstand. Beim Treppehinuntergehen halten sie sich am Geländer fest. U.U. kann ihnen, wenn sie etwas geübter sind, bereits eine gewisse Enge den Seitenwiderstand ersetzen.

Eine sehr ausgeprägte Situation solcher Widerstandserfahrung ist diejenige der Nische. Etwas Festes um sich herum haben, bedeutet Geborgenheit, denn das Feste gibt Halt. Wenn man unter diesem Aspekt beobachtet, welche Sitzgelegenheiten Kinder sich aussuchen, dann kann man daraus auch auf ihr Sicherheitsbedürfnis schließen. Wahrnehmungsgestörte ziehen sich gerne immer wieder in Nischen zurück.

Sehr auffällig ist die Tendenz von allen wahrnehmungsgestörten Kindern, Dinge nur mit einer Hand zu ergreifen. Das geschieht ohne Bevorzugung einer bestimmten Seite. Es wird häufig die Hand benutzt, die dem zu ergreifenden Gegenstand am nächsten ist. Die Kinder sind mit einer Hand erstaunlich geschickt. Wenn man sie aber dabei ganzkörperlich beobachtet, wird einem bewusst, wie *einseitig* das ist. Und man muss sich fragen, wieso sind sie auf der elementaren Stufe der Einhändigkeit stehen geblieben? Warum sind sie nicht zur Beidhändigkeit und danach zur Bevorzugung einer Hand gekommen?

Wenn man sie weiter beobachtet, kann man feststellen, dass sie nicht umfassen können. Das Umfassen und das Loslassen ist schwierig. Manche Kinder können Stifte nicht weglegen. Sie werfen sie, um sie loszuwerden.

Die Leistungen Wahrnehmungsgestörter zerfallen oft, wenn mehr als eine Beziehung zur gleichen Zeit beachtet werden muss.

Reihenfolgen werden oft nicht erkannt. Wenn sie erkannt werden, können sie oft nicht über eine gewisse Zeitspanne durchgehalten werden. Sollen z.B. Muster in einer Reihenfolge gelegt werden, geht das u.U. zweimal, dreimal und dann zerfällt das Muster.

Schwierig ist es auch, Distanzen abzuschätzen, wenn zwei Gegenstände – oder ein Gegenstand und der eigene Körper – sich nicht berühren. Hier geht es um In-Beziehung-Setzen, Beziehungen können nicht erkannt werden.

Eng zusammen mit dem Nicht-In-Beziehung-Setzen-Können hängt auch das Nicht-Warten-Können. Dem Kind fällt es schwer, sich das auszudenken und vorzustellen, was erst später eintreten wird. Für die Umwelt ist diese Auffälligkeit oft schwer zu ertragen und häufig nicht verständlich.

Problematisch wird es auch, wenn eine Betätigung nicht gleich zum Erfolg führt. Das wahrnehmungsgestörte Kind ist dann nicht mehr zu motivieren weiterzuprobieren.

So zerbrechen die Leistungen Wahrnehmungsgestörter immer wieder, wenn die Situation sich verändert. Es ist, wie wenn ihnen die Wirklichkeit immer wieder entgleiten würde. Dieses zwiespältige Verhalten, diese Spannungen beim Leistungszusammenbruch sind etwas vom Schwierigsten für die Umwelt. Man fragt sich: Wenn sie so manches können, warum können sie es plötzlich doch wieder nicht?

Diese Verhaltensbeschreibungen im Sinne von Ausdrucksformen neuropsychologischer Beeinträchtigungen beschränken sich nicht allein auf Kinder und Jugendliche. Sie treffen natürlich auch auf Erwachsene mit derartigen Störungen zu. Affolter, die durch vielfältige Forschungen über reiche Erfahrungen auf diesem Gebiet verfügt, hat dabei aber im Wesentlichen Menschen mit erheblichen Beeinträchtigungen in verschiedenen Bereichen der Wahrnehmungsverarbeitung im Auge, so, wie sie zu Diagnostik und Therapie in ihr Institut nach St. Gallen kamen. Im pädagogischen Alltag werden wir es mehr mit Kindern und Jugendlichen zu tun haben, die derartige Verhaltensauffälligkeiten in geringerem Grade zeigen, „in Verdünnung" so zu sagen. Deshalb ist es auch oft so schwierig, die Lern- und Verhaltensstörungen mit Wahrnehmungsproblemen in Verbindung zu bringen. Hinzu kommt, dass wir ja zunächst auch nie genau wissen können, ob nicht ganz andere Verursachungen vorliegen, die das Kind belasten und zu dem auffälligen Verhalten geführt haben.

An dieser Stelle sei nochmals auf die wechselseitigen Beziehungen zwischen neuropsychologischen Beeinträchtigungen und emotionalen Störungen hingewiesen. Allgemein anerkannt wird, dass neuropsychologische Beeinträchtigungen sich auf die seelische Befindlichkeit auswirken können. Umstritten ist dagegen die Möglichkeit einer Beeinträchtigung neuropsychologischer Prozesse durch emotionale Störungen. Eine Begründung für letzteren Aspekt wird in Milz 1980 gegeben.

Wie an dem Modell zur Veranschaulichung von neuropsychologischen Beeinträchtigungen und ihren Ausdrucksformen beschrieben, kann die andere Art der Verarbeitung von Reizen unter bestimmten Umständen bzw.

Situationen Unsicherheit und Orientierungslosigkeit mit sich bringen, die sich je nach Ausprägungsgrad der Störung auf das Verhalten auswirken. Affolter nennt dafür einige grundsätzliche Gesichtspunkte: das körperliche und seelische Befinden, Tages- und Jahreszeit, Komplexität der Situation, Zeitdruck und Widerstand (Affolter 1972)[95].

In besonderer Weise sollte berücksichtigt werden:
1. Die Abhängigkeit von der Komplexität einer Situation,
2. die Abhängigkeit von der eigenen Leistungsgrenze,
3. die Schwierigkeit bei der Aufnahme sukzessiver Tätigkeitsfolgen.

Zu 1. *Die Bedeutung der Komplexität einer Situation*

Die Reaktion der Kinder ist abhängig von der Komplexität einer Situation. Diese wird durch den Raum, anwesende Personen, das Material und den Zeitdruck beeinflusst.

a) *Der Raum*

Ein fremder oder großer Raum wirkt beunruhigend und erregend. Die Kinder beginnen herumzutoben und scheinen den Kopf zu verlieren. Im Gegensatz dazu wird das Verhalten ruhig, wenn der Raum strukturiert, begrenzt und reizarm ist.

Übertragung auf den pädagogischen Alltag
Ein unruhiger Raum, im akustischen wie im optischen Sinne sowie ein unordentlicher Arbeitsplatz wirken auf das Kind erregend und ablenkend. Eine geordnete Umgebung dagegen beruhigt.

Montessori, die zu einer Zeit neuropsychologisch gedacht und ihr pädagogisches Konzept entwickelt hat, als es den Begriff Neuropsychologie so noch gar nicht gab, legte großen Wert auf die Ordnung im Kinderhaus und in der Schule. Sehr früh, mit zwei bis drei Jahren, wurden und werden die Kinder angehalten, sich ruhig und rücksichtsvoll zu bewegen und jedes Material, das sie benutzt haben, wieder an seinen Platz zu stellen. Der „Raum“, den sie für ihre Arbeit benötigen ist eingegrenzt. Die Kinder arbeiten entweder auf dem Fußboden auf einem kleinen Teppich oder am Tisch auf einem Tablett, das in seiner Größe der Arbeit angemessen ist. So ist immer die Übersicht gesichert.

Auch das Heft ist „Raum“. Es gibt Kinder, die sich in einem DIN A4-Heft „nicht wohlfühlen“. Sie verlieren sich auf dem großen Blatt. Läßt man sie in einem DIN A5-Heft schreiben, gelingt ihnen die Aufteilung der Seite besser, sie haben einen anderen Überblick, was sich auch

[95] Dieser Abschnitt wurde teilweise aus Milz 1980 übernommen.

im Schriftbild ausdrückt. Hilfe zu einem besseren Überblick kann es auch sein, wenn das Blatt „eingeteilt“ wird. Aufgaben oder Ergebnisse können unterstrichen, mit dem Lineal eingerahmt oder farbig herausgehoben werden. Derartige Organisationshilfen sind Orientierungshilfen. Nach FROSTIG sollten die ersten Monate eines neuen Schuljahres genutzt werden, um *generell* Organisationsformen einzuführen. „Freier Unterricht“ in der Gruppe und selbsttätiges Lernen, Wochenplan-Arbeit kann bei Kindern mit Beeinträchtigungen dieser Art nur gelingen, wenn die dafür notwendigen Arbeits- und Verhaltensformen erlernt wurden. U.U. wird das Hinführen zu neuen Arbeitsformen individuell geschehen müssen, in Beziehung zu einer Person, die neben dem Kind sitzt. Hat es genügend Sicherheit, findet es sich allein zurecht.

Auch für die Lehrerin, den Lehrer gilt, was hier über Struktur und Einteilung des „Raumes“ gesagt wurde. Der Tafelanschrieb, die Arbeitsblätter, vor allem, wenn sie für Lernkontrollen verwendet werden, müssen deutlich gegliedert sein, damit das Kind sich darauf zurechtfindet.

b) *Das Material*

Das Arbeitsmaterial trägt zur Komplexität der Situation bei. Bei einer kritischen Menge, die sicher individuell verschieden ist, wird das Kind verwirrt und ist zu keiner sinnvollen Tätigkeit fähig. Bei einer beschränkten Auswahl von Material kann das Kind, der Aufgabe entsprechend, damit arbeiten

Übertragung auf den pädagogischen Alltag

Zum Arbeitsmaterial gehören auch Hefte, Stifte, Bücher. Kinder mit neuropsychologischen Beeinträchtigungen werden durch eine Vielzahl von losen Blättern, wie wir sie heute in der Schule verwenden, irritiert. Sie bekommen keine Ordnung in ihre Schulsachen. Ringordner sind ungeeignet. Heften ist der Vorzug zu geben. Arbeitsanweisungen und Aufgaben sollten in Hefte geklebt, gelochte Blätter auf ein Mindestmaß beschränkt werden.

Zum „Material“ als Medium für Information gehört auch die Sprache. Sprachliche Anweisungen sollten klar und übersichtlich vermittelt werden. Komplex ist die Situation, wenn mehrere Kinder gleichzeitig, oder aus verschiedenen Richtungen sprechen. Kinder mit neuropsychologischen Beeinträchtigungen können davon verwirrt werden und reagieren vielleicht mit Rückzug oder mit anderweitigem uns unerklärlichem Verhalten.

c) *Die Zeit*
Die Erwartung, dass eine Tätigkeit in begrenzter Zeit geleistet werden soll bzw. unter Zeitdruck, löst ähnliche Verhaltensweisen aus wie die wachsende Komplexität des Materials und des Raumes.

Übertragung auf den pädagogischen Alltag
Für Kinder mit neuropsychologischen Beeinträchtigungen verläuft jede Klassenarbeit unter Zeitdruck. Auch mündliche Lernkontrollen, bei denen Zeit eine Rolle spielt, werden die eigentliche Leistungsfähigkeit des Kindes nicht angemessen wiedergeben. Deshalb sind diese Kinder im Klassenverband bei jeder Art von Lern- und Leistungskontrolle benachteiligt. Für die Angewohnheit, 1 x 1 – Reihen mündlich abzufragen, gilt das in besonderem Maße. Gemeint sind Situationen, in denen man die Kinder aufstehen lässt und das Kind, das die richtige Lösung sagt, sich setzen darf. Hierbei werden einige immer bis zuletzt stehen, und wie es denen dann zumute ist, kann man sich denken.

Zu 2. *Die Bedeutung der Leistungsgrenze*

Neuropsychologisch beeinträchtigte Kinder, die an ihrer Leistungsgrenze geprüft werden, gleichgültig, ob es sich um informell spielerische oder standardisierte Testsituationen handelt, zeigen auffälliges Verhalten. Von einem bestimmten Schwierigkeitsgrad an scheinen sie die Situation nicht mehr zu bewältigen und verlieren den Kopf. Bekommen die gleichen Kinder Aufgaben, die ihnen keine Schwierigkeiten bereiten, die also im Bereich ihres Leistungsfeldes liegen, erscheinen Flüchtigkeitsfehler. Die Aufgaben werden nicht oder schlecht gelöst. Die Kinder erscheinen unkonzentriert. Werden die Aufgaben wieder erschwert, so dass sie nahe der Leistungsgrenze liegen, verschwinden auch die Flüchtigkeitsfehler.

Übertragung auf den pädagogischen Alltag
Kinder, die in bestimmten Bereichen keine vollen oder u.U. überhaupt keine „Leistungen“ erbringen können, werden bei Anforderungen, die der allgemeine Unterricht an sie stellt, zwangsläufig ihre Leistungsgrenze überschreiten. Das kann gleichermaßen Kindergartenkinder betreffen. Dabei muss „Leistung“ nicht auf kognitives Lernen begrenzt sein. Auch das Zuhören, Stillsitzen, längere Zeit an die Tafel Sehen, Aufpassen kann für diese Kinder eine Leistung sein. Sie sind auf den Gebieten, in denen ihre Schwächen liegen, permanent überfordert und reagieren mit Unruhe, stören ihren Nachbarn und resignieren unter Umständen ganz. Wird die Ursache für das Verhalten des Kindes nicht erkannt und hält der Zustand der teilweisen Überforderung an, oder wird er gar durch das Elternhaus noch verstärkt, entwickeln sich diese Kinder zu Problemkindern, die wegen ihres

Verhaltens eine starke Belastung für Mitschüler und Lehrer darstellen. Schließlich ist nur noch die Verhaltensstörung in ihren vielfältigen Formen sichtbar, und die Ursachen dahinter sind kaum noch zu erkennen.

Das entgegensetzte Phänomen, die Unterforderung, (z.B. bei hochbegabten Kindern) ist von der Theorie her auch jedem bekannt. Nur wird selten erwartet, dass eine Aufgabenstellung, die innerhalb des Leistungsfeldes liegt, Flüchtigkeitsfehler, Konzentrationsschwäche, Langeweile und die daraus entstehenden Verhaltensauffälligkeiten hervorrufen kann.

Die Tatsache, dass Kinder dann zu guter und konzentrierter Arbeit fähig sind, wenn die geforderte Leistung noch eben unterhalb ihrer Leistungsgrenze liegt, bringt für den allgemeinen Unterricht sowie für die Behandlung dieser Kinder erhebliche, auch organisatorische Probleme mit sich. Und dann liegen die Schwierigkeiten im Grundschulbereich wieder anders als in der Sekundarstufe. Gelingt es jedoch, die Kinder wenigstens einen Teil des Schulvormittags in entsprechender Weise voll auszulasten, lassen sich die Verhaltensauffälligkeiten zu einem gewissen Grade eingrenzen. Die Kunst des Pädagogen ist es, Aufgaben so anzubieten oder zu stellen, dass sie für das Kind ein „Spiel an der Grenze“ bedeuten.

Zu 3. *Die Bedeutung sukzessiver Tätigkeitsfolgen*

Aufgaben, bei denen es sich um das Hintereinanderausführen mehrerer Teilschritte handelt, fallen Kindern mit neuropsychologischen Beeinträchtigungen häufig besonders schwer. Bei einer Tätigkeitsfolge A B C vergisst das Kind den einen Auftrag in der Zeit, in der es den anderen ausführt. Es kann die Reihenfolge nicht behalten und die Aufgabe deshalb nicht bearbeiten.

Übertragung auf den pädagogischen Alltag
Kinder, die zu einer Nacheinanderausführung von Aufträgen nicht fähig sind, befinden sich im Vergleich zu Gleichaltrigen, mit denen sie zusammen sind, ständig im Rückstand. Bei Aufträgen, die man ihnen gibt, müssen sie immer noch einmal nachfragen, während die anderen bereits mit der Arbeit begonnen haben. Das gilt für mündliche wie für schriftliche Anweisungen. Die Aufträge können noch so eindeutig gegeben werden, es liegt auch nicht daran, dass die Kinder sie nicht verstanden bzw. nicht zugehört hätten. Während sie sich bemühen, den einen Schritt auszuführen, ist der nächstfolgende vergessen. Es scheint als fehle Konzentration und Zielgerichtetheit. Sie verlieren bei einer Arbeit immer wieder den Faden.

Die Kinder, bei denen AFFOLTER die oben genannten Schwierigkeiten feststellte, konnten gleichermaßen nicht voraussehen, nicht antizipieren.

Übertragung auf den pädagogischen Alltag

Das Fehlen des Antizipationsverhaltens kann möglicherweise erklären, warum diese Kinder nicht planen können. Das „*Zuerst*, *Dann*, *Zuletzt*“ bei der Durchführung von Handlungen ist für sie nur schwer organisierbar. Es fehlt die Vorstellung des Ablaufes.

Auch im sozialen Bereich lassen sie sich von dem Aufforderungscharakter einer bestimmten Situation leiten. Sie registrieren nicht die Vielfalt der vorhandenen weiteren, vielleicht warnenden Umstände und können dadurch die Folgen nicht im Voraus einkalkulieren. Hinterher sind sie oft über das, was sie angerichtet haben, bestürzt. Wir müssen aber immer berücksichtigen, dass das Handeln sich aus einer Reihenfolge von einzelnen Tätigkeiten zusammensetzt, dass diese Tätigkeiten nach dem Schema „zuerst, dann, zuletzt“ erfolgen müssen und dass derartige vielfältige Erfahrungen die Voraussetzung für eine Handlungs*vorstellung* bilden. Wenn diese Vorstellung nicht möglich ist, ist es die Antizipation auch nicht. Bei manchen straffällig gewordenen Jugendlichen werden Ausfälle dieser Art vermutet.

Weitere Ausdrucksformen neuropsychologischer Beeinträchtigungen

1. *Umstellschwierigkeiten*

Oft ist der Umgang mit neuropsychologisch beeinträchtigten Kindern und Jugendlichen dann besonders schwierig, wenn sie sich auf eine neue oder andere oder so nicht geplante Situation umstellen sollen. Das kann sich um Kleinigkeiten handeln.

Ein Vater sagt z.B. zu seinem 7-jährigen Sohn: „Du trägst den Blumentopf, ich trage die Kanne.“ Die Situation ändert sich plötzlich. Nun soll der Junge noch die Gießkanne tragen. Nicht, dass er das kräftemäßig nicht gekonnt hätte. Er war nicht dazu zu bewegen, weil der Vater es zuvor anders gesagt hatte. Das Bild, das der Junge dabei abgibt, lässt ihn „stur“, vielleicht auch unerzogen erscheinen. Nur, wenn man die Zusammenhänge und das Kind in seinem sonstigen Verhalten kennt, wird verständlich, dass ein schnelles Umstellen auf die neue Situation im Augenblick nicht ging. Das „Programm“ war anders gewesen und ein Umprogrammieren nicht möglich.

Eine Familie mit einem schwerer beeinträchtigten Mädchen hat geplant, in einem Gasthaus essen zu gehen. Es kommt etwas dazwischen. Das Essengehen wird auf ein anderes Mal verschoben. Das Mädchen bekommt einen Tobsuchtsanfall.

Ein wahrnehmungsgestörter Junge einer 9. Hauptschulklasse ist ein guter Kegler. Er geht regelmäßig mit seinem Vater auf eine Kegelbahn. Die

Klasse veranstaltet einen Ausflug und will Bowling spielen. Der Junge versucht sich einmal – vergeblich. Er versucht es kein zweites Mal. Stattdessen sitzt er tief betroffen mit gesenktem Kopf da und rührt sich nicht mehr, bis die Klassenkameraden wieder gehen. Kein Zureden konnte hier helfen.

In leichteren Fällen kann es bei Kindern mit derartigen Problemen ein neuer Klassenraum oder ein neuer Lehrer oder ein neuer Sitzplatz sein, und das Umstellen fällt schwer. Selbst innerhalb von Aufgaben, z.B. im Rechnen, kann das vorkommen. Da soll erst ein Päckchen mit Multiplikations- und dann mit Divisionsaufgaben gerechnet werden. Das Kind aber rechnet alle Aufgaben nach dem ersten Muster.

Derlei Umstellprobleme gibt es in vielfältigen Formen und unterschiedlichen Ausprägungen, auch bei Kindern, bei denen man derlei nicht erwartet. Ihre neuropsychologischen Beeinträchtigungen wirken sich vielleicht nur in einer leichten Lese-Rechtschreibschwäche aus. Und dennoch zeigen sich, wenn man die Zusammenhänge versteht, dann auch noch andere „Symptome", die in das Bild passen. Vielleicht Schwierigkeiten mit Freundschaften, weil das Kind immer sagen will, was gemacht wird. Aber wenn ein anderer bestimmt, weiß das Kind ja nicht, was auf es zukommt und ob es sich darauf wird einstellen können. Und so spielt es entweder nur mit Jüngeren, oder es bleibt allein und setzt sich vor den Computer, denn da geht es wenigstens kein Risiko ein.

Kephart nennt diese Verhaltensform Widerstand aus Rigidität. Die neuralen Mechanismen sind hier so wenig flexibel, dass es schwerfällt, sich auf eine neue Situation umzustellen. Der Umgang mit Kindern und Jugendlichen mit diesen Problemen stellt hohe Ansprüche an die Kunst der Erzieher. Diese Kunst beginnt mit immer neuer Motivierung und hört mit dem Sich – Nicht – Selbst – Frustrieren – Lassen von der schwierigen Aufgabe nicht auf.

2. *Widerstand aus Frustration*

Eine andere Form von Widerstand ist der Widerstand aus Frustration. Die Abneigung, etwas zu tun, von dem man weiß, dass man es nicht oder nicht so gut kann wie andere, ist verständlich. Kinder, die häufig die Erfahrung machen mussten, dass sie in bestimmten Situationen versagen, entwickeln allein aus Selbsterhaltung Strategien, dergleichen Erfahrungen zu vermeiden. Eine Form der Vermeidung ist Widerstand. Der kann „milde" ausfallen, da erfindet das Kind nur dann und wann Umwege, die unangenehmen Lernansprüche zu umgehen, und das auf vielerlei und oft sehr subtile Art und Weise. Er kann aber auch massiv werden, dann wird blockiert, und für derartige Blockaden gibt es die unterschiedlichsten Ausdrucksformen. Großes Einfühlungsvermögen und pädagogisches Geschick sind auch hier nötig, um diese Art Widerstand aufzulösen. Meist gelingt das, indem man die Leistungsanforderungen herabsetzt und das Kind auf dem Lernniveau anspricht, auf dem es sich befindet. Wenn es sich um ein Kind handelt, bei dem zu vermuten ist, dass es mehr mit der rechten Hirnhälfte arbeitet, müssen wir andere, bildhafte Lernwege suchen, um Frustration zu vermeiden und Verständnis zu ermöglichen.

6. Bericht einer Mutter

Ich berichte von unserem jetzt 19-jährigen Sohn.

Da unser Sohn als bereits gestörtes Heimkind zu uns kam, vermuteten wir, dass sein überzogenes Verhalten aus der Vergangenheit rührt.
– Halte mich lieb, schmuse mit mir! – aber rühre mich dabei nicht an. Ich möchte raus und die Welt erleben, empfinde aber Bedrohung vor Lärm, Trubel, habe Angst, verloren zu gehen. Ich möchte spielen, kann aber nur mit einem Hammer draufschlagen. Ich möchte basteln, aber die Hände versagen mir ihren Dienst; Erklärungen ermüden mich, und so schaue ich weg von dem, was ich eigentlich tun möchte.

Nun, da er schon 19 Jahre alt ist, erhielten wir Informationen über Wahrnehmungsstörungen und somit Antworten auf unsere jahrelangen Fragen.

Wegen seines Verhaltens und unserer Probleme damit, sprachen wir mehrfach befreundete Eltern und den Kinderarzt an, die aber stets alles nur normal fanden. Aufgeweckt und temperamentvoll sei er! Vielleicht zu genial für seine überängstlichen Normeltern? Zweifel an unseren (Erziehungs-) Fähigkeiten tauchten auf.

Im Kindergarten erlebte P. dann die ersten Umfeldschwierigkeiten. Hört nicht richtig zu, keine Ausdauer bei Sitzbeschäftigungen, fängt gar nicht erst mit Bastelarbeiten an, sondern schleudert sie weg. Im Grunde unerziehbar. So waren die Klagen.
Daraufhin begann eine Spieltherapie. Erfolglos, da sie nicht die neuropsychologischen Zusammenhänge erfasste. Die Probleme wurden mit in die Schulzeit genommen.

Vorschulklasse, dann Rudolf-Steiner-Schule.
Als P. 9 Jahre alt war, meinte sein Lehrer, die Speicherung funktioniere nicht, das Gelernte falle nach einigen Tagen durch. Außerdem sei sein Verhalten sehr auffällig bis gestört. Konzentration und ein folgsames Kind sein fallen ihm noch immer schwer. Ermüdung tritt sehr schnell auf, und es folgen unkontrollierte Aktionen.

Man schlug uns ein Heim für verhaltensgestörte Kinder vor. Der dortige Arzt stellte fest, unser Sohn sei phosphatgeschädigt, im Heim jedoch fehle Platz. Er verwies uns an die Kinderklinik in Heidelberg. Dort stellte man beim EEG eine leichte Unruhe fest, sonst sei jedoch nichts Ernstes auszumachen.

Umgehend begannen wir mit der Phosphatdiät, die unser Kind immens beruhigte und auch einige Probleme beseitigte. Aber leider nicht alle. Er wurde erziehungsfähiger, hörte aber immer noch nicht richtig zu und ermüdete noch immer sehr schnell, sobald man Ansprüche an ihn stellte.

In der Schule kam er nun zwar mit, dank der schier unmenschlichen Anstrengungen seines Lehrers, der begriffen hatte, dass unser Sohn für alle Dinge 3 x so lange braucht wie seine Kameraden und Erklärungen mehrfach wiederholt werden müssen um bei P. Verständnis zu finden.

Viel Geduld, Ruhe, permanentes Wiederholen einer gestellten Aufgabe in kleinen Schritten, langsames Vorangehen haben unseren Sohn fast an das Klassenniveau gebracht und die mittlere Reife schaffen lassen.

Wo findet man nur im Berufsleben solch einfühlsame Menschen, die erkennen, es liegt nicht am Verständnis sondern am anderen Zeitmaß des Erfassens. Welche Hilfen kann man geben, um sein künftiges Leben leichter zu gestalten, Anerkennung zu erhalten?

7. Die Bedeutung unausgeprägter Hemisphärendominanz

Der Grad neuropsychologischer Beeinträchtigungen kann, wie das Modell (Kapitel III, Abschnitt 4) darzustellen versucht, sehr unterschiedlich sein und die Ausdrucksformen dementsprechend ebenfalls. In manchen Fällen kommt es zu beträchtlichen Lern- und Leistungsstörungen, in anderen zeigen sie sich eher in leichten Schwächen und die vielleicht auch nur unter besonderen Belastungen. Wenn es schon generell nicht immer einfach ist, Lern- und Verhaltensauffälligkeiten mit neuropsychologischen Beeinträchtigungen in Beziehung zu setzen, dann ist es das bei leichten Fällen erst recht nicht.

Da ist das Mädchen Lisa, 6. Klasse Gymnasium. Es hat Schwierigkeiten in der Rechtschreibung, kann aber sehr anschauliche Geschichten schreiben. Es hat ebenfalls Schwierigkeiten im rechnerischen Denken, ist dagegen gut, wenn es um Geometrie geht. Wenn man etwas genauer nachfragt, dann fällt ihm alles schwer, was mit analytischen Prozessen zu tun hat, leicht dagegen, was eher ganzheitlich zu erfassen ist. Die Sprachentwicklung war normal, aber in der ersten Klasse dauerte es lange, bis die Buchstabe-Laut-Zuordnung gelang. Die zweite Klasse wurde wiederholt. In der dritten Klasse gab es schlechte Noten in Deutsch und Mathematik. Lieblingsbeschäftigungen sind Musik und Kunst. Aus der Lebensgeschichte könnte manches auf geringfügige frühkindliche Störungen oder Entwicklungsverzögerungen hindeuten. Die Mutter hat die letzten drei Monate der Schwangerschaft fest liegen müssen. Gab es dadurch zu wenig vestibuläre Stimulation? Die Geburt erfolgte mit Kaiserschnitt. Es hatte die Gefahr einer Sauerstoffunterversorgung wegen Nabelschnurumschlingung bestanden. Im Kleinkindalter kam es bei Erregung nach Aussagen der Mutter zu einer Versteifung des ganzen Körpers. Das Kind verspannte sich völlig. Heute stottert es in ähnlichen Fällen. Gibt es Anzeichen für diskrete Beeinträchtigungen auf Stammhirnebene? Störungen der sensorischen Integration? Die motorische Koordination ist geringfügig betroffen. Die Krabbelphase wurde übersprungen. Beim Essen wurde lange Zeit stets etwas verschüttet. Lag das an feinmotorischen Störungen oder an einer visuellen Beeinträchtigung oder an beidem? Die Schrift ist aber gut, vor allem, wenn man bedenkt, dass das Mädchen Linkshänderin ist. Die intellektuelle Ausstattung ist überdurchschnittlich. Trotz aller schulischen Probleme scheint Lisa emotional (noch) nicht unter ihren Schwächen zu leiden. Die Eltern zeigen viel Verständnis und fördern in angemessener Weise. Der Vater hatte die gleichen Probleme. Heute ist er Gymnasiallehrer.

Diese kurze Beschreibung wirft die Frage auf, ob hier möglicherweise Auffälligkeiten vorliegen, die etwas mit unausgeprägter Sprachdominanz und mit ansonsten eher rechtshirniger Verarbeitung zu tun haben könnten. Was würde dafür sprechen?
Die Linkshändigkeit allein muss in dieser Hinsicht noch nicht viel aussagen. Welche Hinweise gibt es dann aber noch?
Die Bevorzugung des linken Ohres? Im ersten und zweiten Schuljahr hatte das Mädchen ihre Schwierigkeiten mit dem Erlernen der Lautdifferenzierung und mit der Buchstabe-Laut-Zuordnung. Kann das etwas damit zu tun haben?
Das Stottern? Könnte das Stottern in Erregung damit zusammenhängen, dass Lisa schneller denkt, als ihr motorisches Sprachzentrum das „Programm" entwerfen und in Ausführung bringen kann. Stört dabei eine Hemisphäre die andere?
Analytisches Auffassen und Denken ist erschwert bei guter Intelligenz. Ihr fällt analytisches zählendes Rechnen, schwer und sie hat Schwierigkeit bei Textaufgaben. Dabei sind in besonderer Weise sprachliche Vorstellungen erforderlich und das Umsetzen von Sprache in vorgestellte Handlung. Auch in der Rechtschreibung kommt es auf die Lautanalyse an und dann auf das Erkennen einzelner Buchstaben im Wort, um das Wortbild speichern zu können.
Geometrisches räumliches Denken fällt leicht. An Geometrie hat sie Spaß. Sie bezeichnet die geometrisch-zeichnerischen Aufgaben als Kunst, und setzt sie mit dem Kunstunterricht gleich, den sie gerne mag.
Bildhaftes Erfassen und Vorstellen wird bevorzugt. Sie erfasst leichter ein Wort*bild,* als dass sie das Wort Buchstabe für Buchstabe analysiert.

Können wir in diesem Fall an Hand der Auffälligkeiten in den Bereichen von Motorik, Sensorik (Hören und Sehen) und Sprachbenutzung auf eine besondere Art der zerebralen Organisation schließen, vielleicht im Sinne einer beid- oder mehr rechtshemispärischen Verarbeitung?
Da diese Frage mehr Kinder betrifft, als man vermuten würde, und die Problematik noch wenig oder gar nicht im Bereich der Pädagogik erkannt wird, soll eine Übersicht über zerebrale Dominanz und Lateralität zur Klärung beitragen.[96]

---

[96] Das Thema wurde zwar unter 1.9 bereits angesprochen, hier wird es aber unter dem Gesichtspunkt neuropsychologischer Beeinträchtigungen betrachtet.

Exkurs nach Wirth (1994, S. 78-83 in Auszügen u. 2000, S. 67-73)

Die zerebrale Dominanz wird beim Menschen erst in den ersten Lebensjahren manifest durch stärkere Funktionseinstimmung einer Hemisphäre. Anfangs sind beide Hemisphären gleichwertig. Die Sprachfunktionen werden schon vor dem 4. Lebensjahr vorwiegend links lokalisiert. Im Alter von 5 Jahren ist die dominante Hirnhälfte festgelegt. Die Hirnreifung erstreckt sich bis zur Pubertät.
Der Austausch von Informationen zwischen beiden Großhirnhälften erfolgt über das Kommissurensystem, insbesondere über das Corpus callosum. Jede Hemisphäre kann nur dann ihre volle Leistungsfähigkeit entfalten, wenn sie die zur Aufgabenlösung notwendige Information auf dem direkten Weg über die kontralateralen sensorischen Bahnen erhält. Bei Vermittlung der Information zunächst an die funktionell unterlegene „falsche" Hemisphäre resultiert eine weniger effiziente Aufgabenlösung.

Die Dominanz einer Hirnhemisphäre entsteht auf zwei Wegen:

- Angeboren, Erbfaktoren.
- Anatomische Voraussetzungen
- Erworben:
  - Reifungsbiologische Faktoren
  - Lernprozesse während des Spracherwerbs; Aufwachsen in sprachfreier Umgebung hat eine nicht normale Ausbildung der Dominanz zur Folge
  - Mitprägung durch soziokulturelle Faktoren
  - Einwirkung pathologischer Prozesse: Große prä- und perinatale Läsionen links führen zu einer Dominanz der rechten Hemisphäre.

Zerebrale Dominanz und Lateralität
Bei der Lateralität handelt es sich um Seitigkeiten vorwiegend im motorischen, visuellen und auditiven Bereich. Händigkeit ist nur ein Teil der Seitigkeit bzw. Lateralität.
Lateralität kann ererbt oder erworben sein. Anfänge der Dominanz und Lateralität finden sich bereits im Säuglingsalter. Kinder drehen den Kopf öfter nach rechts. Im Alter von 9 Monaten beginnt die bevorzugte Händigkeit sich auszubilden. Zwischen 1 1/2 und 2 Jahren findet man erste Äußerungen der bevorzugten Lateralität. Mit 5 Jahren ist die Lateralität ausgebildet. Mädchen entwickeln die Lateralität früher als Knaben.

Zerebrale Dominanz und Händigkeit
Zerebrale Reife und Dominanz sind direkt proportional.
Rechtshändigkeit. Bei über 95 % der Rechtshänder ist das Sprachzentrum in der linken Hemisphäre lokalisiert.
Linkshändigkeit. Bei 60 – 70 % der Linkshänder liegt die Sprachdomi-

nanz in der linken Hemisphäre (nicht erblich). Bei 15 % der Linkshänder liegt die Sprachdominanz beiderseits und bei 15 % der Linkshänder rechts (fast immer erblich).
Linkshändigkeit kann folgende Ursachen haben:
- Angeboren bei rechtshirniger Dominanz ohne frühere Schäden der linken Hemisphäre. Im Gegensatz zur eindeutigen Rechtshändigkeit, Extrem bei einer Reihe von Ambilateralität verschiedener Grade
- Erworben nach frühkindlichen Hirnschädigungen der linken Hemisphäre (pathologische Linkshändigkeit)
- Angeborener oder früher Verlust der rechten Hand. Die rechte Großhirnhälfte ist oder wird in solchen Fällen für die Sprachleistungen dominant.

Häufigkeit des Vorkommens von Rechtshändigkeit, Linkshändigkeit und Beidhändigkeit:
- Rechtshändigkeit (Dextralität): 85-90 %
- Linkshändigkeit (Sinistralität): 5-15 %
- Beidhändigkeit (Bilateralität): 5-10 %.

Linkshändigkeit als Zeichen einer Lateralitätsstörung
Linkshändigkeit kann ein Teilsymptom einer Lateralitätsstörung sein. Sie geht einher mit Linksäugigkeit, Linksohrigkeit, Linkszüngigkeit, Linksfüßigkeit, betonter Funktion der linken Kehlkopfhälfte (stroboskopisch angedeutete Amplitudeneinschränkung links). Linkshändigkeit bedeutet in höherem Maße Beidhirnigkeit; diese ist Ausdruck einer geringeren Spezialisierung einer Körperseite, also auch einer Hand.
Linkshändigkeit bedeutet aber keine einfache Umkehrung der Rechtshändigkeit.

Lateralität und Direktionalität
Direktionalität bedeutet Sinn für räumliche Verhältnisse. Lateralität und Direktionalität sind an dieselbe Seite gebunden, also z.B. dextrale Direktionalität und dextrale Orientierung, d.h. bevorzugte Orientierung zur rechten Seite. Umgelernte Linkshänder haben Schwierigkeiten mit der dextralen Direktionalität; sie verwechseln oft rechts mit links.

Zerebrale Dominanz und Sprache
Die Entwicklung von Dominanz und Sprache läuft parallel (Lenneberg). Beide Begriffe dürfen jedoch nicht gleichgesetzt werden. Sprache und Handgeschicklichkeit setzen eine exakte Steuerung der feinen Motorik voraus. Die sprachdominante Hemisphäre steuert die rasche Koordination komplexer motorischer Abläufe. Die Sprachfunktion wird vom subkortikalen System gesteuert und induziert, besonders vom Thalamus. In der Hirnrinde sind nur die Daten gespeichert.

Funktionen der beiden Großhirnhemisphären bei der Verarbeitung akustischer Reize bei Rechtshändern (Wirth 1994, S.83)

Linke Hemisphäre	**Rechte Hemisphäre**
• Linguistische, d. h. phonetische oder semantische, über das Klangbild oder die Wort- bzw. Buchstabenbedeutung führende Informationsverarbeitung	• Erfassen nichtsprachlicher akustischer Strukturen
• Verstehen komplexer syntaktischer Strukturen	• Identifizierung verschiedener Melodietypen, Melodiegedächtnis
• Erkennen von abstrakten Substantiven	• Zugriff auf die Wortbedeutung erfolgt über die ganzheitliche Auffassung des Lautbildes, der visuellen Wortgestalt oder des visuellen Wortbildes
• Analytisches, logisches Denken; linear, d. h. einander folgend	• Zugriff auf einen bestimmten Teil des Wortschatzes (z. B. leicht visualisierbare Substantive und Adjektive) über visuelle Vorstellungsbilder
• Intellekt	• Erfassen figuraler Sachverhalte auf nichtsprachliche, intuitive, ganzheitliche Weise
• Bearbeiten von Klängen isolierter Laute, Tierstimmen, Lachen, Niesen	• Sprachfreies Ausdruckverständnis
	• Synthetisches, ganzheitliches Denken
	• Räumliches und perspektivisches Vorstellungsvermögen, bildhafte Vorstellung
	• Wortzerlegung in einzelne Laute beim Diktat und ihr Zusammensetzen zu Einheiten zu Beginn des Leseprozesses.[97]

[97] Hinsichtlich der Wortzerlegung als Funktion der rechten Hemisphäre sind die Ansichten unterschiedlich. Sie wird heute eher der linken Hemisphäre zugeordnet. (Anm. I.Milz)

Bei 1-2 % der Menschen ist das Sprachzentrum nicht in der linken, sondern in der rechten Hirnhälfte lokalisiert. Bei ebenfalls 1-2 % der Menschen findet sich die Sprachrepräsentation in beiden Hirnhälften.

Sprachschwäche.
Der Erwerb der bevorzugten Lateralität und die Entwicklung der Sprache hängen vom Fortschritt der zerebralen Reifung ab. Ein Entwicklungsrückstand von beiden ist Ausdruck einer verzögerten Hirnreifung.

Zurück zur eingangs erwähnte Schülerin. Die Informationen über Dominanz und Sprache, wie sie von Wirth gegeben werden, könnten die Vermutung einer beid- oder rechtshirnigen Sprachverarbeitung bekräftigen. Immer sollte allerdings berücksichtigt werden, dass es sich dabei um *Vermutungen* handelt.

Wenn wir unausgeprägte Hemisphärendominanz und deren Ausdrucksformen im Sinne von partiellen Lernschwächen unter dem Gesichtspunkt neuropsychologischer Beeinträchtigungen betrachten, ist zu berücksichtigen, dass Kinder mit dieser Art neurologischer Organisation auch einen besonderen Lernstil haben. Um ihr kognitives Potential ausschöpfen zu können, brauchen sie längere Zeit als Gleichaltrige, konkrete Lernangebote, bildhaftes Material, Anregungen zum Visualisieren und von Seiten der Pädagogen strukturiertes Vorgehen. Die Montessori-Pädagogik kann ein Beispiel dafür geben.

Auf die Notwendigkeit zu diesen Überlegungen weist eine Untersuchung hin, deren Ziel es seinerzeit war, die Beziehungen zwischen emotionalen Störungen und Teilleistungsschwächen bei Schulkindern aufzuzeigen (Milz 1980). Dabei sollte der Schwerpunkt der Beobachtungen in besonderer Weise auf Kindern mit Teilleistungsstörungen als Ausdrucksformen neuropsychologischer Beeinträchtigungen liegen. Deshalb wurde diese Gruppe nochmals hinsichtlich Lateralität, Linkshändigkeit, Visuomotorik, Körperkoordination und Anamnese mit einer Kontrollgruppe verglichen.

Die statistische Analyse ergab u.a. die Bestätigung folgender Hypothesen:

Kinder mit Teilleistungsstörungen zeigen häufiger eine *unausgeprägte Seitigkeit* (Handbevorzugung) als Kinder ohne Teilleistungsstörungen.

Bei Kindern mit Teilleistungsstörungen tritt *Linkshändigkeit in der Familie* häufiger auf als bei Kindern ohne Teilleistungsstörungen.

Kinder mit Teilleistungsstörungen zeigen häufiger eine *auffällige oder gestörte Motorik* als Kinder ohne Teilleistungsstörungen.

Kinder mit Teilleistungsstörungen zeigen häufiger eine *gestörte Visuomotorik in Verbindung mit gemischter Seitigkeit* (Hand, Auge, Fuß) als

Kinder ohne Teilleistungsstörungen.
Bei Kindern mit Teilleistungsstörungen ist die *Anamnese häufiger positiv* als bei Kindern ohne Teilleistungsstörungen.

Diese Ergebnisse für sich allein betrachtet reichen eigentlich schon aus, sich darüber Gedanken zu machen, in welcher Weise im Unterricht den besonderen Bedürfnissen der so betroffenen Kinder Rechnung getragen werden sollte. Wie viele dieser Kinder mögen wohl wegen ihrer andersartigen neurologischen Organisation eben auch andersartige Unterrichtsangebote für den ihnen eigenen anderen Lernstil benötigen?

8. Bewältigungsformen neuropsychologischer Beeinträchtigungen

Es ist nicht ganz einfach, die Bedingungen unter denen neuropsychologische Beeinträchtigungen sichtbar werden, wie sie im vorigen Abschnitt beispielhaft angesprochen wurden, und die Verhaltensformen, mit denen das Kind, der Jugendliche auf seine Situation reagiert, auseinanderzuhalten. Nicht immer wird das möglich sein, weil es zu Überschneidungen kommt. Letztendlich ist es die Erfahrung, die uns zu unterscheiden hilft. Ist es z.B. bei einer Verweigerung die situative Überforderung und damit die Bedingung unter der eine Leistung erbracht werden soll, oder ist es eine „Haltung" des Kindes, die sich im Zuge von Misserfolgserlebnissen entwikkelt hat? Dazu gäbe es sicher noch einige Beispiele. Nicht angesprochen werden im Zusammenhang mit diesem Thema neurotische Beeinträchtigungen und ihre Auswirkungen auf das Verhalten.

In vielen Fällen machen sich neuropsychologische Beeinträchtigungen erst im Schulalter bemerkbar, davor erscheinen die Kinder völlig unauffällig. In anderen Fällen werden bereits die Erzieherinnen auf sie aufmerksam und empfehlen den Eltern, den Kinderarzt zu Rate zu ziehen. Und dann gibt es schließlich auch das, was die Mutter mit ihrem 19-jährigen Sohn als kleines Kind erlebt hat. Die Eltern haben den Eindruck, dass etwas nicht stimmt, aber sie sind es allein, und niemand außer ihnen kann etwas Auffälliges bemerken.

Wie nun ein Kind auf neuropsychologische Beeinträchtigungen reagiert, hängt neben Ausmaß und Art der Beeinträchtigung von vielen weiteren Faktoren ab, die hier gar nicht alle aufgezählt werden können. Zu einem gewissen Teil ist es sicher die Veranlagung, die mitbestimmt, wie das Kind mit Belastungen umgehen kann. Auch die Haltung der Eltern spielt eine Rolle. Was erwarten sie von ihrem Kind, welche Ansprüche haben sie, und wie können sie mit Enttäuschung umgehen? Und wie ist das Verhältnis vom Kind zu den Eltern? Meint es, Leistung erbringen zu müssen, um geliebt zu werden? Ein Grundschüler kaufte seiner Mutter von seinem Taschengeld einen Blumenstrauß, damit sie ihn noch lieb habe. Er hatte wieder ein schlechtes Diktat geschrieben. Das Ausmaß der Not, in die manche Kinder geraten, ist für Erwachsene vermutlich nur dann nachvollziehbar, wenn sie selbst Ähnliches erleben mussten. So ist es eigentlich verständlich, dass Kinder als Überlebensstrategie manche Taktik, manche Verhaltensform entwickeln, die uns dann als Verhaltensstörung erscheint.

Interessant ist in diesem Zusammenhang eine Studie, die gerade dieses Thema untersucht und die Bewältigungsformen funktioneller Beeinträchtigungen, beschreibt (v. Müller, Nitsche 1987). Die funktionellen Beeinträchtigungen, auch mit Funktionsschwächen bezeichnet, werden hier allerdings als Auswirkungen einer minimalen cerebralen Dysfunktion, MCD, gesehen. Bei der bereits erwähnten Problematik einer exakten Begriffsbestimmung, sind die Ergebnisse auch auf Auswirkungen neuropsychologischer Beeinträchtigungen zu übertragen.

Eine Begründung für die Notwendigkeit ihrer Untersuchung geben die Autoren wie folgt:

> Im Schulalter haben die psychischen Schwierigkeiten, die sich als indirekte Folgen der Funktionsschwäche entwickelt haben, eine größere Bedeutung und größere Auswirkungen auf die weitere Entwicklung als die ursprüngliche Funktionsschwäche. Es ist für eine Förderung daher wichtig, nicht nur die Funktionsschwächen zu kennen und zu verbessern, sondern auch die jeweils unterschiedlichen Ängste und Vermeidungsstrategien sowie die häufig vorhandenen Schwierigkeiten im Umgang mit Gleichaltrigen (v. Müller und Nitsche 1987).

Mit Hilfe von Persönlichkeitsbeschreibungen konnten typische Formen der Bewältigung schulischer Lern- und Leistungsanforderungen zusammengestellt werden [98]. Beschrieben werden 10 Typen:

Der „Darsteller"
Die Kinder, die zu diesem Typus gehören, stehen gerne im Mittelpunkt, möchten dominant und bewundert aber zugleich auch geborgen sein und versorgt werden.

Der „Wirtschaftliche"
Bei diesem Typ zielt alles darauf ab, die einmal gewonnene Position zu bewahren. Dabei wird alles vermieden, was das Risiko einer Veränderung in sich bergen könnte, im positiven wie im negativen Sinne.

Der „Ordnungshüter"
Bezeichnend für diesen Typ ist seine Überzeugung von einer über allem stehenden Ordnung. Sie gibt ihm Garantie, dass ihn nichts Bedrohliches treffen kann, solange er sich an sie hält.

Der „Zuwendungsarbeiter"
Die Art und Weise, wie dieser Typ mit seinem Leben und seinen Problemen umgeht, erinnert an einen Tauschhandel: Ein bestimmter Einsatz, nämlich u.a. gute Schulleistungen, ist wie eine Währung, für die Gegenleistung in Form von Zuwendung und Anerkennung eingetauscht wird.

---

[98] Nach welchen Kriterien das geschah, wird von den Autoren genau beschrieben. Im Zusammenhang mit dieser Arbeit, kann leider auf die Untersuchung im einzelnen nicht eingegangen werden.

Der „Spielraumerweiterer“
Der Spielraumerweiterer möchte unabhängig und selbständig sein bzw. werden, er möchte auf das Geschehen in seiner Umgebung Einfluss nehmen und sich dabei nicht von anderen bestimmen lassen. Den Spielraum, in dem er seine Interessen und Bedürfnisse verfolgen kann, erweitert er schrittweise, indem er Altes hinterfragt und Neues ausprobiert.

Der „Unentschiedene“
Versucht man sich ein Bild von einem dieser Kinder zu machen und glaubt man, gerade habe man verstanden, warum es sich so und nicht anders verhält und worum es ihm geht in seinem Leben, dann verhält sich dieses Kind im nächsten Moment wieder ganz anders, so dass man mit den Überlegungen wieder von vorn anfangen muss.

Der „Reibungslose“
Dieser Typ möchte sich harmonische Bindungen durch Lieb- und Bravsein und reibungsloses Funktionieren sichern. Egal, was verlangt wird, immer zeigt sich dieser Typ willig, eifrig, fleißig und bemüht darum, den Anforderungen gerecht zu werden.

Der „Selbstüberzeugte“
Charakteristisch für diesen Typ ist, dass er die feste Überzeugung vom eigenen Wert und der eigenen Größe, von Macht, Wissen und Überlegenheit gegen alle Abwertungen, die er von seiner Umwelt erfährt, aufrechterhält. Zugleich wünscht er sich aber auch Geborgenheit und hat Angst, diese zu verlieren und auf sich allein gestellt zu sein.

Der „Blockierer“
Wenn ein Igel Gefahr im Anzug verspürt, kugelt er sich ein, macht dicht und spreizt die Stacheln. Er ist damit von außen her unzugänglich. So reagiert der Blockierer, wenn er sich bedroht fühlt. Wenn er sich dagegen sicher und geborgen fühlt, rollt er sich auseinander wie der Igel, strengt sich an und kann einiges schaffen.

Der „Hilfsbedürftige“
Der Hilfsbedürftige hat sich darauf spezialisiert, jemanden zu finden, der ihm bei der Lösung seiner Probleme hilft.

Die einzelnen Typen, die hier nur kurz vorgestellt werden können, sind in der Studie sehr ausführlich und treffend beschrieben, und es werden hilfreiche Anregungen gegeben, wie diesen Kindern am besten zu helfen sei. Es zeigt sich auch, dass es sich dabei keineswegs *nur* um „negative“ Bewältigungsstrategien handelt. Auffällig ist allerdings, und jede Erfahrung mit neuropsychologisch beeinträchtigten Kindern kann das bestätigen, dass bei ihnen im Wesentlichen drei Verhaltensformen vorherrschen: die des „Darstellers“, des „Hilfsbedürftigen“ und des „Blockierers“.

IV. Erkennen von Ausdruckformen neuropsychologischer Beeinträchtigungen und heilpädagogische Folgerungen

1. Diagnostische Möglichkeiten

Die Beschreibung von Ausdrucksformen neuropsychologischer Beeinträchtigungen hinsichtlich des Lernens und Verhaltens sollte deutlich machen, dass ein Erkennen der Zusammenhänge zum Zweck heilpädagogischer Folgerungen, einen hohen Anspruch an alle stellt, die an dem Erziehungsprozess von Kindern und Jugendlichen beteiligt sind. Von pädagogischer Seite kann es sich dabei aber nicht eigentlich um eine Diagnose handeln. Die sollte letztendlich dem medizinischen Fachmann vorbehalten bleiben. Wir können uns aber dann dieses Begriffes bedienen, wenn wir bei Kindern und Jugendlichen immer auch die *Vorläufigkeit unserer Einschätzungen* berücksichtigen. Zu leicht liegt eine Diagnose wie ein Stempel auf dem Kind, der möglicherweise einen weiteren unvoreingenommenen Umgang mit ihm beeinträchtigen kann. Wenn derartiges schon dann und wann von medizinischer Seite vorkommt, in der Pädagogik und vor allem in der Heilpädagogik sollte es das nicht. Hier haben wir es mit Menschen in der Entwicklung zu tun, und was wir erfassen und erkennen können, muss nicht endgültig sein. Die Entwicklung spielt uns da bei einer Förderung zuweilen auch kräftig in die Hände. Deshalb soll in diesem Zusammenhang Diagnostik als Prozess verstanden werden. Wir können *beobachten*, nach außen sichtbares *Verhalten erfassen* und *Auffälligkeiten im Lern- und Leistungsbereich registrieren.* Mit Leistungsbereich soll hier alles gemeint sein, was sich an sensomotorischem, kognitivem und sozialem Verhalten zeigt. Nach Ayres betrifft das bei einem schulfähigen Kind: Konzentration, Organisation, abstraktes Denken und Verstehen, alles, was mit dem Erlernen der Kulturtechniken zusammenhängt, sowie die Spezialisierung einer Körperseite, Selbstbewusstsein, Selbstkontrolle, Selbstvertrauen und im sozialen Bereich die Fähigkeit, Beziehungen aufzunehmen. Natürlich ist dabei der Entwicklungsstand des Kindes zu berücksichtigen. Aus dem, was wir zusammentragen, lassen sich dann Vermutungen anstellen in bezug auf Schwächen oder Störungen in bestimmten Bereichen, und die können wir durch informelle oder formelle Verfahren (klinische Beobachtungen, Tests) eingrenzen und evt. bestätigt finden. In bestimmten Fällen und bei einem begründeten Verdacht sollte von fachärztlicher Seite abgeklärt werden, ob sich das, was wir mit unseren Mitteln erkennen konnten, bestätigen und in einen größeren Zusammenhang bringen lässt. Nur in Fällen bestimmter Behinderungen wird es direkte Hinweise auf neuropsychologische Beeinträchtigungen geben. Deshalb ist das Vorgehen in einzelnen Schritten zu empfehlen, was an dem bereits vorgestellten Modell nochmals veranschaulicht werden kann (Abb. 46).

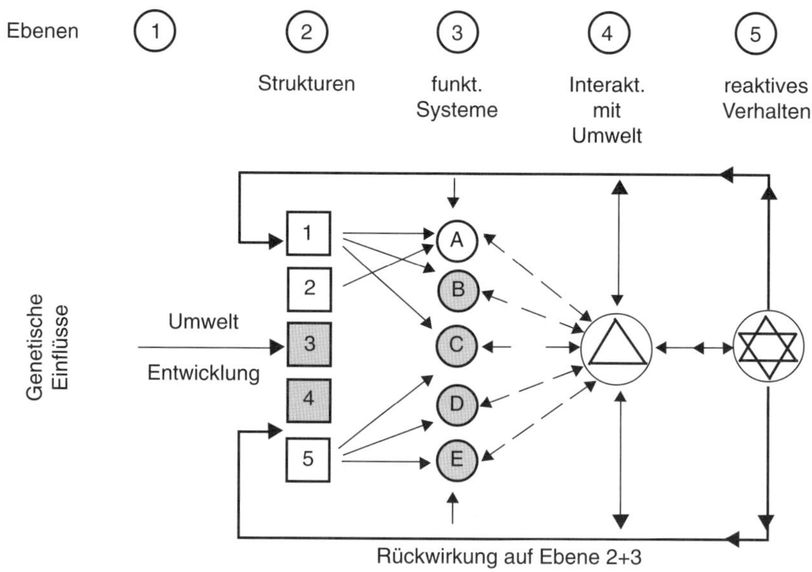

Abb. 46

Das Vorgehen in einzelnen Schritten ist ein Sich-Vortasten von der Ebene 5 über die Ebene 4 und in Zusammenarbeit mit Pädiatern, Psychologen und Therapeuten zu der Ebene 3. Der Schwerpunkt wird auf der gründlichen und einfühlsamen Beobachtung liegen.
Sicher sind die Schritte, die wir zum Erkennen von Erscheinungsformen neuropsychologischer Beeinträchtigungen gehen, abhängig davon, wo und wie wir arbeiten, ob in einer Institution, (Erziehungsberatungsstelle oder Schule) oder in einer privaten Praxis, mit welcher Altersgruppe und mit Mitarbeitern welcher Fachrichtung. In gewissem Sinne gibt es aber doch Grundsätzlichkeiten. Z.B. Eltern bitten um eine Beratung. Wer soll kommen? Die Eltern allein oder mit Kind, oder die ganze Familie mit allen Kindern? Manchmal möchten die Eltern oder möchte die Mutter für sich ein Gespräch, ohne dass ein Kind dabei ist. Das hat dann seine ganz bestimmten Gründe und sollte respektiert werden. Im allgemeinen ist es gut, die Familie insgesamt kennenzulernen.

Diagnostik beginnt mit der ersten Begegnung (u.U. am Telefon mit der Anmeldung).

Wer kommt? Wer kommt zuerst zur Tür herein? Wie verhält sich das Kind? Wie reagiert es? Ängstlich, neugierig, blockierend?
Hat es die Absicht, die Hand zu geben, welche?
Wie legt es seine Garderobe ab? Wer hilft dabei?
Wie ist der Gesichtsausdruck des Kindes, der Mutter, des Vaters?
Wie ist die Interaktion zwischen den Beteiligten und dem Kind?
Was ist der Grund der Beratung?
Was ist der Wunsch (von Eltern oder Kind oder beiden) an uns, die Institution (z.B. hinsichtlich einer späteren Förderung) ?

Das Vorgehen im einzelnen

- Wir sammeln Informationen aus den Schilderungen (evtl. des Kindes) der Begleitpersonen, Berichten, Zeugnissen, Heften (Schrift), gemalten Bildern, Vorsorgeheft.
- Wir erfragen die Lebensgeschichte, die Anamnese, holen Auskunft über die Kindergartenzeit und die Schullaufbahn, das soziale Verhalten, Freundschaften, das soziale Umfeld.
- Wir überprüfen (beobachten) die Sprachbenutzung, das Sprachverständnis während wir mit dem Kind sprechen, die Stimme, die Artikulation, die Augenfolgebewegungen, das bevorzugte Auge, das Überkreuzen der Mittellinie, die Händigkeit, die Stifthaltung, den Schreibdruck.
- Wir stellen (für uns) Vermutungen an hinsichtlich der Verursachung der Lern- oder Verhaltensprobleme, suchen nach einem „roten Faden", der unsere Beobachtungen vielleicht zusammenhalten kann, überlegen, mit welchen weiteren Vorgehensweisen (Tests, medizinischer Abklärung) die Vermutungen bestätigt oder verworfen werden könnten, und sollten dabei bedenken, dass es sich zunächst nur um *Vermutungen* handeln kann. Wir beobachten, erfragen und sammeln Informationen, mehr nicht. Manchmal reicht das bereits, und es lassen sich Empfehlungen z.B. für eine Förderung geben, vielleicht auch für einen Schulwechsel. Oder es zeigt sich, dass hier möglicherweise eher eine rein psychische Symptomatik vorliegt, die einer psychotherapeutischen Behandlung bedarf.
- Im allgemeinen werden wir danach versuchen, die Vermutungen, die durch die erhaltenen Informationen entstanden sind, durch gezielte Beobachtungen in strukturierten Situationen, evtl. durch Testverfahren abzusichern. Wenn der Verdacht auf visuelle oder auditive Verarbeitungsbeeinträchtigungen besteht, wird eine fachärztliche Untersuchung emp-

fohlen. Hierbei ist sehr genau zu überlegen, welche medizinischen Stellen dafür infrage kommen. Neuropsychologische Beeinträchtigungen bei Kindern mit Lern- oder Verhaltensproblemen sind medizinisch gesehen oft so diskret, dass sie „keinen Krankheitswert" haben und deshalb nicht ernst genommen werden.

Dieses Vorgehen wird so oder abgewandelt in Beratungseinrichtungen und Praxen stattfinden. In der Schule ist die Situation etwas anders, wenngleich die Schritte, die zu gehen sind, sich gleichen. Im allgemeinen kennen wir dort das Kind, um das es sich handelt, wir wissen auch um seine Lern- oder Verhaltensprobleme, und wir werden im Austausch mit Kollegen und dem schulpsychologischen Dienst stehen und Rat und Hilfe, wenn nicht Unterstützung finden. Nicht immer werden wir auf die Zusammenarbeit mit den Eltern rechnen können. Folgendes Schema soll eine Übersicht über den Verlauf geben, wie die einzelnen Schritte zum Erkennen von Ausdrucksformen neuropsychologischer Beeinträchtigungen gegangen werden können.

1. Allgemeine Beobachtungen evt. anhand eines Informations- und Beobachtungsbogens
2. Klinische Beobachtungen (in vorbereiteten, strukturierten Situationen, dazu können auch die Situationen während bestimmter Leistungsanforderungen geeignet sein)
3. Anwendung von Testverfahren
4. Fachärztliche Untersuchungen.

Die folgende Tabelle gibt einen Überblick darüber, welchen Verlauf ein diagnostisches Verfahren nehmen kann und welche Hilfsmittel zur Verfügung stehen. Manchmal werden partielle Lernstörungen deutlich zu Tage treten, und man wird keine Schwierigkeiten haben, sie zu erkennen. Dann erübrigen sich natürlich alle weiteren Untersuchungen. Häufig aber sind Teilleistungsschwächen als Ausdrucksformen neuropsychologischer Beeinträchtigungen weniger genau zu erfassen, und es kann zu Fehlbeurteilungen und Fehlbehandlungen kommen. In uneindeutigen Fällen sollten deshalb möglichst viele Informationen eingeholt werden, um nichts zu übersehen und zu versäumen.

Beispiel für sequenzielles Vorgehen zur Erfassung von Ausdrucksformen neuropsychologischer Beeinträchtigungen

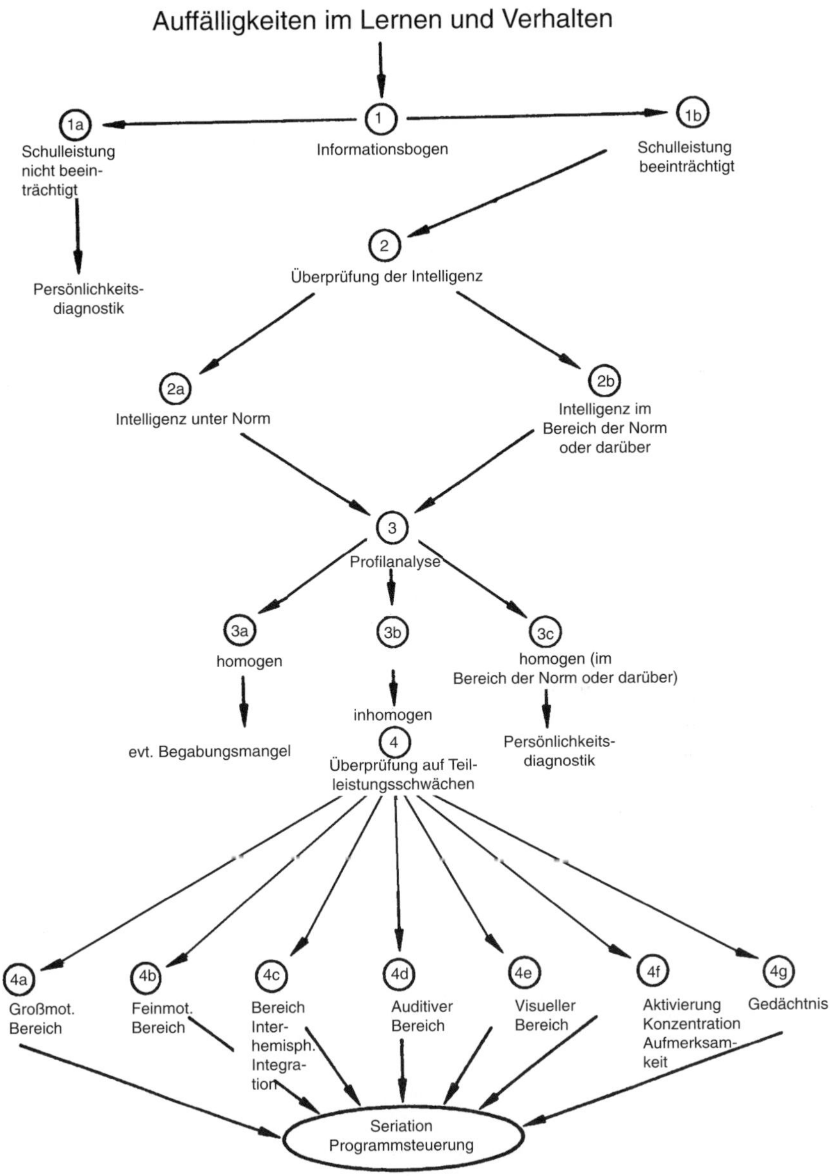

Erläuterungen zur Tabelle
(Die Lebensgeschichte des Kindes sollte vor oder nach Punkt 1 erfragt werden.)

Zu 1

Allgemeine Verhaltensbeobachtungen des Kindes
Verhalten zu beobachten ist nicht einfach, deshalb ein paar Gedanken dazu vorneweg. Sie sind sicher nicht vollständig, können aber als Anregung dienen, mit der nötigen Sachlichkeit dabei vorzugehen.

Was verstehen wir unter Verhalten?
Verhalten bezeichnet eine physische Aktivität,
Verhalten schließt Erlebnisprozesse mit ein,
Verhalten ist beobachtbar,
Verhalten ist interpretierbar,
Verhalten ist erlernbar,
Verhalten ist von bestimmten Bedingungen und Situationen abhängig,
Verhalten wird von kulturellen Einflüssen mitbestimmt.

Wovon ist die Einschätzung und Beurteilung von Verhalten abhängig?
Von kulturellen Normen,
von systemimmanenten Normen,
vom Entwicklungsstand des Beobachteten und seiner geistigen Reife,
von der Befindlichkeit des Beobachteten,
von Temperament und Arteigenheit des Beobachteten,
von der Augenblickssituation,
von der Person, die das Verhalten beobachtet,
von der Belastbarkeit der Person, die das Verhalten beobachtet.

Mit Hilfe eines Informationsbogens (siehe S. 259) kann zunächst eine Grobeinschätzung bzw. eine Bestandsaufnahme von auffälligen Verhaltensweisen des Kindes erfolgen. Daneben sollten die Umstände, unter denen sie auftreten, erfragt und berücksichtigt werden. Sofern nicht Lernstörungen ohnehin der Grund der Untersuchung sind, geben Informationen aus dem Bogen Hinweise darüber, ob Beeinträchtigungen im Tätigkeits- und Leistungsbereich auftreten oder nicht und ob es sonstige Anzeichen für Auffälligkeiten gibt. Aber selbst bei vorher festgestellter Lernstörung können auf diese Weise u.U. zusätzliche Symptome erfasst werden, die das weitere Vorgehen erleichtern. Der Informationsbogen beschränkt sich allerdings nicht nur auf zu Beobachtendes, sondern bezieht auch Informationen über Körperlich-Seelisches mit ein, die unter Gesichtspunkten wie *Funktionsstörungen innerhalb der Körpersphäre* oder *Störungen der Ich-Gefühle und Grundstimmungen* aufgeführt werden. Außerdem liegt es in der Art des Vorgehens, dass, wenn hier neuropsychologische Beeinträchtigungen erfasst werden sollen, nur Verhaltensformen und körperliche Auffälligkeiten im Sinne von Störungen oder Schwächen zusammengestellt worden sind. Das sollte uns aber nicht davon abhalten, alles, was sich an Positivem finden lässt, mit in die Beobachtungen einzubeziehen, um ein möglichst umfassendes Bild vom Kind zu erhalten.

Zu 1a

Schulleistung nicht beeinträchtigt

Ist die Schulleistung nach Auskunft aus der Informationsliste nicht beeinträchtigt, sollten die Ursachen der Verhaltensauffälligkeiten im emotionalen oder sozialen Bereich gesucht werden, z.B. mit Hilfe projektiver Tests oder anderer Verfahren der Persönlichkeitsdiagnostik. (Hier muss an den Schulpsychologischen Dienst oder außerschulische Stellen verwiesen werden, da Lehrer dazu nicht befugt sind.)

Zu 1b

Schulleistung beeinträchtigt

Ist die Schulleistung beeinträchtigt, sollte die Intelligenz überprüft werden.

Zu 2

Überprüfung der Intelligenz

In Frage kommen dafür

HAWIK-III (Hamburg-Wechsler-Intelligenztest für Kinder), für den Altersbereich von 6-16.11 Jahren (wird allgemein bevorzugt)

KABC für den Altersbereich von 2;6 bis 12,5 Jahren

AID (Adaptives Intelligenz Diagnostikum) für den Altersbereich von 6;0 bis 15;11 Jahren

BT 1-2 (Bildertest, deutsche Bearbeitung HORN/ SCHWARZ) für die Anwendung in der 1. bis 2. Klasse

BT 2-3 (Bildertest, Ingenkamp) für die Anwendung im letzten Vierteljahr der 1. Klasse, in der 2. und in der 3. Klasse

CMM 1-3, (Columbia Mental Maturity Scale) für den Altersbereich 6 bis 9 Jahren

CFT 1, CFT 2 Grundintelligenztest Skalen 1 und 2 (CATTEL/ WEISS/OSTERLAND) für den Altersbereich von 5-9 und von 9-15 Jahren; ein sprachfreier Test

CFT 20 (wie CFT 2 ergänzt durch Wortschatztest und Zahlenfolgetest) für den Altersbereich von 8;7 bis 18 Jahren

PSB (Prüfsystem für Schul- und Bildungsberatung, HORN) für den Altersbereich von 9-20 Jahren (für visuell Wahrnehmungsgestörte möglicherweise ungeeignet, da die Aufgaben auf dem Antwortbogen sehr klein dargestellt sind.)

SON-R Snijders-Oomen, Non-verbaler Intelligenztest (Altersbereich 5 1/2 -17 Jahre)

(Alle Testverfahren, die nicht Schulleistungstest sind, dürfen nur von Sonderschullehrern oder Psychologen durchgeführt werden).

Zu 2a

Ergebnis unter der Norm

Liegt das Ergebnis des Intelligenztests unter der Norm, wird mit Hilfe einer Profilanalyse zu untersuchen sein, wodurch es zustande kam.

Zu 2b

Ergebnis im Bereich der Norm

Liegt das Ergebnis im Bereich der Norm oder darüber, wird ebenfalls das Leistungsprofil analysiert.

Zu 3

Profilanalyse

Zu 3a

Ergebnis homogen unter Norm

Bei homogenem Profil kann ein Begabungsmangel vermutet werden, eine Pseudodebilität, oder es kann sich um extreme Beeinträchtigungen im Bereich der Wahrnehmung handeln, evtl. um Deprivationsschäden.

Zu 3b

Ergebnis inhomogen aber im Bereich der Norm

Bei inhomogenem Profil empfiehlt sich eine Überprüfung auf Teilleistungsschwächen.

Zu 3c

Ergebnis homogen bei durchschnittlicher Intelligenz

Ist das Leistungsprofil homogen, lässt sich vermuten, dass die Probleme des Kindes in seiner Person oder in seinem Umfeld liegen. Dann ist eine Persönlichkeitsdiagnostik zu empfehlen.

Zu 4

Überprüfung auf Teilleistungsstörungen bei durchschnittlicher Intelligenz

Ein Befund kann verschiedene Leistungsbereiche betreffen. Die Auflistung in einem solchen Schema ist zwangsläufig lückenhaft. Es sind vor allem die aufgeführt, in denen bei Schulkindern am häufigsten Störungen vorkommen.

Eine genaue Überprüfung wird Beeinträchtigungen von elementaren Funktionen zu erfassen haben. So können, wie bereits erwähnt, großmotorische[99] Auffälligkeiten verursacht sein durch Störungen der propriorezeptiven und in der Folge davon der kinästhetischen Verarbeitung, des Gleichgewichtssinnes, des Muskeltonus, der visuellen Wahrnehmung, der Verarbeitung und Integration dieser einzelnen Bereiche und deren Feedback. Die feinmotorischen Auffälligkeiten können verursacht sein durch gestörte taktile und taktil-kinästhetische Beeinträchtigungen, durch einen zu schwa-

---

[99] Es wird heute mehr von Großmotorik als von Grobmotorik gesprochen.

chen oder zu starken Muskeltonus sowie ebenfalls mangelhaftes Feedback. In gleicher Weise können die Voraussetzungen für alle anderen Bereiche, die Teilleistungsschwächen zeigen, analysiert und überprüft werden (siehe AFFOLTER, AYRES, BRAND, FROSTIG, KEPHART, KIPHARD, MILZ, JOHNSON/MYKLEBUST).

Zu beachten ist, dass wir auch dann noch nicht sagen können, ob es sich bei den Auffälligkeiten des Kindes um Auswirkungen einer frühkindlichen Hirnschädigung, einer extremen Deprivation, krankhafter neurologischer Prozesse oder um schwere emotionale Störungen handelt (wie u.U. bei bestimmten Formen des Autismus). Meist ergeben Hinweise aus der Lebensgeschichte Anhaltspunkte für eine mögliche Ursache. Deshalb ist es immer wichtig, auch darüber Informationen einzubeziehen. Ein Anamnesebogen kann als Leitfaden dienen. Insgesamt geht es nicht darum, die Ursachen der neuropsychologischen Beeinträchtigungen festzustellen. Vielmehr wollen wir Anhaltspunkte für eine gezielte Förderung erhalten und für die Art des Umganges mit dem Kind.

Zum Vorgehen bei jüngeren Kindern

Testkörbchen

Das Vorgehen bei jüngeren, entwicklungsgestörten oder behinderten Kindern wird vornehmlich in klinischen Beobachtungen bestehen. Hiermit sind Beobachtungen in strukturiert vorgegebenen Situationen gemeint. Und wie die mit wenigen Mitteln selbst hergestellt werden können, dazu folgendes Beispiel. Im Anschluss an eine Fortbildung von Vorklassenleiterinnen war die Frage gestellt worden: Was machen wir bei der Anmeldung der Erstklässler, wenn wir, während der Schulleiter sich mit den Eltern unterhält, das Kind beobachten und seine Schulreife beurteilen sollen? Da entstand die Idee des „Testkörbchens".

Material für ein Testkörbchen

In einem beliebigen kleinen Korb, der vorteilhafterweise rechteckig sein sollte, liegen folgende Gegenstände: eine Schere, eine Schachtel mit Blei- und Buntstiften, Radiergummi und Anspitzer, ein Klebestift, einige Bögen DIN A 4 Papier (mit einem aufgezeichneten Rahmen), ein Kurzzeitwecker, ein Spiegel, den man aufstellen kann, und zwei Briefumschläge. In einem sind verschiedene bunte, in dem anderen weiße, leere Karten. Das Körbchen ist mit einem quadratischen Tuch bedeckt.

Umgang mit dem Testkörbchen und Beobachtungsmöglichkeiten

Um das Kind zu motivieren und neugierig zu machen, wird es aufgefordert zu raten, was unter dem Tuch sein könnte. Das Kind darf von außen

fühlen, dann unter das Tuch greifen und soll seine Vermutungen aussprechen.
Es soll danach das Tuch abnehmen und sehen, ob seine Vermutungen stimmen.

(Einschätzung von Sprachentwicklung und Sprachverständnis, Umgang mit einer neuen Situation)

Das Kind nimmt die Gegenstände aus dem Körbchen und benennt sie.

(Sprachbenutzung, Artikulation, Hand-haben der Gegenstände)

Außer den Briefumschlägen werden sie alle beiseite gelegt. Das Kind wird aufgefordert, in die Briefumschläge zu sehen und den jeweiligen Inhalt herauszunehmen. Der Inhalt mit den bunten Karten (etwa 6-8) soll verwendet werden, der Umschlag mit den weißen Karten wird wieder weggelegt. (Sie dienen u.U. später dazu, ein Bild zu malen und ein Puzzle daraus herzustellen.)

(Umsetzung einer Anweisung in Handlung, motorische Geschicklichkeit, Fähigkeit zur Organisation, Gedächtnis)

Das Kind soll die bunten Karten vor sich auf den Tisch legen, evt. sie zählen, sich eine, die ihm besonders gefällt, herausnehmen. Ein Gespräch wird über die Karten oder Karte geführt.

(Wie weit kann das Kind zählen? Wie ordnet es die Karten auf dem Tisch, liegen die Karten den Abbildungen entsprechend richtig oder auf dem Kopf?)

Es darf sich noch eine Karte heraussuchen, aus der nun ein Puzzle hergestellt werden soll. Man erklärt dem Kind den Vorgang und seinem Alter entsprechend fragt man, wie viele Teile das Puzzle haben soll, evtl. wie viele Teile es ergibt, wenn es die Karte einmal, zweimal oder mehrmals durchschneidet.

(*Vorausschau, Planung, visuelle Vorstellung*)

Es zerschneidet die Karte in 3 evtl. 4-5 Teile und zählt sie.

(Umgang mit der Schere, Handhabung der Karte dabei, Handlungsplanung)

Der Beobachter nimmt die Teile in die Hand, zählt sie ebenfalls und lässt sie „versehentlich" auf den Boden fallen. Das Kind wird gebeten, die Teile aufzuheben.

(Mit welcher Hand tut es das? Wie geht es mit der Situation um?)

Es setzt nun die Teile wieder zusammen und klebt sie auf. Es erfolgt ein Gespräch über das, was es getan hat.

(Werden die Teile wieder richtig zusammengesetzt? Wie ist der Umgang mit dem Klebstoff, Schraubverschluss öffnen und schließen, mit welcher Hand? Wie werden die Gegenstände wieder abgelegt, kann das Kind sie „los-lassen" oder erfolgt das durch Fallen-lassen oder Los-werfen?)

In entsprechend motivierender Weise geschieht der Umgang mit dem

Kurzzeitwecker. Er kann gestellt, die Zahlen können gelesen werden. Er wird aufgezogen vor das Kind gelegt. Es soll ihn sich nehmen und an ein Ohr halten, dann an das andere. Es wird gefragt, mit welchem es den Wecker besser hören kann.

(Bevorzugtes Ohr? Aufziehen des Weckers mit welcher Hand? Erschrekken bei plötzlichem Weckergeräusch oder Gleichgültigkeit?)

Der Wecker liegt wieder in der Mitte vor dem Kind. Es soll ihn nehmen und unter den Tisch an die Tischplatte halten. (Muss vorgemacht werden.) Nun soll es ein Ohr auf den Tisch legen und prüfen, ob es das Ticken hören kann, danach dasselbe mit dem anderen Ohr, nachdem der Wecker wieder in die Mitte vor das Kind gelegt wurde. Es wird gefragt, mit welchem Ohr es das Ticken besser hören konnte.

(Handlungsplanung, bevorzugtes Ohr)

Das Kind betrachtet sich im Spiegel und benennt die Teile des Gesichtes, die es erkennen kann. Es wird aufgefordert, sich auf ein DIN A4 Blatt mit Rahmen (wie der Spiegel einen hat) zu malen.

(Anweisungsverständnis, Ausdrucksfähigkeit, können die Teile des Gesichts benannt werden? Wird das Gesicht gemalt oder der ganze Körper? Umgang mit dem Stift)

Schließlich kann es, sofern es dazu in der Lage ist, noch seinen Namen dazu schreiben.

(Reihenfolge und Richtung der Buchstaben, Druck mit dem Stift, Stifthaltung)

Beobachtungsschwerpunkte

Der spielerische Umgang des Kindes mit dem Material und die Möglichkeit, in gewisser Weise auch nach eigenen Vorstellungen dabei vorzugehen, gibt Gelegenheit zur Beobachtung des Verhaltens in der gegebenen Situation, des Sprachverständnisses und der Sprachbenutzung, der Motorik, der Händigkeit, des Überkreuzens der Mittellinie, anhand der Kopfhaltung des bevorzugten Auges, des bevorzugten Ohres, der räumlichen Organisation, der Antizipation, des Umsetzens eines Auftrages in Handlung, des Kurzzeitgedächtnisses und des Durchhaltevermögens. An Hand der bildhaften Darstellung seiner Person – meist malen die Kinder einen ganzen Menschen – lassen sich auch Vermutungen anstellen hinsichtlich der Entwicklung seiner Vorstellung vom Körper. So kommen wir einerseits in Kontakt mit dem Kind, und andererseits können wir uns ein Bild über seinen Entwicklungsstand machen.

Die Benutzung des Testkörbchens ist vielfältig zu variieren. Allerdings werden die hier angeführten Beispiele den Zeitrahmen, den die Vorklassenlehrerinnen für ihre Überprüfung haben, weitgehend überschreiten. Dann werden die Aufgaben, die mit dem Material durchgeführt werden können, eben gekürzt. Was deutlich werden soll ist: Wenn wir wissen, was wir wollen, können wir uns nach Belieben Material zusammenstellen und eine strukturierte Situation schaffen, die uns vielfältige Möglichkeiten gibt, ein Kind zu beobachten. Vorteilhaft ist es, wenn eine Kamera dabei läuft. Erfahrungsgemäß stört das die Kinder nicht.

Differenzierungsprobe nach Breuer u. Weuffen

Ein testähnliches Verfahren für das letzte Kindergartenjahr sowie für Vorschulkinder und Kinder des ersten Schuljahres ist die Differenzierungsprobe von Breuer und Weuffen. Sie bietet die Möglichkeit, gezielt Fähigkeiten in bestimmten Bereichen der Wahrnehmungsverarbeitung zu überprüfen, ist einfach durchzuführen und auszuwerten und benötigt wenig Zeit. Es geht dabei um folgende Bereiche: Die optische Differenzierung, die phonematische Differenzierung, die kinästhetische Differenzierung, die melodische Differenzierung und die rhythmische Differenzierung. Für die Einschätzung der Sprachentwicklung steht ein „Kurzverfahren zur Überprüfung des lautsprachlichen Niveaus“ von den gleichen Verfassern zur Verfügung. Auch hierbei handelt es sich um ein leicht durchzuführendes Verfahren, das erste Hinweise auf Beeinträchtigungen geben kann.

Anleitungen für Beobachtungen des Kindes und zu Befragungen der Eltern

Informationen über das Kind aus Beobachtungen der Pädagogen und Mitteilungen und Beobachtungen der Eltern

Zu gezielten Beobachtungen und damit als Hilfe zum Erfassen von Ausdrucksformen neuropsychologischer Beeinträchtigungen kann ein Informationsbogen[100] dienen. Er bezieht Mitteilungen über das Kind, den Jugendlichen von Seiten der Eltern oder anderer Bezugspersonen mit ein. Allerdings handelt es sich dabei nicht um einen Beobachtungsbogen im klassisch-psychologischen Sinn, da nicht bei allen Auffälligkeiten eine deutliche Trennung zwischen objektiver Beobachtung und Interpretation gewährleistet ist. In der Praxis hat sich diese Form aber als hilfreich erwiesen und bewährt. Sie ist „engmaschig“ genug, um vielfältige Informationen aus unterschiedlichen Bereichen zu geben.

---

[100] Nach Anregungen von Thalmann H. C. (1976) modifiziert von Milz (1994, ergänzt 1996, 2001)

Informationsbogen

A Funktionsstörungen innerhalb der Körpersphäre

1. Einnässen, Einkoten
2. Blasenstörungen
3. Darmfunktionsstörungen
4. Ess-Störungen (Erbrechen, Essunlust, Essgier, Bevorzugung weicher/harter Speisen)
5. Allgemeine motorische Unruhe
6. Tics (Grimassieren, Augenblinzeln, Schulterzucken, Stereotypien)
7. Motorische Ungeschicklichkeit (beim Essen, wirft häufig etwas um, lässt etwas fallen, stößt an)
8. Haltungsfehler -schäden (schlaffe Haltung, Schiefhals)
9. Sprechstörungen (Stottern, Lispeln, Stammeln, Artikulationsstörungen)
10. Vermehrter Speichelfluss (Mund häufig offen, Spuckepfützchen zwischen den unteren Schneidezähnen und Lippen)
11. Sinnesschwächen (Hörschwäche, Schwerhörigkeit, Sehstörungen, Beeinträchtigungen der Okulomotorik)
12. Stoffwechselstörungen (Phosphatempfindlichkeit)
13. Kopfschmerzen
14. Hautaffekte (Jucken, Kribbeln, allergische Reaktionen, Neurodermitis, taktile Abwehr, empfindet sich gestört, wenn jemand zu nahe kommt, bzw. vorbeigeht)
15. Asthmatische Beschwerden/häufige Bronchitis
16. Schlafstörungen, nächtliches Aufschrecken schlimme Träume, Schlafwandeln, Kopfwerfen
17. Häufige Krankheitsneigung
18. Linkshändigkeit, Beidhändigkeit
19. Vasomotorische Störungen (Erblassen, Erröten, blaue Lippen, friert leicht, schwitzt leicht, vor allem an den Händen, gähnt bei Anstrengung)
20. Störungen in der Verarbeitung vestibulärer Reize (Übelkeit beim Autofahren, vermeidet höhere Spielgeräte – Kletterturm, Rutsche)
21. Chronische Krankheiten
22. Körperliche Behinderungen (auch Magersucht und Fettsucht)

B Abnorme Gewohnheiten innerhalb der Körpersphäre

23. Daumenlutschen
24. Händereiben
25. Nägelknabbern, Nägelzupfen, Hautzupfen
26. Haarausreißen
27. Exzessive Masturbation
28. Autoaggression

C Störungen der Ich – Gefühle und Grundstimmungen

29. Allgemeine Ängstlichkeit
30. Angstzustände (Schulangst, Angst vor weißem Kittel)
31. Wehleidigkeit
32. Wechselnde Stimmungslage (Launenhaftigkeit)
33. Bedrückte Stimmungslage (Weinzustände, depressive Verstimmungen)
34. Selbstmordversuche, Äußerungen hinsichtlich Sterbenwollen
35. Euphorie, Lachzustände

D Soziale Störungen

36. Gestörter Blickkontakt, zu unterscheiden vom Wegsehen von wahrnehmungsgestörten Kindern bei Tätigkeiten
37. Überempfindlichkeit
38. Unempfindlichkeit
39. Einordnungsschwierigkeiten, Aufsässigkeit, Trotz
40. Übertriebene Eifersucht, Geschwisterrivalität
41. Emotionale Bindungsschwäche
42. Einzelgängertum (arbeitet, sitzt, ist am liebsten allein, u.U. auch in den Schulpausen)
43. Übertriebene Kontaktsuche
44. Kontaktarmut
45. Schüchternheit
46. Übergefügigkeit, Weichheit, (unfähig, sich durchzusetzen)
47. Herrschsucht
48. Streitsucht, Rauflust, Unverträglichkeit
49. Brutalität (Quälereien von Menschen oder Tieren)
50. Boshaftigkeit, Hinterhältigkeit, Hang zum Zerstören
51. Starke Aggressivität
52. Feuer anzünden, Brandstiftung
53. Furcht vor bestimmten Menschen oder Tieren
54. Masochistische Regungen
55. Sexuelle Auffälligkeiten
56. Clownerie, Koketterie
57. Großmannsucht, Prahlerei, Hochstapelei, erzählt phantastische Geschichten, von denen jeder merkt, dass sie nicht stimmen können
58. Schwindelei, Lügen
59. Dieberei, Betrügerei
60. Sprachstörungen, Mutismus, autonome Sprache, Babysprache
61. Gefühle der Minderwertigkeit innerhalb einer Gruppe
62. Starke Gehemmtheit

E Störungen im Tätigkeits- und Leistungsbereich

63. Starke Verunsicherung bei Umstellung auf neue Situationen, Gegenstände oder Menschen
64. Verunsicherung unter Zeitbegrenzung oder Zeitdruck
65. Verunsicherung bei Komplexität von Situationen, bei Anhäufung von Menschen
66. Initiativelosigkeit (nur mit Mühe zu motivieren)
67. Phantasiearmut, Phantasielosigkeit
68. Tagträumereien
69. Spielstörungen, unfähig zu altersgemäßem Spiel
70. Unselbstständigkeit, sucht auffallend oft die Bestätigung durch den Lehrer oder die Betreuungsperson, braucht Zuwendung, nur, wenn jemand danebensteht oder sitzt, kann das Kind arbeiten; hat Schwierigkeiten, in der Gruppe zu arbeiten
71. Mangelndes Zutrauen zu sich selbst; Ich-kann-nicht-Haltung
72. Verlangsamung von Handlungsabläufen (Aus- und Einpacken der Schulsachen, kommt beim Schreiben nach Diktat vom Schreibvorgang her nicht mit)
73. Verspieltheit, Träumerei
74. Rasche Ermüdbarkeit, geringes Durchhaltevermögen, gähnt bei kognitiver Beanspruchung
75. Zerstreutheit, Vergesslichkeit
76. Aufmerksamkeitsschwankungen, kurze Aufmerksamkeitsspanne, leicht ablenkbar
77. Erhebliche Konzentrationsstörungen, insbesondere bei Nebengeräuschen (wie z.B. im Klassenverband)
78. Erhöhte Reizbarkeit
79. Geringe Frustrationstoleranz, Verunsicherung bei geringster Überschreitung der Leistungsgrenze
80. Motorische Unruhe, kippelt mit dem Stuhl, fällt häufig mit dem Stuhl um, muss ständig in Bewegung sein
81. Auffällige Groß-/Feinmotorik, auffällige Stifthaltung, auffällig schlechte Schrift
82. Arbeitsunlust, Faulheit
83. Widerstand bei Anforderungen, Blockaden
84. Arbeitswut, Überfleiß
85. Extremer Ehrgeiz
86. Unreinlichkeit, Unordentlichkeit
87. Unpünktlichkeit
88. Pedanterie, Übersauberkeit, Überordentlichkeit
89. Allgemeines Schulversagen
90. Schulversagen in einzelnen Leistungsbereichen, Lese-Rechtschreib-

Störungen, LRS, Rechenschwäche
91. Partielle Lernschwäche
92. Versagen in bestimmten Situationen, Prüfungen, Klassenarbeiten
93. Sprachverstehensprobleme (versteht schlecht die deutsche Sprache, es kommt häufig zu Missverständnissen)
94. Sprachstörungen (spricht undeutlich, zu laut, zu leise, langsam, schnell, gepresst, fragt häufig nach, wiederholt die Frage, benutzt Füllwörter, Echolalie, es macht den Eindruck, als höre das Kind nicht richtig, Beeinträchtigung des Wortsinn- und Satzsinnverständnisses, Wortfindungsstörungen, Aufgabenverständnis verlangsamt, Dysgrammatismus)
95. Hat Schwierigkeiten, einen verbalen Auftrag in Handlung umzusetzen
96. Kann eine einmal begonnene Handlung schlecht unterbrechen oder abbrechen
97. Kann keinen vorgegebenen Rhythmus nachklatschen

Besondere Stärken des Kindes:
Bisherige Maßnahmen:
Therapien:

F Informationen aus dem Umfeld des Kindes

98. Anzahl der Kinder in der Familie ___, Stellung in der Geschwisterreihe ___, Geschwister sind ___ Jahre älter, __ Jahre jünger, Junge, Mädchen
99. Tod eines Elternteiles oder beider Eltern
100. Krankheit in der Familie
101. Eltern geschieden oder leben in Scheidung
102 Kind lebt bei Mutter /Vater /außerhalb der Familie
103. Adoptivkind/Pflegekind
104. Wohnortwechsel
105 Schulwechsel, – Versäumnisse
106. Kind aus anderem Kulturkreis

2. Zur Lebensgeschichte des Kindes (nach Anregung von Delacato)

Anamnese

Name des Kindes:	Geburtstag:
Schule:	Klasse:
Name des Vaters:	Beruf:
Name der Mutter:	Beruf:
Anschrift:	Telefon:
Grund der Vorstellung:	
Hauptproblem des Kindes:	

<u>Aus der Familie</u>

1. Sind Vater oder Mutter linkshändig oder mit beiden Händen gleichgeschickt?
2. Sind Geschwister, die älter als 6 Jahre sind, linkshändig oder beidhändig geschickt?
3. Waren Großeltern des Kindes linkshändig oder beidhändig geschickt?
4. Sind Ihnen Lesestörungen bei Tanten, Onkel oder Nichten und Neffen bekannt?
5. Sind in der nächsten Familie, d.h. bei Eltern und Geschwistern, Leseprobleme aufgetreten?

<u>Schwangerschaft und Geburt</u>

1. War es schwierig, die Schwangerschaft aufrechtzuerhalten?
2. Waren Sie während der Schwangerschaft krank oder hatten Sie hohes Fieber?
3. Hatten Sie während der Schwangerschaft irgendwelche Unfälle?
4. War die Dauer der Schwangerschaft von der Norm abweichend? (Weniger als 270 oder mehr als 290 Tage?)
5. Nahm die Mutter während der Schwangerschaft Medikamente ein? Wurde viel geraucht? Alkoholgenuss?
6. Dauerten die Wehen entweder sehr lange, oder waren sie außergewöhnlich kurz – weniger als zwei und mehr als achtzehn Stunden?
7. Wurde die Geburt aus irgendeinem Grund verzögert?
8. Wurden Instrumente bei der Geburtshilfe benutzt? Sectio?
9. Verzögerte sich der Geburtsschrei um mehr als eine Minute?
10. War die Farbe des Babys in irgendeiner Weise auffällig, als Sie es zum ersten Mal sahen?
11. Hat Ihnen der Arzt, der das Kind als erster untersuchte, gesagt, dass etwas nicht in Ordnung sei?

Vorsorgeheft:
Apgarwert:
Gelbsucht?

1. Stadium: Geburt bis sechs Monate

1. Wurde das Kind gestillt?
2. Konnte das Kind saugen? War der Saugreflex vorhanden?
3. Hatte das Kind beim Schlafen oder Essen irgendwelche Schwierigkeiten?
4. Hat es mehr geschrien als üblich?
5. Hatte es häufiger hohes Fieber mit Temperaturen über 38,5°?
6. Erschien Ihnen das Kind zu träge? Schlief es viel?
7. Erschien es Ihnen zu aktiv?
8. Gab es Verstopfung – Durchfall – Ernährungsstörungen?
9. Hatte es Mühe beim Erkennen von Familienmitgliedern?
10. War es besonders schreckhaft? (Regten laute Töne das Kind besonders auf?)
11. Fiel Ihnen an seinen Bewegungen mit Armen, Beinen oder mit dem Körper etwas auf?
12. War es im Gebrauch einer Körperseite geschickter als mit der anderen?
13. Sahen seine Augen in irgendeiner Weise merkwürdig aus? Konnten Sie vielleicht einen Unterschied in der Größe oder ein Abweichen eines Auges beobachten?
14. Hautausschlag – Milchschorf?

2. Stadium: Sechs Monate bis ein Jahr

1. Wurde das Kind gestillt? Wann abgestillt? Wie abgestillt?
2. Hatte das Kind über längere Zeit (mehr als zwei Tage) hohes Fieber (über 38,5°)?
3. War es täglich mehr als zwei Stunden durchschnittlich im Ställchen?
4. War es nicht unternehmungslustig genug, wenn es auf den Fußboden gesetzt wurde?
5. Wurde ein Gehstuhl benutzt?
6. Rutschte es öfter auf dem Gesäß, um vorwärtszukommen?
7. Unterschieden sich die Augen in der Größe voneinander?
8. „Wanderte“ eines der beiden Augen zu irgendeinem Zeitpunkt?
9. Krabbelte es auf andere Art als im Überkreuzmuster?[101]
10. Hatte der Kopf eine auffällige Form?
11. Zeigte es das „8-Monatsfremdeln“?

[101] Ständiges „nur“ Rückwärtskrabbeln könnte u.U. ein Hinweis auf eine erhebliche Sehbehinderung sein.

3. Stadium: Ein Jahr bis zwei Jahre

1. Lief das Kind früh (vor 10 Monaten)?
2. Lief es spät (später als 18 Monate)?
3. Fiel es, verglichen mit anderen Kindern seines Alters, häufiger hin?
4. Erschienen Ihnen seine ersten Sprechversuche irgendwie auffällig? Wann begann es zu sprechen?
5. Hatte es Mühe, Sie zu verstehen, wenn Sie mit ihm sprachen? Sprach es nach?
6. Hatte es Mühe, selbständig zu essen?
7. Erschien es Ihnen überaktiv?
8. Erschien es Ihnen zu träge?
9. Hatte es Mühe, von Ihnen gegebene Verhaltensregeln zu lernen?
10. Schielte es, oder beobachteten Sie Abweichungen der Augen, nachdem es angefangen hatte zu laufen?
11. Hatte es Mühe, das Gleichgewicht zu halten, nachdem es länger als vier Monate laufen konnte?
12. Hatten Sie jemals den Eindruck, es sei schwerhörig?
13. Hatte es häufig Mittelohrentzündungen?

4. Stadium: Gesamte Entwicklung bis zum augenblicklichen Zeitpunkt

1. Welche Infektionskrankheiten in welchem Alter?
2. Welche Impfungen?
3. Hatte es jemals eine Kopfverletzung?
4. Wurde es jemals bewusstlos geschlagen?
5. Hatte es jemals Mühe mit dem Hören?
6. Hatte es jemals Mühe mit dem Sehen?
7. Rutschte eines der beiden Augen jemals nach außen oder innen, wenn es müde war?
8. Finden Sie, dass Ihr Kind ungeschickt ist? (Haben Sie sich jemals über sein Koordinationsvermögen Gedanken gemacht? Wie sieht der Essplatz aus? Kann es sich allein ein Brot schmieren, die Schnürsenkel binden?)
9. Ist es in irgendeinem Stadium besonders häufig hingefallen außer beim Laufenlernen?
10. Hatte es jemals schwere Verletzungen?
11. Hatte es schwere Krankheiten? Krampfanfälle?
12. Wann war die Sauberkeitsentwicklung abgeschlossen? (Verstopfung/ Ernährungsstörung?)
13. Hat es Probleme gegeben mit dem Sprechenlernen oder bei der Aussprache? (Haben Sie sich jemals über sein Sprechen Gedanken gemacht? Spricht es alle Laute richtig aus?) Spät gesprochen/früh gesprochen? Silben verdreht?

14. Bevorzugt es weiche Speisen?
15. Ist es hautempfindlich?
16. Verträgt es Autofahren, klettert es auf höhere Spielgeräte?
17. Wie steht das Kind im Lesen, Schreiben, Rechtschreiben? Hat es in diesem Bereich Schwierigkeiten?
18. Wie steht es in Mathematik?
19. Benutzt es immer die rechte Hand? Die linke Hand? Ist es mit beiden Händen gleichgeschickt?
20. Entspricht sein allgemeines körperliches Koordinationsvermögen dem anderer Kinder?
21. Fühlt es sich in der Schule wohl? Ist sein Verhältnis zu anderen Kindern gut? Oder scheint es manchmal niedergeschlagen zu sein, weil es sich ihnen unterlegen fühlt?
22. Dreht es beim Lesen oder Schreiben Buchstaben, Silben, Wörter oder Zahlen um?
23. Ist das Kind beim Schreiben auffallend langsam?
24 Malt es gerne oder ungerne?
25. Ist die Handschrift zufriedenstellend?
26. Gibt es irgendetwas, wovor Ihr Kind besondere Angst hat?
27. Zu wem fühlt sich das Kind mehr hingezogen? Zu Vater oder Mutter?
28. Wer hat das Kind aufgezogen? Im 1. Jahr: Im 2. Jahr:
29. Wie wurde die Sauberkeitsentwicklung „bewältigt"?
30. Gibt es Geschwister; wie alt sind sie?
31. Zeigten sich irgendwelche Auffälligkeiten im Kindergarten?

Was wurde bisher unternommen, um dem Kind zu helfen?
Welche Ärzte
Psychologen
wurden zu Rate gezogen?

Evaluation nach Marianne Frostig

Diagnostik als Prozess bedeutet vor allem, dass wir bei unseren Vermutungen, selbst wenn sie durch mancherlei Informationen bestätigt werden konnten, nicht stehen bleiben dürfen. Die Arbeit mit dem Kind, lässt immer wieder Neues entdecken, Tätigkeiten, die es ausführen kann oder nicht kann, Leistungen, die in einigen Bereichen und unter bestimmten Umständen möglich sind und in anderen wieder nicht. Das Erfassen von Beeinträchtigungen soll ja zur Planung einer Förderung dienen, und da geht es darum, einen Ausgangspunkt zu finden für einen Weg, den man mit dem Kind gehen oder Eltern und Kind zeigen kann. Für Marianne Frostig besteht die Möglichkeit, dafür in einer Art Bestandsaufnahme, die sie als *Evaluation* bezeichnet. Dieser Begriff, der heute in manchen wissenschaftlichen Untersuchungen zum Erfassen und Einschätzen eines Ist-Zustandes benutzt wird, beinhaltet für sie eine Beurteilung und Einschätzung des Leistungsstandes eines Schülers in verschiedenen Bereichen: z.B. der Sensomotorik, der auditiven und der visuellen Verarbeitung, der kognitiven und der psycholinguistischen Funktionen. Für diese Bereiche hat sie Testverfahren empfohlen, deren Ergebnisse in einer Übersicht zusammengefasst werden können, um anhand des Gesamtprofils den Vergleich von Untertests im Sinne von Einzelleistungen zu ermöglichen. Zur Evaluation gehört für Marianne Frostig ebenfalls das Erfassen der sozialen Anpassung und emotionalen Gestimmtheit des Kindes. Natürlich kann das nicht in normierter und quantitativer Weise geschehen. Hier erwartet sie vom Pädagogen ein hohes Maß an Einfühlungsvermögen und psychologischen Kenntnissen, in bestimmten Fällen dann aber auch die Hilfe von entsprechenden Fachkräften. Wenngleich es bei der Evaluation nach Frostig um ein ganzheitliches Erfassen der Problematik des Kindes gehen soll, ist es für sie in erster Linie der Pädagoge, dem hierbei die Hauptaufgabe zufällt.

> Der Lehrer ist die zentrale Person bei jeder Evaluation, bei jeder Beurteilung eines Kindes. Evaluation des Leistungsstandes heißt, alle Aspekte des Entwicklungsstandes in bezug auf die normalerweise in einem bestimmten Alter zu erwartende Leistung einzuschätzen. Der Lehrer muss den Leistungsstand eines Kindes, seine Fähigkeiten und seinen bisherigen „Lernwerdegang" kennen, um den Lehrplan und seinen Unterrichtsstil an das Kind anpassen zu können und so optimales Lernen zu ermöglichen. Die Stärken und Schwächen eines Kindes werden deutlich, indem man seine Leistungen mit den auf seiner Altersstufe zu erwartenden Leistungen vergleicht. Man kann diesen Vergleich mit Hilfe psychometrischer Normen aufgrund psychologischer Tests wie auch auf der Basis von Beobachtungen vornehmen.
> Damit sei keineswegs impliziert, dass der Lehrer selbst standardisierte psychologische Tests durchzuführen habe. Die Durchführung solcher Tests ist in den USA wie auch in Europa grundsätzlich Sache des Psychologen[102], da zur Interpretation der Resultate wesentlich mehr Hintergrundinformation gehört als hier oder in den betreffenden Handbüchern vermittelt werden kann. Dies gilt jedoch nicht für die eigentlichen Schultests, die auch für die Hand des Lehrers bestimmt sind. (...)
> Standardisierte Tests allein geben niemals erschöpfend Auskunft über die Leistungsfähigkeit eines Kindes. Die Evaluation ist ein fortlaufender Prozess. Liest das Kind aus einem Buch vor, muss der Lehrer feststellen, was und wieviel das Kind wirklich verstanden hat. Er muss wissen, ob es das Einmaleins gelernt hat, mit dem vor kurzer Zeit begonnen wurde oder ob es einen Gedanken bis zur Niederschrift im Gedächtnis behalten kann oder, ob es gelernt hat, zwischen einem Trapezoid und einem Parallelogramm zu unterscheiden. Er muss in der Lage sein, den momentanen Lernstand des Kindes einzuschätzen, um alle weiteren Unterrichtsschritte planen zu können.

[102] In Deutschland auch von Sonderschullehrern

Die Evaluation durch den Lehrer ist auch aus dem Grunde unbedingt notwendig, weil das Verhalten des Kindes mehr oder weniger zeitlichen Schwankungen unterliegt, und Tests daher falsche Ergebnisse erbringen können.
Kein Test, keine Beobachtung auch keine irgendwie geartete Batterie von standardisierten Tests ist mehr als nur eine Verhaltensstichprobe zu einem gegebenen Zeitpunkt. Die Testwerte des Kindes können niedrig liegen, weil es hungrig oder müde ist, Fieber hat oder sich vor der Testsituation selbst fürchtet.
Die von einem interdisziplinären Team oder dem Schulpsychologen gesammelten Informationen müssen dem Lehrer zugänglich gemacht werden, damit er sie dazu benutzen kann, Einsicht in die gesamte Lebenssituation und den augenblicklichen Entwicklungsstand des Kindes zu gewinnen um so, falls nötig, seinen Unterrichtsstil darauf abstimmen zu können. Ein Kind mit geringer Sehschärfe braucht einen Platz in der Nähe der Tafel; ein Kind mit schweren emotionalen Konflikten braucht häufig beruhigende Bestätigung durch Worte oder Berührung. Der Klassenlehrer ist nicht nur in erster Linie dafür verantwortlich, Kindern angemessene Fertigkeiten beizubringen und die richtigen Informationen anzubieten, sondern auch dafür, dass er ihnen bei der maximalen Entwicklung ihres Potentials in allen psychischen Funktionsbereichen hilft (vergl. Frostig/Maslow 1978, S.117 f).

Zu den Testverfahren, die von Frostig zu einer Testbatterie zusammengefasst, und deshalb auf vergleichbare Normierung gebracht wurden, gehören[103]:

der FTM Frostigs Test der motorischen Entwicklung, ein Test motorischer Fertigkeiten,

DTVP-2 Developmental Test of Visual Perception

der FEW, Frostigs Entwicklungstest der visuellen Wahrnehmung, ein Test zur Einschätzung der visuellen Verarbeitung,

der HAWIK-III, Hamburg Wechsler Intelligenztest für Kinder, ein Test zur Einschätzung der kognitiven Fähigkeiten,

der PET, Psycholinguistischer Entwicklungstest, ein Test zur Überprüfung von Sprachverständnis und Sprachbenutzung.

---

[103] Unter dem Titel „Basale Testergebnisse" in Lockowandt 1994 werden 3 der Tests in deutscher Bearbeitung von W. Dacheneder in einer Tabelle aufgeführt. Leider fehlt der FTM, der Bewegungstest. Angeblich habe M. Frostig ihn auch nicht mehr in ihrer Testbatterie verwendet. Ich selbst habe aber erlebt, welchen Wert sie gerade der Kombination aller 4 Tests beilegte, weil damit die Bereiche Motorik, visuelle Verarbeitung, Kognition (Intelligenztest) und Sprache angesprochen waren und eher ein Gesamteindruck vom Kind zu erhalten war. Auf den FTM sollte so lange nicht verzichtet werden, bis ein besseres Verfahren eingesetzt werden kann.
Heute ist es sinnvoll, den DTVP-2 als Erweiterung einzubeziehen, wenn sich visuelle Verarbeitungsprobleme vermuten lassen.

Die Ergebnisse der Untertests der einzelnen Verfahren werden nebeneinander auf einem Ergebnisbogen aufgeführt und geben als Profil einen Überblick, in welchen Bereichen die Leistungen über oder unter dem Durchschnitt liegen bzw. in welchen Bereichen das Kind Förderung braucht. Zusätzlich werden auf diesem Bogen auch die Ergebnisse von *schulischen Leistungstests* vermerkt, und das zu wiederholten Malen. Für Frostig kann es sich hierbei aber in keinem Falle um die Kategorisierung eines Kindes in einen guten oder schlechten Schüler, um ein Einordnen in Schubladen und ein Abstempeln handeln, sondern um Möglichkeiten zur gezielten Hilfe, im Sinne von Heilpädagogik.

Heilpädagogisches Vorgehen bei Kindern mit neuropsychologischen Beeinträchtigungen erfordert ein gründliches Erfassen von Auffälligkeiten im Lernen und Verhalten. Das heißt nicht, dass man sich unbedingt an die von ihr vorgeschlagenen Testverfahren halten muss. Es bedeutet aber, dass diese hier aufgeführten Bereiche der Motorik, Sensorik, Sprachverarbeitung und der Intelligenz überprüft werden sollten. Wenn andere Testverfahren vorhanden sind, als die hier aufgeführten, die vielleicht eine Weiterentwicklung bedeuten und für diesen Zweck aussagekräftiger erscheinen, benutzt man diese.

Insgesamt mögen Frostigs Erkenntnisse manchem Pädagogen und Psychologen in der heutigen schnellebigen Zeit überholt erscheinen, ohne neuropsychologische Grundkenntnisse aber ist heilpädagogische Arbeit ein Arbeiten an der Oberfläche. Für Frostig bedeuteten diese Kenntnisse auf dem Hintergrund ihrer humanistischen Haltung die Grundlage für den Umgang und die Förderung von „Kindern mit besonderen Bedürfnissen", wie sie es nannte.

Möglichkeiten zum Erkennen von Ausdrucksformen neuropsychologischer Beeinträchtigungen

Allgemeine Informationen aus Verhaltensbeobachtungen und Auskünften der Eltern	Informationsbogen
Anamnese	Anamnesebogen

Erfassen von Auffälligkeiten im Rahmen der Schule und des schulpsychologischen Dienstes

Überprüfung der visuellen Verarbeitung	Beobachtungen Körperhaltung beim Schreiben, Abstand vom Papier, nach welcher Seite ist der Kopf geneigt? Schriftform und Schriftbild, Aufteilung des Raumes, wie gelingt das Abschreiben von der Tafel? Beobachtung der Augenfolgebewegungen und Überprüfung des bevorzugten Auges. Hinweise aus Testverfahren Untertests der HAWIK-III Untertests aus dem KABC Untertests aus dem PET FEW, CPM, Benton-Test, Göttinger Formreproduktionstest DTVP-2
Überprüfung der auditiven Verarbeitung	Beobachtungen Ist der Mund häufig offen? Versteht das Kind immer richtig? Scheint es abgelenkt, unruhig; kann es Aufträge in Handlung umsetzen, oder muß es immer beim Nachbarn gucken? Wie artikuliert es, spricht es laut – leise, viel – wenig, kann es nachsprechen oder gelingt das nur sinngemäß, Fehleranalyse (lassen Fehler in schriftlichen Arbeiten auf beeinträchtigte auditive oder taktil-kinästhetische Verarbeitung schließen?) Hinweise aus Testverfahren Untertests aus HAWIK-III Untertests des PET Mottier aus Zürcher Lesetest HSET Überprüfung der Ordnungsschwelle

Überprüfung der Großmotorik	Beobachtungen Körperhaltung (wie steht, geht, rennt, sitzt das Kind?), Verhalten bei Bewegungsspielen, Überkreuzen der Körpermittellinie, Entwicklungsstand der Lateralität (welche Hand, welches Auge, Ohr, Bein wird bevorzugt) Hinweise aus Testverfahren KTK, CMV, MOT, LOS, FTM
Überprüfung der Feinmotorik im Handbereich	Beobachtungen Beobachtungen beim Schreiben, Beurteilung der Schrift, der Stifthaltung, des Schreibdruckes Geschicklichkeit beim Malen und Ausschneiden Hinweise aus Testverfahren Untertests des FEW, des DTVP-2, des FTM, des GMT
Im Mundbereich	Beobachtung der Mundmotorik, der Mundstellung, der Zungenstellung und deren Beweglichkeit, der Artikulation, der Salivation (Speichelfluss)
Fachärztliche Untersuchungen, Untersuchungen in einem Sozialpädiatrischen Zentrum (SPZ)	
Untersuchung der visuellen Verarbeitung	Untersuchung des Visus, des Gesichtsfeldes, der Akkommodation, des binokularen Sehens, der Okulomotorik
Untersuchung der auditiven Verarbeitung durch einen Pädaudiologen und/oder durch den örtlichen Sprachheildienst	Überprüfung der auditiven Sprachverarbeitung mit verschiedenen audiometrischen Verfahren z.B. Reintonaudiogramm (für akustische Verarbeitung), Sprachaudiogramme (für auditive Sprachverarbeitung) z.B. Freiburger Sprachtest, Uttenweiler dichotischer Hörtest, Überprüfung des Hörverständnisses unter Störschall, evtl. (bei Verdacht auf schwere Störungen) Untersuchung des Interstimulationsintervalles (ISI) zur Bestimmung der Ordnungsschwelle
Untersuchungen durch den Kinderarzt, evtl. den Kinderneurologen, den Kinderpsychiater	neurologische Untersuchung, EEG, evtl. neuropsychologische Untersuchung

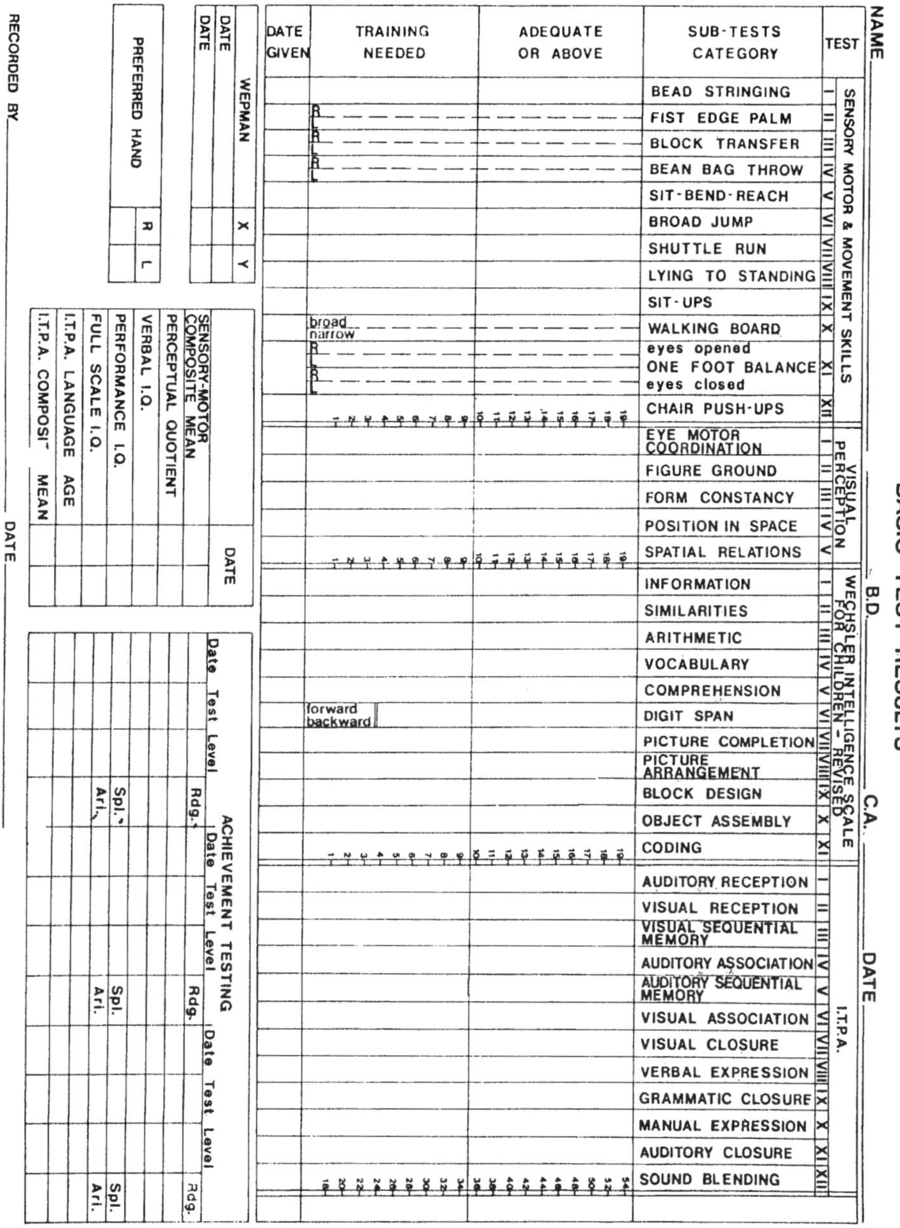

BASIC TEST RESULTS

NAME___ B.D.___ C.A.___ DATE___

TEST		SUB-TESTS CATEGORY	ADEQUATE OR ABOVE	TRAINING NEEDED	DATE GIVEN
SENSORY MOTOR & MOVEMENT SKILLS	I	BEAD STRINGING			
	II	FIST EDGE PALM		R L	
	III	BLOCK TRANSFER		R L	
	IV	BEAN BAG THROW		R L	
	V	SIT-BEND-REACH			
	VI	BROAD JUMP			
	VII	SHUTTLE RUN			
	VIII	LYING TO STANDING			
	IX	SIT-UPS			
	X	WALKING BOARD		broad narrow	
	XI	ONE FOOT BALANCE eyes opened / eyes closed		R L R L	
	XII	CHAIR PUSH-UPS	10 11 12 13 14 15 16 17 18 19	1 2 3 4 5 6 7 8 9	
VISUAL PERCEPTION	I	EYE MOTOR COORDINATION			
	II	FIGURE GROUND			
	III	FORM CONSTANCY			
	IV	POSITION IN SPACE			
	V	SPATIAL RELATIONS	10 11 12 13 14 15 16 17 18 19	1 2 3 4 5 6 7 8 9	
WECHSLER INTELLIGENCE SCALE FOR CHILDREN - REVISED	I	INFORMATION			
	II	SIMILARITIES			
	III	ARITHMETIC			
	IV	VOCABULARY			
	V	COMPREHENSION			
	VI	DIGIT SPAN		forward backward	
	VII	PICTURE COMPLETION			
	VIII	PICTURE ARRANGEMENT			
	IX	BLOCK DESIGN			
	X	OBJECT ASSEMBLY			
	XI	CODING	10 11 12 13 14 15 16 17 18 19	1 2 3 4 5 6 7 8 9	
I.T.P.A.	I	AUDITORY RECEPTION			
	II	VISUAL RECEPTION			
	III	VISUAL SEQUENTIAL MEMORY			
	IV	AUDITORY ASSOCIATION			
	V	AUDITORY SEQUENTIAL MEMORY			
	VI	VISUAL ASSOCIATION			
	VII	VISUAL CLOSURE			
	VIII	VERBAL EXPRESSION			
	IX	GRAMMATIC CLOSURE			
	X	MANUAL EXPRESSION			
	XI	AUDITORY CLOSURE			
	XII	SOUND BLENDING	36 38 40 42 44 46 48 50 52 54	18 20 22 24 26 28 30 32 34	

WEPMAN	X	Y
DATE		
DATE		

PREFERRED HAND	R	L

	DATE	
SENSORY-MOTOR COMPOSITE MEAN		
PERCEPTUAL QUOTIENT		
VERBAL I.Q.		
PERFORMANCE I.Q.		
FULL SCALE I.Q.		
I.T.P.A. LANGUAGE AGE		
I.T.P.A. COMPOSIT MEAN		

ACHIEVEMENT TESTING

Date Test Level	Date Test Level	Date Test Level
Rdg.	Rdg.	Rdg.
Spl.	Spl.	Spl.
Ari.	Ari.	Ari.

RECORDED BY___ DATE___

Abb. 47: Originalauswertungsformular nach Frostig

Basale Testergebnisse

							überprüfte Funktion
	unterdurchschnittlich		durchschnittlich		überdurchschnittlich		
T-Wert 20	30	40	50	60	70	80	**FEW**
							visuo-motorische Koordination
							Figur-Grund Unterscheidung
							Formkonstanz-Beachtung
							Erkennen der Lage im Raum
							Erfassen räumlicher Beziehungen
							auditive Diskrimination
T-Wert 20	30	40	50	60	70	80	
WP 1	4	7	10	13	16	19	**Hawik-III**
							Allgemeines Wissen
							Gemeinsamkeitenfinden
							Rechnerisches Denken
							Wortschatz-Test
							Allgemeines Verständnis
							Zahlennachsprechen
							Bilderergänzen
							Zahlen-Symbol-Test
							Bilderordnen
							Mosaik-Test
							Figurenlegen
							Symbolsuche
							Labyrinth-Test
WP 1	4	7	10	13	16	19	
T-Wert 20	30	40	50	60	70	80	**PET**
							Wortverständnis
							Bilder Deuten
							Sätze Ergänzen
							Bilder Zuordnen
							Gegenstände Beschreiben
							Gegenstände Handhaben
							Grammatik-Test
							Wörter Ergänzen
							Laute Verbinden
							Objekte Finden
							Zahlenfolgen-Gedächtnis
							Symbolfolgen-Gedächtnis
T-Wert 20	30	40	50	60	70	80	

Abb. 48a: Auswertungsformular nach Frostig (für deutsche Verhältnisse revidiert von M. Musumeci).

Basale Testergebnisse

								überprüfte Funktion
	unterdurchschnittlich		durchschnittlich		überdurchschnittlich			
WP	1	4	7	10	13	16	19	**DTVP-2**
								Eye-Hand Coordination
								Position in Space
								Copying
								Figure-Ground
								Spatial Relations
								Visual Closure
								Visual-Motor Speed
								Form Constancy
WP	1	4	7	10	13	16	19	
WP	1	4	7	10	13	16	19	**Hawik-III**
								Allgemeines Wissen
								Gemeinsamkeitenfinden
								Rechnerisches Denken
								Wortschatz-Test
								Allgemeines Verständnis
								Zahlennachsprechen
								Bilderergänzen
								Zahlen-Symbol-Test
								Bilderordnen
								Mosaik-Test
								Figurenlegen
								Symbolsuche
								Labyrinth-Test
WP	1	4	7	10	13	16	19	
T-Wert	20	30	40	50	60	70	80	**PET**
								Wortverständnis
								Bilder Deuten
								Sätze Ergänzen
								Bilder Zuordnen
								Gegenstände Beschreiben
								Gegenstände Handhaben
								Grammatik-Test
								Wörter Ergänzen
								Laute Verbinden
								Objekte Finden
								Zahlenfolgen-Gedächtnis
								Symbolfolgen-Gedächtnis
T-Wert	20	30	40	50	60	70	80	

Abb. 48b: Auswertungsformular nach Frostig (für deutsche Verhältnisse revidiert von M. Musumeci).

2. Heilpädagogische Folgerungen

2.1 Grundsätzliche Überlegungen

Die offensichtliche Zunahme von Lern- und Verhaltensstörungen bei Kindern und Jugendlichen zwingt zu einem Nachdenken darüber, ob wir im Kindergarten und in der Schule mit den gegenwärtigen pädagogischen Maßnahmen der Situation noch gerecht werden können. Angeregt vom Mainstreaming in den USA, das den gemeinsamen Unterricht von behinderten und nichtbehinderten Kindern unter Einbeziehung von Sonderpädagogen in Regeleinrichtungen empfiehlt, wurden in der BRD sogenannte integrative Maßnahmen ermöglicht. Danach kann ein Kind, das einer zusätzlichen und u.U. speziellen Hilfe bedarf, bis zu einer bestimmten Klassenstufe nach entsprechender sonderpädagogischer Überprüfung in einer Regelklasse unterrichtet werden. Dafür werden je nach Integrationsmodell eine bestimmte Anzahl von Stunden Einzelförderung durch einen Sonderpädagogen zur Verfügung gestellt. Auch für den Kindergartenbereich sind integrative Maßnahmen vorgesehen. Diese formalen Möglichkeiten sind allerdings an weitere organisatorische Voraussetzungen gebunden. So stehen u.U. einer generellen Durchführung einrichtungsintern manche Hindernisse im Wege. Aber selbst, wenn die Integration erfolgt, stellt sich die Frage nach dem inhaltlichen Vorgehen. Nur Engagement wird nicht genügen, aber ohne geht es auch nicht. Es ist erstaunlich, wieviel in der Praxis erreicht werden kann, allein durch die besondere Zuwendung für z.B. ein körperbehindertes „Integrationskind". Und es ist eindrucksvoll, welche Auswirkungen seine Einbeziehung auf das Miteinander innerhalb der Gruppe haben kann. Damit ist freilich nicht das Problem des inhaltlichen Vorgehens generell gelöst. Ein durchschnittlich begabtes Kind mit einer Körperbehinderung wird andere Hilfen benötigen als ein wahrnehmungs- oder ein entwicklungsverzögertes. Und was machen wir mit den Kindern, bei denen es schwierig wird, Art und Umfang des sonderpädagogischen Förderbedarfes *fest*zustellen, deren neuropsychologische Beeinträchtigungen nicht so ausgeprägt sind, dass ersichtlich wird, wo die besonderen Bedürfnisse liegen, und das dennoch Hilfe braucht, wenn die Schule „bewältigt" werden soll?

Diesen Fragen soll im folgenden nachgegangen werden, auch wenn sie hier nicht bis ins Einzelne geklärt werden können. Vielleicht ist das überhaupt nicht möglich, was aber nicht daran hindern soll, sie zu stellen.

In der Einleitung zu „Teilleistungsstörungen"[104] (Martinius, Hrsg., 1994) wird

[104] Auch in den Beiträgen dieses Buches wird nicht exakt zwischen den neuropsychologischen Beeinträchtigungen mit deren Ausdrucksformen unterschieden. In dem hier zitierten Abschnitt sind mit Teilleistungsstörungen Ausdrucksformen gemeint.

auf die Notwendigkeit eines gemeinsamen Austausches zwischen Ärzten bzw. Kinderpsychiatern und Pädagogen hingewiesen.

> In diesem Bereich (der Funktionsstörungen, Anm. der Autorin) ist im vergangenen Jahrzehnt durch die Forschung Neuland erschlossen worden, zu dem auch die Praxis nun Zugang erhalten soll. Dem steht manches an Hindernissen im Wege, weil das Konzept, das zu Teilleistungsstörungen entwickelt wurde, noch sehr im Theoretischen haftet und das „Lernfeld Schule" sich immer noch schwer tut mit der Öffnung gegenüber Konzepten und praxisrelevanten Erkenntnissen, deren angemessene Versorgung ein fächerintegrierendes Vorgehen voraussetzt. Darin fällt der Pädagogik die integrierende und zugleich am Detail arbeitende Rolle zu, die medizinische und neuropsychologische Aspekte einbezieht und annimmt.
>
> Die Realität der Versorgung von Kindern mit Teilleistungsschwächen, vor allem mit Legasthenie, hinkt noch weit hinter gesicherten Erkenntnissen zurück. Die späte Diagnose nach mehreren Schulbesuchsjahren ist die Regel, obwohl Risikokonstellationen für das Vorschulalter bekannt sind und spätestens mit der Einschulung Kinder mit erheblichen Teilleistungsstörungen identifiziert werden können. Schulische Hilfen fehlen vielerorts und außerschulische Hilfen sind mit Problemen der Kostentragung, ideologischen Auseinandersetzungen über Therapieindikationen und Unklarheiten der Therapeutenqualifikation belastet. Es ist höchste Zeit, hier überschaubare Positionen und klare Regelungen zu schaffen sowie anerkannte Weiterbildungen anzubieten.

Bei Kindern mit neuropsychologischen Beeinträchtigungen stellen sich die Erscheinungsformen im Einzelfall so unterschiedlich dar, dass es für die Arbeit mit ihnen eigentlich erforderlich ist, verschiedene „Instrumente" zu beherrschen, um nach Bedarf das eine oder andere einzusetzen. Deshalb wäre es eigentlich erforderlich, zu den jeweiligen Erfahrungen in einem der Interdisziplinarität des Problems entsprechenden Grundberuf Zusatz*qualifikationen* aus den Bereichen, welche die Neuropsychologie umfasst, zu erwerben, und das ist nicht in Kurzfortbildungen zu erreichen. Dafür bedarf es einer intensiven Weiterbildung nicht nur der außerschulischen Therapeuten sondern auch der ausgebildeten Sonder- und Heilpädagogen.

Ein mögliches Modell hierfür ist z.B. der Erwerb des Marianne Frostig Zertifikates, da die Arbeit nach Frostig Neuropsychologie und Pädagogik miteinander in hervorragender Weise integriert[105].

---

105 Informationen über die Ausbildung können bei der Internationalen Marianne Frostig Gesellschaft in 97084 Würzburg, Berner Str. 10, erfragt werden.

2.2 Modelle zur Förderung von Kindern mit neuropsychologischen Beeinträchtigungen

Die Darstellung der neuropsychologischen Zusammenhänge im Hinblick auf Lernen und Verhalten, wie sie hier gegeben worden sind, und die Betrachtung neuropsychologischer Beeinträchtigungen und ihrer Ausdrucksformen sollten befähigen, auf dem Hintergrund der jeweiligen pädagogischen Kenntnisse, nun selbst Folgerungen für den Umgang mit betroffenen Kindern zu ziehen. Es geht nicht darum, Rezepte zu vermitteln. Davon gibt es in der Fachliteratur reichhaltige Angebote. Es geht vielmehr darum, die neuropsychologischen Zusammenhänge in der jeweiligen Situation mit dem Kind zu berücksichtigen und für das eigene Vorgehen wirksam werden zu lassen. Vieles, was Pädagogen von ihrer Ausbildung her gelernt haben, kann dann zur heilpädagogischen Förderung dienen.

Im folgenden werden drei Modelle vorgestellt, die in ihrem Ansatz neuropsychologische Erkenntnisse enthalten: Der Ansatz von Felicie Affolter, der Ansatz von Marianne Frostig und der Ansatz von Maria Montessori. Des weiteren wird auf die Bedeutung der Psychomotorik hingewiesen, die eigentlich wie eine Klammer alle fördernden Bemühungen „zusammenhalten“ kann.

Der Ansatz von Félicie Affolter[106]

Félicie Affolter, die sich als Schülerin Piagets bezeichnet, der sie die Beobachtung des Kindes gelehrt habe, kommt aus der Pädagogik. An gehörlosen und hörgeschädigten Kindern konnte sie reichhaltige Beobachtungen machen, die zu vielen Fragen führten und sie zusammen mit einer Reihe von Mitarbeitern zum Forschen anregten.

> Die Forschung stützte sich auf die klinische Arbeit mit gehörlosen und sprachgestörten Kindern und hirngeschädigten Erwachsenen. Wir wandten dieses und jenes Arbeitsmittel an – beobachteten das Verhalten des Kindes/ Erwachsenen – analysierten – überlegten – formulierten Fragen – stellten Hypothesen auf – veränderten die Art und Weise unserer Arbeitsmittel und die Situationen ... Wir verglichen die Beobachtungen. Neue Fragen entstanden – neue Hypothesen. Die Fragestellungen wurden genauer. Systematische Untersuchungen begannen, die Langzeitbeobachtungen wurden umfangreicher.... (Affolter, 1987).

Sie kam dabei zu folgender Erkenntnis: Vergleicht man die Entwicklung eines Kindes mit der eines Baumes, so müssen bei einem wahrnehmungs-

[106] Nach Affolter, Wahrnehmung, Wirklichkeit und Sprache, 1987

gestörten Kind die *Wurzeln der gestörten Entwicklung* angegangen werden und nicht die *Auswirkungen*. Die Wurzeln der sensorischen und motorischen und darauf aufbauend der kognitiven Entwicklung sieht sie in der Fähigkeit, Sinnesreize zu Information zu verarbeiten. Daraus folgert sie

> ...dass mit „Nur-Warten" oder einfach mit einer Bereicherung der Umwelt (Riesen 1975) dem Wahrnehmungsgestörten nicht geholfen werden kann. Wir unterstrichen, dass auch Wahrnehmungsgestörte über Regeln verfügen, Ursachen und Wirkungen erkennen und deren Gesetzmäßigkeiten erfassen können. Sie sind darin kompetent. Der Informationsmangel aber verhindert, dass aus der Kompetenz eine Performanz[107] wird. Es kann höchstens eine Gewohnheit entstehen. Informationsarmut verhindert die Anpassung an sich verändernde Situationen.

Die Möglichkeit, dem Wahrnehmungsgestörten zu besserer Information zu verhelfen, sieht sie in einer intensiven Anregung der elementaren Wahrnehmungsfunktionen. Und da ist es die Kinästhesie, die nach ihren Forschungsergebnissen alle weitere sensorische und motorische Entwicklung bestimmt. Hier liegt in ihrem Ansatz der Schwerpunkt der Förderung. Wenn kinästhetische Erfahrung nicht zu Wahrnehmung verarbeitet werden kann, muss sie vom Therapeuten erfahrbar gemacht werden.

> Das geschieht durch Führen. Führen vermittelt Spürinformation. Gespürte Information über Widerstandsveränderungen innerhalb eines „Problemlösenden Geschehens" bleibt sich gleich, ob ich die dazu notwendigen Bewegungen selbst oder geführt ausführe. Die gespürte Information führt zu Verhaltensänderungen – zum Lernen. Die gespürte Information über die in „Problemlösenden Geschehnissen" enthaltenen Widerstandsveränderungen erlaubt es dem Wahrnehmungsgestörten, wichtige gespürte Interaktionserfahrungen zu machen und so sein Verständnis für gespürte „Problemlösende Geschehnisse" auszuweiten und zu verinnerlichen. Auf diese Weise kann ich mit dem Wahrnehmungsgestörten an „seiner Wurzel" arbeiten.

Der Ansatz von Marianne Frostig

Marianne Frostig versteht Erziehung und damit auch den Auftrag von Pädagogen im Zusammenhang mit der Verantwortung gegenüber der Menschheit. Im Vorwort ihres Buches „Education for Dignity" schreibt sie:

> Keine Erziehung kann wirkungsvoll sein, wenn sie nicht den Bedürfnissen des Kindes, den gegenwärtigen Bedürfnissen der Gesellschaft und den Be-

[107] Die Begriffe Kompetenz und Performanz stammen eigentlich aus der Sprachforschung. Hier können sie so verstanden werden, dass Kompetenz, das Erkennen von und Verfügen über Regeln, möglich ist, die Übertragung auf unterschiedliche Situationen im Sinne von Leistung = Performanz nicht.

> dürfnissen der zukünftigen Menschheit angepasst ist. Wenn die Bedürfnisse der Kinder nicht befriedigt werden, wird ihre Entwicklung verkümmern, wenn die Bedürfnisse der gegenwärtigen Gesellschaft nicht befriedigt werden, wird Erziehung sich nicht positiv auf das heutige Leben auswirken können, und wenn die Bedürfnisse der Zukunft nicht mit in Betracht gezogen werden, wird die Menschheit nicht überleben oder wenn, dann nur auf eine entwürdigende Weise (Frostig, 1976).

Kinder mit Problemen im Lernen oder Verhalten, Kinder mit neuropsychologischen Beeinträchtigungen, stellen den Pädagogen oder Therapeuten vor besondere Aufgaben. Wie die anzugehen sind und in welchem Zusammenhang das jeweilige Vorgehen zu verstehen ist, welche Theorien als Grundlage dafür dienen, ist in ihrer eigenen Literatur aber auch in den beiden Büchern „Frostig Integrative Therapie“ I und II (Lockowandt, Hrsg., 1994) nachzulesen. Die folgende Zusammenstellung basiert im Wesentlichen auf den Beiträgen in „Frostig Integrative Therapie I“ oder lehnt sich an sie an.

Frostig geht davon aus, dass das lernende Kind im Prozess des Lernens auf einem Weg zu einem Ziel fortschreitet innerhalb einer Umwelt, die diesen Prozess stets mitbeeinflusst. Der Pädagoge oder Therapeut, der das Kind dabei begleiten will, muss folgendes beachten:

1. Er muss das Kind auf das Lernen vorbereiten,
2. er muss die Ziele bestimmen,
3. er muss das Kind auf dem Weg halten,
4. er muss auf optimale Geschwindigkeit des Fortschritts achten,
5. er muss die verschiedenen Komponenten des Prozesses miteinander verbinden,
6. er muss eine Umwelt gestalten, die dem gesamten Prozess möglichst förderlich ist.

Zu 1. Vorbereitung

Optimales Lernen muss die Fähigkeitsformen des Kindes individuell berücksichtigen. Voraussetzung dafür ist zunächst eine gründliche Beurteilung, die die Richtung für einen Förderplan angibt (siehe Diagnostik). Neben der Schulung unzureichender Fertigkeiten sollen die Stärken des Kindes berücksichtigt werden. Durch entsprechende Motivation wird das Kind nach meist vielen Misserfolgserlebnissen neu zum Lernen ermuntert. Dazu gehören auch Überlegungen, welche Anforderungen das Kind erfolgreich wird bewältigen können. Die Bewertung der Leistungen soll individuell erfolgen.

Zur Vorbereitung auf das Lernen gehört auch die Anleitung zu einer angemessenen Lernhaltung. Sie ist nicht durch Reifung gegeben, sondern muss erworben werden.

Zu 2. Zielbestimmung

Hierbei ist einerseits zu beachten, dass auch für ein Kind mit Lernproblemen die allgemeinen Ziele der Gruppe verbindlich sind, andererseits müssen Ziele beachtet werden, die sich aus der Evaluation, der Einschätzung der neuropsychologischen Beeinträchtigungen, ergeben. Frostig vertritt hier die These, dass es wichtig ist, bei der Arbeit an den Förderzielen die für alle Kinder verbindlichen Ziele nicht aus den Augen zu verlieren, um der sozialen Isolierung vorzubeugen.

Zu 3. Selbstkontrolle

Um auf dem Weg, bei der Sache zu bleiben, bedarf es einer gewissen Kontrolle: Wo befinde ich mich? Das Bewusstsein dafür ist abhängig von der Wahrnehmung äußerer und innerer Reize. Und zu dieser Wahrnehmung sind neuropsychologisch beeinträchtigte Kinder nur unzureichend in der Lage. Deshalb bedarf es einer äußeren Rückmeldung durch den Pädagogen, das heißt einer äußeren Führung. Frostig geht davon aus, dass diese Kinder Schwierigkeiten haben „ihre Erfahrungen in einer Abfolge zu verbinden, und sie erkennen nicht die Beziehung zwischen dem vorhergehenden Verhalten und seinen folgenden Resultaten“ (vergl. Lockowandt, 1994). Hier sind Ordnungsstrukturen und Regeln eine Hilfe.

Zu 4. Temporegulierung

Ein großes Problem lernbeeinträchtigter Kinder ist ihre Langsamkeit. Es fehlt die Fähigkeit, mehrere Eindrücke gleichzeitig zu verarbeiten und dadurch Zusammenhänge herzustellen und ihnen zu folgen. Sie verlieren schnell den Faden und sind abgelenkt. Hier muss in kleinen Einheiten vorgegangen werden, Schritt für Schritt. Und die Größe und Anzahl der Schritte sollte gut an die Fähigkeit des Kindes angepasst sein. Oft haben sie die Aufgabenstellung verstanden, sind aber in der vorgegebenen Zeit nicht fertig geworden. In vielen Fällen könnten auch neuropsychologisch beeinträchtigte Kinder ihre Fähigkeiten in Leistungen darstellen, wenn man ihnen die nötige Zeit dazu ließe. Deshalb ist Individualisierung erforderlich.

Zu 5. Fundierung

Hierbei geht es um die Sicherstellung eines dauerhaften Lernerfolges. Der Pädagoge soll dafür Sorge tragen, dass die verschiedenen Komponenten der Erfahrung, des Lernprozesses, eine Verbindung miteinander eingehen.

Das wird immer dann geschehen, wenn bei einer Tätigkeit verschiedene Sinnesempfindungen miteinander integriert werden können. Und das wird wiederum vornehmlich dann der Fall sein, wenn das Lernangebot dem Kind etwas bedeutet. Affolter nennt es „problemlösendes Alltagsgeschehen“, in das sie die Förderangebote einbindet. Frostig wollte ihre therapeutischen „Trainingsangebote“ – wenn möglich – ebenfalls in einen größeren Zusammenhang eingebettet sehen, mit einer Handlung, einem Spiel, einer Phantasie in Verbindung gebracht haben. In diesem Zusammenhang ist sie leider vielfach nicht verstanden worden.

Zu 6. Strukturierung

Lernbeeinträchtigte Kinder brauchen Begrenzungen. Eine Strukturierung des Raumes, des Klassenzimmers, des Arbeitsplatzes gibt Sicherheit. Innerhalb einer strukturierten Umgebung, in der auch alles seinen Platz hat, kann es Gelegenheit zum wenigstens zeitweisen selbsttätigen und selbstverantwortlichen Lernen geben. Der Lehrer sollte sich dabei im Hintergrund halten, die Kinder sollten sich aber untereinander helfen dürfen. Dazu bedarf es auch didaktischen Materials, z.B. ausgewählter Lernprogramme, die eine eigene Kontrolle ermöglichen. Für manche Kinder wird für bestimmte Tätigkeiten der Arbeitsplatz so organisiert sein müssen, dass er wenig Ablenkung zulässt. Gedacht ist dabei an die Kinder, die sich von jedem Reiz stören lassen. Hier wird z.B. für stilles Lesen eine reizarme Umgebung empfohlen. Sie lässt sich leicht mit einem dreiseitigen Pappschirm herstellen.

Immer wieder betont Frostig die Bedeutung der Individualisierung, und sie weist auf die Notwendigkeit hin, dass der Pädagoge Kenntnis vielfältiger Methoden besitzen und sie in der entsprechenden Situation angemessen anwenden sollte. Besonders interessant sind ihre Gedanken zur Durchführung der Förderangebote. Sie fasst sie zusammen unter dem Stichwort

> Systematisierung
> Man muss systematisch dem folgen, was man zu tun entschieden hat. Es sollte keine Unterbrechung geben, nicht einmal durch solche Dinge wie spezielle Aufführungen und Versammlungen. Die Zeit des Kindes zum Lernen sollte eine bestimmte Zeitspanne des Tages betragen, mindestens zwei bis zweieinhalb ununterbrochene Stunden. Alles, was im weitesten Sinne Erholung ist (obwohl sie für das Kind sehr hilfreich sein kann), sollte später erfolgen, denn sonst ist die Erziehung unsystematisch, und es werden viele Dinge vernachlässigt. Keine Methode der Diagnose oder Behandlung wird erfolgreich sein, wenn sie in einer schlampigen Art und Weise durchgeführt wird. Unterricht muss systematisch, gut geplant und strukturiert sein. Auch Wiederholung muss systematisch sein, obwohl sie in unterschiedlicher Weise ausgeführt wird, um Langeweile und Gewöhnung zu vermeiden. Alle Fertigkeiten

und jeder gelehrte Inhalt müssen in das, was vorher gelehrt wurde, integriert werden (Lockowandt 1994, S.178 u.197).

Frostig geht hierbei von der Arbeit in ihrem Zentrum aus. Warum sie auf Systematisierung einen derartigen Wert legt, ist aus ihrem neuropsychologischen Verständnis zu erklären. Bei der Behandlung solcher Verhaltens- oder Lernstörungen die als Ausdrucksformen neuropsychologischer Beeinträchtigungen zu verstehen sind, geht es darum, Teilglieder innerhalb eines größeren Systems zu bahnen oder das System als Ganzes funktionsfähiger zu machen. Dazu ist aber eine gewisse Kontinuität erforderlich. Sonst zerfallen bereits angeregte Funktionen wieder. Der Vergleich mit Feuerwehrschläuchen ist dafür immer hilfreich. Wenn das Wasser abgestellt wird, fließt in ihnen nichts mehr. Innerhalb der zu fördernden neuropsychologischen Funktionen soll aber (im Gegensatz zu den Feuerwehrschläuchen) etwas in Fluss kommen und im Fluss *bleiben*. Und wer kennt als Lehrer nicht die Tatsache, dass bei einigen Kindern, das, was sie vor den Sommerferien gekonnt haben, bei Schulbeginn wieder versickert ist? Manchmal kann man das schon nach einem Wochenende erleben. Das hat sicher auch etwas mit einer beeinträchtigten Speicherfähigkeit zu tun. Um so wichtiger ist dann die Kontinuität in der Förderung.

Neben den formalen und den inhaltlichen Aspekten geht es Frostig aber ganz wesentlich um die zwischenmenschliche Beziehung:

> **Die innere Beteiligung des Lehrers**
>
> Die letzte Bedingung für maximalen Erfolg (...) ist die innere Beteiligung. Eine sorgende Einstellung kann nicht ohne innere Beteiligung erreicht werden. Heutzutage ist die innere Beteiligung nicht modern, aber ohne innere Beteiligung werden wir scheitern. Gefühle werden als sentimental abgewertet, anstatt als wesentlicher Teil der Humanität zu gelten, der ausgebildet und entwickelt werden sollte, sowohl in uns als auch bei den Schülern. Oft braucht auch der Lehrer die Ausbildung seiner Gefühle (S.199).

Im Hinblick auf Gedanken über Maria Montessori sagt sie:

> Ich habe Montessoris Glauben erwähnt, dass die Zukunft der Menschheit von der Erziehung abhängt und dass das Ziel der Erziehung die Liebe sei. Obwohl die Gefahr besteht, dass ich mich dem Vorwurf der Unwissenschaftlichkeit aussetze, muss ich feststellen, dass ich Montessori zustimme.

Der Ansatz von Maria Montessori

Maria Montessori war zunächst Ärztin und ist über die Beobachtung an geistig behinderten Kindern in einer psychiatrischen Klinik in Rom zur allgemeinen Pädagogik gekommen. Aufgrund eines Erlebnisses mit diesen Kindern kam sie auf den Gedanken, dass der diagnostizierten geistigen Behinderung möglicherweise extreme Sinnesschwächen zugrunde liegen könnten. Vielleicht würden wir das heute als Deprivationsschäden oder als extreme Entwicklungsverzögerungen bezeichnen. Das Erlebnis motivierte sie, sich intensiv mit der Bedeutung der Verarbeitung von Sinnesempfindungen und ihrer Auswirkungen auf Lernen und Verhalten auseinanderzusetzen, und zwar insbesondere durch das Studium der Schriften von ITARD und SÉGUIN, Pädagogen, die sich vor ihr mit der Erziehung und dem Unterricht von Sinnesgeschädigten beschäftigt hatten. Sie erhielt von ihnen nicht nur viele Anregungen zum erzieherischen Umgang mit diesen Kindern, sondern auch zur Herstellung von didaktischen Materialien. Aus ihren Erfahrungen, die sie zunächst an geistig behinderten, später auch an gesunden Kindern machen konnte, entwickelte sie eine neuartige Erziehungslehre, die sich schnell verbreitete. Wegen ihrer noch immer aktuellen Bedeutung sowohl für neuropsychologisch beeinträchtigte, aber auch für gesunde Kinder werden folgende Aspekte aufgeführt (vergl. Montessori 1980):

die Polarisation der Aufmerksamkeit,
die Erziehung der Sinne,
die vorbereitete Umgebung.

Die Polarisation der Aufmerksamkeit

> Die Ordnung des psychischen Lebens setzt mit dem charakteristischen Phänomen der Aufmerksamkeit ein.

Diese Erkenntnis war Montessori aufgrund der Beobachtung eines dreijährigen Kindes gekommen, das, ohne sich stören zu lassen, über einen unverhältnismäßig langen Zeitraum mit dem Einsetzen kleiner Zylinder in einen Block mit entsprechenden Vertiefungen beschäftigt war. Sie vergleicht den Eindruck, den dieses Phänomen bei weiteren Beobachtungen an Kindern auf sie machte, mit einer Entdeckung. Sie hatte entdeckt, dass „...jedesmal, wenn eine Polarisation der Aufmerksamkeit stattfand, das Kind anfing, sich vollständig zu ändern, ruhiger, man könnte fast sagen intelligenter und mitteilsamer zu werden."

Das Phänomen der Polarisation der Aufmerksamkeit wird heute von der Neuropsychologie bestätigt. Jeder neue oder bedeutsame Reiz löst eine Aktivierungsreaktion aus. Dies führt zu erhöhter Wachheit des Bewusstseins und äußert sich in einer Reihe von Veränderungen physiologischer Art, wie z.B. der Atmung, der Blutfülle der Gefäße, der galvanischen Hautreaktion und dem EEG. Nachdem die Symptome der Aktivierung einige Zeit angehalten haben, erlöschen sie allmählich. Nach zehn- bis fünfzehnmaliger Wiederholung desselben Reizes tritt bereits das Phänomen der Gewöhnung, der Habituation, ein. Wird ein neuer Reiz angeboten oder bei

Veränderung irgendwelcher Anteile des alten, tritt die allgemeine Aktivierung wieder auf. Das Regenerieren dieser Aktivierung durch einen Reiz, der Signalbedeutung erhalten hat, kann so stabil und spezifisch sein, dass Reaktionen auf alle Nebenreize gehemmt werden, so dass selbst physikalisch stärkere Reize ohne Signalbedeutung bleiben.

Grundlage der Montessoripädagogik ist die Erziehung der Sinne.

> ...Übungen der Sinne schaffen die Grundlage, auf der eine klare und kräftige Geisteshaltung aufgebaut werden kann. Außerdem gibt die Erziehung der Sinne die Möglichkeit, Mängel zu entdecken und vielleicht auch zu heilen, die heutzutage in den Schulen unbemerkt bleiben.

Montessori hatte beobachtet, dass Aufmerksamkeit und Konzentration durch Sinnesreize ausgelöst werden. Auf dieser Erkenntnis aufbauend entwickelte sie eine Methode, wie die einzelnen Sinnesempfindungen der Sensorik und Motorik zu fördern und zu integrieren seien. Ihre pädagogischen Ziele gehen aber über das Üben von Einzelfunktionen hinaus. Da nach ihrer Beobachtung durch Konzentration alle psychischen Kräfte gesammelt und gebunden werden, wirkt sich das Tun auch auf die Arbeitshaltung und insgesamt auf die psychische Entwicklung aus.

Bei der Schulung der Sinne handelt es sich um das gezielte Anbahnen und Einschleifen von Funktionen zum stufenweisen Aufbau funktioneller Systeme. Auf unterer Ebene geht es dabei mehr um modalitätsspezifische Prozesse, auf höherer Ebene um solche integrativer Art. Wenn Montessori betont, dass die Auswahl der äußeren Stimuli auf experimentellem Wege bestimmt werden müsste, so ist damit gemeint, dass dem Grad der neurologischen Organisation des Gehirns entsprechend Reize angeboten werden, damit diese Prozesse auslösen, die ihrerseits wieder die Voraussetzung für weiteres Reifen darstellen.

Dem Prozess der individuellen Reifung entspricht Montessoris Beobachtung von sensiblen Phasen, innerhalb derer ein Kind für die Stimulierung und Förderung bestimmter Funktionen besonders empfänglich ist. Je zeitgerechter bestimmte Lernangebote gemacht werden, umso erfolgreicher ist das Lernen.

Die Erziehung der Sinne geschieht bei Montessori über das Handeln und Tätigsein. Unter neuropsychologischem Gesichtspunkt stehen Tätigkeit, Emotion, Motivation und Wollen über die Retikularisformation und das limbische System sowie die Frontallappen in enger Beziehung zueinander. Daher meint Montessori, kann eine Erziehung der Sinne auch auf diese Bereiche Einfluss haben.

Der Erziehung der Sinne dient eine vorbereitete Umgebung.

> Die psychische Entwicklung organisiert sich mit Hilfe von äußeren Anreizen, die auf experimentellem Wege bestimmt werden müssen.

Die äußeren Anreize zur Erziehung der Sinne finden sich in der Umgebung des Kindes, deshalb muss diese so gestaltet sein, dass sie alles enthält, was dem Reifungsgrad des Kindes angepasst ist und die Entwicklung fördern kann. Zu einer vorbereiteten Umgebung gehören als Angebote und Anreize zum individuellen und sozialen Lernen

> Materialien, die nach Qualität, Quantität und Zweck bestimmt werden müssen und eine Fehlerkontrolle enthalten sollen,
>
> ein Klassenzimmer, dessen Einrichtung den Verhältnissen des Kindes angepasst ist und zu Ordnung, Rücksicht und Behutsamkeit erzieht,
>
> die Freiheit der Wahl der Mittel und die Selbstbestimmung,
>
> eine Atmosphäre, in der die Lust zu arbeiten von einem Kind auf das andere übergeht,
>
> Übungen des täglichen Lebens.

Vom Pädagogen erwartet Montessori, dass er dem Kind emotional zugewandt und zur Aufnahme von Beziehung zu und Bindung mit dem Kind bereit ist. Er sollte weiter im ständigen Beobachten des Kindes und im Prüfen seiner jeweiligen Bedürfnisse geübt sein und nach dem Grundsatz: „Hilf mir, es selbst zu tun“, in dieser Hilfestellung zur Verfügung stehen.

Die Förderung der Wahrnehmungsverarbeitung erfolgt durch Tätigkeiten und Handlungen in einer Umgebung, die entsprechend Reiz-voll ist, deren Reize aber begrenzt angeboten werden. Montessori bezeichnet dieses begrenzte Anbieten als Isolierung der Schwierigkeiten. Nach neuropsychologischem Verständnis lassen sich die experimentell erworbenen Kenntnisse Montessoris auf dem Hintergrund der Afferenzsynthese und des Handlungsakzeptors verstehen. Danach wird eine Handlung einmal durch spezifische Reize ausgelöst, bei Montessori durch bestimmte Materialien. Zum anderen führt nach ANOCHIN die Umgebung selbst zu einer Vor-Auslöser-Integration von Nervenprozessen, einer Umgebungsafferentation. Damit wird die Umgebung selbst ein wichtiger Auslöser für Afferentationen, das heißt für die Aufnahme von Sinnesreizen. Deshalb wird der Ordnung und Strukturiertheit auch besondere Bedeutung zugemessen.

Montessori erkennt und betont die weitreichenden Auswirkungen, welche das Ausführen gezielter Handlungen und Tätigkeiten auf das Kind haben.

Besondere Bedeutung legt sie der Willensbildung bei, die durch die Erziehung der Sinne über das Handeln beeinflusst wird. Das frühzeitige Einüben selbsttätigen Handelns, des Sich-Entschließens und des Entscheidens wird zunächst verinnerlicht und im Gedächtnis als Erfahrung gespeichert. Es entwickeln sich Verhaltensmuster, die auf einer höheren Stufe als Orientierungsgrundlage für selbsttätige Handlungen dienen.

Zusammenfassung

Die drei Modelle, die hier als Beispiele für eine Förderung von neuropsychologisch beeinträchtigten Kindern vorgestellt wurden, haben gemeinsam, dass sie in ihrem Vorgehen an den Grundlagen der kindlichen Entwicklung, der Wahrnehmungsverarbeitung, ansetzen. (Dabei soll Entwicklung natürlich nicht als auf diesen Bereich beschränkt verstanden werden.)

Affolters Therapieform ist aus der Erfahrung und in der Arbeit mit wahrnehmungsgestörten Kindern entwickelt worden und richtet sich vor allem an solche mit Hör- und/oder Sprachbehinderungen.
Der Schwerpunkt der Förderung liegt im Bereich von *Therapie*.

Frostigs Ansatz richtet sich an „Kinder mit besonderen Bedürfnissen" (wobei an Kinder mit neuropsychologischen Beeinträchtigungen zu denken ist), im weiteren Sinne an solche mit Lern- und/oder Verhaltensstörungen
Der Schwerpunkt der Förderung liegt in der klinischen *Heilpädagogik*[108].

Montessori hat den Impuls zu ihrer Erziehungslehre zwar durch schwachsinnige Kinder bekommen, sie dann aber auf gesunde Kinder angewendet.
Der Schwerpunkt liegt in der allgemeinen *Pädagogik.*

Bei einer wie hier verkürzten Darstellung dieser drei Modelle kann es leicht zu Missverständnissen und Fehleinschätzungen der Bedeutung des jeweiligen Ansatzes kommen. Die Situation an unseren Kindergärten und Schulen erfordert aber neue *Sicht*weisen von Erziehung. Das heißt, als Pädagogen müssen wir *sehen* lernen, was Kinder heute brauchen, und wir müssen über Grundkenntnisse aus verschiedenen Bereichen verfügen, damit wir unsere Beobachtungen einordnen können. Sie werden nicht in jedem Falle gradlinig auf neuropsychologische Verursachungen zurückzuführen sein. Die Familie, das Umfeld, die Schule mit Lehrern und Mitschülern stellen ein Bezugssystem dar, in das das Kind eingebettet ist und durch das es (leider immer noch zu häufig negativ!) beeinflusst wird. Alle, die mit Kindern zu tun haben, werden lernen müssen zusammenzuarbei-

---

[108] Frostig selbst hat die Aufgabe des Pädagogen mit verschiedenen Begriffen benannt (Lockowandt 1993), für die deutsche Sprache benutzte sie in ihren Kursen den Begriff Heilpädagogik.

ten. Das betrifft die Ärzte, die Therapeuten verschiedener Richtungen, die Psychologen und die Pädagogen. Was in anderen Ländern, vor allem den englischsprachigen, bereits üblich ist, sollte bei uns nicht unmöglich sein.

Der Ansatz der Psychomotorik

M. Neuwirth

Die Psychomotorik gilt als besondere Form der Bewegungserziehung, wobei hier die Bewegung zur Unterstützung und Anbahnung von Entwicklungsprozessen gezielt eingesetzt wird. In Deutschland wurde die Psychomotorik in erster Linie von Ernst J. Kiphard entwickelt. Seit Mitte der 50er Jahre wurde sie als „Psychomotorische Übungsbehandlung" in der klinischen Kinderpsychiatrie eingeführt. Wie die Entwicklung von Konzepten in der Psychomotorik seitdem zeigt, ist sie keine abgeschlossene Methode, sondern stellt sich als dynamischer Prozess dar. Versuchten die PsychomotorikerInnen zunächst durch gezieltes und variiertes Wahrnehmungs- und Bewegungslernen diese Prozesse zu fördern, wurden diese Grundgedanken ausgeweitet mit dem Ziel einer verbesserten Handlungsfähigkeit und der Einflussnahme auf die Entwicklung der Gesamtpersönlichkeit.

Neue Konzepte sehen die Psychomotorik als einen Freiraum an, "in dem sich Kinder symbolisch ausdrücken können, weil nur durch diesen Ausdruck das kindliche Selbst gestärkt werden kann" (Seewald, 1993, 192). Die Verbesserung der Motorik und Wahrnehmung geschieht hier „beiläufig" (ebd.), indem bei den Kindern eine größere Bewegungs- und Experimentierfreude ausgelöst wird. Die Förderung der Persönlichkeit durch den symbolischen Ausdruck, die „Selbstvergewisserung" ist das Ziel dieses „verstehenden Ansatzes".

Die Bewegung als Grundlage der Handlungs- und Kommunikationsfähigkeit des Menschen ist Ausdruck der neurophysiologischen und neuropsychologischen Prozesse und der Persönlichkeit. Die Entwicklung des Kindes (Spracherwerb, kognitive Leistungen, soziale Handlungsfähigkeit u.a.) basiert also auf motorischen Erfahrungen. Wahrnehmen (Erleben und Verarbeiten) und Bewegen sind als eine Einheit zu betrachten.

Die Psychomotorik betrachtet den Menschen in seiner Gesamtheit. „Der Begriff >Psychomotorik< kennzeichnet die funktionelle Einheit psychischer und motorischer Vorgänge, die enge Verbindung des Körperlich – Motorischen mit dem Geistig – Seelischen" (Zimmer/Circus, 1987, 33). Der Grundsatz der Ganzheitlichkeit ist bestimmend. Folglich geht es bei der Förderung nicht um die Entwicklung isolierter Teilfunktionen.

Kinder gestalten selbst (mit und ohne Anregung) Bewegungs- und Spielsituationen: beim Rollbrettfahren, beim Pedalofahren, beim Trampolinspringen, bei der Akrobatik, bei dem Bauen von Bewegungsbaustellen usw. Psychomotorische Übungsgeräte, wie z.B. Pedalos und Rollbretter zeichnen sich durch einen hohen Aufforderungscharakter aus und regen zu vielseitigen Bewegungsaktivitäten an. Die Materialien (psychomotorische Übungsgeräte auch in Kombination mit traditionellen Sportgeräten) werden variabel eingesetzt. Im Vordergrund stehen die Freude an der Bewegung, die Phantasie und die Eigenaktivität. Ansatzpunkte sind die Stärken und Fähigkeiten des Kindes und nicht seine Schwächen und seine Defizite. Durch das zunehmende Vertrauen in sich und die eigenen Fähigkeiten begibt sich das Kind nun in neue Bewegungssituationen und neben vielfältigen Wahrnehmungs- und Bewegungserfahrungen wird das Gleichgewichtssystem angeregt und dadurch auch die Beweglichkeit und die Koordination. Zudem lernt das Kind eine Handlung zu planen, durchzuführen und sieht den Erfolg seines Tuns. Das Kind erlebt sich als Akteur.

2.3 Gedanken zur Praxis

Beispiel einer graphomotorischen Förderung unter psychomotorischen Aspekten

M. Neuwirth

Ziele und Inhalte einer graphomotorischen Förderung unter „psycho“-motorischen Aspekten sind nicht vordergründig die Arbeit mit Stift und Papier, sondern das freudvolle Erleben am Tun mit der Hand. Schüler, die uns mit graphomotorischen Schwächen vorgestellt werden, sollen nun nicht auch noch in der Therapie ständig auf ihr „Defizit“ gestoßen werden, sondern ihre Hände und deren Möglichkeiten in ihrer Vielfalt erleben. Daraus erhoffen wir uns eine Förderung der Handgeschicklichkeit und eine Verbesserung der Graphomotorik.

Der Fall B.

Der dreizehnjährige B. wurde mit 11 Jahren in unserem Institut aufgrund seiner „schlechten Handschrift“ und seiner „Rechtschreibfehler“ vorgestellt. Aus dem Beratungsgespräch ergibt sich: B. hat als Kleinkind aufgrund einer schweren Hypotonie Krankengymnastik nach Bobath erhalten. Feinmotorische Arbeiten wie Basteln, Schneiden, Kleben verrichtet er nur ungern. Das Schuhebinden fällt ihm noch immer schwer. B. schreibt mit der rechten Hand, aber die Händigkeit bildete sich spät aus, er benutzte sehr lange die linke Hand als dominante.

Aufgrund einer Rechts-Links-Unsicherheit in der Familie lässt sich vermuten, dass B. kein eindeutiger Rechtshänder ist. Seine Lateralität ist nicht ausgeprägt. Hierfür spricht auch die Beobachtung, dass er Buchstaben wie b und d, die sich nur aufgrund der Richtung unterscheiden, oft verwechselt. Auch das Fragezeichen schreibt er nicht von links nach rechts, sondern von rechts nach links. Es zeigt sich, dass er bis heute bei großmotorischen wie auch feinmotorischen Aktivitäten unsicher ist. Aus den Untertests des HAWIK-III geht hervor, dass B. Schwierigkeiten bei Aufgaben hat, die eine Reproduktion von Gestalten und Formen zum Inhalt haben. Möglicherweise kann er eine Gestalt nicht in ihrer Gesamtheit erfassen.

Ansatz der graphomotorischen Förderung

B.'s Eltern kamen mit dem Wunsch, die Feinmotorik und die Rechtschreibung zu verbessern. Ziel der Therapie ist zunächst, etwas für die Fein- und Graphomotorik zu tun, damit B. dann Wortbilder korrekt speichern kann. Normalerweise wäre eine psychomotorische Förderung hinsichtlich der Großmotorik als erstes angezeigt. B. hatte aber seit fünf Jahren an einer psychomotorischen Therapie teilgenommen, so dass es nun sinnvoll ist – auch unter Berücksichtigung des schulischen Drucks – gezielt an der Verbesserung der Schrift zu arbeiten.

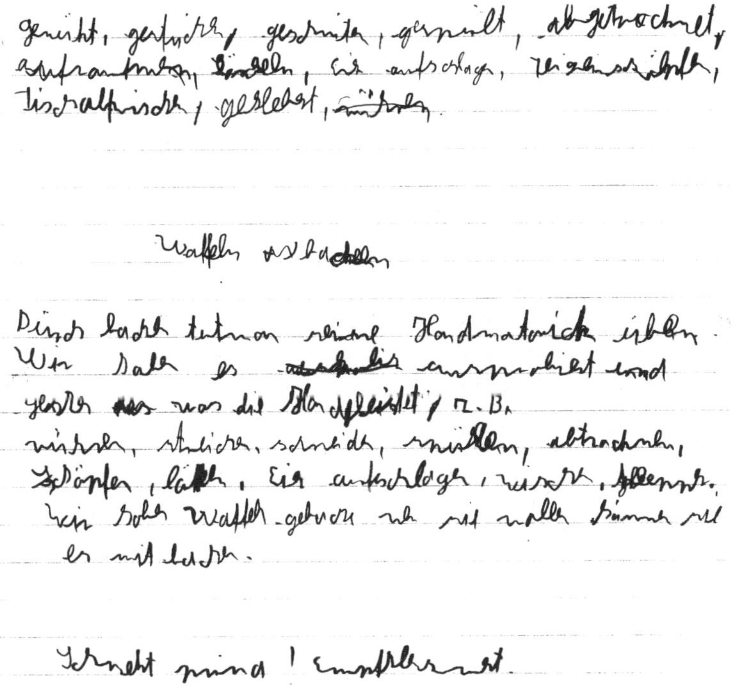

Abb. 49: Schriftbild zu Beginn der Therapie

Eine gute Möglichkeit dafür liegt in dem Einsatz von Jongliergeräten, die einen großen Aufforderungscharakter für Kinder und Jugendliche haben. Insbesondere leicht zu erlernende Jongliergeräte, die mit schnellem Erfolg einzustudierende Tricks ermöglichen, sind hier angezeigt. Jongliertücher, der Jonglierteller, AstroJax (eine Kombination aus Yo-Yo, Jonglierbällen und Lasso) und das Diabolo sind geeignete Materialien. Wir begannen mit dem Diabolospiel als Anfangsphase einer Therapieeinheit Bei den Jongliertellern, dem AstroJax und dem Diabolo sind es erst die kleinen und feinen Impulse der führenden Hand, die das Gelingen ermöglichen. Das Erlernen des Jonglierens mit dem Diabolo ist nicht nur für die Kinder und Jugendlichen sehr motivierend, viele Erwachsene haben damit ein neues Hobby entdeckt. Das Diabolo wird durch eine Schnur in Rotation versetzt. Das „Antreiben" wird durch die „Treibhand", die dominante Hand, erledigt, die schnelle Auf- und Abwärtsbewegungen schlagen muss. Das Hochwerfen und das Fangen des Diabolos auf der Schnur ist nun der erste Trick, der B. lange nicht gelang. Es ist eine Tätigkeit, die neben der Auge-Hand Koordination, vor allem die Koordination beider Hände erfordert. B. hatte aber – trotz seiner Schwierigkeiten – solch einen Spaß an dem Diabolo bekommen, dass er mittlerweile selbst eines hat und nun zu Hause damit spielt.

Bild 1

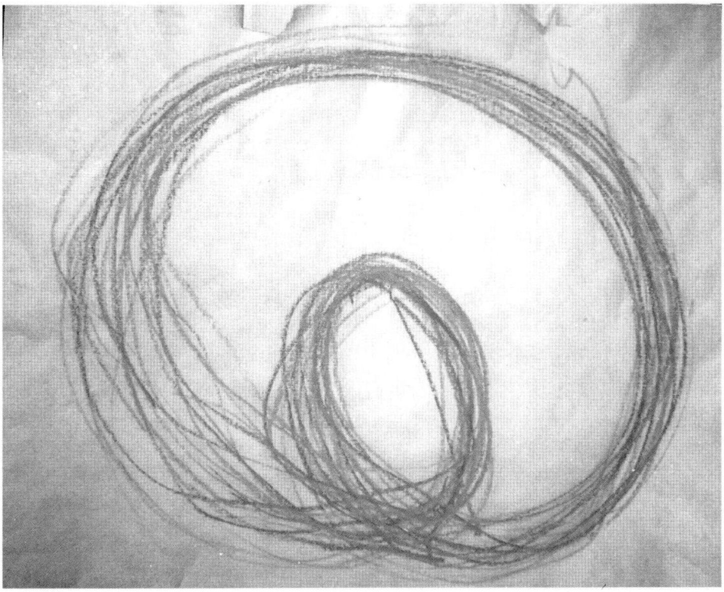

Bild 2

Bild 3

Parallel zu dieser Einheit wurde das großflächige „Schwungzeichnen" auf einem Zeichenbrett zu einer Musik im Takt angeboten. Zunächst sollte B. ohne Vorgaben Schwünge mit verschiedenfarbigen Wachsfarbstiften ziehen. In späteren Therapieeinheiten wurden bestimmte geometrische Formen vorgegeben, wobei Formen mit Überschneidungen z.B. die Brezel das Endziel bildeten. B. stand in der Mitte einer Staffelei, damit er aus seiner Körperlängsachse heraus zeichnete und hierbei seine Körpermittellinie überkreuzte. Die Musik galt als Unterstützung der Bewegung, um das In-Schwung-kommen zu unterstützen.

Ging es zunächst um Bewegungen aus dem Ellenbogen, Bewegungen des Unterarms und der Hand als Ganzes bzw. der Hand- und Armmuskulatur, so wurde nun versucht, kleinere und differenziertere Muskelgruppen zu aktivieren.

Hier eine Vorstellung kurzer Einheiten, die in die Therapiestunden eingeflochten wurden:

- Zur Stärkung und Koordination der Finger-, Hand- und Vorderarmmuskulatur ist das Spiel mit den Qi Gong-Kugeln sehr hilfreich. B. liebte diese Kugeln, benutzte sie auch zu Hause und übte mit seinem Bruder und mit Freunden. Er beherrscht das Spiel mit der rechten Hand besser.
- Um die Drehfähigkeit des Handgelenks zu verbessern, wurde das "Karateturnen" gespielt (ZAPKE 1994, S. 148, 2001, S. 170). Diese Übung machte B. besonders im Wettkampf Spaß.
- Die Förderung der taktil-kinästhetischen Wahrnehmung in den Fingerspitzen, eine wichtige Voraussetzung für den Schreibprozess, kann durch Kleister-, Tonarbeiten oder mit Rasierschaum erreicht werden. Bei B. setzte ich den Rasierschaum ein. Wir begannen, indem wir ihn auf den Tisch oder auf die offene Hand sprühten. B. hatte es gern, ihn in seiner Hand zu behalten und zu „knatschen". Der Rasierschaum wurde dann auf der Tischplatte verteilt, und große und kleine Schlangenlinien, Kreise, Schnecken usw. wurden hinein gezeichnet. Auch die Drehbewegung aus dem Handgelenk, um Kreise herzustellen, konnte mit beiden Händen gemacht werden. B. gefiel diese Einheit am besten: "Ich liebe Rasierschaum!".

Förderdiagnostisch wurden die Beobachtungsübungen von Naville und Marbacher (1991) eingesetzt, die weiter Aufschluss gaben, wo B.'s Schwächen liegen. Er hat Schwierigkeiten mit Strichen in runden Formen, was sich in Kreisen, Kreisbögen und Spiralstrichen zeigte. Insbesondere fließende Übergänge fallen ihm schwer. Dem anschließenden graphomotorischen Trainingsprogramm von Naville und Marbacher (1991) stand B. eher ablehnend gegenüber, wohingegen er große Freude hatte, mit einer Feder und Tinte parallele gebogene Linien auf ein Papier zu zeichnen. Er ist nun gegen Ende der Therapiestunde dabei, die daraus entstandenen Zwischenfelder auszumalen, wobei er sich bei der Gestaltung seines Bildes größte Mühe gibt. Sein Bild bedeutet ihm viel. Es erwies sich als hilfreich, ihn selbst etwas kreieren zu lassen und die Anregungen dazu aus graphomotorischen Übungsprogrammen (Naville und Marbacher 1991, Schilling 1983) zu ziehen.

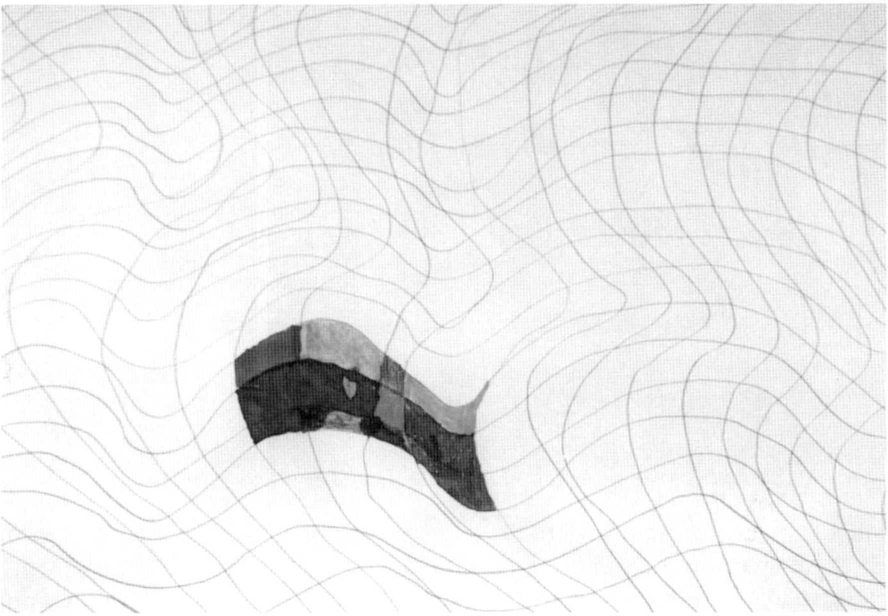

Bild 4

Als weiteren Schritt auf dem Weg zur Arbeit mit Papier und Stift schrieb B. kleine Abschnitte auf dreifach farbig liniertem Papier. Hierzu hatte ich den Rand der oberen und unteren Linie mit einem Korrekturband abgeklebt. Es wurde ein kleiner Abschnitt diktiert und die Aufforderung war nun, bei Buchstaben mit Ober- und Unterlängen an das Korrekturband zu stoßen und sich beim Schreiben vor allem Zeit zu lassen. B. war sehr fasziniert von seiner veränderten, in die Länge gezogenen Handschrift. Heute schreibt er weiterhin auf diesem linierten Papier, jedoch ohne den abgeklebten Rand der oberen und unteren Linien. Die Auswahl der diktierten

Texte waren kleine Geschichten aus dem Leben von Tieren von Janosch (1981) und aus B.'s Lieblingsbuch über „Star Wars" (B. ist Star Wars Fan). Der Spaß an der Geschichte und die Spannung, wie es nun weitergeht, sollen im Vordergrund stehen, da das Diktat bei den Schülern mit Rechtschreibschwierigkeiten oft negativ besetzt ist.

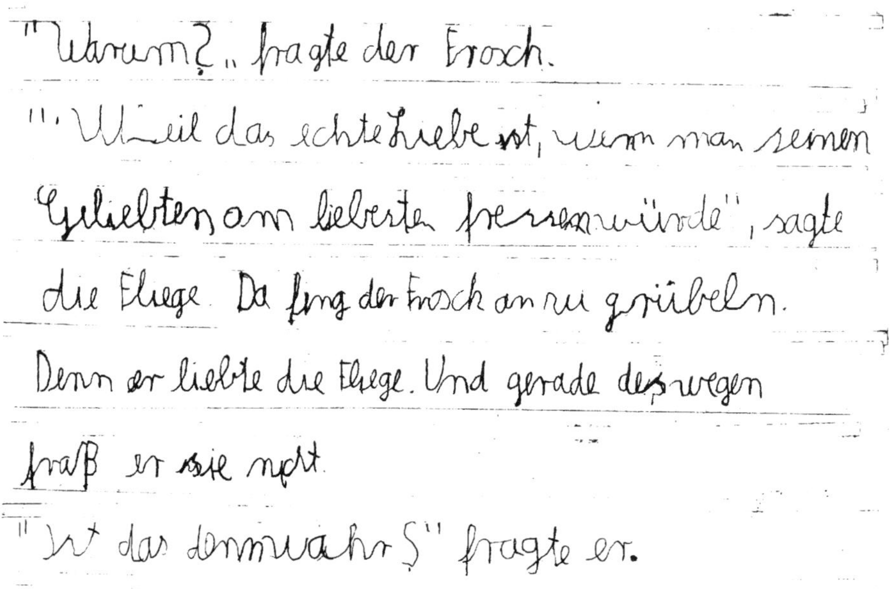

Abb. 50: Schriftbild, wie es sich im Laufe der Therapie entwickelt hat.

Insgesamt verbesserte sich sein graphomotorisches Schriftbild. Voller Stolz erzählte er, dass seine Freunde und zwei seiner Lehrer ihn auf seine Handschrift angesprochen hätten. Im weiteren Verlauf der Therapie wird nun der Schwerpunkt der Förderung auf seiner Rechtschreibung liegen.

Ist Forderung Förderung oder kann Förderung Überforderung sein?

Ingeborg Milz

Diese Frage soll mehr beinhalten als nur ein Wortspiel, erleben wir doch immer wieder, dass Lehrer unter die Arbeit eines lernschwachen Kindes schreiben: Du musst mehr üben! So eine Aufforderung kann zuweilen berechtigt sein, nicht aber in dieser allgemeinen Form bei Kindern mit mehr oder weniger ausgeprägten neuropsychologischen Beeinträchtigungen. Da kann ein derartiger Satz nur entmutigen, denn u.U. besteht der Nachmittag des Kindes ohnehin schon weitgehend aus der Erledigung der

Hausaufgaben. In vielen Fällen meinen die Eltern, sie könnten durch ständiges Üben die Situation ihres Kindes in der Schule verbessern und geraten selbst unter Druck. Und so wird die Not für alle Beteiligten immer schlimmer. In anderen Fällen ist es ein Bedürfnis von Kindern und Jugendlichen, gefordert zu werden. So wird es in dem Buch „Fördern heißt Fordern, die heimliche Sucht der Schüler nach Drill" (Frech-Becker 1995) diskutiert.

Wie es u.U. sein kann, wenn ein Kind seine ganze Schulzeit über *nur für die Schule* lernen muss und so, ohne auch nur einmal eine Klasse zu wiederholen die Hauptschule schaffte, *nicht aber für das praktische Leben* Erfahrungen sammeln konnte, soll ein Auszug aus dem Bericht einer Praktikantin zeigen.

Aus meinem Praktikumsbericht

Birgit Peter

Während meines Praktikums als Studentin der Pädagogik habe ich mich intensiv um ein 18-jähriges Mädchen gekümmert, das wegen seiner Wahrnehmungsstörungen als Hilfskraft vom Arbeitsamt vor einer möglichen Berufsausbildung praktische Erfahrungen im Umgang mit den Dingen des täglichen Lebens machen sollte. Aufgrund der Art und des Ausmaßes ihrer Wahrnehmungsbeeinträchtigungen ist sie bislang noch nicht in einen normalen Arbeitsprozess eingliederungsfähig.

Im Rahmen ihrer Tätigkeit erledigt L. leichte Büroarbeiten, geht zur Bank, kauft ein, deckt den Tisch und spült das Geschirr. Da sie von der Berufsschulpflicht für ein Jahr beurlaubt ist, nimmt sie extern an einem Schreibmaschinenkurs teil, für den sie auch während ihres Arbeitstages übt. Weiterhin bekommt sie Mathematikaufgaben gestellt, um ihre Kenntnisse zu festigen bzw. zu erweitern. Im übrigen wird sie in den Dingen des täglichen Lebens angeleitet, was bisher wegen des intensiven Übens für die Schule vernachlässigt worden war.

Die Beeinträchtigungen des jungen Mädchens zeigen sich besonders bei allem, was mit räumlich-konstruktiver Verarbeitung und im weitesten Sinne mit mathematischem Denken zu tun hat. Dagegen ist L. in der Rechtschreibung absolut sicher und versteht, einfache Tätigkeiten am Computer auszuführen. Außerdem ist sie überaus lernwillig und lässt sich selten entmutigen. Was sie im praktischen Bereich lange genug geübt hat, kann sie dann auch selbständig anwenden. Wenn aber eine gewisse Zeit vergangen ist, kann es sein, dass alles wieder vergessen ist. Sehr auffällig ist ihre Ungeschicklichkeit in allen Bewegungen (groß- wie feinmotorisch), wodurch sie dyspraktisch wirkt.

Ich habe mir Gedanken gemacht, wie eine Förderung bei diesem 18-jährigen Mädchen aussehen könnte und entschloss mich, mit ihr

1. im Sinne Montessoris eine sogenannte Übung des täglichen Lebens durchzuführen,
2. als kreative Tätigkeit, ein Seidentuch zu bemalen.

Zu 1: Beschreibung der „Übung des täglichen Lebens".

Da in der Einrichtung, in der ich das Praktikum ableistete, unter anderem nach den Prinzipien der Montessori-Pädagogik gearbeitet wird und ein Schwerpunkt dieser Pädagogik die „Erziehung der Sinne" darstellt, wollte ich eine Aufgabe aus den „Übungen des täglichen Lebens" anbieten.

Diese Übungen sind eigentlich für kleine Kinder gedacht. Wegen der extremen Ungeschicklichkeit des jungen Mädchens hielt ich sie dennoch für förderlich, um dadurch die Verarbeitung feinster taktil-kinästhetischer Reize anzuregen und so die Fähigkeit zur Differenzierung an den Fingerspitzen zu verbessern.

Für diese Übung ist folgendes Material vorgesehen: ein kleines schwarzes Tablett, auf dem sich verschiedene Samen (Bohnen, Linsen, Kürbiskerne) in kleinen Bechern befinden sowie eine kleine Glasschale und ein Augenschutz (Schlafbrille).

Zuerst fragte ich L. wie die einzelnen Samen heißen. Die Namen Bohnen und Linsen waren ihr bekannt. Die Kürbiskerne erkannte oder kannte sie nicht. Ich erinnerte sie daran, welches Brot sie am Vortag von mir zu essen bekommen hatte. Zufällig war es ein Kürbiskernbrot gewesen, an dem sie die Kerne gesehen hatte.

Ich nahm von jeder Sorte nacheinander jeweils einen Samen aus dem Glas und legte alle nebeneinander auf den Tisch. Wir betasteten die verschiedenen Körner, indem wir sie zwischen Daumen und Zeigefinger nahmen. Auf meine Frage: „Wie fühlt sich der Samen an?" antwortete L.: „Klein und rund". Die Linse wurde wieder zurückgelegt. Die Bohne charakterisierte sie: „Vorne spitz und die Haut ist etwas runzelig." Beim Kürbiskern sagte sie: „Vorne spitz". Weitere Merkmale wusste sie nicht zu nennen.

Dann machte ich den Vorschlag, einen Kern mit der rechten und einen weiteren mit der linken Hand zu ertasten. Bei Bohne – Linse, Bohne – Kürbiskern, Linse – Kürbiskern versuchten wir, Unterschiede herauszufinden bzw. zu fühlen. So wollte ich die Eigenschaften größer – kleiner, oval und rund, dick und flach erfahrbar machen. Dieser Teil der Übung geschah teilweise mit offenen, da auch auf die Unterschiede der Farboberflächen hingewiesen werden sollte, und teilweise mit geschlossenen Augen. Weiter schlug ich vor, den Inhalt der drei kleinen Becher in die Glasschale umzuschütten, und nun begann die eigentliche Aufgabe. Mit geschlossenen Augen sollten die Samen wieder in die Becher einsortiert werden. L. gelang das einwandfrei. Als ungefähr die Hälfte des Inhaltes der Glasschale in die Becher einsortiert war, bemerkte ich, dass L. unruhig wurde und einen gequälten Gesichtsausdruck bekam. Auch rieb sie sich mit dem Zeigefinger mehrmals das linke Auge. Sie sagte: „Mir tut das Auge weh.“ Diese Aussage irritierte mich, da ja bei der Übung in dieser Phase keine visuelle Verarbeitung stattfinden konnte. Als sie dieses Verhalten immer häufiger zeigte, brach ich bei zwei Drittel der Aufgabe ab. Denn aufgrund dieses Gequältseins hatte ich den Eindruck, dass der eigentliche Sinn der Übung: Tasten, Spüren, Wahrnehmen, Fühlen, Sortieren, nicht mehr gegeben war. L. erschien mir nunmehr erschöpft. Ich dachte, dass sie an die Grenze ihrer Wahrnehmungs- und Verarbeitungsfähigkeit gekommen war.

Zu 2: Beschreibung der Seidenmalerei

Meine Absicht mit L. bei dieser Art von Tätigkeit war:
- Planung und Organisation anzuregen,
- Kreativität auszulösen,
- einen kompletten Arbeitsablauf vollziehen zu lassen,
- die mit dem Ergebnis des Produktes verbundene Verwendbarkeit zu zeigen.

Zuerst sollte sich L. darum kümmern, ein Seidentuch zu besorgen. Dabei waren Erkundigungen und Organisation angesagt: In welchem Geschäft bekomme ich ein entsprechendes Tuch; wann kann ich es besorgen, wie sind die Ladenschlusszeiten und wie stimmen sie mit der eigenen Dienstzeit überein, welche weiteren Utensilien brauche ich für diese Tätigkeit?

In den Kaufhäusern erhielt L. ein solches Tuch nicht. Weitere Nachforschungen waren nun erforderlich, z.B. das Nachschlagen in den gelben Seiten des Telefonbuches unter der Rubrik Handarbeiten. Ihre telefonische Anfrage in einem Handarbeitsgeschäft blieb jedoch auch erfolglos. Schließlich gab ich ihr ein Tuch aus meinem Bestand und ließ sie von meinem Farbsortiment drei Farben aussuchen. L. entschied sich für die Farben rot, grün und blau. Die weiteren Vorbereitungen trafen wir gemeinsam: Aussuchen eines Pinsels, Füllen eines Glases mit Wasser zum Auswaschen des Pinsels (eine angemessene Wassermenge in ein Gefäß füllen, kann für L. ein Problem sein) und anderes mehr. L. feuchtete das Seidentuch im Waschbecken an. Dazu sind gewisse Handfertigkeiten erforderlich, z.B. das Auswringen. Auch das ist für L. nicht ganz einfach. Danach breiteten wir gemeinsam das zusammengeknüllte Tuch auf einer Folie aus und begannen mit der eigentlichen Arbeit des Bemalens.

Ich schlug vor, einen Teil des Tuches zusammenzukräuseln und auf den so entstandenen Falten mit einer Farbe zu beginnen. L. nahm rot und war zunächst etwas vorsichtig im Umgang mit der Farbe. Beim Malen erkannte sie, dass außer an den bestrichenen Stellen die Farbe weiter in das Tuch hineinfloss und sich verschiedene Formen und Figuren ergaben. Während des Umganges mit Pinsel und Farbe wurde L. zunehmend sicherer und spontaner. Der übrige Teil des Tuches wurde von ihr mit Schlangenlinien in den verschiedenen Farben bemalt. Ihr Ausspruch: „Das ist ja wie Graphomotorik!“ spricht für sich. Ähnliches hatte sie bei den Therapiekindern in der Einrichtung beobachten können, z.B. bei der Arbeit mit Rasierschaum. Hier zeigte sich, dass sie einen sinnvollen Transfer herstellen konnte.

Während des Malens bemerkte ich bei L. eine deutlich Entwicklung. Sie traute sich zu, immer mehr Farbe anzuwenden. Das Spiel der Farbe und die Veränderungen auf dem nassen Tuch zu beobachten, war für sie eine spannende Angelegenheit. Die Gestaltung des weißen Tuches bereitete ihr mit der Farbspielerei (da möchte ich noch etwas rot, auf diesem Fleck noch etwas blau) Freude, und sie zeigte Interesse, Phantasie und Ideen. Andere Kommentare während dieser Arbeit lauteten: „Da mache ich mir noch ein weiteres“ und: „Ich kann ja noch mehr Tücher machen und die dann verkaufen“.

Der Eifer hielt auch bei den abschließenden Arbeiten an, obgleich das Tuch so schnell noch nicht fertig war. Am nächsten Tag wurden die letzten Handgriffe erledigt. L. war sehr zufrieden mit dem Ergebnis. Gleich legte sie sich das Tuch um den Hals und überlegte, zu welchen Kleidern es passen könnte. Danach zeigte sie sich den anderen Mitarbeiterinnen der Einrichtung und erhielt Lob und Bewunderung.

Nach einigen Tagen sollten die Erfahrungen auch schriftlich festgehalten werden. Mein Ziel bei dieser kreativen Tätigkeit war nicht nur die Ausführung von einem Anfang zu einem Ende, ich wollte auch, dass L. darüber nachdenkt, was sich in diesem Arbeitsprozess vollzogen hat. Dazu gab ich folgende Aufgaben: Einmal sollte sie den Vorgang beschreiben, indem sie ihn gliedert und die einzelnen Schritte schriftlich festhält. Zum anderen sollte sie beschreiben, wie sie sich während des Vorganges gefühlt hat. Nach Durchsicht wurden die Texte von L. selbst in die Schreibmaschine getippt.

Durch das Ziel, etwas für sich herzustellen, war L. so motiviert worden, dass der Spannungsbogen nicht nur von Beginn der Arbeit bis zu deren Ende anhielt, sondern sie darüber hinaus befähigte, den Ablauf schriftlich darzustellen.

Insgesamt zeigte diese „Übung“ einen ganz anderen Verlauf als die erste. Ich erlebte L. wachsend an ihrer Fähigkeit, Fertigkeit, Kreativität und Motivation. Eindrucksvoll fand ich ihren Mut und ihre Spontaneität, sich auf etwas einzulassen, was sie vorher noch nicht gekannt hatte. Sie war vor dieser Arbeit nicht zurückgeschreckt. Ihr Fleiß ist zwar bekannt, doch glaube ich, dass dieser Einsatz nichts mit Fleiß zu tun hatte. Vielmehr sprachen die gestalterischen und schöpferischen Aspekte dieser Tätigkeit ihre Kreativität an und faszinierten sie. Die Bewegung mit den Händen, das Benutzen, das Verfließen der Farben und ihre Veränderung hatten das intensive Engagement bei dieser Tätigkeit bewirkt.

Nach diesem Erlebnis denke ich noch einmal über den Verlauf der ersten Übung nach. Welche Arbeit oder Anforderung bedeutet für eine Kind, einen Jugendlichen eine Belastung, welche eine Förderung. In wieweit bedeutet Forderung im heilpädagogischen Bereich Förderung und in wieweit kann Förderung eine Überforderung sein? Wo liegen die Grenzen und wann ist eine Grenzüberschreitung angebracht?

2.4 Zwischen Forderung und Förderung

Der Bericht der Praktikantin schildert zwei Beispiele, die in ihrem Ansatz völlig entgegengesetzte Ziele ansprechen.
Übung I hatte zum Ziel, eine relativ isolierte Fähigkeit, nämlich differenziertes Fühlen und Tasten, das zum Erkennen von Eigenschaften anregen soll, zu fördern.
Übung II hatte zum Ziel, den kompletten Ablauf einer Handlung, hier das Bemalen eines Tuches, von der Planung bis zur Dokumentation erleben zu lassen.

Die unterschiedlichen Begleitumstände: Frustration bei Übung I (der gequälte Gesichtsausdruck), Lust und Kreativität bei Übung II führen zu grundsätzlichen Fragen:

1. Was soll gefördert (therapiert) werden, die beeinträchtigte Teilfunktion oder das gesamte funktionelle System?
2. Wie soll gefördert werden?

Zu 1: Was soll gefördert werden?

Die Antwort auf diese Frage wird nur auf dem Hintergrund einer differenzierten „Bestandsaufnahme“ (Evaluation, wie es Frostig nennt, oder Diagnose, wenn Ärzte daran beteiligt sind), möglich sein. Wenn Montessori ihre Übungen des praktischen Lebens oder die der (sogenannten) Schulung der Sinne für das Kindergarten- und Vorschulalter empfiehlt, dann, weil sie an solche Kinder gedacht hat, die dergleichen Erfahrungen nicht oder noch nicht machen konnten, aus welchen Gründen auch immer. Dazu können auch entwicklungsverzögerte Kinder und Jugendliche gehören. Sie zeigen manchmal Rückstände in Funktionen, die längst zu einem früheren Zeitpunkt hätten entwickelt sein müssen. Ihnen kann ein wiederholtes Anbieten derartig gezielter Übungen eine Hilfe sein und als Anregung zur Nachreifung von Basisfunktionen betrachtet werden. Dabei wird der Erfolg von der Plastizität des Gehirns abhängen, bzw. von den sensiblen Phasen, innerhalb derer bestimmte Funktionen noch angebahnt werden können. Und wenn sie diese Übungen gesunden Kindern anbietet, dann um deren Potential in den Bereichen Sensorik und Motorik in optimaler Weise anzuregen.

Im allgemeinen (wenn es sich um neuropsychologische Beeinträchtigungen aufgrund von Krankheiten oder Verletzungen handelt) wird die Behandlung isolierter Funktionen oder Funktionsgruppen in den Bereich der medizinischen Hilfsberufe gehören, wie z.B. der Ergotherapie, der Krankengymnastik und für den sprachlichen Bereich der Logopädie. Hier können von pädagogischer Seite nur Möglichkeiten zur Kompensation angeboten werden.

Das gezielte Anbahnen von Teilfunktionen kann aber in einzelnen Fällen durchaus zur heilpädagogischen Förderung gehören, z.B. im Rahmen der Entwicklung ganz bestimmter visueller und auditiver Fähigkeiten. Dabei wird es sich im Sinne Lurias um Stimulationen handeln, die von den primären und sekundären Zentren verarbeitet werden und damit die Voraussetzung für höhere psychische Funktionen darstellen. Der Theorie Lurias entsprechend, geht der Verarbeitungsprozess aufgenommener Reize beim Kind (wie bereits beschrieben), „von unten nach oben“, das heißt von den primären über die sekundären zu den tertiären Projektionszentren. Er charakterisiert die Verarbeitungsform im Rahmen seiner drei Grundgesetze, von denen das erste vom hierarchischen Aufbau und das zweite von der abnehmenden Spezifität der kortikalen Bereiche spricht. Während die primären Felder vornehmlich modalitätsspezifische Verarbeitung leisten, wird diese in den sekundären und tertiären Feldern zunehmend komplexer. Hier überschneiden sich die kortikalen Endanalysatoren der einzelnen Sinnesmodalitäten und führen zur Synthese von Informationen. Wenn Luria davon spricht, dass eine Beeinträchtigung der niederen Felder unweigerlich eine unvollständige Entwicklung der höheren kortikalen Zonen nach sich zieht (vergl Luria 1992, S. 72), ist zu überlegen, auf welche Art der Förderung im einzelnen Fall der Schwerpunkt gelegt werden muss.

Dem Gedanken, den gesamten Funktionskreis anzuregen und damit dessen Verarbeitungsprozesse zu verbessern, liegt die Theorie zugrunde, dass in einem vernetzten System Stimulationen des gesamten (noch oder teilweise funktionsfähigen) Systems, sich auch auf dessen einzelne Teilglieder auswirken. Arbeiten wir auf der Ebene der tertiären Felder, dann bieten wir Anregungen, Reize, aus verschiedenen Sinnesbereichen und in unterschiedlicher Weise an. Nach dem Gesetz der zunehmenden Funktionslateralisierung, nach dem sich die Verarbeitungsformen der sekundären und tertiären Zonen der rechten von denen der linken Hemisphäre unterscheiden, ist auch das noch zu berücksichtigen. Denn diese unterschiedliche Verarbeitungsform kann sich möglicherweise auf den Lernstil auswirken, und der sollte bei dem „Was“ einer Förderung immer mit berücksichtigt werden.

Zu 2: Wie soll gefördert werden?

Auch für den mittlerweile modisch gewordene Ausdruck der Ganzheitlichkeit von Förderung können wir bei Luria eine neuropsychologische Begründung finden. Wie bereits im Kapitel III, Abschnitt 2 beschrieben, unterscheidet er drei grundlegende Funktionseinheiten: die Einheit zur Steuerung von Tonus und Wachheit, die Einheit zur Aufnahme, Verarbeitung und Speicherung der von der Außenwelt eintreffenden Informationen und schließlich die Einheit der Programmierung, Steuerung und Kontrolle psychischer Tätigkeiten. Er beschreibt, wie diese drei Einheiten nicht nur untereinander in Verbindung stehen, sondern sich auch gegenseitig beeinflussen. Hierin liegt meines Erachtens der Ansatzpunkt, der verständlich machen kann, welche Bedeutung der Gestimmtheit, der Motivation, der Umgebung, der Art des therapeutischen Angebotes im Rahmen einer Förderung zukommt. Der Bericht der Praktikantin zeigt es sehr deutlich. Unter bestimmten Voraussetzungen, zu denen auch die einfühlsame Begleitung gehörte, war das junge Mädchen zu Leistungen fähig, die man ihr sonst nicht zugetraut hätte. Hier fand „ganzheitliches“ Lernen statt, ein Prozess, an dem Motivation, Planung, Kreativität und alle Sinnesbereiche beteiligt waren. Unabhängig davon, ob eine Förderung nun eine Teilfunktion oder ein funktionelles System als Ganzes betrifft, unter neuropsychologischem Verständnis sollte möglichst versucht werden, die heilpädagogisch-therapeutischen Angebote in dieser Weise „einzubetten“.

Ein anderer Gesichtspunkt ist noch zu erwähnen, wenn es um neuropsychologische Förderung geht. Er betrifft einmal die *Kontinuität* zum anderen die *Konsolidierung*. Hierfür kann das Modell von Hebb hilfreich sein (vergl. Kolb/Whishaw 1993, S. 301 ff).

Exkurs zur Theorie der Zellverbände nach Hebb

In Hebbs Theorie wird jedes psychologische Ereignis, sei es eine Empfindung, eine Wahrnehmung, ein Gedächtnisinhalt oder eine Emotion als Aktivitätsfluss in einem bestimmten neuronalen Kreislauf aufgefasst. Hebb glaubte, dass die Synapsen in einem ganz bestimmten Erregungspfad funktional miteinander in Beziehung treten und einen sogenannten Zellverband bilden. (...) Hebbs Ansicht nach ist die wahrscheinlichste Art, auf welche eine Zelle eine andere vermehrt erregen kann, die, dass sich synaptische Endknöpfe vermehren oder funktional effektiver werden und dass dadurch das Kontaktareal beziehungsweise die Effizienz der Signalübertragung zwischen dem afferenten Axon und dem efferenten Zellkörper und seinen Dendriten vergrößert wird. (...) Nach Hebbs Überzeugung ist der Zellverband ein funktionelles System, das ursprünglich durch ein ganz bestimmtes sensorisches Ereignis zustande kommt, aber seine Aktivität weiter aufrecht erhalten kann, auch wenn der Reiz verschwunden ist. Hebb nahm an, dass eine funktionale Änderung der synaptischen Übertragung eine wiederholte Aktivierung des Zellverbandes erfordert. Nach dem ursprünglichen sensorischen Informationsfluss muss der Zellverband deshalb dieses Aktivitätsmuster wiederholen. Dies könnte dann nach einiger Zeit strukturelle Änderungen hervorrufen. Ein solches Konzept der Informationsspeicherung kann Phänomene des Lang- und Kurzzeitgedächtnisses erklären: Kurzzeitgedächtnis wäre dann eine Form der für eine gewisse Zeit anhaltenden (kreisenden) Aktivität innerhalb eines Zellverbandes und Langzeitgedächtnis eine strukturelle langanhaltende Veränderung synaptischer Verbindungen. (...) Damit es zu strukturellen synaptischen Änderungen kommt, muss es eine Periode relativer Ruhe für den Zellverband geben. Hebb bezeichnete diesen Prozess struktureller Änderung als *Konsolidierung.* Er umfasst eine Zeitspanne von etwa 15 Minuten bis eine Stunde. (...) Hebb glaubte schließlich auch, dass jeder dieser Zellverbände durch einen anderen Verband in Erregung versetzt werden kann. Diese Annahme lieferte die theoretische Basis für Denken und Ideenbildung, denn das Wichtigste einer „Idee“ besteht darin, dass sie in Abwesenheit der ursprünglichen Reizsituation auftritt, mit der sie in Beziehung steht.

Kolb/Whishaw vermerken weiter:

„Das Schöne an Hebbs Theorie ist, dass sie psychologische Ereignisse durch physiologische Eigenschaften des Nervensystems zu erklären versucht. Auch heute, mehr als 40 Jahre nach Hebbs wegweisender Publikation, stellt diese Theorie immer noch den bestgelungenen Versuch dar, Prinzipien psychologischer Realität mit den Tatsachen der Neurowissenschaften zu verbinden.“

Aus der Theorie von Hebb ergeben sich (nicht nur) Folgerungen für die Arbeit mit neuropsychologisch beeinträchtigen Kindern und Jugendlichen:

1. Veränderungen an den Synapsen können nur erfolgen, wenn sie über eine gewisse Zeit regelmäßig beansprucht werden. Deshalb bedarf es

generell bei der Vermittlung von Unterrichtsinhalten, vor allem aber bei einer therapeutischen Förderung einer gewissen *Kontinuität*, mit anderen Worten der *Wiederholung*.

2. Wenn es zu einer strukturellen Veränderung an den Synapsen kommen soll, damit Lernen und Behalten erleichtert wird, bedarf es nach einer Beanspruchung der Synapsen (einer Fördereinheit) einer *Konsolidierung*, einer *Ruhephase*, damit der z.B. die Lernangebote „sich setzen" können.

3. Wenn die Zellverbände sich gegenseitig in Erregung versetzen lassen, ist die *Verknüpfung* neuer Lerninhalte mit bereits vorhandenen Erfahrungen bedeutsam. Methodisches Vorgehen unter dem Gesichtspunkt: „Vom Bekannten zum Unbekannten", „Vom Nahen zum Entfernten", „Vom Konkreten zum Abstrakten", wie es vor Generationen in der Lehrerausbildung vermittelt wurde, wird hiermit neu verständlich.

Marianne Frostig fasst die Erkenntnisse aus der Theorie von Hebb wie folgt zusammen (vergl. Lockowandt 1994 S. 30):

Kurze Sektionen sollten zuerst unterrichtet und dann mit zusätzlichem Material integriert werden.

Das zu lernende Material sollte miteinander verbunden werden, wann immer dies möglich ist. Je mehr Assoziationen geschaffen werden, desto leichter ist der Abruf.

Je fester die Verbindungen aufgebaut werden, desto wahrscheinlicher wird es, dass beim Abruf eines Teils einer Erinnerung andere Erinnerungen mit abgerufen werden, wenn dieser abgerufen wird. Überlernen erleichtert das Abrufen.

Zurück zu der Frage: Ist Forderung Förderung oder ist Förderung Überforderung? Sie wird sich sicher nicht allgemeingültig beantworten lassen, weil zu viele individuelle Variablen mit hineinspielen. Immer wird die Leistungsgrenze des Kindes, des Jugendlichen, und seine Belastbarkeit berücksichtigt werden müssen sowie die Art und Weise des Vorgehens. Ist die Beziehung zwischen Pädagogen – (Therapeut) und Kind gut und wird der Situation genügend Verständnis von Seiten der Eltern entgegengebracht, ist manches möglich. Wie es aber auch sein kann, soll an dem Beispiel des jungen Mädchens aus dem Praktikumsbericht gezeigt werden. Dieses junge Mädchen hat vom ersten Schuljahr an ihre ganze Kraft und Energie aufwenden müssen, um den Anforderungen annähernd gerecht zu werden. Im mathematischen Denken und Vorstellen versagte sie aber völlig, bis auf Techniken, bei denen sie ihre Fähigkeit zum mechanisch Auswendiglernen nutzen konnte, z.B. beim Erwerb des 1x1. Von Arbeit zu Arbeit und von Schuljahr zu Schuljahr blieb nicht viel Zeit für altersgemäße Spiele, geschweige denn für Erfahrungen mit den Dingen des täglichen Lebens. Sie lebte eigentlich unter einem Dauerstress und – ertrug ihn. Sie war belastbar genug, und die Mutter verstand es immer wieder, den Gehorsam der Tochter in Fleiß umzusetzen. Unter diesen ständigen Forderungen wurde die Schulzeit mit dem erweiterten Hauptschulabschluss beendet. Ein gewaltiger Erfolg für das Mädchen! Was keiner ahnen konnte, was sich aber in dem praktischen Jahr, das zur Berufsfindung dienen sollte, zeigte: von dem Schulwissen und allen angelernten Fertigkeiten war bis auf eine gute Rechtschreibung nichts mehr vorhanden. Im Gegenteil, die einfachsten Rechentechniken wie schriftlich addieren oder subtrahieren, alles war vergessen, als wäre es nie erlernt worden. Es ist nicht zu vermuten, dass bei dem jungen Mädchen ein neurologischer Abbau stattgefunden hat. Vielleicht konnten unter den Bedingungen, wie hier schulische Kenntnisse eingedrillt worden sind, Synapsen keine morphologischen Veränderungen bilden, und keine Übertragung der Erregungen von einem Zellverband auf andere Verbände stattfinden. Vielleicht haben sich dadurch keine dauerhaften Erinnerungen gebildet und Gedächtnisinhalte gespeichert, die Grundlage für Generalisierung und Ideen bilden. Natürlich sind das Spekulationen. Es soll hier auch nicht generell etwas gegen Forderungen gesagt werden. Wenn allerdings die neuropsychologischen Voraussetzungen nicht organisch entwickelt sind, wenn sozusagen der Unterbau für die Entwicklung „höherer psychischer Funktionen", fehlt, besteht immer die Gefahr, dass es nur zu Splitterfertigkeiten kommt und nicht zu einer wirksamen Förderung. Förderung beinhaltet mehr. Alle die Faktoren, die Affolter bei der Arbeit mit wahrnehmungsgestörten Kindern beobachten konnte (siehe Kapitel III, Abschnitt 5) sind zu berücksichtigen und in die Förderplanung einzubeziehen. Es ist aber nicht die Kognition allein, die den Menschen ausmacht. Das junge Mädchen, das hier als Beispiel für Forderung, die keine dauerhafte Förderung war, beschrieben wurde, hat Fähigkeiten in ganz anderen Bereichen, die aber leider in einer technisierten Gesellschaft wenig zählen und für die es keine Benotungen gibt. Sie ist zuverlässig, überaus sensibel für Tiere, kann liebevoll mit kleinen Kindern umgehen und ist für jeden aus ihrem Freundeskreis da, der menschliche Hilfe braucht.

V. Zusammenfassung

Die Darstellung neuropsychologischer Voraussetzungen für Lernen und Verhalten hatte zum Ziel, ein Grundverständnis für den Umgang mit solchen Kindern und Jugendlichen zu geben, die "besondere Bedürfnisse" haben und deshalb „aus dem Rahmen fallen“. Dahinter steht der Gedanke, dass es uns vielleicht gelingt, mit umfassenderen Kenntnissen, als sie die jeweilige pädagogische Ausbildung im allgemeinen vermittelt, die Zusammenhänge für die Verhaltens- und Lernauffälligkeiten besser einzuordnen und unsere Unterrichtsangebote, Lerntechniken und vor allem unseren Umgang mit den „neuen Kindern“ danach einzurichten.

Von besonderer Bedeutung bei allen heilpädagogischen Überlegungen ist die Beziehung zum Kind, zum Jugendlichen. Kinder mit neuropsychologischen Beeinträchtigungen können durch einen häufigen Personenwechsel im Kindergarten und in den ersten Schuljahren erheblich belastet werden.

Eine Reihe von Beispielen für den Umgang mit neuropsychologisch beeinträchtigen Kindern und Jugendlichen sei zum Abschluss zusammengefasst. Dabei wird es auf dem Hintergrund neuropsychologischen Verständnisses einmal darum gehen zu entlasten und zum anderen aufzubauen.

Übersicht über heilpädagogische Möglichkeiten

1. Beachtung von Raum, Zeit und Leistungsgrenze (Affolter)
2. Beachtung von Widerstand aus Frustration und Widerstand aus Umstellschwierigkeiten (Kephart)
3. Berücksichtigung des Lernstils (links-rechtshemisphärisch)
4. Psychomotorik
5. Kognitives Verhaltenstraining (Einbeziehung der inneren Sprache)
6. Visuelles Vorstellen
7. Entspannungsangebote z. B. Funktionelle Entspannung nach Fuchs
8. Individualisierung des Unterrichtes
9. Anwendung der Prinzipien der Montessoripädagogik
10. Feste Bezugspersonen.

In vielen Fällen werden heilpädagogische Hilfen, von denen einige im Zusammenhang der einzelnen Kapitel beschrieben wurden und die hier zum Abschluss noch einmal zusammengefasst sind, ausreichen und dem Kind ermöglichen, sich zu entfalten und in dem ihm gesetzten Rahmen seinen Platz auszufüllen. In anderen Fällen werden die besonderen Bedürfnisse so groß sein, dass sie mit diesen Hilfen nicht befriedigt werden können. Für diese Kinder ist einmal mehr neuropsychologisches Verständnis erforderlich, ganz besonders aber sind es *neuropädagogische Angebo-*

te, die den Spielraum zwischen Fördern und Fordern ausfüllen können. Es gibt bereits einige, wenn auch wenige Beispiele dafür, wie ein solcher Rahmen aussehen könnte. Anregungen gibt das Modell der Pestalozzi-Schule in Ecuador, das von Rebeca Wild und ihrem Mann entwickelt wurde. In ihrem Buch „Erziehung zum Sein“ (1992) gibt sie einen anschaulichen Erfahrungsbericht dieser aktiven Schule. Wenn ein derartiges Modell auch nicht zu kopieren ist, sind doch Anregungen daraus zu entnehmen, wie Schule auch ganz anders sein kann.

Auch, wenn wir durch den Hinweis von Hartmut v. Hentig (1993) stellenweise schon “Schule anders denken”, werden wir nicht umhin kommen, uns mehr und mehr mit der Neuropsychologie auseinanderzusetzen und neuropädagogische Methoden und Unterrichtsformen einzusetzen, für die es bereits Erfahrungen gibt, die nur umgesetzt werden müssten. Die vielfältigen Problemen gerade mit Kindern, die bei durchschnittlich kognitiver Ausstattung Lern- und/oder Verhaltensprobleme haben und machen, fordern uns heraus.

Für Pädagogen wie für Kinder und Jugendliche möge gelten, was der früh verstorbene Frankfurter Professor für Pädagogik, H. Becker, über das Lernen sagte:

Lob des Lernens

Gelobt sei das Sprechen,
denn es macht erkennbar.
Gelobt sei die Neugier,
denn sie öffnet Türen.
Gelobt sei der Fehler,
denn er erlaubt neuen Anfang.
Gelobt sei der Zweifel,
denn er verflüssigt Festes.
Gelobt sei die Frage,
denn sie will eine Antwort.
Gelobt sei der Widerspruch,
denn er macht lebendig.
Gelobt sei die Krise,
denn sie ermöglicht Häutungen.
Gelobt sei der Respekt,
denn er erlaubt Gleichwertigkeit.
Gelobt sei die Distanz,
denn sie führt zu neuen Perspektiven.
Gelobt sei der Dissens,
denn er erzeugt Spannung.
Gelobt sei die Ambivalenz,
denn sie erhält offen.
Gelobt sei das Tun,
denn es leitet Veränderungen ein.

Teil II
Neuropädagogik für die Schule

Einleitung zu Teil II

Auf dem Weg zum Verständnis

Die gesellschaftlichen Bedingungen haben sich verändert. Der pädagogische Auftrag in Kindergarten und Schule ebenfalls. Aufgaben, die früher vom häuslichen Umfeld geleistet wurden, verlagern sich in die institutionellen Einrichtungen. Die Berufstätigkeit der Mütter, die Situation allein erziehender Frauen und Männer, die ungleichen Entwicklungsvoraussetzungen zur Zeit der Einschulung, nicht zuletzt die multikulturelle Zusammensetzung der Gruppen und damit auch Sprachverstehensprobleme stellen eine Herausforderung für die Pädagogik dar. Hinzu kommt eine veränderte Umwelt.

Eine Neuorientierung ist erforderlich. Können wir eine Richtung erkennen, die es langgehen soll? Wozu erziehen wir? Welche Arbeitskräfte benötigt die zukünftige Gesellschaft? – Förderung Hochbegabter, Auslese für den IT-Bereich (Informationstechnik) bei gleichzeitiger Zunahme von Analphabeten, von Verhaltensgestörten, von Straßenkindern! Wo soll es langgehen? Gibt es für alle ein gemeinsames pädagogisches Ziel, sozusagen einen gemeinsamen Nenner?

Im Folgenden wird versucht, neuropädagogisches Vorgehen darzustellen, wie es einerseits zur Förderung von Kindern mit neuropsychologischen Beeinträchtigungen andererseits aber auch im Regelschulunterricht im Rahmen von Erziehung und Unterricht hilfreich sein kann.

Dabei wird es für PädagoInnen immer wieder auch um die Fragen gehen:
Wie finde ich den Zugang zum Kind?
Womit kann ich die Aufmerksamkeit aktivieren und über einen begrenzten Zeitraum erhalten?
Wie ist das Kind zu kontinuierlichem Mitmachen zu bewegen?
Wie muss ich vorgehen, um Splitterfertigkeiten vorzubeugen?
Was muss ich vermeiden?

Aber sehen wir nicht eher auf das, was das Kind nicht kann? Und "stellen" dann „fest":

Der guckt immer in die Luft!
    Wirklich immer? Warum?
Der passt nicht auf!
    Wann? Warum nicht?
Der hört überhaupt nicht hin, wenn ich etwas sage!
    Überhaupt nicht? Sage ich zu viel? Kann er nicht hören?

Der kann überhaupt nicht stillsitzen!
Muss ein Kind das?
Und schließlich:
Der kann noch nicht einmal......!
Was nicht? Warum nicht?

Sehen wir auf uns!
Gelobt sei der Respekt, denn er erlaubt Gleichwertigkeit!
Haben wir ihn dem Kind und den Eltern, den Erziehungsberechtigten gegenüber!
Gelobt sei die Distanz, denn sie führt zu neuen Perspektiven.
Distanz schafft Raum, Spielraum, können wir uns dazu zurücknehmen?
Gelobt sei der Dissens, denn er erzeugt Spannungen!
Können wir die aushalten?
Gelobt sei die Ambivalenz, denn sie erhält offen!
Wie finden wir dann die Ausgewogenheit für unser Handeln?
Gelobt sei das Tun, denn es leitet Veränderungen ein!
Tun ja, aber, wie weiß ich, was?

I. Neuropädagogik, was verstehen wir darunter?

Im ersten Teil dieses Buches wurde versucht, neuropsychologisches Wissen für Pädagogen verständlich zu machen und die Notwendigkeit neuropsychologischer Zusammenhänge für die Arbeit mit Kindern an einigen Beispielen darzustellen. Nun soll in diesem zweiten Teil gezeigt werden, wie diese Kenntnisse gezielt und systematisch umgesetzt werden können.

Volker Lindner[1] verdeutlicht den Begriff Neuropädagogik mit folgender Graphik.

Neurowissenschaften
z.B. Neurologie, Neurobiologie,
Neurophysiologie Neuropsychologie

↓

Sonderpädagogik ← **Neuropädagogik** → *allgemeine Pädagogik*
– Sonderschulen

allgemeine Pädagogik
– Schulen
– Kindergärten

↓

Rehabilitation
Rehabilitationszentren
Krankenhäuser
Förderzentren
Praxen

Nach Andreas Zieger (1991) stellt die Neuropädagogik Fragen, die die extremen Grenzbereiche menschlicher Existenz berühren und leitet aus ihnen allgemeine Regeln über Vorgänge des Lernens und Verhaltens ab. Aber lässt sich die Arbeit des Gehirns, das die Sensorik, Motorik, unsere Emotionen, unsere Gefühle, das Gedächtnis und die Denktätigkeit bestimmt, durch pädagogische Maßnahmen unterstützen, fördern oder im Falle von Rehabilitation neu anregen? Eine Reihe von Pädagogen haben schon seit Jahrzehnten darüber nachgedacht und sich durch die Arbeit mit lernschwachen, auch wahrnehmungsgestörten Kindern herausfordern lassen, methodisch-didaktische Ansätze zu finden, um diese Frage zu beant-

[1] Vortrag über das Grundverständnis von Neuropädagogik anlässlich einer Tagung der Gesellschaft für Neuropädagogik 1996 in Wetzlar.

worten. Montessori, Frostig, Affolter, Kephart, Johnson und Myklebust, Gaddes und Radigk, um nur einige zu nennen, gingen dabei immer auch unterschiedliche Wege, die einmal von den neurologischen Erkenntnissen ihrer Zeit, zum anderen von der „Bedürftigkeit" der Kinder, für die ihre Pädagogik gedacht war, mitbestimmt sind. Heute, wo die Fortschritte in den Neurowissenschaften[2] schnell zunehmen und auch in den pädagogischen Bereich hineinwirken, wird deutlich:

Ohne neurowissenschaftliche und speziell neuropsychologische Kenntnisse werden pädagogische Maßnahmen nur eine begrenzte Wirkung haben, und umgekehrt wird die praktische Umsetzung von neurowissenschaftlichem und neuropsychologischem Wissen um so besseren Erfolg haben, je pädagogischer sie erfolgt.

Dieser interdisziplinäre Bereich zwischen Neurologie, Psychologie und Pädagogik deckt somit die Lücke zwischen neurowissenschaftlicher Diagnostik und pädagogischer Praxis ab.

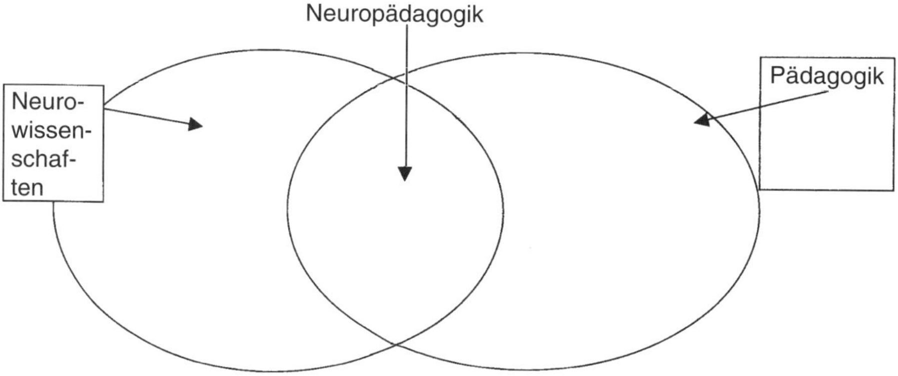

Abb. 1

Pädagogen und Pädagoginnen, die im Elementarbereich arbeiten, verfügen im Umgang mit Kindern, ohne es zu wissen, über einen großen Fundus an neuropädagogischen Möglichkeiten. In der allgemeinbildenden Schule stehen hingegen vor allem das Erziehen und Unterrichten, die Versetzungen und die Schulabschlüsse im Vordergrund. Kenntnisse der

[2] Wenn hier von Neurowissenschaften gesprochen wird, dann sind damit interdisziplinäre Forschungsbereiche zu verstehen, zu denen neben der Neurologie, eine Anzahl anderer Disziplinen gehören wie z.B. die Neuropsychologie, die Neurobiologie, die Neuroinformatik u.a.m., um die besondere Verarbeitungskapazität des menschlichen Gehirns zu entschlüsseln. Unter Neuropädagogik verstehen wir dann den Bereich, der versucht, die Kenntnisse der aktuellen Forschung der Neurowissenschaften in der Pädagogik umzusetzen.

Neurowissenschaften gehören (im allgemeinen noch nicht) in die Ausbildung, folglich kann auch die Neuropädagogik hier vermutlich noch keine Hilfe für die Schulpraxis sein. Die Zunahme von Montessorischulen und die Angebote von Montessori-Ausbildungen für Regelschulen durch einige Schulbehörden, die Zunahme von Schulen für Lern- und Erziehungshilfe könnten aber ein Zeichen dafür sein, dass jetzt unbewusst die Einsicht wächst, dass wir Schule heute nicht nur anders und neu (Hentig, H. 1993) sondern auch neuropädagogisch denken müssen.

Hinweise und praktische Beispiele, sowohl für Erziehung wie Unterricht sollen im folgenden die Beziehung zu den Neurowissenschaften speziell der Neuropsychologie herstellen. Wenn unter neuropädagogischem Aspekt dazu an einigen Stellen der neuropsychologische und der pädagogische Anteil getrennt betrachtet werden, mag das etwas künstlich erscheinen. Das ist es sicher auch. Der Umgang mit Kindern ist eine lebendige und ganzheitliche Aufgabe. Für den Bereich der Pädagogik soll aber deutlich werden, was wir in unserem pädagogischen Alltag durch unser Tun bewirken oder auch versäumen können. Neuropädagogik bedeutet dann, die vorhandenen Kenntnisse, wie auch neue methodische und didaktische Anregungen, „Handwerkszeug“, das theoretische wie das praktische, überlegt einzusetzen, um es zum Verständnis des Kindes zu seiner allgemeinen Förderung oder als „Entwicklungshilfe“ gezielt zu nutzen.

Ein erstes Beispiel

Ein Junge wird in die erste Klasse eingeschult. Er wirkt noch recht kleinkindlich. Dass er ein heller Kopf ist, das merkt man gleich. Er kann z.B. bereits lesen. Aber, wie er dazu gekommen ist, das weiß er selber nicht zu sagen. „Ich konnte es einfach“. Er ist eigentlich in allem Kognitiven den anderen überlegen, allerdings, was die motorische Geschicklichkeit anbetrifft, eher unbeholfen. Nach dem Frühstück soll er den Tisch abwischen. Er hat ein kleines Eimerchen, gefüllt mit Wasser, und einen Lappen. Er taucht den Lappen in das Wasser, zieht ihn heraus und legt – eher klatscht – ihn auf den Tisch. Dann führt er ihn hingebungsvoll hinüber und herüber, das Wasser läuft dabei an den Seiten herunter und die herbeieilende Lehrerin bemüht sich schnellstens, eine Überschwemmung zu verhindern, nicht ohne Vorwürfe!

Warum diese ausführliche Beschreibung eines fast normalen Vorganges bei einem kleinen Jungen, der einen Tisch abwischen soll? Hatte ihm das niemand gezeigt? Möglicherweise nicht. Die Lehrerin hat den Lappen selbst genommen und dafür gesorgt, dass der Tisch wieder einigermaßen trocken wurde. Nach 2 1/2 Jahren wischt der Junge den Tisch aber immer noch in fast der gleichen Weise ab. Es fließt allerdings dabei nicht mehr ganz so viel Wasser.

Nach Montessori wäre das vermutlich so nicht passiert. Vielleicht hätte man etwas genauer hingeschaut und erkannt, dass es hier nicht nur um Freude am Panschen ging. *Der Junge hätte den Vollzug des Auswringens gezeigt bekommen müssen.* Vormachen und nachahmen ist wichtig für die Entwicklung der motorischen Geschicklichkeit, der Praxie. Und Affolter hätte sicher beobachtet, ob hier das Vormachen alleine ausreicht, um die Bewegungen in der richtigen Weise zu koordinieren. Und dann hätte sie den Vorgang vermutlich führend begleitet. Führend heißt hier, die Hände über die des Kindes zu legen und hinter oder seitlich von ihm stehend mit ihm zusammen die Tätigkeit auszuführen. Viele jüngere Kinder haben Schwierigkeiten, wenn sie entgegengesetzte Drehbewegungen mit den Handgelenke machen sollen[3]. Sie können es dann (meistens), wenn man ihnen einmal durch Führen die Empfindung dafür vermittelt. Früher, als noch das Geschirr mit der Hand abgewaschen und abgetrocknet wurde, konnten diese Gegenbewegungen beim Abtrocknen von Tassen und Gläsern nebenbei erlernt werden. Derlei fällt heute weg. Dafür müssen die Kinder zur Ergotherapie.

Bei dem Jungen fällt aber nicht nur die motorische Ungeschicklichkeit auf. Wenn man ihn beobachtet, wie er durch die große Aula trippelt, um in seine Klasse zu gelangen, dann hat man den Eindruck, dass er sich an bestimmten Einzelheiten im Raum orientiert, aber nicht den Raum als ganzen erfasst. Er weiß mit Sicherheit, wo er hin muss. Und er weiß auch, wie er da hinkommt. Aber das „Hinkommen“ scheint nicht „automatisiert“ zu sein. Er orientiert sich so zu sagen Punkt für Punkt. Jetzt wird auch verständlich, warum er im ersten Schuljahr in der Frühstückspause nicht recht etwas mit sich anfangen konnte. Er saß auf einer Bank am Haus und „träumte“? vor sich hin, während die anderen Kinder herumtollten, im Sand spielten oder in den Wald liefen, der zur Schule gehört. War ihm das Ganze zu komplex? Fehlten ihm hier die Einzelheiten, sich daran zu orientieren?

In der Psychomotorik hat er Schwierigkeiten, einem großen Gymnastikball, der auf ihn zurollt, auszuweichen. Er setzt sich lieber auf die Sprossenwand und sieht den anderen Kindern zu.

---

[3] Man spricht von Adiadochokinese bei Unfähigkeit, koordinierte Bewegungen, z.B. Ein- und Auswärtsdrehungen des Unterarms rasch aufeinanderfolgend auszuführen als Zeichen gestörter Kleinhirnfunktion; bei gestörter aber nicht aufgehobener Koordination von Dysdiadochokinese.

Was hat das nun mit Neuropädagogik zu tun? Dieser Junge kann sich doch hervorragend ausdrücken und er kann ebenso hervorragend lesen und rechnen. Vor dem Schreiben hat er sich allerdings weitestgehend gedrückt. Eines Tages (2. Schuljahr) kommt er mit einer Windows-Anweisung in den Unterricht, um ein Programm zu installieren. Will er seine Ungeschicklichkeit in der Handmotorik damit kompensieren, dass er sich auf das Schreiben am PC spezialisiert? Sprache besteht auch heute noch aus Wort und Schrift, Lesen und Schreiben. Allmählich (3. Schuljahr) fällt auch in der Psychomotorik die allgemeine Ungeschicklichkeit deutlicher auf. Die Kinder sollten „einen Menschen" mit verschiedenen bereitgestellten Materialien legen (siehe Abbildung). Im Vergleich zu den anderen Kindern, die mit ihm die gleiche Aufgabe hatten, ist sein Menschenbild insgesamt auffällig. Die Füße fehlen ganz. Als die Lehrerin am Ende der Stunde meint, an seinem Bild fehle noch etwas, das müsse er noch fertig stellen, sieht er nicht, was fehlt. Und als er aufgefordert wird, die Füße noch zu legen, trippelt er verunsichert umher und „flattert" mit den Händen. „Wie soll ich denn das machen?" Die Lehrerin unterstützt. Schließlich legt er je einen Flaschenkorken als Fuß an das jeweilige Bein.

Abb. 2: Körperbild eines Menschen

Das Beispiel dieses Jungen macht deutlich, wie neben Leistungsstärken, sensorisch-motorische Teilleistungsschwächen existieren können und wie leicht es geschehen kann, dass im Betrieb einer Regelschule mehr auf die intellektuelle Entwicklung geschaut wird als auf motorische Auffälligkeiten. Hätte hier gezielter vorgegangen werden müssen und können? Auffällig war bei dem Jungen im 1. und 2. Schuljahr eine dauerhafte unterschwellige Aggressivität, die sich aber nicht gegen andere Kinder richtete, oder wenn, dann „verpackt" in einen unangenehmen Scherz. Zuweilen kam es zu Weinausbrüchen, wenn er in dem, was er sich vorgenommen hatte, mit seinen weit vorauseilenden Gedanken nicht zurechtkam, weil die Ausführung an irgendeiner Stelle nicht klappte, vielleicht die Zusammenschau seines Denkentwurfs unterbrochen oder gestört war. Spürte er seine sensomotorischen Ungeschicklichkeiten und war dadurch insgesamt leicht zu verunsichern? „Der heult immer gleich", ist die Einschätzung der Klasse, bei aller Anerkennung seine schulischen Leistungen.

Was ist nun das Paradoxe an den Erfahrungen mit dem begabten aber ungeschickten kleinen Jungen? Wie ist es zu verstehen, dass sich in diesem Falle Sprache und intellektuelle Fähigkeiten so exzellent entwickelt haben, wo doch (nach Affolter) die sensomotorische Basis, z.B. die Kinästhesie als eine wesentliche Voraussetzung dafür offensichtlich unzureichend ausgebildet ist. Stimmt da die Theorie nicht? Oder haben bei diesem Kind Kompensationsmöglichkeiten mitgewirkt, die wir nicht erkennen können, die für die Entwicklung der Sprache aber bedeutsam waren? Im Zusammenhang mit der Lateralisation neuropsychologischer Funktionen wurde bereits darauf verwiesen, wie schwierig es ist, Aussagen über Zusammenhänge zu machen, die sich nur unserer Beobachtung darstellen und ansonsten von neurologischen funktionellen Systemen bestimmt werden, zu denen wir keinen Zugang haben[4]. Und dennoch suchen wir nach Erklärungen, um Hinweise dafür zu bekommen, wie wir das Kind weiter begleiten können, um eine ausgewogene Entwicklung der Persönlichkeit zu ermöglichen. Dieser Junge war aber nicht der einzige in seiner Jahrgangsstufe, der eine so auffällige Diskrepanz zwischen Sprachkompetenz und motorischer Geschicklichkeit zeigte.

[4] Zugang zu zerebralen Prozessen gibt es zwar durch bildgebende Verfahren, sie im Rahmen einer Problematik, wie sie hier bei einem ansonsten gesunden und gut begabten Kind vorliegt, einzusetzen, wäre sicher übertrieben.

Ein zweites Beispiel

Bereits mit fünf Jahren überraschte uns ein Vorklassenkind mit seiner ausgeprägten Sprachfähigkeit und Schlagfertigkeit. Als der kleine Junge auf die Frage an seine Lehrerin: „Wie alt bist du?" die spaßige Antwort: „hundert", bekam, sagte er: „dann hast du deine Lebenserwartung aber ganz schön überschritten". Dieser Junge tat sich allerdings sehr schwer, das Lesen, Schreiben und Rechnen zu erlernen. Auffallend ähnlich wie bei dem ersteren war die allgemeine motorische Ungeschicklichkeit. Aber wie differenziert in jedem einzelnen Falle bei der Beurteilung eines Kindes vorgegangen werden muss, das wird im Zusammenhang mit Überlegungen zu diagnostischen Verfahren noch vorzustellen sein. Dabei kann sich auch zeigen, dass u.U. das, was landläufig als Hochbegabung angesehen wird, eine partielle Stärke ist, die von gleichfalls partiellen Schwächen begleitet wird und nicht selten Verhaltensauffälligkeiten verursacht.

In der Absicht, neuropädagogische Beispiele für die Praxis darzustellen, werden uns im folgenden diese beiden Kinder ein Stück weit durch die Thematik begleiten. Bei aller Unterschiedlichkeit machen ihre Verhaltensweisen deutlich, wie wichtig die *Grund*-legenden sensorisch-motorischen Fähigkeiten, wenn vielleicht auch nicht unbedingt für Schulleistungen, wie bei dem ersten Beispiel ersichtlich, so doch für eine *ausgewogene* Entwicklung sind. Diese Jungen werden ihre kognitiven Fähigkeiten auch weiterhin in ihrer je eigenen Weise entfalten, und die soziale Umgebung wird sie darin ständig bestärken. Hochbegabte Kinder? Kinder mit Teilleistungsstärken!!! Sie brauchen zusätzlich gezielte Hilfe, „um in ihren Körper zu kommen", in jedem Falle auf die Füße und in die Hände! Es ist eben Geist *und* Körper, was den Menschen ausmacht.

II. Die Funktionelle Entspannung

Der erste Junge, Fabian, kommt scheinbar nur in „Grenzsituationen" aus dem seelischen Gleichgewicht. Er hat genügend Kompensationsmöglichkeiten, um sich anderweitig bestätigt zu wissen. Bei dem anderen, Jakob, ist das ganz anders. Er blockiert nicht nur massiv, er geht mit seinen Gedanken auch auf Wanderschaft und er sucht sich seine eigenen Wege, Antworten auf Anweisungen, die an ihn gestellt werden, zu finden. Dann bewegt er sich allgemein vornehmlich in Wissensbereichen, über die nachzudenken er „eigentlich" noch Zeit hat! So hängt er in der Schule weit hinterher, dass von Seiten des Kollegiums (verständlicherweise?) an eine Überprüfung auf sonderpädagogischen Förderbedarf gedacht wird. Wie vielen Sonderschülern mag es wohl ähnlich gehen?

Was kann getan werden? Häufig, so auch in diesen beiden Fällen, ist schon sehr früh eine gewisse „Andersartigkeit" aufgefallen und seit dem Kindergartenalter manche Therapie „ausprobiert" worden, um vor allem die motorische Geschicklichkeit zu fördern. Offensichtlich ohne wesentlichen Erfolg. Wie aber können Spürigkeit, Beweglichkeit und Bewegungsfreude so angeregt werden, dass das Kind sich seines Körpers bewusst wird und eine Beziehung dazu bekommt?

1. Einführung in die Funktionelle Entspannung nach Fuchs

Wenn im folgenden die Funktionelle Entspannung nach Fuchs (FE)[5], die sich als körperorientierte Psychotherapie versteht, hier vorgestellt wird, dann darum, weil sie „in den Körper bringen" kann, indem sie an die blockierten Bereiche heranführt, sie bewusst macht und schließlich insgesamt sich auf die emotionale Gestimmtheit auswirkt. Alles das hilft dem Kind. Allerdings können hier nur Hinweise gegeben werden, welche Bedeutung die FE im Rahmen der Schule wie auch in der Kindertherapie haben kann. (Genaueres über Weiterbildungsmöglichkeiten zur Anwendung der FE im Anhang.)

Nach Marianne Fuchs ist es das

> Ziel der Funktionellen Entspannung (...), Körpergefühl zu wecken, Fehlhaltungen zu verändern, Schwächen anzunehmen, Fähigkeiten

[5] Die Methode wird allgemein mit FE benannt.

kennen zu lernen. Das Instrument Leib soll gestimmt werden, damit es lustvoll und frei zur Verfügung steht. Das ist ein pädagogischer Weg, der sich mit Psychotherapie verbinden lässt. Kein Training zwingt zu vorgeschriebenen Übungen. Der Patient selbst entdeckt sich und sammelt Erfahrungen. Solches Üben mit dem Leibe weckt Neugier, Selbstkritik, Selbstgefühl. Der therapeutische Erzieher bestätigt, ermutigt, ermöglicht Entwicklung. Besonders Kinder, auch in kleinen Gruppen, lernen zudem Hinschauen, Hinhören, Sich-Einfühlen, und sie üben dabei die Vorstellungskraft, wenn die Aufgabe in verwandten Bildern gestellt wird z.B. Sich-Aufrichten „wie ein Baum", Sich-Schwingen-Lassen „wie eine Schaukel". Auch ohne Musik lässt sich rhythmisches Geschehen im Bewegen und Bewegtwerden entwickeln (Fuchs M. 1985).

Die Ziele der FE, die hier von Marianne Fuchs aufgeführt werden, sind sicher auch Ziele in anderen Körpertherapien wie auch in der Psychomotorik. M. Fuchs spricht von einem *pädagogischen* Weg und von einem therapeutischen *Erzieher*. Was aber ist der *neurophysiologische Anteil* der FE? Der folgende Abschnitt von Rolf Johnen über die neurophysiologische Basis der Selbstwahrnehmung gibt eine verständliche Erklärung dazu (aus Johnen, Entspannungstechniken, in AFE intern Heft 18).

Die neurophysiologische Basis der Selbstwahrnehmung liegt in der Fähigkeit zur Propriozeption[6]. Mit Propriozeption ist in Anlehnung an den Arzt und Neurologen Oliver Sacks der „ lebensnotwendige sechste Sinn" gemeint, „ durch den der Körper sich selbst erkennt und mit vollkommener, automatischer augenblicklicher Präzision die Position und Bewegungen aller beweglichen Körperteile, ihr Verhältnis zueinander und ihre Ausrichtung im Raum erfasst."
Durch die Fähigkeit der Propriozeption wird der Körper in die Lage versetzt, „sich zu erkennen und in 'Besitz' zu nehmen. Man kann sagen, dass man seinen Körper (...) infolge eines konstanten Informationsflusses, der während des ganzen Lebens unablässig von den Muskeln, Gelenken und Sehnen zum Gehirn strömt, 'besitzt' und 'innehat'. Man besitzt sich selbst, man ist selbst, weil sich der Körper durch diesen sechsten Sinn immer und jederzeit erkennt und bestätigt" (Sacks 1989, S. 68).

Durch die Propriozeption (bei der auch der Gleichgewichtssinn mitwirkt) erzeugen wir ständig eine „Raum-Zeit-Gestalt" des eigenen

[6] In Teil I, Kapitel I, Abschnitt 2.2 wird ausführlich auch auf die Bedeutung der Propriozeption hingewiesen. Im Zusammenhang einer Darstellung der Neuro*pädagogik* ist es aber erforderlich, diesen Aspekt nochmals anzusprechen.

Körpers, den Kode des Körperschemas, der alle andere Sinnesempfindungen (Sehen, Hören, Geschmack, Geruch, Hautsinne, vegetative Wahrnehmungen) zum „Körper-Selbst" integriert. Die Propriozeption ermöglicht uns auch zwischen Selbst und Nicht-Selbst zu unterscheiden. Sie erzeugt weiterhin ein „unbestimmtes **Grundgefühl der Vitalität und der Gestimmtheit in Raum und Zeit**, das so etwas wie einen einheitgebenden Rahmen als ständigen Hintergrund unseres Erlebens entwirft" (v. Üexküll et al.1994).

Kurzfassung der FE-Methode

Rita Zebisch

Die folgende Skizze (siehe nächste Seite) und die dazugehörenden Erklärungen, sollen die theoretischen Grundlagen um Spürangebote ergänzen. Sie sind hier für Erwachsene formuliert. Für Kinder werden sie der Ansprechbarkeit und der Phantasie entsprechend angepasst.

Zu 1

Grund – Boden – Erde   Mutter-Erde = Halt von außen
Wie nehme ich den Boden wahr? Trägt er mich? Wie nehme ich meine Fußflächen wahr?
Wie nehme ich im Sitzen (Liegen) die Fläche wahr, die mit meinem Körper in Kontakt ist, mein Gesäß, meinen Rücken usw.? Gebe ich mein Gewicht nach unten ab? Gibt es Stellen, an denen es sich so anfühlt, als müsste ich mich selbst halten? Nehme ich den Platz, den ich besetze ganz ein? Was verändert sich, wenn ich ausprobiere oder, wenn ich es zulassen kann, dass der Boden, auf dem ich stehe, mich trägt? Was verändert sich dadurch? Wie? Und wo noch?

Zu 2

Skelett – knöcherne Struktur – Gerüst
(Wirbelsäule 3 Kreuze) = Halt innen
Wo nehme ich Halt in mir wahr? Spüre ich überhaupt Halt in mir? In der Praxis (mit Erwachsenen) hat es sich häufig schon als hilfreich erwiesen, wenn der/die Klient/in eine Skizze nach dem subjektiven inneren Bild des empfundenen Haltes anfertigt. (Bei Kindern könnte es das Bild eines Menschen sein.) Dies kann einen ersten Eindruck ermöglichen, wo sich haltende Struktur wahrnehmen lässt und wo Lücken auftauchen. So kann Neugierde geweckt werden, nach fehlenden Verbindungen zu suchen.
Angebote: Wirbelsäule (Ich-Achse) und die knöchernen Querverbindungen der drei Kreuze (unteres Kreuz – oberes Kreuz – oberstes Kreuz) im Spüren finden zu lassen.

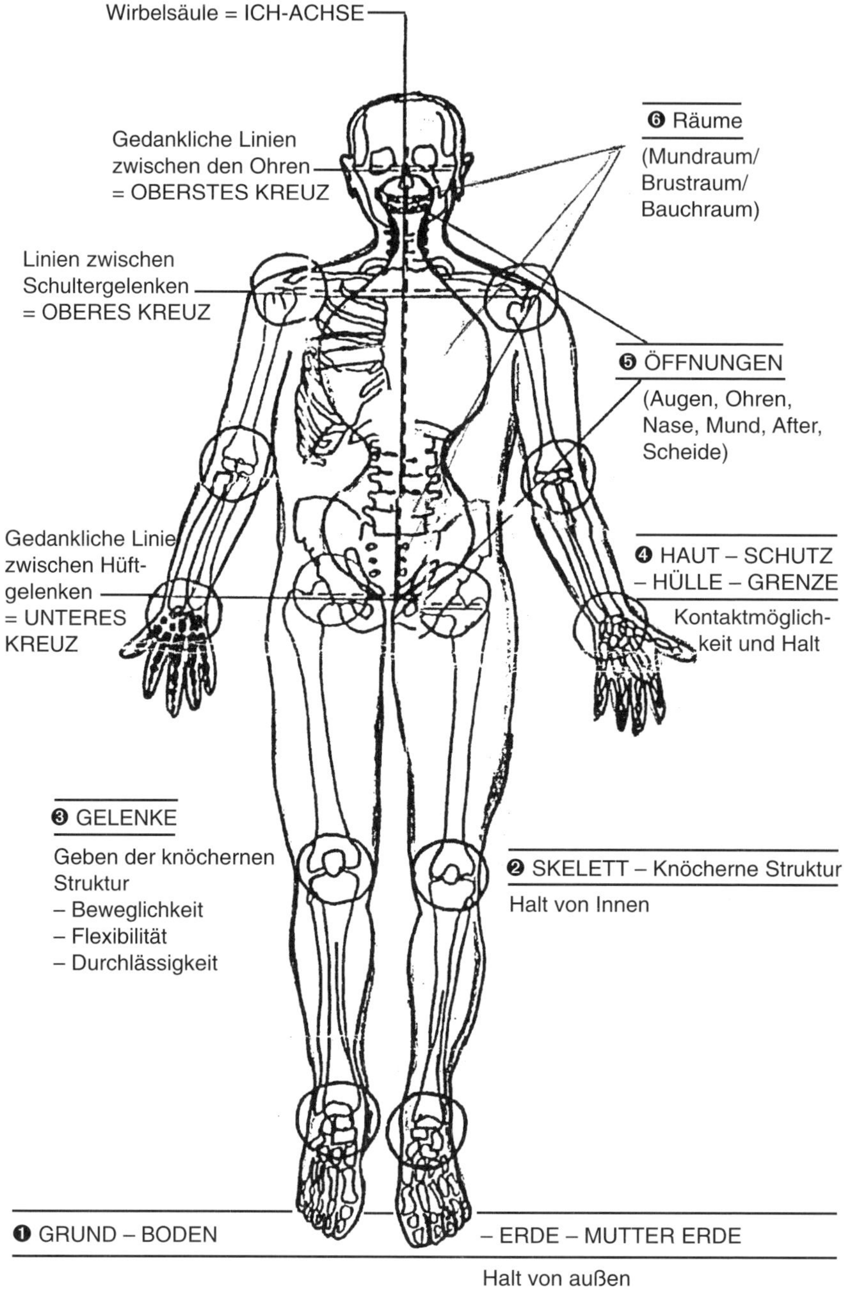

Abb. 3: Skelett

Zu 3

Gelenke

Die Gelenke geben der knöchernen Struktur Beweglichkeit, Flexibilität, Durchlässigkeit.

Wie erfahre ich die Verbindungen zwischen den festen Teilen? Wie erfahre ich Halt? Starr oder lebendig? An welchen Stellen geht Bewegung weiter? Wird Verbindung geschaffen? Durchlässigkeit führt zur Ganzheit – dort, wo Blockaden sitzen, geht es nicht weiter. Bildhafte Vergleiche: z.B. Ist die Tür offen oder versperrt? Ist die Ampel an der Stelle grün oder rot?

Zu 4

Haut – Schutz – Hülle – Grenze

Wie fühle ich mich in meiner Haut? Wie viel Platz habe ich? Ist sie mir haltende Hülle? Wie erlebe ich mich im Kontakt? Kuscheliges Bärenfell? Panzer? Verletzlich? Wund? Dünn? Dick? Kann ich die Innenseite der Haut wahrnehmen? Was spüre ich, wenn ich meine Hand auf eine Stelle meiner Haut lege, ist etwas anders unter der Haut? Was? Wo spüre ich das noch?

Zu 5

Räume / Mundraum – Brustraum – Bauchraum

Wie viel Platz habe ich im Mundraum? Breite: von Wangeninnenseite zu Wangeninnenseite, Höhe: vom Mundboden bis zum oberen Gaumen, Tiefe: von der Mundöffnung nach hinten zum Rachen. Wo findet die Zunge Platz? Was verändert sich, wenn ich die Begrenzung wahrnehme? Wo enge ich mich ein?

Wie viel Platz ist von der einen Seite des Brustkorbes bis zur anderen Seite, wie viel vom Brustbein zur Wirbelsäule, wie viel von der oberen Grenze der Rippen zur unteren? Was bewegt sich in dem Raum, wenn ich nichts bewege?

Ebenso kann der Bauchraum erspürt werden: z.B. von einem Beckenrand zum anderen, von der Lendenwirbelsäule zur Bauchdecke u.s.w.

Zu 6

Öffnungen (z.B. Augen, Ohren, Nase, Mund, After, Scheide)

Öffnungen stellen eine Verbindung vom Körper nach außen dar. Als solche tragen sie zu Gleichgewicht und Ausgewogenheit der Vitalität bei. Wie spürt es sich an den entsprechenden Stellen an? Eng, weit, zusammengenommen?

Diese Hinweise zusammen mit der Skizze geben nur andeutungsweise eine Vorstellung, auf welche Art und Weise Propriozeption, Eigenwahrnehmung, angeregt werden kann, und wie dadurch der Körper von innen und außen zu entdecken ist, auch die Füße und die Hände! Die spielerischen Angebote zum Auffinden des eigenen Rhythmus in der Atmung, das „Loslassen“ dabei und anderes mehr lassen sich nicht beschreiben, das muss erfahren werden.

2. Aus der Praxis

Einige Beispiele sollen nun zeigen, wie im Umgang mit Kindern immer Neurologisches und Pädagogisches an dem gemeinsamen Tun, beteiligt ist und – was in welcher Form, durch welche Angebote und unter welchen Umständen wie – bewirkt werden kann. Die **neuro-pädagogische Sichtweise** am Schluss jeden Beispiels könnte dann zu einem neuen Verständnis für die Bedeutung pädagogischen Handelns führen. Wie bereits erwähnt, erscheint es mir an manchen Stellen hilfreich, den neuropsychologisch/neurophysiologischen und den pädagogischen Anteil getrennt voneinander zu betrachten. Sicher ist das eine künstliche Trennung, denn von den Neurowissenschaften her hat sowohl das eine wie das andere Auswirkungen auf Prozesse im Zentralnervensystem. In einem dialogischen Geschehen, und darum geht es in einem neuropädagogischen Verständnis von Schule, ist die Wirkung wechselseitig. Bei einer Einführung in die Thematik Neuropädagogik für die Schule aber halte ich in einigen Fällen eine getrennte Betrachtung für vertretbar.

Zunächst drei Beispiele, die einen Eindruck von der Anwendung der funktionellen Entspannung und damit gleichzeitig der Neuropädagogik geben können.

2.1 Die Löwenjagd, ein Beispiel aus der Psychomotorik

> Wir gehen auf die Löwenjagd und haben keine Angst.
> Wir sind nämlich sooo stark (K. zeigen ihre Muskelstärke, indem sie die leicht angewinkelten Arme demonstrativ nach oben halten und die Oberarmmuskeln anspannen);
> und haben sooo viele Freunde (K. formen mit beiden Armen einen großen Kreis).

1. Huch, was ist denn das? (K. halten die Hand Ausschau haltend über die Augen, tun so, als ob sie in alle Richtungen schauen.)
Eine riesengroße, wunderschöne, grüne Wiese mit ganz hohem Gras.

> *Kehrreim:*
> *Wir können nicht über die Wiese, wir können nicht unter der Wiese durch,*

wir können nicht rechts vorbei, wir können nicht links vorbei, wir müssen mitten durch.(K. begleiten mit den entsprechenden Armbewegungen).
(Gehbewegungen, Beine anheben) Pffft, pffft, pffft, pffft, geschafft!

2.
Huch, was ist denn das?
Ein riesengroßer, tiefer, kalter See!
Kehrreim: (siehe oben)
(Schwimmbewegungen, Atemgeräusche)

3.
Huch, was ist denn das?
Ein riesiges, gefährliches, heißes Feuer!
Kehrreim
Pust, pust, pust, pust, geschafft!

4.
Oh, ich kann nichts sehen, wir müssen auf einen Baum klettern.
Kletter, kletter, kletter, kletter, pffft, geschafft! (Kletterbewegungen mit Armen und Beinen)

5.
Da ist eine Brücke!
Kehrreim: Wir können nicht rechts vorbei, wir können nicht links vorbei, wir können nicht unten durch, wir müssen gradewegs hinüber. (Gehbewegungen)
Pffft, pffft, pffft, pffft, (auf die Brust klopfen) geschafft!

6.
Huch – eine große, dunkle Höhle! Wir tasten mal hinein!
Tast, tast, tast, tast! (Hand- und Armbewegungen)
Uaaaaaaaaaaahhhhh der Löwe!
Zurück über die Brücke *pffft, pffft, pffft, pffft,*
durch das Feuer *pust, pust, pust, pust,*
durch den See *pffft, pffft, pffft, pffft,*
über die Wiese *pffft, pffft, pffft,pffft,*
Tür auf, alle rein, Tür zu! *Pfffffft, geschafft!*

Neuropädagogische Sichtweise

Bei der „Löwenjagd“ kommt der Anreiz zur Bewegung mit der Geschichte. Und wer einmal versucht, die Bewegungen nachzuvollziehen, und gleichzeitig in sich hineinspürt, der merkt, in wie unterschiedlicher Weise die großen

Gelenke dabei beteiligt sind und dadurch auch die Propriozeption, das Sich-Spüren, wie der Rhythmus angesprochen ist, die Atmung, die Sprache, die Phantasie. Das ist FE für Kinder! Gut ist es, die Geschichte noch einmal vor dem inneren Auge ablaufen zu lassen, zu erinnern, ohne zu sprechen, einfach nachzuspüren. Wenn dabei die Geschichte noch einmal leise vorgesprochen wird, können „innere Bilder" entstehen, die Vorstellung und das Visualisieren, was manchen Kindern schwerfällt aber für die Rechtschreibung und das mathematische Denken hilfreich sein kann.

2.2 Sprechzeichnen zur Vorbereitung auf das Schreiben

Rita Helm

Für alle Erstklässler beginnt die Schule mit dem Eingewöhnen in eine neue Umgebung. Viele fremde Menschen begegnen dem Kind. Es gelten plötzlich andere Verhaltensregeln. Anforderungen werden wie selbstverständlich an das Kind gestellt. Ein neuer Lebensabschnitt muss gestaltet werden, der häufig zunächst als eine große Einschränkung und Beschränkung erlebt wird. Das Kind darf sich nicht mehr „nach Lust und Laune" frei bewegen und es muss seinen spontanen Redefluss an ein „Meldezeichen" binden und geduldig warten lernen. Darüber hinaus wird es Mitglied in einer neuen sozialen Gemeinschaft. Seine alten Freunde, die ihm vertraut sind, hat es verlassen, um sich nun in einer Klassengemeinschaft einzufinden. Dies stellt eine gewaltige Leistung der Anpassung dar. Was dem Kind jetzt hilfreich ist, sind seine Neugier und sein Forschergeist. Da allen Pädagogen bekannt ist, dass der Schuleintritt eine Situation des Umbruches darstellt, wird versucht, das „spielerische Element" des Lernens anzuwenden, um einem möglichen Leistungsdruck vorzubeugen und um an Vertrautes anzuknüpfen. Dies betrifft ganz besonders den Vorgang des Schreibenlernens, den es in kleinen Schritten anzubahnen gilt. Wenn das Endstadium des eigentlichen Schreibvorganges schließlich erreicht ist, wird der Handlungsraum auf ein kleines Blatt Papier begrenzt. Das Kind muss sich „zusammenraffen", die Schultern anziehen, Oberkörper und Kopf nach vorne beugen, um dann nur mit einer Hand komplizierte Zeichen noch dazu in der Richtungsanordnung von links nach rechts nachzufahren. Dabei hat es angespannt und still zu sitzen, möglichst mit den Füßen auf dem Boden. Diese Leistung führt nach unseren Beobachtungen nur zu einer Verkrampfung des Kindes in jeder Hinsicht, deshalb wird dem Erstklässler das Schreibenlernen mit den „Sprechzeichen" nach Waltraud Seyd[7] erleichtert. Es wird versucht, der kindlichen Bewegungsfreude ent-

[7] Waltraud Seyd, Sprache und Bewegung, Neckar-Verlag GmbH Villingen-Schwenningen (1972) 1996

gegenzukommen und den Übergang von der Kindergartenzeit in den Schulalltag fließend zu gestalten. Die Sprechzeichen von Waltraud Seyd umfassen die Formen Kreis, Schaukel, Sechs, Schleife, Schmetterling, Schleifenblume und Acht. Zu jeder Form wird ein eingängiger Kindervers rhythmisch gesprochen. Besonders bei den ersten drei Zeichen werden die Formen zunächst bilateral in der Luft und auf dem Fußboden auf Packpapier mit Wachsmalkreiden eingeübt. Waltraud Seyd empfiehlt auch das Malen mit Kleisterfarben.

Die Schaukel
Die Einführung der „Schaukel" erfolgt im Stehen mit der rechten und anschließend mit der linken Hand, die mehrmals rhythmisch hin und her schwingt. Dazu wird gleichzeitig folgender Vers deutlich gesprochen:

Schaukel hin
und schaukel her,
kleiner Frosch
und kleiner Bär.

Anschließend wird mit vielen bunten Kreiden die „Schaukel" mit Hilfe der Kinder an die Tafel gemalt. Auf der Schaukel sitzen sich der kleine Frosch und der kleine Bär gegenüber. Die Tierfiguren sind den Figuren aus Janoschs Kinderbüchern nachempfunden, da sie den Kindern vertraut sind und sich großer Beliebtheit erfreuen.

Wie gerne Kinder dabei „in Schwung" kommen, zeigt ein Erlebnis mit Erstklässlern. Nachdem von allen tüchtig mit den Armen geschwungen wurde, bemerkt ein Mädchen: „Aber, man kann auch noch anders schaukeln!" Sie stützt die Hände in die Hüften und wiegt ihren Oberkörper hin und her. Alle Kinder nehmen die Bewegung auf und vollziehen sie nach. Ein Junge meldet sich: „Das geht auch mit dem Po!" Es folgt ein lautes Lachen und alle schaukeln mit dem Po. Wieder schießt ein Finger in die Höhe: „Und es geht mit den Füßen!" Die Kinder breiten die Arme aus, stehen wackelig auf einem Bein und schaukeln abwechselnd mit dem einen und danach mit dem anderen Fuß. „Wir sind Ballerinas", bemerkt ein Mädchen. „Wir können mit dem Kopf schaukeln", sagt ein anderes. Schließlich melden sich fast alle Kinder. Wir schaukeln mit dem Bauch, den Ohren, den Händen, der Zunge, den Augen. Wir schaukeln seitwärts, vorwärts und rückwärts. Am Ende meldet sich der Allerkleinste und Frechste, der bisher keine Lust zeigte, in der Schule etwas anzunehmen, sagt kein Wort, ballt die kleine Hand zu einer Faust, lächelt verschmitzt und schaukelt mit dem Daumen. Alle lachen herzlich und machen fröhlich mit.

Ebenenwechsel
Das Einschaukeln geschah im Stehen, das anschließende Malen auf Packpapier erfolgt auf dem Fußboden. Es bereitet allen großes Vergnügen. Im Knien, mit reichlich Bewegungsspielraum werden, je nach dem Temperament des Kindes, große und kleine, tiefe und flache Schaukeln gezeichnet. Die Kinder bevorzugen ganz bestimmte Farben. Es entstehen Schaukeln in lila und gelb, in schwarz, blau, rot und in knallbunt. Die meisten Schaukeln werden dick übereinander geschichtet. Einige Kinder legen Wert auf jede einzelne Linie, die sehr behutsam ausgeführt, die einzelnen Farben erkennen lässt. Einige schwingen rasant schnell hin und her, andere arbeiten mit der Zunge auf den Lippen langsam und bedächtig. Ein Kind verletzt den Raum des Nachbarn und genießt dessen ärgerliche Reaktion. Andere Kinder arbeiten im Team zu zweit. Wieder ein Kind drückt nur zart angedeutet den Stift auf. Ein anderes zerbricht ihn bei einer harten Linienführung. Ein Kind strichelt die Schaukel und wagt nicht, große Schwünge zu machen. Ein anderes macht lieber gleich viele kleine. Die meisten arbeiten leise, wenige werden dabei laut und furchen immer zorniger werdend über das Papier. Viele Bilder werden durch Motive aus dem Umfeld der Kinder ergänzt. Es entstehen Hängeschaukeln, Spielplätze und Ballspielnetze und eine Szene am Strand. Über das Sprechzeichen „Schaukel“ wird die eigene Welt der Kinder sichtbar.

Diese erste Übung zeigt gleich zu Beginn ein breites Verhaltensspektrum der Kinder. Sprechzeichen sind nicht nur „Schwungübungen“, sondern bringen das Wesen jedes einzelnen Kindes zum Ausdruck.
Die Sprechzeichen Kreis, Sechs und Schleife zählen bei den Schülern zu den beliebtesten. Die „Schnecke“ wird von mir mit dem Vers begleitet:

Kleine Schnecke,
du bist eine kecke,
komm heraus
aus deinem Haus.

Zur Schleife oder Schlaufe, die der lateinischen Schreibschrift ähnelt, sprechen wir:

Lirum, larum, Löffelstiel,
wer das jetzt kann,
der kann schon viel.

Die negative Wertung „wer dies nicht kann, der kann nicht viel“, erfährt eine positive Umdeutung. Die Fähigkeit zur Überkreuzbewegung offenbart neuropsychologische Erkenntnisse (die Ausreifung des Balkens).

Zum Kreis kann der Vers gesprochen werden:

Rolle, rolle, rolle,
rolle auf dem Platz,
wenn das Bällchen fertig ist,
macht es einen Satz (nach Seyd).

Bei den von mir hinzugefügten Sprechzeichen, das aneinandergereihte Bögen darstellt und das „m“ anbahnt, wird rhythmisch gesprochen:

Hopp, hopp, hopp,
Pferdchen lauf galopp.

Die Sprechzeichen von Waltraud Seyd:

Ordnung der Zeichen

Geschlossene Formen, die aus dem kreis entwickelt wurden:

Geschlossene, eckige Form:

Offene Formen aus dem Kreis:

Offene, eckige Form:

Abb. 4: Sprechzeichen (aus der Kopie des Buches der Zeichen)

Die überaus wertvollen Anleitungen von Waltraud Seyd können im Rahmen dieses Themas nicht ausführlich behandelt werden. Ich wähle daher nur ihre Anleitung zum „Kreis“ aus :

> Dem Vorschulkind ist die Form des Kreises vertraut. Das Kind lernt bei dem Zeichen Linie von Fläche zu unterscheiden. Manche Kinder beginnen die Kreislinie zu zeichnen, vermögen aber nicht, sich auf ihr

zu halten, werden in der Bewegung immer enger und landen schließlich, nachdem sie die Fläche ganz gefüllt haben, im Mittelpunkt des Kreises. Der Vers setzt das Zeitmaß für den Ablauf. Mit jedem Neubeginn tritt ein Wechsel ein: In der Richtung von einer Hand zur anderen.

Auch in der Bewegungserziehung stellen wir das Sprechzeichnen dar. Die Kinder gehen mit gefassten Händen im Kreis herum, wozu sie den Vers sprechen. Jeweils zu Neubeginn des Verses tritt eine neue Bewegungsrichtung auf: Die Kreisrichtung wird gewechselt, dann bleiben die Kinder stehen, lösen die Hände und drehen sich um sich selbst, fassen wiederum die Hände und führen mit ihnen einen großen Kreis aus. So setzt nach jeder achttaktigen Periode, die der Vers angibt, eine neue, kreisende Bewegungsform ein. Einzelbeobachtungen des Pädagogen bei Beginn des Sprechzeichnens sind wichtig. Sie können Hinweise auf gezieltes neuropädagogisches Vorgehen geben. Zur Orientierung:

Auffälliges Verhalten in bezug auf
1. Körperhaltung
2. Stifthaltung
3. Stiftführung
4. Sprache und Atmung
wird notiert. Davon interessieren uns folgende spezielle Fragen:

1. Ist das Kind Links- oder Rechtshänder?
1. Was macht die unbeschäftigte Hand?
2. Wie ist die Kopfhaltung beim Zeichnen?
3. Bevorzugt das Kind *eine* Richtung, kann es schwer in die andere umschalten?
4. Ist das Tempo des Zeichnens auffallend schnell oder langsam?
5. Schweift das Kind beim Zeichnen mit den Augen ab?
6. Ermüdet das Kind rasch?
7. Spricht das Kind den ganzen Vers mit? Einzelne Worte? Gar nicht?
8. Atmet das Kind nach Sinneinheiten?
   „Schnappt es nach jedem Wort? (...)

Liegen die von uns gezeichneten Kreise vor uns, so werden sie eingehend betrachtet und beurteilt. An der Strichführung können wir Folgendes bemerken:

1. Drückt das Kind zu stark auf, so dass die Form auf der Rückseite des Blattes durchkommt?

2. Ist der Strich zittrig?
3. Weicht der Strich öfter von der Kreislinie ab?
4. Sind einzelne Ecken in der Kreislinie?
5. Hat das Kind den Stift wiederholt neu angesetzt?
6. Weicht das Kind von der Aufgabe ab, indem es etwas dem Kreis hinzufügt?

Wir können bereits an dem ersten Zeichen erkennen, ob das Kind Formgefühl hat, ob es sich konzentrieren kann, ob es in seiner Entwicklung noch stark zurück ist (Seyd, W, S. 35 u. 36).

Je nach der Sprechfertigkeit der Kinder können die Sprüche lang oder kurz sein. Sehr empfehlenswert an dieser Stelle sind auch die alten Fingerspiele und Kniereiterverse aus der Kleinkinderzeit. Auch die von Seyd empfohlenen Fadenspiele, welche die Fingergeschicklichkeit und die Mundmotorik schulen, sind hier zu nennen, sowie die „Blas-Spiele“ für die Verbesserung des Fühlens im Mund- und Rachenraumes, mit deren Hilfe das Kind alle Gesichtsmuskeln, den Kiefer und den Hals sowie die Atmung über den Brustraum erfährt. Der Einsatz der Stimme und die Vertonung der Buchstaben werden erspürt und bewusst nach außen getragen. Das Kind lernt, sich auszudrücken. Derartige Übungen gehören speziell zum Repertoire der Sprachheillehrer.

Neuropädagogische Sichtweise

Im Zusammenhang mit Teil I dieses Buches und dem Überblick auf die Funktionelle Entspannung nach Fuchs (FE) erübrigt es sich, auf die jeweiligen Beziehungen zwischen neurophysiologischen und pädagogischen Anteilen näher einzugehen. Das Besondere an dem Beispiel Schaukel ist, wie die Kinder in dem beschriebenen Beispiel selbständig und mit immer neuen Einfällen die Führung „durch die Gelenke“ und damit durch ihren Körper übernommen haben. Sie wurden selbst-tätig. Es ist von alleine etwas in Gang gekommen (ohne aus der Kontrolle zu geraten). Diese Erfahrung lässt sich mit der Funktionellen Entspannung häufig machen. Das Erspüren des eigenen Körpers weckt Neugier darauf, was es noch auszuprobieren und zu entdecken gibt.

Es wurde bereits erwähnt, dass im Elementarbereich immer schon neuropädagogisch gearbeitet wurde und sicher sind auch viele Angebote bei älteren SchülerInnen unter diesem Gesichtspunkt zu verstehen. Wer die Zusammenhänge von den Neurowissenschaften her betrachtet, wird erkennen, wie viel von dem, was wir pädagogisch tun als Neuropädagogik verstanden werden kann. Hier ging es jetzt insbesondere darum, auf die Funktionelle Entspannung nach Fuchs (FE) hinzuweisen. Ein letztes Beispiel aus einer psychotherapeutischen Praxis zeigt, wie es mit der FE gelingen kann, ein Kind in seiner besonderen Situation zu verstehen und ihm erkennen zu geben, dass es verstanden wird. Auch, wenn es in der Schule nicht um eine psychotherapeutische Intervention geht, es ist die Haltung, die übertragbar ist.

2.3 Paul, ein Beispiel aus der Kindertherapie[8]

Doris Lange

Paul, ein übergewichtiger, kräftiger und kämpferischer kleiner Junge von 7 Jahren, wird von seiner Lehrerin wegen seiner aggressiven Auffälligkeiten und seiner Leistungsverweigerung im Unterricht zur Therapie geschickt. Er hat eine Lese-Rechtschreibschwäche und bekommt zusätzlichen Förderunterricht, wenn seine Freunde schon nach Hause gehen dürfen, wie er sagt. Er hatte mit 4 Jahren Sprachtherapie und als Säugling Krankengymnastik nach Bobath. Die Eltern sind sehr bemüht und aufgeschlossen; Die Mutter fühlt sich vom Temperament des Jungen schon immer überfordert. Sie gab ihm oft Süßigkeiten, um ihn zu besänftigen.

Im Laufe dieser Therapiestunde hat er sich in einen Zustand von „Weltuntergangschaos“ hineingesteigert. Erst ein Gewitter, dann ein Erdbeben hatte alles zerstört, was er mit Holzklötzen, Autos, Tieren und Menschen aufgebaut hatte. Auch meine Rettungsstation, die ich aufgebaut hatte, ist durcheinandergeworfen. Der Boden ist bedeckt mit Chaos. Und wir sitzen beide mittendrin. Ich sehe das Ende der Stunde näher rücken und wappne mich vor seinem Wutausbruch, wie ich ihn sonst kenne, wenn ich ihm dies ankündige. Ich richte mich auf und warte, bis sich mein Atem vertieft, bis ich breit auf dem Boden sitze[9]. Paul schaut mich an. Ich sage: „Du weißt, dass ich dir 10 Minuten vor Ende der Stunde Bescheid sage, damit du noch Zeit hast, dich aus deinem Spiel zu lösen. Es ist jetzt Zeit aufzuräumen. Vielleicht hilft es dir, wenn wir zusammen Ordnung schaffen, dass du dich auch innen wieder ein bisschen ordnen kannst“. Statt des sonst üblichen Wutausbruchs fällt Paul in sich zusammen, rollt sich auf die Seite und sagt tonlos: „Ich will nicht aufräumen. Ich <u>will</u> nicht nach Hause.“ Ich räume weiter auf und frage: „Was erwartet dich zu Hause?“ – „Hausaufgaben. Ich hasse Hausaufgaben. Und meine Mamma hasse ich auch. Die

---

[8] Kongressbericht Symposium der IFAPA (International Federation of Adapted Physical Activity, Wien 3.-7.7.01

[9] Die vertiefte Atmung, das Spüren der Unterlage ist in der FE eine Hilfe zum Zu-Sich-Kommen und ganz Bei-Sich-Sein und damit „angemessen“ auf die jeweilige Situation zu reagieren (Anmerkung I. Milz).

schreit immer." – Ich biete ihm an, nächstes Mal mitzubringen, was er hasst.

Er kommt zur nächsten Stunde mit seinem Schreibheft; er hat das große L in Schreibschrift auf (einen für die feinmotorische Koordination sehr schwierigen Buchstaben). Ich biete ihm an, sich an den Tisch zu setzen. Ich stelle mich hinter ihn, lege meine Hände in ihrer Wölbung um seine Schulterblätter, die Daumen nebeneinander in die Furche über der Wirbelsäule. Er entspannt sich sofort darunter. Er soll den Buchstaben zuerst einmal mit dem Zeigefinger ohne Stift groß auf den Tisch malen. Dabei zieht er seine Schultern hoch, nimmt die Zunge zwischen die Zähne, hält die Luft an, noch bevor er mit der Bewegung angefangen hat. – Mir entfährt ein Seufzer: „Ach ja, das ist anstrengend für dich! Was ist denn nicht anstrengend?" – Er meint: „Spielen!" – Ich schlage ihm vor zu spielen, hole ein kleines Auto, gebe es ihm in seine Hand, lege meine auf seine, und wir spielen „Michael Schumacher auf dem Hockenheimring" (Geräusche, Bewegung – erst in der Ovalen, dann in der Acht, dann im L). (Wenn man einen Ton macht, atmet man automatisch aus, und im Ausatmen fällt jede Bewegung leichter, verbunden mit einem inneren Loslassen).

Die Szene eskaliert etwas. Paul steigert sich ins Spiel, wird wild und laut. Ich hole ihn mit der Erinnerung an das, was wir tun wollten, wieder zurück. Paul soll die große Bewegung mit dem Rennauto auf die kleine Bewegung mit dem Stift in die Handschrift übertragen, soll aus dem lauten einen immer leiseren, zum Schluss unhörbaren Ton machen. Er lächelt bei seinen Versuchen und meint: „Das geht ja wie geschmiert!" – Ich greife sein Bild auf, spreche von Gelenkschmiere, die seine Bewegungen ölt und geschmeidig macht, lasse ihn seine Schultern, Ellenbogen, Hand- und Fingergelenke im Ausatmen lockern und lösen: kleine spielerische Bewegungen mit dem „inneren Ton" verbunden. Ich zeige ihm, wie er sich gut vorbereiten kann: sich breitbeinig auf den Stuhl setzen, sein Rücken richtet sich automatisch auf, sein dicker Bauch lässt sich dann zwischen den Beinen ablegen, dadurch ist im Brustkorb viel Platz zum Einatmen, denn „zum Denken braucht man viel Sauerstoff fürs Gehirn." Er ölt seine Gelenke, wie es das Getriebe im Auto braucht, um gut fahren zu können. Dann wartet er, bis sein innerer Brummton anfängt, lächelt und fährt, bzw. schreibt los. Zu Hause und in der Schule zeigt er dann den Erwachsenen, wie man „richtig" schreibt, sagt er mir später: „Erst gut hinsetzen......".

Die Beschreibung dieser Therapiestunden zeigt, was mit Hilfe der Funktionellen Entspannung an Veränderung zu erreichen ist. Natürlich ist bei der Therapeutin die FE „verleiblicht" und steht so zur Verfügung, wann immer die therapeutische Situation es erfordert. Dennoch mag der Erfolg bei dem Kind verwundern. Ist es möglich, dass ein-, zweimalige Spürerfahrung eine derartige Veränderung bewirken kann? Und wie ist das zu erklären? Betrachten wir den Prozess, der hier vor sich gegangen ist.

Neurophysiologischer Anteil an der neuropädagogischen Sichtweise

Neurophysiologisch[10] sind über die Gelenke von Schulter, Ellenbogen und Hand bis hin zur Wirbelsäule Reize angeregt worden, die Propriozeption, Eigenwahrnehmung, ermöglichen. Das geschah zunächst passiv unter der Hand der Therapeutin, begleitet durch Brumm-Geräusche zum fahrenden Auto, die das Ausatmen vertieften und den Atem insgesamt den Rhythmus der Bewegung begleiten ließen. Eingebunden in einen phantasievollen Rahmen (Michael Schuhmacher) waren Motivation und Aktivierungsreaktion angeregt und der Spannungsbogen konnte bis zur Beendigung, bis zum sichtbaren Erfolg, über einen längeren Zeitraum erhalten bleiben. Die Prozesse, die dabei über die aufsteigenden und absteigenden Bahnen in Stammhirn und Formatio reticularis vor sich gehen und die ihre Auswirkungen einerseits auf die kortikale Verarbeitung und andererseits auf periphere Reaktionen haben, sind im ersten Teil dieses Buches im Kapitel III Abschnitt 2 beschrieben.

Für das Verständnis der Bedeutung der Funktionellen Entspannung eine Übersicht über ihre neurophysiologischen Wirkungen[11]

- Die Empfindlichkeit aller sensorischen Afferenzen, der körperlichen Eigenwahrnehmung überhaupt, wird durch Loslassen in einem begrenzten Körperbereich mit Hilfe der Funktionen der Formatio reticularis gesteigert. Es kommt insbesondere zu einer Steigerung der Propriozeption. Die bewussten und unbewussten propriozeptiven Wahrnehmungen werden parallel zur Vertiefung des Atemrhythmus intensiviert; Unterschiede von Druck, Spannung Gliederstellung und Haltung werden genauer wahrgenommen.
- Der Atemrhythmus wird von seinen zivilisationsbedingten Anpassungen, Einengungen und Störungen befreit.
- Alle vegetativen Muster werden verändert. (...) Das (...) spielerische Bewegen stellt zusätzlich einen leichten Parasympathikusreiz dar, so dass es zu einer „vegetativen Balancierung“ kommen kann.

---

[10] Ergänzend dazu: Üxküll, Fuchs, Müller-Braunschweig, Johnen: Subjektive Anatomie S. 165 ff.

[11] Nach Üxküll, Fuchs, Müller-Braunschweig, Johnen Subjektive Anatomie S. 168

- Neben Einflüssen auf vegetativ gesteuerte Organfunktionen werden vom somatischen Nervensystem gesteuerte Organfunktionen beeinflusst. So können sich muskuläre Verspannungen unmittelbar lösen.
- Die emotional-affektiven Anteile des Erlebens, die ebenfalls über die Formation reticularis und deren Verbindungen zum limbischen System verändert werden, können an dieser Stelle nur angedeutet werden. (...) Durch das intensivere Erleben der Verbindung zwischen den verschiedenen Bereichen und Funktionszuständen des Körpers bildet sich ein verändertes Selbstgefühl mit einem intensiveren Gefühl der räumlichen und zeitlichen Kohärenz[12], aber auch mit dem Gefühl größerer Lebendigkeit, mit Neugier für sich selbst und die Umwelt.

Pädagogischer Anteil an der neuropsychologischen Sichtweise

Wenn es hier um Neuropädagogik gehen soll, was ist der *pädagogische* Anteil an dem Erfolg der beschriebenen Therapiestunde? Es ist der Umgang mit dem Kind, die aufmerksame Beobachtung. Die Therapeutin ist „ganz bei sich" und kann deshalb auch ganz beim Kind sein. Das heißt, sie ist offen für seine verbalen und averbalen Signale und kann durch einfühlsames Eingehen die FE-Angebote immer gerade so anpassen, wie es erforderlich ist, das Kind „auf dem Weg zu halten" (ein Ausdruck von Marianne Frostig). Kind und Therapeutin sind ständig in einer dialogischen Beziehung, zeitweise auch über die Hand. Es wird nichts vorgemacht im Sinne von „So musst Du das machen, ich zeige es dir". Das Kind wird begleitet, wie auch die ursprüngliche Bedeutung des Begriffes Pädagoge als Begleiter (Diener) verstanden wurde, der das (männliche) Kind auf den Weg zum Unterricht brachte. So hat auch Marianne Frostig den pädagogischen Anteil ihres Konzeptes verstanden.[13]Und so ziehen sich diese Leitlinien ebenfalls durch die hier beschriebene Therapie.

> Der Pädagoge muss das Kind auf das Lernen vorbereiten,
> er muss das Ziel bestimmen,
> er muss das Kind auf dem Weg halten,
> er muss die verschiedenen Komponenten des Prozesses miteinander verbinden,
> er muss eine Umwelt gestalten, die dem gesamten Prozess möglichst förderlich ist.

---

[12] Kohärenz=Zusammenhang

[13] Marianne Frostig hat ihr pädagogisches Anliegen immer als Begleitung des Kindes verstanden. Ihr Ansatz, wurde bereits (Teil I Kapitel IV Abschnitt 2.2) vorgestellt.

In diesem Fall brachte die Therapeutin das Kind „in die Hand". Wenn wir aber, davon ausgehen, dass manches, was in der Bewegungserziehung, speziell in der Psychomotorik angeboten wird, auch im Sinne von FE verstanden und praktiziert werden kann, haben wir auch in der Schule neuropädagogische Möglichkeiten, die wir nutzen können.

III. Neuropädagogik im Schulalltag

Im ersten Teil dieses Buches wurden die neuropsychologischen Voraussetzungen für Lernen und Verhalten dargestellt. Wenn wir diese Zusammenhänge erkannt und verstanden haben, wird deutlich, wie eigentlich das, was wir als Pädagogen im Vorschul- und Schulbereich tun, neuropädagogisches Tun ist oder sein könnte. Die Erfolge im Vermitteln von Lesen, Schreiben und Rechnen sind abhängig von neuronalen Vorgängen und die emotionale Gestimmtheit und das Verhalten ebenfalls. Damit erweitert sich der pädagogische Auftrag der Lehrerin, des Lehrers zu einem neuropädagogischen. Das Spüren nach innen, sich selbst durch spielerische Bewegungen in Verbindung mit Rhythmus und u.U. Sprache kennenzulernen, sich „in Besitz zu nehmen" und so in den eigenen Körper, auf die Füße und in die Hände zu kommen, ist, wie die Beispiele der drei Jungen zeigen, wichtig für eine ausgewogene kognitive und emotionale Entwicklung. Aber es geht noch um mehr. Um das, was uns von außen umgibt, zu verarbeiten und in irgendeiner Form auch immer wieder auszudrücken, müssen unsere Sensoren, unsere „Antennen", in Aktion treten. Unser Gehirn muss die aufgenommenen Reize in neuronale Impulse umwandeln, filtern, integrieren, sortieren, um uns einen Eindruck von dem zu vermitteln, was uns umgibt. Es muss uns gleichermaßen ermöglichen, auf die entsprechenden Sinneseindrücke zu reagieren. Dazu aber bedarf es einer funktionsfähigen Sinneswahrnehmung und eines ebenso funktionsfähigen motorischen Apparates. Reaktionen auf Inneres oder Äußeres müssen „der Reihe nach" in einer Abfolge ablaufen und dazu wiederum ist der Entwurf, die Planung einer Handlung, erforderlich, die dann sozusagen in die Ausführung geht. Sensorik und Motorik entwickeln sich, wie wir alle wissen und an Kindergarten- und Schulkindern beobachten können aber erst allmählich und individuell auch zeitlich unterschiedlich. Heute sind diese individuellen Unterschiede in den ersten Schuljahren mehr und mehr zu beobachten. Sie können sich in der visuellen und auditiven Verarbeitung, der Integration verschiedener Sinnesmodalitäten, im Erkennen und Behalten serialer Vorgänge u.U. auch in einer unausgeprägten Seitigkeit, zeigen. Ob es sich dabei um neuropsychologische Beeinträchtigungen oder Reifungsverzögerungen handelt, es sind die Auswirkungen im Lernen und Verhalten, mit denen wir es in der Schule zu tun haben.

1. Von Teilleistungsstärken und Teilleistungsschwächen[14]

Der Begriff Teilleistungsstörungen oder -schwächen charakterisiert die Art partieller Lern- und Verhaltensprobleme am besten. Um sie zu verstehen und zu berücksichtigen, ist eine genaue und geschulte Beobachtung erforderlich, vor allem dann, wenn offensichtlich keine kognitiven Beeinträchtigungen vorliegen. Wie genau diese Beobachtung sein muss, zeigt sich allerdings erst, wenn wir die Problematik der beiden Jungen, die in den ersten beiden Beispielen mit ihrer Ungeschicklichkeit vorgestellt wurden, im Einzelnen betrachten (siehe auch Kap. I). Obenhin ist da zwar ein deutlicher Unterschied: der eine schafft die ersten beiden Klassen spielend, der andere nur mit Mühe oder eigentlich doch nicht. Genauer betrachtet, und auch nicht auf einen Blick, gibt es aber eine Reihe von Hinweisen, die summiert, zu einer ernsten emotionale Belastung beitragen können und u.U. für ein Kind, wie den Jungen im zweiten Beispiel, den geraden Weg in die Sonderschule für Lernhilfe vorbereiten.

1.1 Gut begabt aber lernschwach

Die Probleme des Jungen im ersten Beispiel werden von seinen unverhältnismäßigen Leistungsstärken überdeckt. Die dyspraktischen Auffälligkeiten mit ihren bereits erkennbaren Auswirkungen auf sein emotionales und soziales Verhalten werden von den Eltern nicht als gravierend betrachtet. Sie erkennen vielleicht, dass er genügend Kompensationsfähigkeiten hat, die ihm darüber hinweghelfen werden. Auf die Frage an den Kinderarzt, was denn aus so einem Kind wird, meinte er unbesorgt: „Ein Kopffüßler". So wird das Kind in das Gymnasium überwechseln und, wenn nicht bald eine Klasse überspringen, so mit Sicherheit Hervorragendes leisten. Jakobs Situation ist problematischer. Ein bisschen anders als andere Kinder war er von Anfang an. Das zeigte sich bereits im Kindergarten. Die Erzieherinnen machten die Eltern in Abständen darauf aufmerksam, und immer dann begann der Weg durch Arzt- und Beratungspraxen. An Hand der Gutachten und Untersuchungsberichte zeigt sich, wie die Auffälligkeiten des Kindes von den verschiedenen Institutionen eingeschätzt und beurteilt wurden, wie sich einige Verhaltensformen durch alle Berichte durchziehen, allmählich deutlicher darstellen, im Laufe der Entwicklung neue auftauchen oder erst später beobachtet werden. Die Eltern werden mehr und mehr verunsichert. Sie merken und erfahren von allen Seiten, dass ihr Kind nicht „dumm" ist, aber im schulischen Lernen gibt es keinen Fortschritt. Das Kind selbst ist verzweifelt und zieht sich immer mehr zurück.

[14] Siehe auch Teil I Kapitel III, Abschnitt 4

1.2 Auf der Suche nach einer Erklärung

Von unterschiedlichen Seiten her betrachtet ergibt sich folgendes Bild:

Erster Entwicklungsbericht aus dem Kindergarten ***4 Jahre, 10 Monate***

- Wortschatz, Sprachverständnis und Kenntnisse in „wissenschaftlichen Bereichen" sind im Vergleich zu Gleichaltrigen überdurchschnittlich entwickelt,
- geschickt im Ausschneiden,
- beschäftigt sich gerne mit weichen Materialien, Kneten, Matschen, Kleistern, Wasserpanschen, sucht taktile Reize,
- kann sehr ausdauernd arbeiten, wenn der Handlungsentwurf von ihm selbst stammt,
- erreicht die Ziele, die er sich selbst steckt,
- beschäftigt sich am liebsten alleine,
- bei Handlungsaufträgen, die ihm gestellt werden, ist er nach kurzer Zeit unkonzentriert, lässt sich leicht ablenken, wird zappelig, springt auf,
- in der Bewegungsstunde wirkt er unbeholfen und unsicher, läuft langsam, klettert nicht gerne, Balancieren, Hüpfen fällt schwer,
- reizempfindlich, besonders gegen laute Geräusche,
- reagiert nicht, wenn er in der Gruppe angesprochen wird, in der Einzelsituation mit der Erzieherin versteht er das Gesagte,
- nimmt an „Tischspielen" nicht teil, puzzelt nicht,
- hat nur unangemessene Kontaktmittel: Clownerieen, Spucken, Schreien,
- hat keinen Freund, wird aber von der Gruppe akzeptiert.

Psychomotorischer Bericht ***4 Jahre, 10 Monate***

- Im kognitiven und sprachlichen Bereich Kindern seines Alters voraus,
- mangelnde Handlungskompetenz, die eigenen sehr komplexen Vorstellungen und die zu hochgesteckten Ziele in die Praxis umzusetzen,
- versucht, die dadurch entstehenden Spannungen durch ununterbrochenes Reden und Umherlaufen abzubauen,
- generelle Unsicherheit in der Gleichgewichtskontrolle, ängstlich und vorsichtig beim Klettern,
- hypoton,
- bei Durchführung des MOT (Motoriktest für 4-6-jährige Kinder) PR 8 (unterdurchschnittlicher Bereich),
- Stärken im feinmotorischen Bereich der Testitems,
- immer auf der Suche nach taktilen Reizen,
- Überforderung bei Reizüberangebot im akustischen und optischen Bereich.

Empfohlene Hilfen:

psychomotorische Angebote, zusätzlich gemeinsam eine Handlungsplanung Schritt für Schritt zu entwickeln, zunächst in der Einzelsituation, allmählich in der Gruppe.

Auszug aus Arztbericht eines Sozialpädiatrischen Zentrums

4 Jahre, 11 Monate

Diagnose:

- Statomotorische Retardierung,
- minimale cerebrale Bewegungsstörung
- Hochwuchs

Anamnese:

- Schwangerschaft und Geburt problemlos,
- in der Neugeborenenzeit auffallende Unruhe,
- freies Laufen mit 13 Monaten,
- rasche Sprachentwicklung,
- Sauberkeitsentwicklung noch nicht abgeschlossen,
- werde nicht gerne herumgewirbelt, bekomme Panik, wenn man ihn an den Füßen fasse und mit dem Kopf nach unten halte,
- sehr geräuschempfindlich,
- in neuen Situationen sehr ängstlich und vorsichtig,
- geringer Astigmatismus,
- weitere Informationen sind aus dem Kindergartenbericht übernommen (siehe oben).

Körperlicher Untersuchungsbefund (Auszug im Hinblick auf Sensomotorik):

- Ungelenke Zungenmotorik,
- Bei Anforderungen an die Koordination (Zehen-Hacken-Gang, Zehengang, Fersengang) deutliche assoziierte Reaktionen im Bereich des Gesichts u. der Hände,
- plumpes Springen vom Stuhl,
- Treppensteigen mit Festhalten, beim Heruntergehen im Nachstellschritt,
- Hampelmann nicht möglich,
- Zielunsicherheit bei Finger-Finger- und Finger-Nase-Versuch,
- deutliche Dysdiadochokinese,
- Menschzeichnung noch nicht möglich,
- Muskeltonus regelrecht,

Beurteilung und Empfehlung:

- Vorliegen von Zeichen einer leichten cerebralen Bewegungsstörung mit deutlichem Rückstand im Bereich der Grob- und Feinmotorik,

- Fortsetzung der Psychomotorik,
- Ergotherapie,
- EEG-Ableitung (wurde später durchgeführt, war ohne Befund)

Zweiter Entwicklungsbericht aus dem Kindergarten   5 Jahre, 8 Monate
Allgemein wird eine positive Entwicklung festgestellt. Für die Einschulung fehlt es aber noch an der Fähigkeit, in einer Gruppe zu arbeiten sowie an Konzentration, Geduld und Ausdauer. Betont werden weiterhin Auffälligkeiten in der Grobmotorik und Defizite im figürlichen Zeichnen. Trotz der Entwicklungsfortschritte durch Psychomotorik und Ergotherapie wird auch weiterhin spezielle Förderung für notwendig gehalten.

Auszug aus Arztbericht der Kinderpsychiatrie   5 Jahre, 8 Monate
Grund der Vorstellung:
- Beurteilung der Erzieherinnen hinsichtlich der Verhaltensauffälligkeiten des Kindes, und ihrer Empfehlung, mit der Einschulung noch ein Jahr zu warten,

Diagnosen:
- Diskrete Entwicklungsrückstände, z.B. der feinmotorischen Koordination; primäre Enuresis nocturna (ICD 10: F98.0)

Anamnese:
- Geburt zum errechneten Termin,
- Nabelschnurumschlingung,
- im ersten Lebensjahr ausgeprägte Unruhe und häufiges Schreien,
- Meilensteine der frühkindlichen Entwicklung zeitgerecht verlaufen,
- Sauberkeitsentwicklung noch nicht abgeschlossen,
- ansonsten bezieht sich die Anamnese im wesentlichen auf den erneuten Bericht vom Kindergarten.

Testpsychologische Ergebnisse:
K-ABC Intelligenztest für Kinder
- Intellektuelle Fähigkeiten 85 (Skala einzelheitlichen Denkens 84, Skala ganzheitlichen Denkens 86), gemessen werden hierbei visuelle und Kurzzeitgedächtnisfunktionen, kaum verbale Fähigkeiten,

HAWIK-R Hamburg Wechsler Intelligenztest für Kinder
Verbalteil (anwendbar erst ab einem Alter von 6 Jahren) *insgesamt* IQ 115 überdurchschnittliches Ergebnis, weit überdurchschnittlich gut ausgeprägtes *abstrakt-begriffliches Denken*, überdurchschnittlich großer *Wortschatz,*
Zusammenfassung: hochsignifikante Diskrepanz zwischen der verbalen Entwicklung und der nonverbal visuell-räumlichen Fähigkeiten,

FEW Frostigs Test der visuellen Wahrnehmung
- PR 4, Ergebnis weit unterhalb des Durchschnittsbereiches.

Beurteilung und Empfehlung:
- Bei der insgesamt durchschnittlichen Begabung des Kindes ist zu erwarten, dass sich die derzeit vorliegenden Defizite im Zuge der Reifung und durch die bereits eingeleiteten Therapiemaßnahmen (psychomotorische Übungen, Ergotherapie) zurückbilden,
- um Überlastung zu vermeiden, wird der Besuch einer Vorschule empfohlen,
- möglicherweise werden sich weiterhin Konzentrationsstörungen im Sinne einer hyperkinetischen Aufmerksamkeitsstörung zeigen, die dann gegebenenfalls medikamentös behandelt werden sollten.

Die ersten 3 Schuljahre

Jakob wird mit 6 Jahren, 2 Monaten in eine Ganztagsschule besonderer pädagogischer Prägung eingeschult. Hier werden auch Vorklassenkinder aufgenommen und bleiben das erste und zweite Grundschuljahr in einer Stufe von insgesamt 24 SchülerInnen zusammen. Sie werden ihrem Entwicklungsstand und dem eigenen Lerntempo entsprechend in kleinen Gruppen von drei Pädagoginnen jahrgangsübergreifend unterrichtet und nach Beendigung der 2. Klasse in die nächste Stufe (Kl. 3-5) aufgenommen.

Jakob verblüffte auch hier durch seine sprachlichen Fähigkeiten und sachkundlichen Interessen, und es fiel auch hier auf, dass er grob- und feinmotorische Schwierigkeiten hat. Es zeigte sich bald, dass er im Lesen, Schreiben und Rechnen hinter seinen MitschülerInnen zurückblieb. Wie immer auch versucht wurde, ihn an diese Dinge heranzuführen, es war für ihn und die Pädagoginnen mühsam, und so blieb es auch noch eine Weile. Sollte Jakob ein Kind sein, dass in einer Sonderschule für Lernhilfe besser gefördert werden könnte? Aber das, bei den sprachlichen Fähigkeiten!

Drei Schuljahre vergingen: das erste rechnete als Vorklasse, dann kamen die erste und die zweite Klasse, und Jakob lernte einfach nicht lesen, nicht schreiben und nicht rechnen. In sachkundlichen Bereichen aber zeigte er großes Interesse und viele Kenntnisse. Die Verhaltensbeschreibungen, die in den verschiedenen Berichten gegeben worden waren, konnten „in verdünnter Form“ immer noch beobachtet werden, vor allem auch das offensichtliche Nicht-Zuhören und oft sich Nicht-Angesprochen-Fühlen, zeitweilig auch das Nicht-Hinsehen. Hinzu kam aber nun, dass er an sich zu zweifeln begann, nicht mehr gerne zur Schule ging und blockierte. Das Schuljahr neigte sich seinem Ende zu, wie sollte es weitergehen? Ist es zu verantworten, den Jungen noch ein Jahr in der ersten Stufe zu lassen, um sozusagen die 2. Klasse zu wiederholen? Wieder wurde getestet, jetzt von der Psychologin der Schule. In Anlehnung an Frostig wurden mehrere Verfahren angewendet, deren Ergebnisse dann im Vergleich miteinander helfen sollten, der Lernstruktur des Kindes auf die Spur zu kommen:

> CFT I Grundintelligenztest Skala I, (als Gruppentest mit allen Kindern der Stufe I), ein nonverbaler Test, der Fähigkeiten der visuellen Verarbeitung beansprucht
> FEW Frostigs Entwicklungstest der visuellen Wahrnehmung, (als Gruppentest mit allen Kindern der Stufe I)[15]
> HAWIK-III Hamburg-Wechsler-Intelligenztest für Kinder – Dritte Auflage (Einzeltest).
> Auf den PET Psycholinguistischer Entwicklungstest wurde wegen der guten sprachlichen Leistungen des Jungen verzichtet, auf einen Körperkoordinationstest ebenfalls, da hier die Ergebnisse der verschiedenen Untersuchungen durch die Arztberichte zusammen mit den Beobachtungen der PädagogInnen ausreichend erscheinen.

Folgende Testergebnisse, erhoben durch die Schulpsychologin, liegen am Ende des 3. Schulbesuchsjahres vor:

CFT I
gemessen werden in diesem Test: der Gesamt IQ, Summe 2, ein zusammengefasster Wert der Untertests 1 + 2 (Zuordnungen und Labyrinthe), Summe 3 ein zusammengefasster Wert der Untertests 3,4,5 (logisches Denken)
Gesamtergebnis: IQ 93, Summe 2: > 88, Summe 3: 100

HAWIK-III *8 Jahre, 10 Monate*
Überprüft wurden die Leistungen in insgesamt 13 Untertests, zusammengefasst in einem Verbalteil und einem Handlungsteil,
im Verbalteil geht es um *AW* Allgemeines Wissen, *GF* Gemeinsamkeitenfinden, *RD* Rechnerisches Denken, *WT* Wortschatztest, *AV* Allgemeines Verständnis, *ZN* Zahlennachsprechen,
im Handlungsteil geht es um *BE* Bilderergänzen, *ZS* Zahlen-Symboltest, *BO* Bilderordnen, *MT* Mosaik-Test, *FG* Figurenlegen, *SS* Symbolsuche, *LA* Labyrinth-Test.

Es wurde erzielt:	im Verbalteil	IQ 140
	im Handlungsteil	IQ 100
	Gesamttestwert	IQ 125

[15] Dieser Test wurde im Rahmen einer Evaluation der ganzen Stufe I im neuen Schuljahr durchgeführt.

Die einzelnen Werte in folgender Tabelle (S. 146) zeigen die Inhomogenität des Leistungsprofils und weisen deutlich auf die Stärken- und Schwächen, die sich innerhalb des Gesamttests darstellen. Sie zeigen auch, wie kritisch ein Gesamtwert betrachtet werden muss. Der zusammenfassende Kommentar am Ende dieses Abschnittes wird deutlich machen, wie notwendig weitere gezielte Beobachtungen als Ergänzung der testpsychologischen Auswertungen sind.

FEW *9 Jahre, 2 Monate*

Hier liegen alle Untertestwerte im durchschnittlichen Bereich außer dem Untertest Visuomotorische Koordination mit einem unterdurchschnittlichen Ergebnis. Dieser Test ist zwar nur bis zu einem Alter von 8 Jahren, 11 Monaten geeicht. Aber, auch, wenn der Altersbereich um 3 Monate überschritten ist, kann er einen Hinweis auf die spezielle Problematik des Kindes geben.

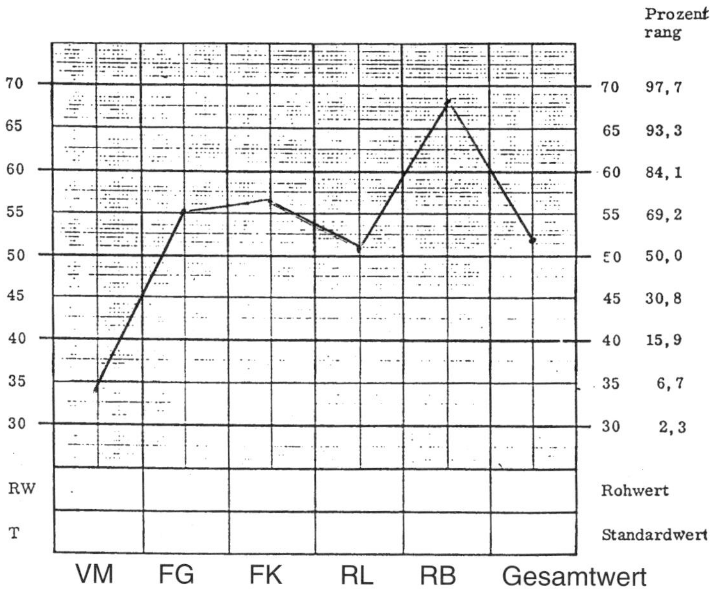

Abb. 5: Profil des FEW

Bevor das Schuljahr zu Ende geht, suchen die Eltern nochmals Rat und Hilfe in der Kinderpsychiatrie.

Auszug aus Arztbericht der Kinderpsychiatrie ***9 Jahre***

Grund der Vorstellung:

- testdiagnostische Einschätzung des kognitiven Entwicklungsstandes bei gravierenden Schulleistungsproblemen,

- Beratung hinsichtlich des weiteren Vorgehens.

Diagnosen:
- Kombinierte Entwicklungsstörung schulischer Fertigkeiten (ICD-10: F81.3) bei überdurchschnittlicher Intelligenz,
- Verdacht auf Aufmerksamkeitsdefizitsyndrom (F90.0)

Anamnese: siehe frühere Berichte
Testpsychologischer Befund:
HAWIK III Hamburg Wechsler Intelligenztest für Kinder
- Gesamt IQ 107 (gut durchschnittliches Ergebnis),
- hochsignifikante Diskrepanz zwischen Verbal-IQ (134) und Handlungs-IQ (81)
- inhomogene Untertestprofile in beiden Teilen, Verbal-Teil überdurchschnittliche Ergebnisse in allen Untertests bis auf Rechnerisches Denken (6 Wertpunkte), im Handlungsteil lagen die Wertpunkte im Bereich zwischen 3 und 10, mit dem konzentrationsabhängigen Untertest „Zahlen-Symbol-Test" als schwächstem Ergebnis, so dass der Gesamt-IQ wenig aussagekräftig ist.
- Zusammenfassung: Hervorragende Fähigkeiten im sprachlichen und sprachlogischen Bereich, erheblich ausgeprägte Defizite in Bezug auf das mathematische Denken und Fähigkeiten der visuomotorischen Koordination,
- diese Leistungs-Inhomogenität kann als eine neurophysiologische Reifungsstörung aufgefasst werden.

DRT-2 Diagnostischer Rechtschreibtest für 2. Klassen
- unleserliche Buchstabenkonglomerate, nicht mehr messbar schwache Rechtschreibleistung, reguläre Testdurchführung nicht möglich.

Beurteilung und Empfehlung:
Aufgrund erheblicher Entwicklungsdefizite wird weiterhin individuelle und intensive, **pädagogisch hochkompetente Förderung** benötigt. Es wird erwartet, dass der Junge seine teilweise hervorragenden kognitiven Fähigkeiten zunehmend zur Darstellung bringen und seine Defizite wird ausgleichen können.
Ein medikamentöser Behandlungsversuch mit zentralen Stimulanzien (Amphetaminsaft) wegen der deutlichen Konzentrationsstörung war abgebrochen worden. Ein positiver Effekt im Sinne einer besseren Konzentrationsfähigkeit war nicht zu erkennen gewesen. Der Junge erschien Mutter und Pädagoginnen noch mehr verlangsamt und weniger in der Lage, Unterrichtsinhalte aufzufassen. U.U. sollte noch ein Behandlungsversuch mit einer anderen Substanz (Methylphenidat, Fenetyllin) unternommen werden.

Kommentar zu den beiden letzten Testergebnissen des HAWIK-III
(Zum Vergleich die Abbildungen)

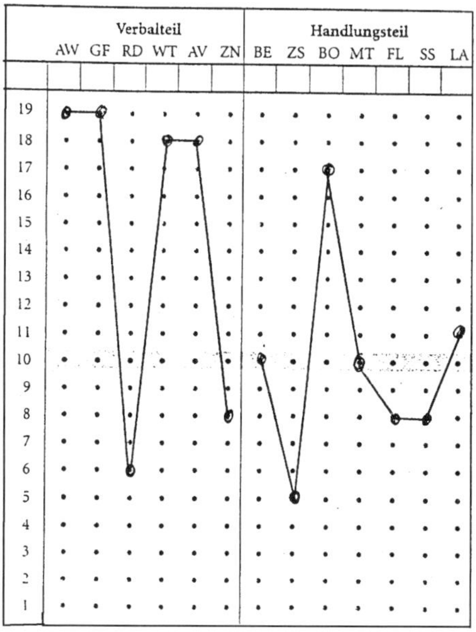

Durchgeführt von der Psychologin der Schule

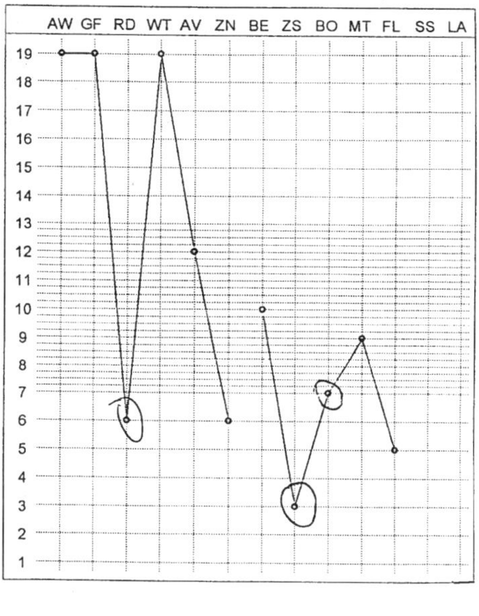

Durchgeführt in der Kinderpsychiatrie

Abb. 6: Hawik III

Es hat an der mangelnden Koordination zwischen der Schule und der Kinderpsychiatrie gelegen, dass zwei gleiche Testverfahren (HAWIK-III) innerhalb von 2 Monaten durchgeführt worden sind. Die Unterschiede in den Ergebnissen durch die Psychologin der Schule (erster Test) und den Ergebnissen in der Kinderpsychiatrie (zweiter Test) geben zu verschiedenen Überlegungen Anlass und damit vielleicht auch zu weiterem Verständnis für das Kind.

Da erfahrungsgemäß immer auch mit einem Übungseffekt bei Testdurchführungen in kurz aufeinanderfolgenden Abständen zu rechnen ist, wäre zu erwarten gewesen, dass die Ergebnisse mindestens annähernd gleich ausfallen. Wie aus obigen Aufstellungen ersichtlich, ist zwar die Tendenz beider Ergebnisse gleich, die Werte in den Untertests differieren zum Teil aber signifikant. Welche Gründe könnte es dafür geben?

- Die vertraute Umgebung einschließlich einer bekannten Person (erster Test) führt zu optimaler Leistung,
- fremde Umgebung und fremde Person (Ausnahmesituation zweiter Test) drücken die Leistung in <u>mehreren</u> Untertests,
- die Leistungen, die Schwächen des Kindes ansprechen, werden <u>besonders</u> betroffen,
- das Erreichen der Leistungsgrenze, ist <u>generell</u> abhängig von der Umgebung,
- fremde (neue) Umgebung beeinträchtigt bei gleicher Aufgabenstellung (nach 2 Monaten) den Lerneffekt,
- fehlende Motivation bei Anforderungen, in denen Teilleistungsschwächen vorliegen.

Auszug aus einem Brief der Mutter **Ende 3. Schulbesuchsjahr**

Auch ich erlebe bei Jakob immer wieder, dass er Dinge erst dann tut, wenn er auch sein inneres „Ja" dazu gefunden hat. Dann kommt vieles mit einer atemberaubenden Geschwindigkeit. Zum Beispiel hat er in den Herbstferien das Arbeiten mit der Strickliesel gelernt und schon bei seinen ersten Versuchen seinen Cousin, der in keiner Weise Schwierigkeiten hat, glatt überholt. (Sie berichtet weiter über das Schneiden mit der Schere.) War er im Kindergarten noch nicht in der Lage, ein gegenständliches Bild

zu zeichnen, malt er heute, wenn ihn die Muse küsst, auch schon mal ein durchaus erkennbares Portrait von mir. Und das mit Wasserfarben, die ja eine gewisse Geschicklichkeit brauchen.
Oft stelle ich mir die Frage, wie es möglich ist, einen solchen kleinen Freigeist ins Wollen zu bringen, vor allem für Dinge, die von außen von ihm gefordert werden.
Wie kommen alle Sichtweisen, die der Eltern, der Pädagogen, der Ärzte usw., in eine fruchtbare Übereinstimmung, die dem Kind hilft, durch seine starken Seiten seine Schwierigkeiten zu überwinden?
Oft kommt es mir im Alltag der Schule so vor, als stünden Jakobs Mängel im Zentrum allen Tuns. Es fehlt mir die Wahrnehmung der Stärken, die er hat, und es stellt sich mir die Frage: wie kann man sein vorhandenes Potential anzapfen, um seine Schwächen abzubauen?
Uns war klar, dass Jakob seine Entwicklung in seinem ureigenen Tempo durchläuft, und wir haben erlebt, dass er jeden Entwicklungsschritt getan hat, allerdings oft nicht in der Zeitspanne, wie sie in den Lehrbüchern steht, sondern häufig mit deutlicher Verzögerung. Die einzige Ausnahme bildet hier die Sprache.
Die letzten beiden Jahre haben für uns immer mehr Fragen und Zweifel mit sich gebracht, als sie Klärung für Jakobs Situation gebracht haben. Uns scheint Jakob in dieser Zeit in eine Lücke gerutscht zu sein, aus der er nur schwer wieder herauszuholen ist.
Mittlerweile hält er sich selbst für dumm und ungenügend, und mir als Mutter fällt es immer

schwerer, diese Situation aufzufangen. Fast jeden Tag fragt er mich, warum alle nur seine Fehler sehen und gar niemand seine Stärken. In einer solchen Situation brauche ich alle Energie, um Jakob wieder zu motivieren, morgens überhaupt in die Schule zu gehen. Manchmal habe ich Angst, dass in der Zwischenzeit der Schaden schon so groß geworden ist, dass er nicht mehr an sich glauben kann und ein Schulversagen programmiert ist.
Manchmal taucht in mir die Frage auf, was geschieht, wenn sich die Störung nicht auflösen lässt? Ist dann ein Kind zum Scheitern verurteilt oder gibt es Möglichkeiten, ihm zu helfen, Dinge zu kompensieren, die sich nicht auflösen lassen?

Diese Frage bewegt natürlich auch die PädagogInnen der Schule. Immer wieder liegt das Wort „sonderschulischer Förderbedarf" in der Luft, gleichzeitig aber auch das ungute Gefühl, dass das nicht der Weg für dieses Kind sein kann. Wie kann es weitergehen?

1.3 Zusammenfassung der Beobachtungen und Untersuchungsergebnisse

Die Erzieherinnen haben sehr früh die Diskrepanz in Jakobs Entwicklung erkannt: sprachlich überdurchschnittlich aber sensorisch und motorisch auffällig, ein Kind, das in der Gruppe überfordert ist. Insgesamt und detaillierter werden diese Beobachtungen in den Arztberichten bestätigt, anhand der medizinischen und testpsychologischen Befunde Diagnosen gestellt und letztendlich wurde auch unter dem Anspruch, den die Schule an das Kind hat, wegen eines angeblichen Aufmerksamkeitsdefizitsyndroms eine medikamentöse Behandlung eingeleitet. Die Veränderung des Jungen unter diesem Medikament war erschreckend. Jakob war nicht mehr Jakob. Wie depressiv abwesend verbrachte er den Tag in der Schule. Die Behandlung wurde eingestellt, mit der Aussicht, gegebenenfalls ein anderes Medikament zu versuchen. Ansonsten wird daraufhingewiesen, dass Jakob *eine individuelle und intensive, pädagogisch hochkompetente Förderung* benötigt.

So schließt sich der Kreis. Von der Beobachtung durch Pädagoginnen (Erzieherinnen) über die Untersuchungen durch Mediziner wird, nachdem medikamentös kein Erfolg zu erreichen war, in aller Hilflosigkeit die Verantwortung für die weitere Entwicklung des Kindes (hier schulische Entwicklung) wieder in die Hände von PädagogInnen zurückgegeben. Was fehlt und was die Mutter in ihrem Brief deutlich ausdrückt, ist die Zusammenschau der verschiedenen Disziplinen. Die erfordert von allen am Kind Beteiligten eine große Offenheit und die Bereitschaft, gemeinsam aufgrund der verschiedenen Untersuchungs- und Beobachtungsergebnisse nach einem Konzept zu suchen, das den Lernprozess der besonderen Fähigkeitsstruktur des Kindes entsprechend in Gang bringt.

1.4 Neuropädagogische Sichtweise

Um dem Anspruch *einer individuellen und intensiven, pädagogisch hochkompetenten Förderung* zu entsprechen, wird nun eine Zusammenschau unter neuropädagogischem Gesichtspunkt versucht. Sie soll die Beobachtungen aus der Arbeit mit dem Kind, ergänzt durch die der Mutter sowie die einzelnen Untersuchungs- und Testergebnisse in Beziehung zueinander und in Beziehung zur Lern- und Verhaltensproblematik des Kindes bringen. Geht es doch darum herauszufinden, wie nunmehr gezielt und auf welche Art und Weise das Erlernen der Kulturtechniken für Jakob noch möglich sein kann.

Dabei ist aber noch etwas zu bedenken, was in den gesamten medizinisch-psychologischen Untersuchungen bisher nicht beachtet wurde: die Problematik im Zusammenhang mit Teilleistungsstörungen im visuellen Bereich. Obgleich in Teil I dieses Buches, Kapitel III, Abschnitt 4 (S. 216) bereits ausgeführt, soll an dieser Stelle nochmals auf Folgendes hingewiesen werden:

- Gerade bei **überdurchschnittlich** intelligenten Kindern kommen im Zusammenhag mit den häufig isoliert auftretenden Perzeptionsstörungen in **einem** oder **mehreren** der fünf Wahrnehmungsbereiche auffallend unausgeglichene Intelligenzprofile vor.
- Nonverbale Untersuchungstests bereiten besondere Schwierigkeiten, da zu deren Lösung meist visuell-perzeptive Fähigkeiten vorausgesetzt werden.
- Bei visuell-perzeptiv gestörten Kindern finden sich häufig **Rechts-Links-Diskriminierungsstörungen**. Daher ist eine zusätzliche Untersuchung der Handdominanz erforderlich.
- Häufig bestehen gleichzeitig Störungen der sensomotorischen Funktionen, der **Fein- und Grobmotorik**.

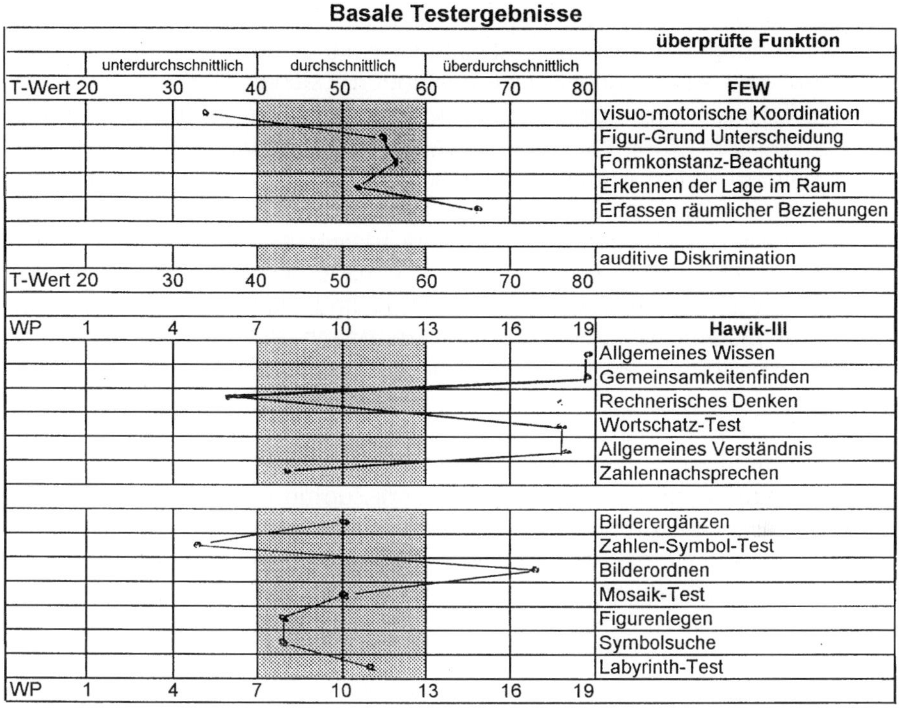

Abb. 7: Basale Testergebnisse (Frostig)

Es lässt sich unschwer vorstellen, wie schwierig unter diesen Umständen das Erlernen des Lesens und Schreibens (aber auch des Rechnens) sein muss.

1.5 Der Weg zum Lesen und Schreiben und die Hindernisse auf diesem Weg[16]

Allein, wenn wir die Buchstabe-Lautzuordnung als Voraussetzung des Lese-Lernprozesses betrachten, wird deutlich, dass hier ein funktionelles System beansprucht wird, an dem unterschiedliche Teilleistungen beteiligt sind. Wenn einige davon beeinträchtigt sind, wird das Lesen nur mühsam oder gar nicht erlernt werden können. Die folgenden Überlegungen sollen helfen, die Zusammenhänge zu erkennen, sollen aber auch eine Grundlage für einen nochmaligen Anfang auf dem für Jakob so schweren Weg zum Lesen und Schreiben ermöglichen.

[16] Bei der Auflistung lassen sich Überschneidungen nicht vermeiden.

Für die Buchstabe-Lautzuordnung ist generell die Fähigkeit einer Eins-zu-Eins-Zuordnung erforderlich, insbesondere die Assoziation zwischen einem Laut und einem visuell zu erfassenden Zeichen. Dafür müssen die Laute differenziert wahrgenommen, deren Bildung im Mund (taktil-kinästhetisch) gespürt sowie ein vorgegebenes Zeichen visuell erkannt werden.

- Im differenzierten Erfassen visueller Zeichen wurden in allen Testverfahren niedrige Ergebnisse erzielt. Diese Teilleistung ist u.a. auch von der Größe der Zeichen abhängig. Die Testitems Zahlensymboltest und Symbolsuche (HAWIK III) sowie Zeichenzuordnen im (CFT I) werden zwar immer als konzentrationsabhängig und damit als Maß der Konzentrationsfähigkeit betrachtet. Konzentration auf etwas Bestimmtes über einen gewissen Zeitraum ist aber nur möglich, wenn der entsprechende Reiz dazu deutlich wahrgenommen wird. Hier treffen offensichtlich zwei Faktoren zusammen, die sich auf die Gesamtleistung auswirken können.
- Ist u.U. generell die Fähigkeit einer 1:1-Zuordnung beeinträchtigt, das würde auch das rechnerische Denken (siehe Test) betreffen? Am Ende einer Stunde wurden die Kinder über Handzeichen (Handalphabet) mit ihrem Namen „angesprochen“. Jakob gelang es nicht, seinen Namen zu entschlüsseln. Er blickte verzweifelt auf die Handbewegungen und gab auf. Mögliche Gründe:
    - o die Handzeichen „sitzen“ nicht in der Hand (Dyspraxie),
    - o die Zeichenabfolge ging (für ihn) zu schnell,
    - o es wird eine hohe Anforderung an die Analysefähigkeit gestellt,
    - o die Assoziationsleistung Laut-Zeichenverbindung ist betroffen,
    - o es besteht keine automatisierte Integration zwischen beiden Wahrnehmungsbereichen.
- Spürt Jakob, wo die Laute im Mund gebildet werden? Von ungelenker Zungenmotorik ist nur in einem Bericht die Rede (mit 4.11 Jahren). Möglicherweise betreffen die oben angeführten Gründe auch die Zuordnung taktil-kinästhetischer und lautlicher Elemente.

Um die Verlaufsgestalt von Zeichen zu erfassen, zu behalten und wiederzugeben, ist es erforderlich, ihre Teilelemente zu erkennen (das gilt auch für die Handzeichen). Dazu bedarf es einer funktionsfähigen Okulomotorik und Handgeschicklichkeit (Praxie).

- Testergebnisse und/oder Beobachtungen weisen durchgängig Probleme mit der visuomotorischen Koordination aus.
- Es bestehen Schwierigkeiten beim Erkennen von graphischen Elementen in ihrer Lage im zweidimensionalen Raum und ihrer Beziehung zueinander.

- Wenn die Verlaufsgestalt eines Buchstaben visuell und taktil-kinästhetisch nicht exakt erfasst wird, kann sie auch nicht im Gedächtnis gespeichert und auch nicht im Nachhinein vorgestellt werden. Es entsteht kein abrufbares Vorstellungsbild.
- Die sensomotorischen Probleme (Dyspraxie, Dysdiadochokinese) verhindern einen geschmeidigen Ablauf einer Bewegungsgestalt und damit eine Speicherung im „motorischen" Gedächtnis und der „motorischen" Vorstellung. Die Verlaufsgestalt eines Buchstaben muss dann vermutlich immer wieder neu entworfen werden. Es kommt nur verzögert zur Automatisation. Die Schrift ist kaum zu lesen.
- Die visuomotorischen Probleme erschweren die graphomotorische Wiedergabe von räumlich angeordneten graphischen Elementen (siehe Beobachtungen bei der Erstellung der Winkel beim Labyrinth).
- Wenn die Buchstabengestalt sowohl visuell wie motorisch (taktil-kinästhetisch) nur unzureichend aufgenommen werden kann, wird auch die Integration beider Modalitäten (tertiäre Zentren siehe Teil I Kapitel I, 1.8) erschwert.

Bei gestaltgleichen aber richtungsverschiedenen sowie gestaltähnlichen Buchstaben stellt die Zuordnung des entsprechenden Lautes eine besondere Anforderung an das Gedächtnis, wenn es nicht zu Verwechslungen kommen soll (z.B. b-d, n-u, m-w, a-e).

- Schenk-Danziger beschreibt ihre Erfahrung mit einem legasthenischen Kind. Es konnte die gestaltgleichen aber richtungsverschiedenen Buchstaben wohl erkennen, verwechselte aber deren Benennung. Damit war die Buchstabe-Lautzuordnung erheblich beeinträchtigt.

Die Laute eines (gehörten) Wortes müssen analysiert und in ihrer Reihenfolge erfasst werden, um sie dem jeweiligen Buchstaben zuzuordnen. Umgekehrt müssen die Buchstaben eines Wortes ebenfalls in einer Reihenfolge analysiert, den entsprechenden Lauten zugeordnet, und zu einem Ganzen verbunden werden. Eine funktionsfähige Visuomotorik ermöglicht beim Lesen eines Wortes, die Buchstaben der Reihenfolge nach von links nach rechts kontinuierlich abzutasten.

- Die Leserichtung von links nach rechts ist nicht durchgängig möglich. Nach zwei Buchstaben „kippt" die Richtung von rechts nach links, was sich deutlich im Schreiben eines Wortes aus dem Gedächtnis zeigt. Möglicherweise hängt das auch mit den sakkadischen Augefolgebewegungen des Kindes zusammen.
- Die Seitigkeit ist nicht ausgeprägt. „Ich habe zwei gute Hände".

Der Leselernprozess erfordert sowohl einzelheitlich-analytische wie ganzheitlich-synthetische Fähigkeiten. Die Buchstabe-Lautzuordnung erfolgt einzelheitlich. Das Erfassen von Wortteilen und schließlich ganzen Wörtern erfordert eine Synthese.

- Den Beobachtungen nach nimmt Jakob eher ganzheitlich auf und erst danach kommt es zum Ausgliedern von Teilen (Silben, Signalgruppen) und schließlich von Einzelheiten (Buchstaben). Sein Weg geht vergleichsweise der Buchstabe-Lautzuordnung über die Bild-Wortzuordnung. Somit kann er auf diese Weise nur mühsam das Lesen erlernen. Problematisch wird es allerdings mit dem Schreiben. Hierbei ist er auf das gespeicherte und vorgestellte Wortbild angewiesen. Da es aber zur Wiedergabe der Analyse (auditiv, taktil-kinästhetisch und visuell) bedarf und diese nur unzureichend möglich ist, kommt es zu Buchstabensalat.

Es sind aber für Jakob nicht nur die partiellen Leistungsschwächen als solche, die das Lesen und Schreiben erschweren. Es ist auch die Erfahrung, dass immer gerade die individuellen „Unfähigkeiten" angesprochen werden und dass, so zu sagen aus Selbsterhaltung, Vermeidungsstrategien aufgebaut wurden, die nun schwer aufzulösen oder zu umgehen sind.

1.6 Ein neuropädagogischer Weg des Lernens

oder

„individuelle und intensive pädagogisch hochkompetente Förderung"

Da es sich um ein individuelles Vorgehen handelt, kann in diesem Zusammenhang nur der Weg mit diesem Kind beschrieben werden. Dieser Weg ist mühsam und keiner weiß noch, wie weit er führen wird. Jakob bleibt noch ein Jahr in der Stufe I, in der Hoffnung, dass er mit konsequenter Unterstützung von „allen" Seiten, die Hürde des Lesens und Schreibens überwindet.

Zunächst geht es darum, die beteiligten Lehrkräfte, die Frostigtherapeutin und die Förderpädagogin sowie die Eltern über das weitere Vorgehen zu unterrichten. Diese Aufgabe übernimmt der Schulpsychologe. Er ist auch das Bindeglied zwischen Schule und Eltern. Er ist die Instanz, bei der alle Fäden zusammenlaufen, der sich aber auch an der Förderung des Kindes mit zwei Stunden in der Woche beteiligt.

Bei den bisherigen negativen Lernerfahrungen bedurfte es eines sehr behutsamen Neubeginns. Jakob hatte erlebt, wie alle seine Mitschüler aus der Einschulungszeit bereits in die Klasse 3 der zweiten Stufe (Klasse 3 bis 5) übergewechselt waren. Für ihn schien dergleichen unerreichbar und deshalb auch keineswegs motivierend. Darum aber ging es schließlich. Es musste etwas gefunden werden, was ihm zeigte, dass er etwas kann. Und das geschah vermittels der Zeichnung eines Labyrinthes. Archäologie ist ein Gebiet, dass den Jungen sehr interessiert. Mit einem Gespräch über dieses Thema und einem Buch über Labyrinthe konnten wir damit beginnen, so ganz nebenbei Raum und Richtung, Reihenfolge und Struktur zu entwickeln mit Neugier und Freude, für die Pädagogin aber auch wieder mit Erkenntnissen über Jakobs spezielle Wahrnehmungsverarbeitung. Vor allem aber zeigte sich hierbei, wie der Junge sich, wenn er das Problem einer bestimmten Situation erkannt hat, selber zu helfen weiß.

Zum Labyrinth

Ein Labyrinth ist kein Irrgarten. Wenn wir seine Symbolik verstehen und es unter diesem Aspekt einsetzen, kann es auch für die Arbeit mit Jakob einen tieferen Sinn bekommen. Der Weg im Labyrinth ist vorgezeichnet, er führt hinein in ein Zentrum und auch wieder hinaus und bereichert mit Erfahrungen. Nur selten geht es dabei aber geradeaus. Mit Richtungen und Richtungswechseln hat Jakob aber seine Probleme. Ist er zu wenig richtunggebend begleitet worden? Jetzt steckt er mittendrin. Er scheint verwirrt und sieht keinen Ausweg. Den Weg zurück braucht er PädagogInnen, die ihm im Ursprungssinn des Wortes Begleiter sein können. Es ist bezeichnend, dass gerade, als wir für Jakob nach einem „neuen Weg" suchten, der Anstoß, sich mit einem Labyrinth zu beschäftigen, von außen kam[17].

[17] Der Anstoß kam von M. Meitinger, die das Labyrinth in der therapeutischen Arbeit mit Kindern einsetzt. Siehe auch: Candolini 1999. Als ein Beispiel sind die Abbildungen auf der folgenden Seite dargestellt.

Und das sind die einzelnen Schritte:

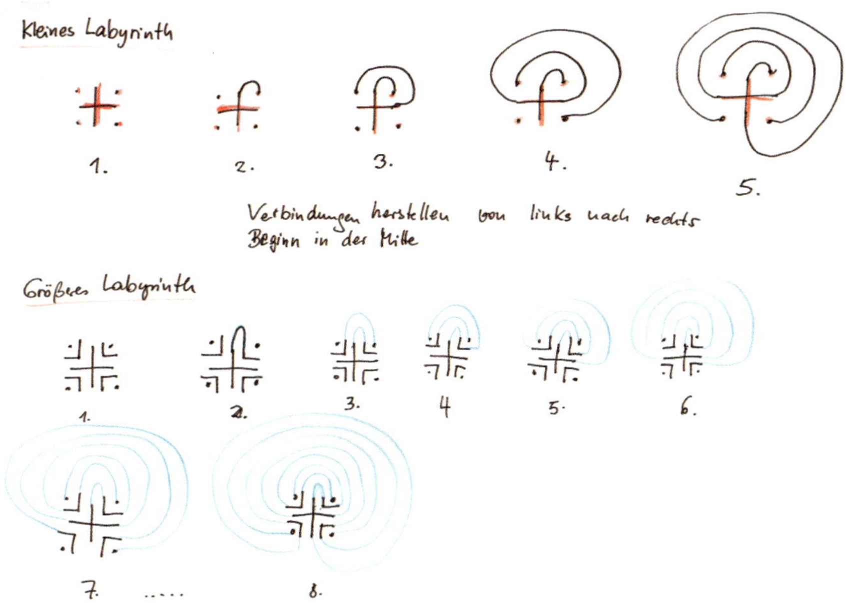

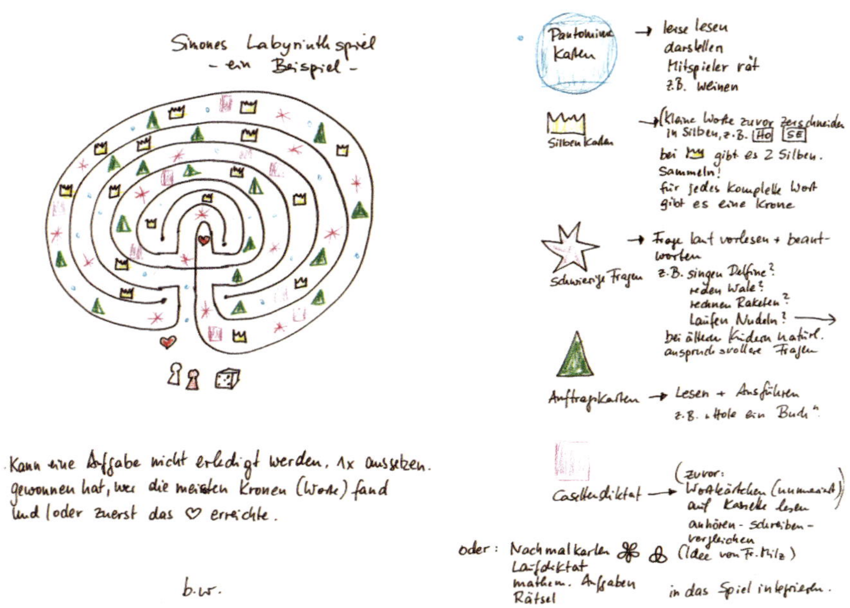

Abb. 8a und 8b: Labyrinth

Zuerst sollte ein vorgezeichnetes Kreuz nachgezeichnet werden, danach in jedes so entstandene Viertel nach Vorgabe ein Punkt gesetzt und um jeden Punkt rechte Winkel mit der Spitze (dem Scheitel) nach innen zeigend, eingetragen werden. Die Pädagogin zeichnete einen Winkel als Beispiel vor, Jakob zeichnete die restlichen drei bereitwillig nach. Aber wie sahen die aus? Sie waren alle im Uhrzeigersinn verschoben. Das sollte nun nicht weiter stören. Es wurde eben nochmals das Kreuz vorgegeben und dieses Mal wurden die Punkte und Winkel von der Pädagogin eingetragen. Nun erfolgte die eigentliche „Arbeit“, das Verbinden der einzelnen Teile von links nach rechts, mit System und in Reihenfolge, bis alle Wege dargestellt waren. Zum Schluss konnten sie nachgefahren werden, hinein und hinaus.

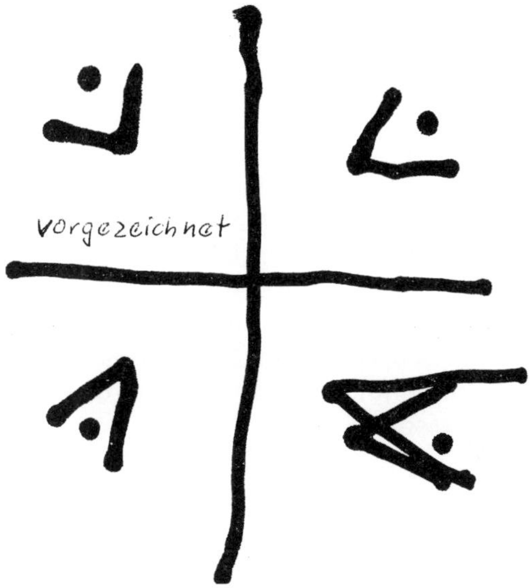

Abb. 9: Winkel

Die Begeisterung war groß, die Motivation hielt auch den nächsten Tag noch an. Wieder ging es der Reihe nach vor: Kreuz, Punkte, Winkel. Dass Jakob die rechten Winkel nicht parallel zu den Balken des Kreuzes zeichnen konnte, zeigte, dass offensichtlich mit der visuellen Verarbeitung etwas nicht stimmt. Der erste Winkel fiel dieses Mal aber besser aus. Es wurde ihm danach gezeigt, wie er sich mit zwei Bleistiften, die er entsprechend anlegte, helfen konnte. Ohne weitere Anleitung entstand wieder ein Labyrinth.

Zu Hause ging es mit schwierigeren Formen, zunächst mit zwei, dann mit drei Winkeln weiter. Um sie korrekt zu zeichnen, hatte er sich die Ecke eines Lineals, die er im Abstand zu dem Winkel des Kreuzes anlegte, zu Hilfe genommen. Nicht einmal die vielen Wege, die entstanden, konnten ihn irritieren.

Die Beobachtungen der Erzieherinnen, der Motopädin und der Mutter wiederholten sich:

- Wenn der Impuls zu einer Handlung von Jakob selbst kommt, und wenn die Motivation groß ist, kann er konzentriert und ausdauernd an einer Tätigkeit bleiben.
- Er kann, wenn er das Prinzip eines Problems verstanden hat, sich selbst helfen.
- Er muss aber in sich spüren, dass das Ziel erreichbar ist. Hier war das Ziel vorgegeben, der Weg begleitet worden, danach ging es kreativ alleine weiter.
- Es bedarf einer gemeinsamen Handlungsplanung zunächst in der Einzelsituation Schritt für Schritt.

So entstand das Labyrinth.

Der Erfolg war für Jakob ein Schlüsselerlebnis. Er erzählte danach begeistert, er habe Harry Potter gelesen. Mag das auch übertrieben gewesen sein. Immerhin war ein Zugang durch die Blockade gefunden. Nun konnten die geplanten organisatorischen Maßnahmen beginnen: neben dem Unterricht in der Gruppe der stundenweise Einzelunterricht, die Förderstunden mit der Frostigtherapeutin, die Begleitung durch den Schulpsychologen, und das alles mit dem Gedanken, Jakob im neuen Schuljahr in die nächste Stufe zu überweisen.

Die Probleme für ein Kind mit so extremen Stärken und Schwächen sind damit noch nicht beseitigt. Da Jakob intelligent ist, hat er unter seinen Misserfolgen besonders gelitten. Die Zweifel an sich selbst sind unterschwellig immer vorhanden, vermutlich, bis er den Übergang in die nächste Stufe geschafft hat, vielleicht auch länger. Es wird eine pädagogische Gratwanderung sein zwischen Fördern und Fordern und es wird dabei an Behutsamkeit aber auch an Beständigkeit nicht fehlen dürfen. Wenn auch die neuropädagogischen „Maßnahmen" nicht im Einzelnen dargestellt werden können, soll doch stichwortartig auf einige Grundgedanken verwiesen werden.

1.7 Zur neuropädagogischen Förderung[18]

Grundlegend ist Folgendes zu berücksichtigen:

- Die Basis für alle neuropädagogische Förderung ist die Motivation.
- Wir müssen davon ausgehen, dass bei Jakob eine besondere Form der Wahrnehmungsverarbeitung vorliegt. Vielleicht ist es eine neuropsychologisch begründete Lese- Rechtschreibschwäche, deren Ursachen sich auch auf das mathematische Denken auswirken. Deshalb ist es wichtig, dass wir auch berücksichtigen, dass alles, was dem Jungen an neuropädagogischer Förderung angeboten wird, eine Zu – Mutung ist. Das heißt, es wird für ihn anstrengend werden und er braucht Mut und Kraft auf dem Weg des Neulernens. Er hat es schwerer als andere und braucht pädagogische, verständnisvolle Begleitung, die ihn stützt. Jeder Fortschritt sollte realistisch rückgemeldet werden, reflektiert und dokumentiert im Sinne von: das kann ich schon, das muss ich noch üben.
- Es ist wichtig, die Leistungsstärken, die sich auch aus den Untertests ergeben, zu nutzen, um mit ihnen die Leistungsschwächen zu kompensieren.
- Wenn zu Beginn dieses Abschnittes auf die Teilfunktionen hingewiesen wurde, die als Gesamt das funktionelle System Lesen oder das funktionelle System Schreiben ermöglichen, muss versucht werden, die einzelnen Funktionen anzuregen, u.U. auch neu zu bahnen. Das mag sich mechanistisch anhören, ist aber aus der Rehabilitation bekannt und je nach dem Grad der Beeinträchtigung auch erfolgreich. Es gibt eine Reihe von Materialien, die hierbei eingesetzt werden können. Sie sind im Anhang aufgeführt. Nach Frostig sollten sowohl die Teilfunktionen gefördert werden, wie die Einbettung in ein vollständiges Ganzes erfolgen.

Die Förderung von Teilfunktionen sollte betreffen:
- die Okulomotorik und visuomotorische Koordination,
- das differenzierte Erfassen visueller Zeichen,
- das Erfassen von Buchstaben- und Zifferngestalten visuomotorisch und taktil-kinästhetisch (über zunächst taktil-kinästhetisch-visuelle Empfindungen, z.B. Sandpapierbuchstaben-Nachfahren, die Koordination von Auge und Hand anbahnen zum *nur* taktil-kinästhetischen Erfassen ohne visuelle Beteiligung, um schließlich visuelle Vorstellungen zu ermöglichen);
- das Visualisieren von Buchstaben und Wörtern,

[18] Hinweise auf Methoden und Materialien im Anhang

- das differenzierte taktil-kinästhetische Erfassen von Lauten im Mund,
- das taktil-kinästhetische Erfassen von Bewegungsmustern der Hand, mit und ohne Widerstandserfahrung,
- das motorische Nachempfinden einer Buchstabengestalt, mit geschlossenen Augen Buchstaben „schreiben",
- das Erfassen von graphischen Elementen in ihrer Lage im zweidimensionalen Raum,
- das Erfassen von Reihenfolgen von links nach rechts,
- das Aufreihen verschiedener Elemente von links nach rechts,
- die Eins-zu-Eins-Zuordnung mit beliebigen Elementen,
- Hilfen für das Berücksichtigen der Lese- und Schreibrichtung von links nach rechts,
- praktische Übungen zur Ausbildung des Körperschemas,
- praktische Übungen zur Ausbildung der Lateralität.

Zum Leselernprozess
- Bei Jakob, der eher ganzheitlich aufnimmt und bevorzugt über Bilder und bildhafte Vorstellungen Assoziationen herstellen kann, sollte die Buchstabe-Lautzuordnung über Bilder oder Handhabbares, z.B. Figuren erfolgen (Kjelshög-Material),
- das Lesen über die Bild-Wortzuordnung angeregt werden. Materialien, wie z.B. die Lesedosen sind dafür geeignet. Die Dosen, kleine Plastikkästen, enthalten Wort-Bildmaterial mit einsilbigen, zwei-, drei- und viersilbigen Wörtern. Eine Selbstkontrolle ist durch Ziffern auf der Rückseite der Karten möglich. In ähnlicher Form gibt es thematisch ausgerichtetes Material zur Wortschatzerweiterung. Bild-Wortmaterial lässt sich auch selbst oder mit dem Kind zusammen herstellen. Es muss altersgemäß sein, um motivieren zu können.

1.8 Allgemeine Überlegungen

Um eine derartig neuropsychologisch-pädagogische Förderung geben zu können, bedarf es neuropädagogischer Kenntnisse, und die sind nicht in Kurzkursen zu erwerben. Teil I dieses Buches vermittelt zwar einen Einblick in die Neuropsychologie, aber die pädagogische Umsetzung, die nicht im Sinne einer Behandlung auf einzelne Bereiche der Entwicklungsverzögerungen oder neuropsychologischen Beeinträchtigungen beschränkt sein kann, muss sich an das ganze Kind wenden, eben *individuell und intensiv, pädagogisch hochkompetent* sein.

Das Einbeziehen von Müttern ist im Allgemeinen problematisch. Oft haben sie Bedenken, die Beziehung zum Kind zu gefährden und gehen sehr unsicher mit der Situation um. Besser ist es, das, was zusätzlich zur Schule geleistet werden müsste, einer außerschulischen Fachkraft zu übergeben.

Neuropädagogische Arbeit nach Frostig

Wenn es um das Nachentwickeln neuropsychologischer Funktionen im Sinne von Teilleistungsstörungen oder -schwächen zur Förderung von Sensorik, Motorik, der Sprache und des Verhaltens geht, bietet die Frostig-Therapie einen breiten Ansatz. Sie ist auch begleitend zum Schulunterricht angebracht, besonders bei Kindern mit Lese-Rechtschreibschwächen LRS (siehe auch Teil I, Kapitel IV).

Montessori-Pädagogik in der Grundschule

Einen ganzheitlichen Ansatz, der auch „einzelheitliche", auf Teilleistungen der funktionellen Systeme Lesen und Schreiben bezogene Fördermöglichkeiten berücksichtigen kann, bietet die Montessori-Grundschulpädagogik. Wenn so unterschiedliche Leistungsstärken und Leistungsschwächen wie bei Jakob vorliegen, werden, ohne behutsame pädagogische Führung allerdings auch in der besten vorbereiteten Umgebung die Tätigkeiten vermieden werden, die das Kind zu seiner Entwicklung gerade benötigt. Deshalb ist Montessori-Pädagogik kein Allheilmittel. Sie kann es sein, wenn ein Kind früh damit aufwächst und wenn es im Schulalter von erfahrenen PädagogInnen auch in Situationen, die lieber verweigert werden würden, unter dem Grundsatz: Hilf mir, es selbst zu tun! in die Richtung geführt wird, die die individuelle Entwicklung benötigt.

Montessori-Pädagogik als Therapie

Als Therapie wird die Montessori-Pädagogik heute auch im Sinne von Neuropädagogik in Frühförderung und Rehabilitation angewendet. Hierbei wird der Schwerpunkt ganz besonders auf die im Umgang mit dem Sinnesmaterial möglichen Anregungen zur Entwicklung der verschiedenen Wahrnehmungsbereiche gelegt. Wie Montessori für entwicklungsrückständige Kinder beschreibt, wird dabei, im Gegensatz zur Montessori-Arbeit in der Grundschule, gezielt an das Material herangeführt und dem Kind ermöglicht, seine Sinnesempfindungen zu spüren und zu verfeinern, damit sie ihm ein „Schlüssel zur Welt" werden.

Montessori-Pädagogik als Entwicklungshilfe

Wenn PädagogInnen das Prinzip und vielleicht auch die Philosophie Montessoris verstanden und verinnerlicht haben, werden die Prinzipien der Montessori-Pädagogik im Grundschulunterricht zur Förderung der Wahrnehmungsverarbeitung und der allgemeinen Entwicklung einen wichtigen Beitrag leisten. Die folgende Beschreibung einer Unterrichtsstunde gibt davon einen Eindruck.

2. Eine Unterrichtsstunde zur gezielten Förderung der Wahrnehmung

oder

Montessori-Pädagogik als Entwicklungshilfe

Rita Helm

Im allgemeinen Unterricht fallen immer wieder Kinder auf, die mit den üblichen pädagogischen Mitteln nicht zu lenken sind. Sie wirken unkonzentriert, fahrig, ungeordnet, aggressiv oder desinteressiert. Durch ihr Verhalten „sprengen" sie nicht selten den gesamten Unterricht. Besonders in den herkömmlichen Vorklassen findet man oft all jene „Problemkinder" konzentriert beisammen. Sie werden meist dann auffällig, wenn sie die schulischen und sogar die alltäglichen Aufgaben wie z.B. Schuhe binden, Ranzen aus- und einräumen, Jacke aufhängen nicht bewältigen können. Ein Suchen nach diagnostischen Möglichkeiten, einem besseren Verständnis für diese Kinder, einhergehend mit der Hoffnung auf die Umsetzbarkeit von Lösungsmöglichkeiten ist daher dringend notwendig. Oftmals ist uns Pädagogen das Ausmaß dessen, was ein Kind in seiner neuropsychologischen und emotionalen Entwicklung bis zum Schuleintritt geleistet haben muss, um lernen zu können, gar nicht klar. Man setzt voraus, dass ein Schulanfänger, vielleicht nicht schul-, jedoch lernfähig ist. Beides steht aber letztlich in Beziehung zueinander. Im Rahmen meiner Arbeit versuche ich daher, Auffälligkeiten genauer zu beobachten und damit einhergehend die Beeinträchtigungen zu erkennen, die das Kind beim Lernen behindern. Gleichzeitig werden Fördermöglichkeiten durch das Arbeiten mit in der Anzahl begrenztem alltagsorientiertem Material in Anlehnung an Maria Montessori, Félicie Affolter und Marianne Frostig angeboten. Diese umfassende Vorarbeit ist die Grundlage für die hier dargestellte Unterrichtsstunde und darüber hinaus für ***jede*** Unterrichtseinheit, an der ich als Sozialpädagogin beteiligt bin oder die ich selber durchführe.

Maria Montessori[19] hat den Weg dafür bereitet, Lernerlebnisse mit Hilfe von bestimmten Materialien erfahrbar und kontrollierbar zu machen. Diese Materialien hat sie nach bestimmten Gesichtspunkten ausgewählt und die Ziele, die im Umgang mit ihnen erreicht werden können, genau definiert. Sie spricht vom „Isolieren der Schwierigkeiten" und von „direkten und indirekten Zielen".

---

[19] Siehe auch Teil I Der Ansatz von Montessori

2.1 Isolieren der Schwierigkeiten

Es handelt sich zur „Schulung der Sinne“ um Serien von Gegenständen, bei denen jeweils eine Eigenschaft besonders hervorgehoben ist. Im Unterschied zu Montessoris Ansatz, bei dem das „normalisierte“ Kind sich aus einem Angebot von Gegenständen *frei* wählt, womit es arbeiten will und dabei seine „spezifische“ Sinneserfahrungen macht, ist das Vorgehen unter neuropädagogischem Aspekt aus den oben erwähnten Gründen in dieser Stunde ein *gezieltes* Einsetzen ausgewählter bzw. vorbereiteter Materialien. Hier geht es um die Förderung von Reifungsprozessen im Bereich der Verarbeitung bestimmter Sinnesempfindungen. Auch Félicie Affolter zeigt uns durch ihr „geführtes“ Lernen[20] beim wahrnehmungsgestörten Kind, dass dieses nur dann zu Spürerlebnissen kommen kann, wenn die Information eindeutig ist, d.h., wenn maximale Widerstandserfahrung bei einer Tätigkeit erlebt wird. Erst dann kann gespürt und das Gespürte verarbeitet werden.

2.2 Direkte und indirekte Ziele

Montessori hat bei der Entwicklung ihrer Materialien (vornehmlich für den Bereich des Kinderhauses) genau beobachtet, welche Auswirkungen sie auf das Kind haben und welche Ziele zur Förderung der Wahrnehmungsverarbeitung im Umgang mit ihnen erreicht werden können. Sie nannte das „Experimentieren“. Unter neuropädagogischem Aspekt verstehen wir heute im Schulbereich unter *direkten* Ziele diejenigen, welche durch die Konzentration auf bestimmte Eigenschaften im Material zur gezielten Anregung neurophysiologischer Prozesse in Verbindung mit der Bildung der entsprechenden Begriffe führen. Die *indirekten* Ziele umfassen hingegen alle neuropsychologischen Anregungen, die im Zusammenhang mit der jeweiligen Ausführung angesprochen werden. Im Rahmen neuropädagogischer Förderung in der Schule wird nicht streng nach direkten und indirekten Zielen unterschieden. Wichtig ist, überhaupt zu beobachten und den eigenen Blick zu schulen, wo braucht das Kind weitere Anregungen, können ihm schwierigere Aufgaben angeboten werden, in welchen Bereichen der Wahrnehmungsverarbeitung gibt es Auffälligkeiten. In dieser Unterrichtseinheit, in der es um die Förderung der Wahrnehmungsverarbeitung bei einer Gruppe von insgesamt 22 Kindern einer Vorklasse und eines 1. Schuljahres geht, werden im Sinne Montessoris „Übungen des täglichen Lebens“ und Übungen zur „Schulung der Sinne“ angeboten. Dabei liegt der Schwerpunkt im taktil-kinästhetischen und visuellen Erleben, und zwar auf unterschiedlichen Ebenen der neurologischen Organisation (siehe auch Teil I Kapitel II Abschnitt 1.2).

[20] Siehe Teil I Der Ansatz von Felicie Affolter

2.3 Zum Arbeitsmaterial

Auf zehn Tischen sind entsprechende Materialien thematisch zusammengestellt. Zu den Gegenständen jeden Tisches gibt es Abbildungskarten in doppelter Ausführung. Für die Kinder, für die der Umgang mit den hier aufgeführten Gegenständen eine Überforderung bedeuten könnte, ist zusätzliches Material vorgesehen.

Tisch 1

2 Schubfächer aus der geometrischen Kommode mit den zugehörigen Kartensätzen

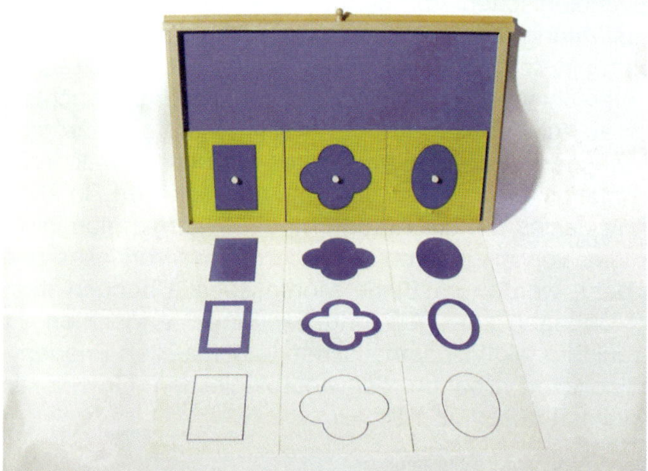

Tisch 2
Korb mit den blauen geometrischen Körpern, einem Tuch und Fotos der einzelnen Körper (10 Stück)

Tisch 3
achtmal 3 Stoffquadrate in abgestuften Strukturen und Farben

Tisch 4
Wäschekorb mit zwölfmal zwei weißen Satinservietten

Tisch 5
10 Stofftaschen, die jeweils einen anderen Verschluss aufweisen

Tisch 6
6 bunt gemischte Kaffeegedecke

Tisch 7
Messingteller und -gewichte mit zugehörigem Putzmittel nebst Lappen

Tisch 8

je ein Paar schwarze, weiße und braune Schuhe (auf Zeitungspapier) mit der passenden Schuhcreme sowie Lappen und Schuhbürsten dazu 6 Schürzen, die jeweils einen anderen Verschluss aufweisen

Tisch 9
6 Kaffeegedecke in blau, weiß und grün, zu jedem Gedeck gibt es eine Gruppe von Fotos in verschiedenen Perspektiven oder Ausschnitten der Muster

Tisch 10
Arbeitsblätter, die den Aufgaben der Unterrichtseinheit angepasst sind und Heftchen, in denen alle Aufgaben gemalt wurden

Übung 11
bunte Servietten

Übung 12
Muscheln und Seesterne

Übung 13
Farbtäfelchen

Übung 14
Nähseide und Spulen

Übung 15
barische Brettchen

Übung 16
Wärmetafeln

Der Umgang mit den Arbeitsaufträgen und die Beziehungen zur Neuropädagogik wird im Anschluss an den Ablauf der Unterrichtseinheit dargestellt.

2.4 Zum Ablauf der Stunde

Diese Unterrichtseinheit bedurfte einer gründlichen Vorbereitung, da das Material sorgfältig ausgewählt und zum Teil selbst hergestellt werden musste. Es liegt nun ausgebreitet auf den jeweiligen Tischen wie auch die Auftragskarten in doppelter Ausführung. Ich zeige an drei Vorführtischen, „wie“ damit umgegangen werden soll. Dabei geht es mehr um das Zeigen oder Demonstrieren und das genaue Zusehen der Kinder als auf die sprachliche Begleitung, denn es soll über das Tun „gespürt“, verarbeitet und gelernt werden. Im Anschluss an die Darbietung des Materials wird das Gesehene von den Kindern kurz wiederholt, um sicherzugehen, dass sie auch alles verstanden haben. Nicht immer wird ein bestimmter Begriff von dem Kind und uns Pädagogen in der gleichen Weise gedeutet. Anschließend nehmen sich die Kinder die Auftragskarten mit den Materialfotos, die vor ihnen liegen und gehen zu den entsprechenden Tischen. Da immer zwei Kinder die gleichen Karten haben, finden sich so die Paare zur gemeinsamen Arbeit zusammen. Eventuell muss bei der Raumorientierung geholfen werden.

Es wird nur die erste Aufgabe „angeordnet“, um das Wettrennen zu einem bevorzugten Tisch zu vermeiden. Nach Möglichkeit sollen jedoch weiterhin die gleichen Kinder zusammen arbeiten. Aus der Erfahrung im Umgang mit der Klasse hat sich gezeigt, dass einige Kinder vieles übergehen und lieber „nichts“ tun, und dann gibt es solche, die nicht sehr beliebt sind und vielleicht allein gelassen werden würden. Nach diesem Erstauftrag ist die Wahl des Arbeitsmateriales aber frei. Für anfallende „Warteschleifen“ liegen die entsprechenden Arbeitsblätter bereit und für Kinder, die mit den vorgesehenen Aufträgen noch überfordert sind, Material, das eine Stufe früher ansetzt. Nach Möglichkeit sollten die Kinder zwei Arbeitsaufträge bewältigen können, was sicher von der „Komplexität“ der einzelnen Aufgaben abhängt. Einen Zeitdruck darf es nicht geben.

Das Gespräch dient im Anschluss an die Stunde dazu, sich der Tätigkeit zu erinnern, wobei jedoch der Eindruck durch das Tun im Vordergrund stehen soll. Die Kinder an unserer Schule (viele Zuwanderer aus verschiedenen Nationen) haben noch Schwierigkeiten, sich sprachlich auszudrükken. Für uns alltägliche Begriffe sind ihnen nicht bekannt. Deshalb wird eine nächste Stunde darauf verwendet, nochmals über das, was erlebt und erfahren wurde, im Gespräch näher einzugehen.

Wichtig bei allen Übungen in dieser selbsttätigen Arbeitszeit („freie Arbeit") ist das zurückhaltende Beobachten durch die Pädagogin. Die „Fehlerkontrolle" liegt, wie bei allen Montessori-Übungen, im Material. Nach Montessori gibt es aber keine Fehler im eigentlichen Sinne. Sie entstehen meist dann, wenn die Anforderungen nicht dem Entwicklungsstand des Kindes entsprechen. Im allgemeinen „weiß" ein Kind unbewusst, was es braucht. Manche „wissen" es aber nicht. Oder sie wissen es, aber aus der Erfahrung, etwas nicht gut genug zu können, vermeiden sie vielleicht genau die Übung, die sie am nötigsten hätten. Wir, als Pädagogen und Pädagoginnen haben die Aufgabe, dies zu erkennen, deshalb ist vor allem die Beobachtung von besonderer Bedeutung. Dadurch können wir einschätzen, was für das Kind jetzt wichtig ist und eine entsprechende Arbeit, die in den zusätzlichen Materialien zur Verfügung steht, anbieten und verständnisvoll und behutsam an sie heranführen.

In einer derart organisierten Unterrichtseinheiten, kann es sich auch zeigen, dass Kinder mit Orientierungsproblemen den Tisch ihres Auftrages nicht sofort finden. Auch in diesem Fall wird zunächst abgewartet, ob und wie sie sich helfen können. Es ist ein Grundsatz der pädagogischen Haltung, dass ein helfendes Eingreifen der Erwachsenen die Eigeninitiative und damit den Lernerfolg des Kindes nicht behindern darf.

Am Ende der Stunde finden wir uns im Sitzkreis auf dem Fußboden zusammen. Es soll ein ruhiger gemeinsamer Ausklang der Stunde stattfinden. Die Kinder werden sich bewusst, dass sie wertvolle Arbeit geleistet haben und, dass sie zu einer Gemeinschaft gehören. U.U. ist es nötig, einige in ihrer Arbeit zu unterbrechen. Die Kinder werden gebeten, sich ihren liebsten Gegenstand aus dem Arbeitsmaterial zu holen, um sich dann im Sitzkreis zu sammeln. „Bringt den Gegenstand mit in den Kreis, mit dem ihr am liebsten gearbeitet habt!" Dann wird ein Gespräch eingeleitet, das der Reflexion und der Besinnung dient. „Warum hast du diesen Gegenstand ausgesucht?" Und: „Was hat dir an der Arbeit gut gefallen?" Die Kinder erzählen frei. Aus der Beobachtung in den vergangenen Wochen ist zu bemerken, dass sich die meisten bemühen, nach einem passenden Ausdruck zu suchen. So wurde z.B. zum Putzen des Silberbesteckes der Ausdruck „glänzen" und „matt" gefunden. Auf ein Korrigieren wird aber im allgemeinen verzichtet, es sei denn, es geschieht durch die Kinder selbst. Es sollte zunächst vorwiegend über die Handlung ein Eindruck entstehen. Da jedoch das äußere Sprechen das innere Sprechen des Kindes heranbildet und damit zu einer Selbststeuerung führen kann, wird an die Begriffsbildung im Umgang mit dem Material nach und nach herangeführt. Es wird dann immer wieder in Abständen zur selbsttätigen Arbeit bereitgestellt. Ideal wäre natürlich, wenn es in jedem Klassenraum ständig verfügbar wäre.

Tisch 1
geometrische Kommode

Tisch 1
geometrische Kommode

Tisch 2
blaue Körper

Tisch 3
Stoffpaare

Tisch 4
weiße Servietten

Tisch 5
Stofftaschen

Tisch 5
Stofftaschen

Tisch 6
Geschirr sortieren

Tisch 6
Geschirr sortieren

Tisch 7
Messing putzen

Tisch 7
Messing putzen

Tisch 7 und 8
Schürzen

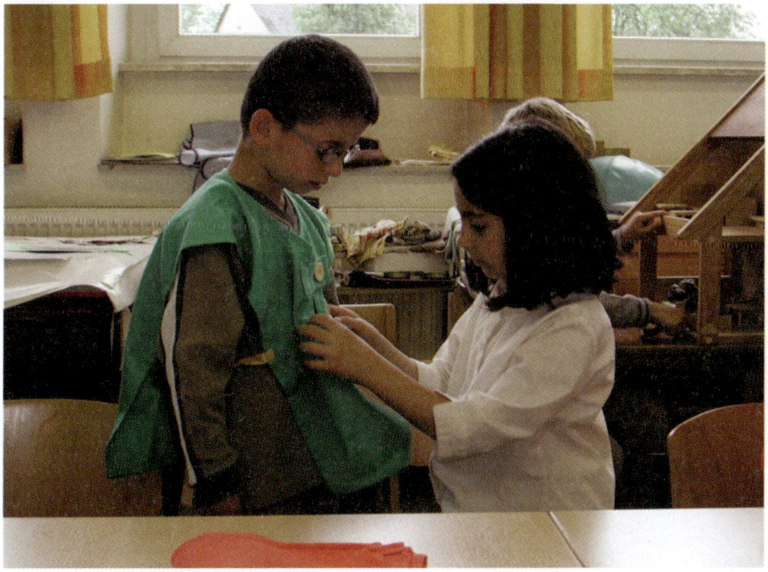

Tisch 8
Schuhe putzen

Tisch 9
Perspektive, Muster

Tisch 10
Rechnen bis 1000

Übung 11
bunte Servietten

Übung 12
Muscheln

Übung 12
Muscheln

Übung 13
Farbtäfelchen

Übung 14
Spulen

Übung 15
barische Brettchen

Übung 16
Wärmetäfelchen

2.5 Zum Umgang mit den Arbeitsaufträgen[21]

An einigen Beispielen soll nun exemplarisch ausgeführt werden, welche Möglichkeiten es im Umgang mit den bereitgestellten Arbeitsmitteln geben kann, gezielt Sinneserfahrungen zu ermöglichen und über das Hand-haben und Greifen zum Begreifen und schließlich auch zu Begriffen zu kommen. Ist das Kind in der Lage, die dargebotenen Handlungsschritte eigenständig in der Tat umzusetzen? Kann es den Sinn der Aufgabe „erfassen“? Die Abbildungen mögen ergänzen, was dabei nicht aufgeführt wird und eine Vorstellung davon vermitteln, wie Motivation, Emotion, Konzentration und auch das soziale Miteinander dabei beteiligt sind.

Eine neuropädagogische Betrachtung, wie sie für den Umgang mit einigen Arbeitsaufträgen versucht wird herauszustellen, wird sich zunächst vornehmlich auf den neuropsychologischen Anteil beschränken. Der pädagogische Anteil wird am Ende der Beschreibung des Umgangs mit den Arbeitsaufträgen zusammengefasst[22].

Tisch 1 zwei Schubfächer der geometrischen Kommode
Jede Schublade enthält 3 gelbe Holzrahmen mit den entsprechenden blauen Einsätzen, die vermittels eines Knopfes herausgenommen werden können. Für diese Unterrichtseinheit wurden Kreis, gleichseitiges Dreieck, Quadrat sowie Rechteck, Oval und Kreuzblume ausgewählt. Zu den Formen werden Kartensätze mit den Abbildungen in gleicher Größe ausgelegt. Sie sind dreifach dargestellt: voll ausgemalt, mit einem dicken und mit einem feinen blauen Rand.

Direkte Ziele(nach Montessori) [23]
Entwicklung des Gesichts- und Formensinns, Kennenlernen geometrischer Flächen

Beispiele für den Umgang mit dem Material

- Die Rahmen mit den Einsätzen werden aus der Schublade genommen und liegen nebeneinander vor dem Kind auf dem Tisch,
- die Einsätze werden herausgenommen, beiseite gelegt, um jeweils nacheinander mit offenen Augen oder geschlossenen Augen nach Umfahren mit Zeige- und Mittelfinger wieder in den passenden Rahmen eingefügt zu werden,

---

[21] Die neuropädagogische Sichtweise wird von R. Helm und I. Milz kommentiert, wobei zunächst nur der neuropsychologische Anteil dargestellt ist, der pädagogische Anteil wird am Ende des Abschnittes von I. Milz zusammengefasst.

[22] Eine Bemerkung zu der neuropädagogischen Betrachtung wird in Teil II Kapitel I S. 3 gegeben.

[23] Die ersten beiden Arbeitsmaterialien gehören zum Montessori-Sinnesmaterial, deshalb werden auch die direkten Ziele nach Montessori angegeben.

- die zu der jeweiligen Form gehörigen Karten nach bestimmten Kriterien (voll ausgemalt, dicker Rand, dünner Rand) werden vor (in Richtung zum Kind) die Rahmen gelegt,
- die Lage und Richtung der Karten wird durch die nun leeren Rahmen vorgegeben.

Neuropsychologischer Anteil der neuropädagogischen Sichtweise[24]

Schulung der taktil-kinästhetischen und vor allem der visuellen Wahrnehmung, insbesondere der konstruktiven Formwahrnehmung, die Eigenschaften der Einsätze: rund, quadratisch, dreieckig, oval, blattförmig können „begriffen" und damit auch zunächst (sprachlich) beiläufig durch die Assoziation taktil-kinästhetischer-visueller-auditiver Reize erfahren werden (siehe auch Teil I Kapitel II Abschnitt 1.3).

Gefördert wird im Umgang mit den Rahmen und Einsätzen

- das behutsame Ergreifen der dünnen Rahmen mit ihren Einsätzen, um sie aus der Schublade zu nehmen,
- das mit drei Fingern (Tripodengriff) koordinierte, ziel- und maßvolle Erfassen des Knöpfchens in der Mitte der Einsätze,
- das Ertasten der Öffnungen der Rahmen und der Gestalt der Einsätze mit geschlossenen Augen, um Rahmen und Einsatz einander zuzuordnen,
- das ebenfalls mit geschlossenen Augen vorsichtige Einsetzen der Formen in ihren entsprechenden Rahmen.

Insgesamt fördert und schult das Handhaben des Materials das Dosieren der Kraft, die Steuerung des Muskeltonus, unterstützt Propriozeption (Eigenwahrnehmung) und kinästhetische Empfindungen und damit die Praxie, die sich ihrerseits auf die Entwicklung von Körperbild und Körperschema aber auch auf die allgemeine Befindlichkeit, auf Selbstvertrauen, Selbstkontrolle und letztendlich auf die Kognition auswirken kann (siehe auch Teil I Kapitel I Abschnitt 2.2).

Gefördert wird beim Auslegen der Karten:

- das Erkennen und Berücksichtigen der Lage im Raum durch die Anordnung von links nach rechts,
- das Erfassen räumlicher Beziehungen wie: nebeneinander, zwischen, darüber, übereinander, darunter, untereinander (hierbei ist der Transfer von der senkrechten Vorstellung in die waagerechte zu berücksichtigen),

[24] Es empfiehlt sich, Teil I Kapitel I und II als theoretischen Hintergrund einzubeziehen.

- die Beachtung der Formkonstanz (mit dem Zuordnen der Karte, die an einer etwas entfernteren Stelle liegt, ist die Perspektive leicht verändert, die entsprechende Karte muss also schon von weitem in ihrer Form erfasst werden).

Insgesamt werden mit der Handhabung der Karten visuell u.a. folgende Bereiche angesprochen: die visuomotorische Koordination, die Visuokonstruktion, die Figur-Grund-Unterscheidung, die Formkonstanzbeachtung, das Erkennen der Lage im Raum und das Erfassen räumlicher Beziehungen (Teil I, Kapitel I,1.3).

Tisch 2 geometrische Körper

Das Material besteht aus 10 blauen geometrischen Körpern aus Holz: Kugel, Ei, Ellipsoid, Kubus (Würfel), dreiseitige Pyramide, vierseitige Pyramide, Prisma, Kegel und Zylinder, Quader. Dazu gibt es Holzkarten, die den Grundflächen der Körper entsprechen. Zu den gekrümmten Körpern gibt es 3 Ständer, zur Abdeckung ein Tuch, zum Verbinden der Augen eine Augenbinde.

Direkte Ziele (nach Montessori)
Aufmerksam machen auf geometrische Körper und deren Merkmale

Beispiele für den Umgang mit dem Material

- An zunächst 3 kontrastreichen Körpern, der Kugel, dem Würfel, dem Zylinder, wird in den Umgang mit dem Material eingeführt. Ich betaste die Gegenstände eingehend und benenne sie. Anschließend werden sie mit den anderen zusammen unter das Tuch gelegt. Ich frage das Kind: „Kannst du mir den Würfel geben?" So werden die 3 Körper ertastet und benannt, nach und nach in gleicher Weise auch die übrigen. (Natürlich können die Bezeichnungen, auch, wenn sie bei der Einführung genannt werden, von den Kindern nicht sofort alle behalten und deshalb auch angewendet werden. Ich habe jeden Körper noch einmal einzeln fotografiert. Wenn der Begriff noch nicht „sitzt", kann das Kind die Karte zeigen und bitten: „Gib mir diesen Körper!")
- Die einzelnen Körper werden betastet, mit offenen und geschlossenen Augen, die Körper sind verschieden,
- sie werden unter dem Tuch unter mehreren herausgefunden, das geschieht auf Benennung hin (oder an Hand der Abbildung) durch den Partner,
- die Körper werden auf dem Tisch bewegt und die Art ihrer Beweglichkeit ausprobiert,
- die Körper werden den Grundflächentäfelchen bzw. den Ständern zugeordnet.

Neuropsychologischer Anteil der neuropädagogischen Sichtweise

Gefördert wird

- die taktil-kinästhetische und visuelle Verarbeitung im Hand-haben der verschiedenen Körper,
- die taktil-kinästhetische Differenzierung (unter dem Tuch), indem die Hände jeden einzelnen Körper sorgfältig umschließen und sich dabei bewegen, ermöglicht die Synthese der empfundenen Eigenschaften zu einem ganzheitlichen Eindruck und damit zur Erfahrung der Dreidimensionalität,
- die Information über Eigenschaften wie rund, eckig, spitz, gekrümmt und damit das Erkennen der Gestalt des Körpers im Sinn von Figur-Grund-Differenzierung (siehe auch Teil I Kapitel I Abschnitt 1.10 und Kapitel II Abschnitt 1.3),
- mit dem Prozess des zunehmenden Differenzierungslernens zunächst der taktil-kinästhetischen dann in Verbindung mit der visuellen Verarbeitung die Fähigkeit zur Vorstellung des Körpers,
- mit dem (evt. erst späteren) Benennen der Körper über die Assoziation taktil-kinästhetischer – visueller – auditiver Eindrücke die Vorstellung bzw. Visualisierung eines Körpers alleine durch einen sprachlichen Reiz,
- die Erfahrung, dass Körper gestellt, gelegt, geschoben, gekippt, gedreht und gerollt werden können, statische und dynamische Eigenschaften haben,
- beim Zuordnen der Grundflächentäfelchen, dass bestimmte Körper genau auf bestimmte Täfelchen passen, manche Körper sind an einigen oder mehreren Seiten flach, sie haben Flächen, andere haben keine Flächen, sie benötigen einen Ständer,
- beim Übertragen der Körper auf die Grundflächen, dass sich die Dimension von dreidimensional auf zweidimensional verändert,
- die Entdeckung konstanter Formen sowohl an den Seiten von Körpern, wie bei den Grundflächentäfelchen,
- die Erfahrung räumlicher Beziehungen wie: oben, unten, vorne, hinten.

Insgesamt wird in unterschiedlicher Weise das Differenzierungslernen im taktil-kinästhetischen und visuellen Bereich angesprochen sowie durch die Synthese einzelner Sinnesreize die Wahrnehmung der Gestalt gefördert.

Tisch 3 Stoffquadrate mit verschiedenen Strukturen und Farben

Auf dem Tisch liegen 8 mal 3 gleichgroße Stoffquadrate, die sich in der Abstufung von glatt zu rau unterscheiden.

Folgende Stoffe wurden jeweils als Dreiersatz verwendet:

Rupfen, Kleiderleinen, Viskosepopeline,

Wollflanell, Wollgabardine, Sommerwolle,
Jeans bedruckt, Baumwoll-Renforce, Feinbatist,
Spitze mit Bogenkante, elastische Spitze, Wäschespitze,
Fleece, Wollflausch, Wolle/Alpaka (in Reserve: Wolle/Mohair),
Slinky-Jersey, Baumwoll-Jersey, Rippenstrick,
Feincord, Genuacord, Breitcord,
Nevaviscon, Viskose glatt, Viskose-Krepp.

(Diese Übung stellt eine „klassische" Montessoriübung dar (allerdings stark erweitert). Folgende Materialien, die nach Montessori der „Isolierung der Schwierigkeiten" dienen und eine Entwicklungsstufe zurückgehen, stehen noch bereit: die barischen Gewichtstäfelchen, die Wärmeleittäfelchen (je zwei aus Filz, Holz, Marmor, Eisen, Glas, Metall, Kork), die Farbtäfelchen und passend hierzu, Nähseide und Nähspulen in vielen Farben (jeweils zwei zugehörige) und Stoffpaare mit starken Kontrasten in der gleichen Farbe.

Direkte Ziele

Kennenlernen verschiedener Stoffe und deren unterschiedliche Oberflächenstrukturen

Beispiele für den Umgang mit dem Material

- Die Stoffe liegen auf dem Tisch, sie weisen eine Vielfalt an Unterschieden auf wie: rau – glatt, dick – dünn, grob – weich, fein – sehr fein, weiches Relief – hartes Relief, feine Linien – dicke Linien, feine Spitze – grobe Spitze, flauschig – kratzig, fein gerippt – breit gerippt... ,
- zwei Kinder arbeiten zusammen
- ein Kind hat die Augen verbunden, während ihm das zweite immer von einem Dreiersatz ein Stoffläppchen reicht,
- das erste Kind muss nun das passende Paar dazu ertasten, die Stoffe sollen nicht an der Farbe erkannt werden, (falls die Kinder mogeln), deshalb wurden die strukturell übereinstimmenden Stoffteile in zwei unterschiedlichen Farben ausgewählt, das Kind kann sich daher nur auf sein Tastempfinden verlassen.

Fehlerkontrolle

Während bei Montessori im allgemeinen die Fehlerkontrolle im Material liegt, müssen hier die Paare entweder markiert sein, oder es ist ein „Spickzettel" (z.B. die auf Pappe aufgeklebten zusammengehörigen Stoffteilchen) bereitzuhalten.

Neuropsychologischer Anteil der neuropädagogischen Sichtweise

Gefördert wird

- das Befühlen, Bestreichen der Stoffe, wodurch die zahlreichen Rezeptoren, besonders die der Fingerspitzen, zu immer feinerer Sensibilität geführt werden,
- die Dosierung der Kraft, sie muss, um die Unterschiede zu spüren, behutsam gesteuert werden,
- das Ertasten geschieht, der unterschiedlichen Strukturen entsprechend, entweder ganz zart oder etwas kräftiger, durch die leichten Widerstandsbewegungen mit der Hand kann die Webart und damit die Oberflächeneigenschaft erspürt werden, es kommt zu einer Figur-Grund-Differenzierung von Webmustern auf der Stoffoberfläche.
- mit dem Gebrauch beider Hände wird die Zusammenarbeit der beiden Gehirnhälften angesprochen, wahrnehmungsgestörte Kinder neigen dazu, nur eine Hand zu benutzen.

Insgesamt geht es um Kraftdosierung, Tonussteuerung, Verfeinerung der taktilen Differenzierungsfähigkeit.

Tisch 4 zwölfmal zwei weiße Satinservietten mit Mustern

In einem Wäschekorb auf dem Tisch befinden sich weiße Servietten. Sie haben verschiedene Muster (Karos, Rhomben, Kreise, Blumen, einen breiten, einen schmalen Webrand) und sind gekennzeichnet durch diagonale bzw. horizontale und vertikale Faltmarkierungen, einige unterscheiden sich etwas in der Größe (jedoch jeweils als Paar).

Direkte Ziele

Umgang mit alltäglichen Dingen, Erkennen von Paaren, Lernen des Faltens

Beispiele für den Umgang mit dem Material

- Die Servietten werden aus dem Körbchen genommen,
- entsprechend den Mustern sollen Paare gefunden werden,
- sie werden den Faltmarkierungen entlang gefaltet.

Neuropsychologischer Anteil der neuropädagogischen Sichtweise

Gefördert wird

- die Umsetzung eines Auftrages in Handlung:
- das visuelle Erfassen von Mustern sowie der Markierung der Faltlinien,
- das Herausdifferenzieren von Mustern aus einem Grundgesamt von Gegenständen,
- das paarige einander Zuordnen,
- das Erleben vom Entstehen verschiedener geometrischer Formen beim Falten.

Insgesamt werden visuelle und taktil-kinästhetische Fähigkeiten angesprochen und geschult. Für den visuellen Bereich sind es die Figur-Grund-Differenzierung und die Formkonstanz, die Raumlage und die Raumbeziehung. Zusätzlich ist die taktil-kinästhetische Verarbeitung (es muss Kante auf Kante liegen) beim Falten gefordert. Die Umsetzung eines Auftrages in Handlung bedarf eines Entwurfs des Vorgehens; wie geht das Kind mit der Aufgabe um? Entwickelt es ein System, wie diese Aufgabe zu lösen ist? (Wird nur zufällig im Korb gewühlt oder zielgerichtet gesucht? Unternimmt das Kind überhaupt einen Versuch der Bewältigung?)

Tisch 5 mit Stofftaschen, Stoffmustern und verschiedenen Verschlüssen

10 quadratische Stofftaschen mit einer Seitenlänge von 18 cm lassen sich wie ein Heft aufklappen. Die Außenseite aller Taschen ist rot. Auf der rechten und linken Innenseite wurden zwei Quadrate mit einer Seitenlänge von 13 cm aufgenäht. Diese beiden Stoffe sind sich im Muster und in der Farbgebung sehr ähnlich. Es wurden alle Grundfarben in verschiedenen Abstufungen gewählt. Die Muster selbst beinhalten Karos, Ornamente, Blumen, Haushaltsgegenstände, ein Ostermuster, Tiere. Einige Muster sind winzig gehalten, andere groß. Der Untergrund ist in den meisten Fällen (außer bei den Karos) einfarbig.
Zu den aufgenähten Stoffquadraten gibt es zwei passende Pendants, die gefunden werden müssen. Jede der Taschen ist außerdem an der rechten Seite mit zwei Laschen versehen, an die jeweils ein anderer Verschluss genäht wurde: großer Knopf, mittelgroßer Knopf, Haken mit Öse, zwei Bänder zum Schleife binden, ein Knebelknopf mit Schlaufe, Plastikgürtelschnalle mit Nieten und Steg, Nickelgürtelschnalle, die aus zwei Schlaufen besteht, welche ineinander gesteckt werden müssen, Reißverschluss, Druckknopf, ein Hosenträgerklipp.

Direkte Ziele

Umgang mit Dingen des Alltags, die zur Kleidung gehören, Stoffmuster zuordnen, Benutzung von Sicherheitsnadeln.

Beispiele für den Umgang mit dem Material

- Die Taschen werden geöffnet auf dem Tisch ausgebreitet,
- verschiedene Stoffteile liegen bunt gemischt zum Zuordnen zu den Innenseiten der Taschen daneben,
- Sicherheitsnadeln können benutzt werden, (je nach Fähigkeit) um die Stoffteile an den jeweiligen Innenseiten der Taschen zu befestigen,
- die Taschen werden mit dem jeweiligen Verschluss geschlossen.

Neuropsychologischer Anteil der neuropädagogischen Sichtweise

Gefördert wird

- die Zusammenarbeit beider Hände (Halte- und Hilfshand) bei teilweise gegenläufiger Tätigkeit (handhaben der Verschlüsse),
- Steuerung des Muskeltonus,
- die Figur-Grund-Wahrnehmung,
- die taktil-kinästhetische Wahrnehmung,

- die Auge-Hand-Koordination,
- die Raumlagewahrnehmung,
- das Erfassen räumlicher Beziehungen,
- die Praxie, (die Handhabung der Verschlüsse ist gegenläufig, die eine Hand hält die Schlaufe, während die andere schiebt, drückt oder presst, dabei müssen beide Seiten aufeinander mit dem rechten Druck eingepasst werden).
- der Entwurf und die Durchführung einer komplexen Handlung,
- die Serialität, die Durchführung des Arbeitsauftrages in mehreren Schritten,

Insgesamt sind bei diesem Arbeitsauftrag sensorische wie motorische Verarbeitungsprozesse beteiligt. Hinzu kommt aber auch noch die zeitliche Komponente: zuerst, dann, zuletzt. Die Aktivierungsreaktion (die immer auch an Konzentration und Aufmerksamkeit beteiligt ist) wird durch die Teilaufgaben des Auftrages ständig angeregt und trägt somit zum Durchhalten des Spannungsbogens von dem Beginn der Arbeit bis zu ihrem Abschluss bei.

Tisch 6 mit 6 verschiedenen Kaffeegedecken

Die einzelnen Gedecke werden hier nicht beschrieben. Die Muster sind sich, wie aus den Abbildungen zu ersehen ist, sehr ähnlich. Als Zusatzaufgaben können noch Kaffeelöffel und Kuchengabeln (paarweise im gleichen Muster) dazu gelegt werden.

Direkte Ziele

Sortieren von Geschirr (hier nach Muster und Gebrauch), das zueinander gehört. Plazieren der einzelnen Teile als Gedeck.

Beispiel für den Umgang mit dem Material

- Aus dem gemischt aufgestellten Geschirr sollen Tasse, Untertasse und Dessertteller des gleichen Musters und der gleichen Form herausgefunden werden,
- die Tasse wird auf die dazugehörige Untertasse gestellt,
- Tasse mit Untertasse bekommen ihren Platz rechts neben dem Dessertteller,

Zusatzauftrag:

- Kaffeelöffel und Kuchengabel nach ihren Mustern zuordnen
- nach Bedarf kann eine Kuchengabel „auf“ den Dessertteller, ein Kaffeelöffel „neben“ der Tasse angeordnet werden.

Fehlerkontrolle
Diese Aufgabe lässt mehrere Wege zu, für ganz unsichere Kinder gibt es ein Foto mit Abbildungen, wie die einzelnen Teile einander zugeordnet werden können.

Neuropsychologischer Anteil der neuropädagogischen Sichtweise

Gefördert wird

- gezieltes und geordnetes, also ein planendes und vorausschauendes Handeln, die Aufgabe lässt mehrere Möglichkeiten offen,
- die visuelle Verarbeitung: Auge-Hand-Koordination, Figur-Grund-Differenzierung, Formkonstanz, Lage im Raum und Raumbeziehung,
- die taktil-kinästhetische Verarbeitung: (es muss gespürt werden, welche Tasse in welche Untertasse passt, optisch ist dies nicht auszumachen, da es Einkerbungen und hervorstehende Erhebungen auf einigen Untertassen gibt),
- der „barische Sinn“ (Ausdruck von Montessori) beim Aufnehmen und Hinstellen verschieden schwerer Teile, die Tasse darf nicht auf die Untertasse „geknallt“ werden,
- die Kinästhesie (die Empfindung für räumliche Abstände beim gezielten Hinsetzen der einzelnen Teile,
- das dosierte tonusgesteuerte Loslassen.

Insgesamt werden mit diesem Arbeitsauftrag eine Vielzahl der bereits besprochenen neuropsychologischen Verarbeitungsprozesse gefördert. Vermutlich ist die Auflistung noch gar nicht vollständig.

Tisch 7 Messing putzen, eine klassische Montessori-Aufgabe
Folgendes Material wird zum Messing putzen verwendet: ein Tablett mit Metallpolitur „Sidol“, ein Cremedöschen, das die saubere Watte enthält, ein Körbchen für die schmutzige Watte, ein Cremedeckel, ein grober Lappen, ein feiner weicher Lappen, Q-tips, eine Zahnbürste für die Ornamente, mehrere Messingteile wie Teller, Becher, Gewichte und eine Blumengießkanne.

Direkte Ziele (nach Montessori)
Entwicklung und Koordination der Bewegung
Reinigung eines Gegenstandes aus Metall

Beispiele für den Umgang mit dem Material
Die folgenden Handlungen werden demonstriert, bevor die Kindern an die Durchführung dieser Aufgabe gehen,

- etwas Sidol wird in den Cremedeckel gegossen,
- das Stäbchen wird mit Watte umwickelt,
- in das Putzmittel getaucht,
- wie im Schreibgriff (Tripodengriff) mit kreisenden Bewegungen auf den zu putzenden Teller aufgetragen, (das glänzende Putzmittel wird jetzt beim Trocknen matt und weiß, das Wattestäbchen schwarz),
- anschließend wird der Teller mit Watte in kreisenden Bewegungen abgerieben,
- mit der Zahnbürste werden die Ornamente ausgekratzt,
- der Teller wird nun mit dem groben Lappen abgewischt, wobei der Lappen den Zeige- und Mittelfinger umschließt und vom Daumen gehalten wird,
- mit dem weichen Lappen wird der Teller zum Schluss ebenfalls mit kreisenden Bewegungen auf Hochglanz poliert, (größere Teile wie Tablett und Mörser können auch nur mit Watte abgerieben werden).

Neuropsychologischer Anteil der neuropädagogischen Sichtweise

Gefördert wird

- die taktile Verarbeitung (im Kontakt mit unterschiedlichen Materialien wie Stäbchen, Watte und unterschiedlichen Stoffen),
- die taktil-kinästhetische Verarbeitung, hier besonders in Verbindung mit vielfältigen und unterschiedlichen Widerstandserfahrungen,
- der dosierte Krafteinsatz Einsatz (Tonussteuerung),
- die Drehungen im Handgelenk (Diadochokinese),
- visuelle Erfahrungen durch die Veränderung der Materialien während der Bearbeitung,
- olfaktorische Erfahrungen (Sidol hat einen typischen Geruch).

Insgesamt wird im Verlauf der einzelnen Handlungsschritte durch die verschiedensten und sehr speziellen Handhabungen neben den bereits mehrfach erwähnten neuropsychologischen Bereichen vor allem die Praxie, die Geschicklichkeit, die Seriation, das Gedächnistraining angesprochen. Teilweise geht es um das Zusammenspiel beider Hände, besonders aber um die Geschicklichkeit der bevorzugten Hand. Hier sind es die kreisenden Bewegungen, die Zusammenarbeit der drei (Schreib)- Finger, die Unterschiede in der Widerstandserfahrung und dementsprechend die unterschiedliche Steuerung des Muskeltonus, die besonders beansprucht werden.

Tisch 8 Schuhe putzen
Drei Paar Schuhe in den Farben schwarz, weiß und braun (zweimal) stehen auf dem Tisch sowie Zeitungspapier als Unterlage, ein Tablett mit schwarzer, weißer und brauner Schuhcreme, ein grober Lappen, ein feiner Lappen, eine Schuhbürste für den groben Schmutz und diverse kleine Schuhbürsten, die dem Leder angepasst sind.
Zu Tisch 7 und Tisch 8 hängen 6 Schürzen mit unterschiedlichen Verschlüssen bereit, die zum einen die Kleidung der Kinder schützen sollen und zum anderen eine Vertiefung zur „Taschenübung" darstellen.

Direkte Ziele
Pflege der eigenen Person, Pflege der Bekleidung

Auf Beispiele für den Umgang mit dem Material wird an dieser Stelle verzichtet. Die ausführliche Darstellung der vorhergehenden Übung erübrigt die Aufzählung der einzelnen Schritte. Wenngleich noch die eine oder andere Teilhandlung Hinweise auf bisher nicht erwähnte neuropsychologische Aspekte geben kann, sind diese nach den bisherigen Ausführungen vermutlich auch ohne weitere Darstellungen selbst nachzuvollziehen.

Insgesamt ist die Zusammenarbeit beider Hände zu erwähnen sowie der geschickte Gebrauch der bevorzugten Hand, auch hier geht es um die Tonusanpassung auf unterschiedliche Widerstandserfahrungen, einmal über die Lappen, zum anderen über die Bürsten.

Tisch 9 Kaffeegedecke und Fotos davon aus verschiedenen Perspektiven
Auf dem Tisch stehen ungeordnet 6 verschiedene Gedecke. Dazu gibt es einmal Fotos von jedem Gedeck, außerdem solche, die jeweils eine besondere perspektivische Aufmerksamkeit beanspruchen.

Direkte Ziele
Erkennen von gemusterten Gegenständen, anhand von „verfremdeten" Abbildungen.

Beispiele für den Umgang mit dem Material
Um ein Gedeck, bzw. Teile eines Gedeckes an dem Ausschnitt eines Fotos zu erkennen, erhalten die Kinder „Klorollen" und sollen das Geschirr wie durch eine Kamera an der gleichen Stelle, wie es das Foto zeigt, anschauen.
Für den Bereich „Perspektive" ist das Kind aufgefordert, sich so wie ein Fotograf zu bewegen. D.h.: Das Kind muss in die Hocke gehen, sich seitlich hinstellen oder den Kopf direkt über die Tasse (den Teller) halten. Das Geschirr wird dabei einzeln in die richtige Position gestellt. Die Per-

spektive der Fotos variiert aber nur leicht. Man kann bei einer späteren Übung auch noch verschwommene Fotos oder Fotos in Verkleinerung oder Vergrößerung der Muster anbieten. Derartige Verfremdungen machen den Kindern großen Spaß..

Neuropsychologischer Anteil der neuropädagogischen Sichtweise

Insgesamt wird mit dieser Aufgabenstellung ein Höchstmaß der visuellen Verarbeitungsfähigkeit beansprucht. Sie schließt wieder den gesamten Bereich der Raumerfahrung aber auch der Körpererfahrung mit ein. Begreifbare Dinge müssen nun von einem jeweils anderen Blickwinkel, in einer veränderten Stellung und in einer anderen Entfernung auf einem Foto erkannt werden. Ferner ist das Kind aufgefordert, auf sehr kleine und sehr ähnliche Details im Muster zu achten. Untertasse und Dessertteller können teilweise nur am inneren Kreis erkannt werden. Die Figur-Grund-Wahrnehmung, die Raumlagewahrnehmung und die Formkonstanzwahrnehmung werden besonders angesprochen. Erschwert wird die Aufgabe durch die Ähnlichkeit der Muster.

2.6 Zum pädagogischen Anteil der neuropädagogischen Sichtweise

Auf den neuropsychologischen Anteil der Unterrichtseinheit, hier unter dem Gesichtspunkt „Übungen des täglichen Lebens" und „Schulung der Sinne" in Anlehnung an Montessori dargestellt, wurde im Zusammenhang mit den einzelnen Arbeitsaufträgen bereits hingewiesen. Wir fragen jetzt: Was ist das Pädagogische dabei? Ist es in der Verbindung mit der Neuropsychologie als Neuro-Pädagogik etwas anderes, Neues? Müssen, sollten wir unsere Form Unterricht zu halten, als Lehrer zu lehren, Wissensstoff zu vermitteln, umstellen, müssen wir umdenken? Wir sind doch Pädagogen und keine Therapeuten! Um hier abzugrenzen, ist es hilfreich, den Blick auf die Aufgaben des Lehrers, der Lehrerin zu richten, die ihm durch Rahmenpläne vorgegeben sind.

Aus dem Rahmenplan Grundschule für Hessen

- Die Grundstufe prägt als erste Schulstufe das Kind in einem Alter höchster Lernfähigkeit für seinen weiteren Bildungs- und Lebensweg.

  Die Bedeutung dieses Satzes kann nicht hoch genug eingeschätzt werden (auch, wenn der Begriff des Prägens hier leicht mechanistisch missverstanden werden könnte) weist er doch auf das Maß der Verantwortung für das, was ein Pädagoge, eine

Pädagogin den Kindern besonders in diesem Lebensabschnitt vermittelt und wie er es vermittelt.

- Die der Grundschule zugewiesene Aufgabe grundlegender Bildung für alle Kinder hat eine doppelte Bedeutung: erstens ist sie (Allgemein-) Bildung in allen wesentlichen Kulturbereichen zur allseitigen Persönlichkeitsentfaltung, und zweitens dient sie als Ausgangsbildung für die differenzierten weiteren Bildungswege.

  Die Art und Weise, wie an die Kulturtechniken herangeführt wird, wie Miteinanderleben und Miteinanderlernen zu praktizieren sein kann, ist abhängig von dem Handwerkszeug, das dem Pädagogen, der Pädagogin zur Verfügung steht und wie er/sie es anzuwenden weiß. Dazu sind zusätzlich Kenntnisse der Neurowissenschaften nach dem Stand der augenblicklichen Entwicklung erforderlich.
- Die Grundschule hilft Mädchen und Jungen, sich auf ihre Weise mit ihrer Umwelt auseinanderzusetzen und ihre Kräfte und Fähigkeiten in gelebter Gegenwart auszubilden; zum anderen hat sie den Kindern die geistigen, moralischen und praktischen Grundlagen für die zukünftigen Aufgaben der Gesellschaft zu vermitteln.

  Den Kindern Gelegenheiten ermöglichen, selbst tätig sein zu können, eigene Erfahrungen zu sammeln und anzuwenden, im sozialen Miteinander aber immer auch die Grenzen (die eigenen und die des und der anderen) zu respektieren, kann ihnen (nach Montessori) zu einem „Schlüssel zur Welt" werden.

Schauen wir uns nun noch einmal die Unterrichtseinheit an, die hier vorgestellt wurde und betrachten wir sie jetzt unter pädagogischen Gesichtspunkten.

Die Umgebung ist vorbereitet

- Der Raum ist zum Zweck dieser Stunde in besonderer Weise gerichtet worden. Die Tische wurden zu einer „Stundensitzordnung" umgestellt. Sie sind nummeriert von 1 bis 10, entsprechend der Anordnung der Materialien auf den Demonstrationstischen und ihrer ebenfalls nummerierten Abbildungen in doppelter Ausführung.
- Für Kinder, die mit den vorgesehenen Arbeitsaufträgen überfordert wären, ist zusätzliches Material vorhanden.
- Für „Warteschleifen" stehen Arbeitsblätter zur Verfügung.

Das Material steht im Vordergrund

- Das Material wurde zu thematischen Schwerpunkten ausgewählt.
- Der „Raum", den es einnimmt, ist begrenzt, desgleichen die Aufgabenstellung und die Vorgehensweise. Es lädt aber zum Experimen-

tieren ein und sichert so einen gewissen „Spielraum".

- Das Material dient der Schulung der Wahrnehmung, der Selbständigkeit und des Sozialverhaltens. Rücksichtnahme und Geduld werden geübt (die Fähigkeit, warten zu können).
- Es fördert Basisvoraussetzungen für das Lesen, Schreiben und mathematische Denken.

Die Auftragskarten

- Die Auftragskarten sind eine Unterstützung beim Suchen des Arbeitsmittels und des dazu vorgesehenen Arbeitsplatzes, am Beginn der Stunde auch zum Zusammenfinden der Partner. Die Karten dienen dem Umgang und dem Austausch miteinander.
- Das systematische Begrenzen von Lernschritten und ihre Strukturierung bietet eine überschaubare Erarbeitungsmethode für jedes alltägliche Lernen. Damit ist es auch eine Lebens- und Bewältigungshilfe für den Alltag („Lernen in kleinen Schritten").
- Die Auftragskarten sind auch ein Anhaltspunkt dafür, wie bei Beendigung des jeweiligen Auftrages das Material angeordnet werden soll, um an seinen Ursprungsplatz zurückgestellt zu werden. Damit kann der Ablauf einer Handlung vom Entwurf über die Durchführung bis zum Abschluss erfahren werden.

Die Haltung der Kinder

- Die Kinder bestimmen selbst, ob sie Hilfe erhalten möchten.
- Sie helfen sich untereinander, wenn es erforderlich ist. Hilfe können sie aber auch von einigen Schülern der zweiten Klasse erhalten. (Es ist das Ziel der Schule, auf jahrgangsübergreifendes Arbeiten vorzubereiten.)
- Für die Durchführung ihres Auftrages sind die Kinder alleine verantwortlich.

Die Haltung der Pädagogin

- Die Pädagogin hat sich in ihrer Vorbereitung auf die individuellen Bedürfnisse der Kinder eingestellt. Dadurch, dass die einzelnen Arbeitsaufträge unterschiedliche Ansprüche an die Fähigkeit der Kinder stellen, kann jedes zu einem Erfolgserlebnis kommen.
- Die Pädagogin verhält sich aufmerksam beobachtend. Dadurch lernt sie das einzelne Kind immer besser kennen und kann sich mit weiteren Unterrichtsangeboten darauf einstellen.
- Sie steht zur Verfügung, wenn ein Kind sie um Hilfe bittet.

Gemeinsamer Abschluss und Austausch der Erfahrungen

- Im Gespräch wird geduldiges Warten und Zuhören gelernt.

- Der Erfahrungsaustausch soll Erlebtes rekonstruieren und ordnen helfen.
- Über die Erinnerung wird die Tätigkeit in Sprache umgesetzt und im Gedächtnis verankert. Der Gegenstand, mit dem bevorzugt gearbeitet wurde, kann dabei helfen.
- Durch das äußere Sprechen, das Aussprechen, entsteht, nach Marianne Frostig, das verinnerlichte Sprechen, wobei das Ziel dieser Stunde aber vorrangig das Wahrnehmen über das Handeln ist.
- Mit dem Rekonstruieren und Ordnen soll sich im späteren Verlauf, auch das Gefühl für einen Zeit-Raum ausbilden: „Ich habe... zuerst... dann... und zuletzt... Folgendes getan!“ **„Die Welt da draußen ist nicht länger chaotisch, weil ich sie mit meinen Händen und Gedanken ordnen kann!“**
- Mit der gemeinsamen Rückbesinnung wird die Klassengemeinschaft als soziale Einheit gestärkt. Gleichzeitig erhält jedes einzelne Kind durch seinen Gegenstand und seine Ausführungen eine individuelle Wertschätzung.

2.7 Zusammenfasung

Die dargestellte Unterrichtseinheit macht deutlich, wir müssen keine Therapeuten (im Sinne med. Assistenzberufe) sein, um neuro-pädagogisch zu arbeiten. Wir können uns aber Kenntnisse aneignen, die uns die Neurowissenschaften zur Verfügung stellen, um sie, da wo das möglich ist, Sinnvoll, für Unterricht und Erziehung einzusetzen. Ein derartiger Einsatz sollte sich aber nicht auf die Grundstufe beschränken. Er ist in den weiterführenden Schulen, wenn auch in anderer Form, ebenso anzuwenden. „Erfolgreiche“ Pädagogen haben sich immer schon methodischer und didaktischer Mittel bedient und dabei auch neuropsychologischer, ohne den Begriff Neuropsychologie zu kennen, weil es den noch nicht gab. Die Montessori-Pädagogik ist z.B. eine Unterrichtsform, auf die das zutrifft, aber sie ist nicht die einzige. Aus der Zeit der Reformpädagogik gibt es eine Reihe von Ansätzen, die unter neuro-pädagogischer Sichtweise zu verstehen sind, und deren Bedeutung in den Schulen, vor allem auch in den Gymnasien, Berücksichtigung finden sollte.

IV. Was tun für Kinder mit Teilleistungsstörungen?

1. Allgemeine Überlegungen

Ein Leistungsvergleich von Schülerinnen und Schülern bestimmter Jahrgänge auf europäischer Ebene hat zu lebhaften Diskussionen unter denen geführt, die sich für die Organisation und das Niveau bundesrepublikanischer Schulen verantwortlich fühlen. Wie ist es möglich, dass im Land der Dichter und Denker ein internationaler Leistungsvergleich ein so schlechtes Ergebnis bringt? Was ist los mit unseren Schulen? Was muss (möglichst ganz schnell) anders werden? Es ist hier nicht der Rahmen, über diese sehr komplexen Themen nachzudenken und dazu Stellung zu nehmen. Für den Bereich der Grundschule, könnten die im Folgenden auszuführenden Gedanken aber bedeutsam sein. Sie beziehen sich auf Erfahrungen, von denen hier nur zwei dargestellt wurden, die sich aber nahezu verallgemeinern lassen, das jedoch sicher abhängig von dem jeweiligen Wohn- bzw. Einzugsgebiet.
Martinius schreibt in dem Vorwort zu Teilleistungsstörungen bereits 1994:

> Die Realität der Versorgung von Kindern mit Teilleistungsschwächen, vor allem mit Legasthenie, hinkt noch weit hinter gesicherten Erkenntnissen zurück. Die späte Diagnose nach mehreren Schulbesuchsjahren ist die Regel, obwohl Risikokonstellationen für das Vorschulalter bekannt sind und spätestens mit der Einschulung Kinder mit erheblichen Teilleistungsstörungen identifiziert werden können. (Siehe auch Teil I, Kapitel IV, Abschnitt 2.1)

Jakob, bei dem die Problematik hinsichtlich seiner Teilleistungsschwächen viel zu spät erkannt wurde, ist sicher nicht ein Einzelfall. Und wäre sie überhaupt erkannt worden, hätte nicht eine so extreme Teilleistungs<u>stärke</u> vorgelegen? Was hätten alle Untersuchungen und ihre Ergebnisse genützt, ohne eine neuropädagogische Zusammenschau? Diese Fragen stellen sich im Zusammenhang mit der Zunahme verhaltensauffälliger, hyperkinetischer und aufmerksamkeitsgestörter Kinder. (Nach heutiger Sicht kann ein Zusammenhang zwischen Teilleistungsstörungen, HKS und ADS bestehen.) Wir sollten sie auch stellen, wenn wir uns die „Versager" in den weiterführenden Schulen betrachten.
Martinius weiter:

> Schulische Hilfen fehlen vielerorts und außerschulische Hilfen sind mit Problemen der Kostentragung, ideologischen Auseinandersetzun-

gen über Therapieindikationen und Unklarheiten der Therapeutenqualifikation belastet.

Diese Sichtweise ist immer noch aktuell. Vielleicht noch aktueller als 1994! Nur heute gehen wir leichter mit Medikamenten um! Eine Möglichkeit zur Vorsorge, bzw. zum rechtzeitigen Erkennen von Teilleistungsstörungen und ihren sekundären Folgeerscheinungen ist nach Martinius (ebd.) **ein fächerintegrierendes Vorgehen, in dem der Pädagogik die integrierende und zugleich am Detail arbeitende Rolle zukommt, die medizinische und neuropsychologische Aspekte einbezieht und annimmt**. Hiermit ist das Feld der Neuropädagogik für den Bereich von Kindergarten und Schule von kompetenter Seite (Martinius) beschrieben und, wie der Fall Jakob zeigt, auch möglich.

Im Zusammenhang mit dem negativen Abschneiden anlässlich der internationalen Leistungsprüfung wäre unter (vielem) anderem zu überlegen, ob nicht eine innere Differenzierung es den leistungsstarken wie den teilleistungsschwachen Schülerinnen und Schülern eher ermöglicht, ihr jeweiliges kognitives Potenzial auszuschöpfen. Denkbar wäre Folgendes:

2. Ein Modell zur Förderung von Kindern mit Teilleistungsstörungen

- Dieses Modell geht von Überlegungen aus, wie das Lernniveau in der Regelschule allgemein verbessert werden kann.
- Es bezieht sich auf durchschnittlich intelligente Kinder, die aufgrund von Teilleistungsstörungen ihrer individuellen Lernstruktur entsprechend differenzierte Unterrichtsangebote benötigen.
- Es weist auf Möglichkeiten, wie aus der Vielzahl methodisch/didaktischer Unterrichtsformen neuropädagogische Ansätze nach den heutigen neurowissenschaftlichen Erkenntnissen umgesetzt werden können.

2.1 Zur Begründung

Kinder mit Teilleistungsstörungen (bei durchschnittlich kognitiver Ausstattung) können im Regelunterricht nicht ausreichend individuell und neuropädagogisch gefördert werden. Sie bleiben hinter den Klassenkameraden zurück und/oder hemmen (nicht selten dann auch durch ihr Verhalten) das Vorgehen mit den anderen SchülerInnen. Der Pädagoge, die Pädagogin hat ein schlechtes Gewissen den „Regelkindern“ gegenüber, dass sie nicht ihrem Vermögen nach schnell genug vorwärts kommen, den Kindern mit

Teilleistungsstörungen gegenüber, dass sie nicht genügend individuelle Hilfe erhalten. Beiden gerecht zu werden ist schwierig und belastend. Die mancherorts durchgeführten allgemeinen integrativen Maßnahmen befriedigen häufig auch nicht. So bleibt ein allgemeines Unbehagen und es kann zu Einweisungen in eine Sonderschule für Lernhilfe kommen, die aber für diese Kinder nicht die Lösung des Problems sind.

Kinder mit Teilleistungsstörungen benötigen einen schulischen Rahmen, in dem die Beeinträchtigungen erkannt, verstanden und berücksichtigt werden und - Kinder mit Teilleistungsstörungen benötigen Lernangebote, die ihrer Lernstruktur entsprechen. Wenn aber in der Grundschulzeit *nicht* rechtzeitig erkannt werden kann, wie den einen sowohl wie den anderen zu helfen ist, wird vermutlich das Lernniveau in den nachfolgenden Klassen darunter zu leiden haben (Pisa). Umgekehrt: wenn so früh, wie möglich, differenzierte Angebote gemacht werden, kann sich jedes Kind seinem individuellen kognitiven Potential entsprechend entfalten und den ihm entsprechenden Leistungsstand erreichen. Insgesamt wird sich das auf das allgemeine Lernniveau auswirken.

2.2 Zur Definition Teilleistungsstörungen

- Wir unterscheiden Teilleistungs**störungen** von Teilleistungs**schwächen** (*vorübergehende* Beeinträchtigungen durch Krankheit, psychische Belastung, schulische Umstände u.a.m.)
- Teilleistungsstörungen unterscheiden sich von einer *allgemeinen* Lernschwäche (Minderbegabung).
- Teilleistungsstörungen können zu schweren emotionalen Beeinträchtigungen, Verhaltensstörungen, Psychosen führen (Schmitt M.H. 1977).
- Teilleistungsstörungen werden als umschriebene Entwicklungsstörungen schulischer Fertigkeiten nach dem Internationalen Diagnoseschlüssel ICD 10 als medizinisches Störungsbild klassifiziert.
- Auf die Schule bezogen setzt diese Klassifizierung voraus, dass bestimmte Kriterien erfüllt sind:
  - durchschnittliche Intelligenz (zur Bestimmung ist eine sorgfältige Auswahl von Tests erforderlich mit Berücksichtigung der Beeinträchtigung bestimmter sensorischer oder motorischer Bereiche (visuell, verbal, taktil-kinästhetisch),
  - eine im Verhältnis dazu unterdurchschnittliche Leistung im Lesen u.o. Schreiben, Rechtschreiben, Rechnen (Legasthenie, Dyskalkulie).

    - Die Diskrepanz zwischen Teilleistung und Intelligenzleistung sollte 10 T-Wert-Punkte betragen.

- Teilleistungsstörungen sollten als **neuropädagogisches Störungsbild** in Anlehnung an ICD 10 in den Katalog des sonderpädagogischen Förderbedarfes einbezogen und im Rahmen der Regelschule berücksichtigt werden.

2.3 Zum Vorgehen

Voraussetzung
Kinder mit Verdacht auf Teilleistungsstörungen, aber vermutlich durchschnittlich kognitiver Ausstattung, die meistens bereits in der Kindergartenzeit auffallen, werden zu Kennenlerntagen in eine Eingangsstufe oder 1. Klasse eingeladen. Innerhalb dieser Zeit können die PädagogInnen in bezug auf Entwicklungsstand und Lern- und Sozialverhalten einen ersten Eindruck gewinnen.

Beobachtungsphase
Die Aufnahme erfolgt zunächst vorläufig. Während einer dreimonatigen „Probezeit" wird das Kind innerhalb des Regelunterrichtes weiter beobachtet (von PädagogInnen, Grundschul- bzw. EingangsstufenlehrerInnen, Schulpsychologen). Die Beobachtungen werden dokumentiert und dienen zur Einschätzung der Möglichkeit einer längerfristigen Mitarbeit im Regelunterricht. Danach wird über das weitere Vorgehen, bzw. einen endgültigen Verbleib in der Eingangsstufe (Vorklasse und erste Klasse) entschieden.

Zum gezielten weiteren Vorgehen im Rahmen einer Diagnose- und Fördergruppe werden nach der Beobachtungsphase Förderpläne zusammengestellt, welche die individuellen Stärken und Schwächen sowie die jeweiligen Förderbedürfnisse in den einzelnen Bereichen des Lernens und Verhaltens ausweisen. Mit Hilfe dieser Beobachtungen soll einerseits die (vermutliche) Lernstruktur des Kindes erfasst werden, um andererseits darauf aufbauend ein planvolles schrittweises und kontinuierliches Vorgehen zu garantieren. Diagnose und Förderung wird in einer ständigen Wechselbeziehung zueinander zu stehen haben im Sinne eines förderdiagnostischen Prozesses, der in Abständen (innerhalb von 6-12 Monaten) überprüft werden sollte.

Diagnose- und Förderphase
Kinder mit Teilleistungsstörungen, die zu einer Diagnose- und Fördergruppe zusammengefasst sind, nehmen an allem Unterrichtsgeschehen ihrer Stufe teil (Sachkunde, Musik, Kunst, Sport, Religion). In den Bereichen, in

denen ein gemeinsamer Unterricht nicht sinnvoll wäre, wird differenziert. Die Differenzierung kann innerhalb der regulären Gruppe aber auch getrennt davon erfolgen. Möglicherweise können in einer Differenzierungsgruppe teilleistungsgestörte Kinder aus Parallelklassen zusammengefasst werden. Auch innerhalb dieser Fördergruppe (maximal 8 Kinder) wird unterschiedliches Vorgehen der individuellen Lernstruktur entsprechend erforderlich sein.

Als Zeitrahmen für den Verbleib in einer Diagnose- und Fördergruppe sollten 3, in bes. Fällen 4 Schulbesuchsjahre angesetzt werden, innerhalb dieser Zeit, bzw. danach ist zu entscheiden, ob ein Kind den Grundschulanforderungen einer 3. Klasse folgen kann oder ob es besser in einer Schule für Lernhilfe zu fördern ist.

Zur neuropädagogischen Förderung für Kinder mit Teilleistungsstörungen bieten sich verschiedene Ansätze an. Wenn in diesem Modell der Montessori-Pädagogik und der Frostig-Therapie eine besondere Bedeutung zukommt, dann darum, weil beide Ansätze ein gezieltes neuropädagogisches Vorgehen ermöglichen. Sie sind schulpädagogisch erprobt und neuropsychologisch fundiert. Letztendlich ist es aber nicht eine bestimmte pädagogische Richtung auf die es ankommt, sondern auf das neuropädagogische Verständnis. Dieses muss in besonderer Weise die Grundlage der methodisch-didaktischen Leitlinien für Kinder mit Teilleistungsstörungen sein. Dazu gehört aber immer auch die Berücksichtigung der selbstorganisierenden Kräfte des Kindes (Montessori).

Die Diagnose- und Förderphase wird von dem Psychologen der Schule begleitet. Es findet ein regelmäßiger Austausch über jedes einzelne dieser Kinder statt.

3. Zusammenfassung

Die Notwendigkeit schulischer Hilfen für Kinder mit Teilleistungsstörungen ist vonseiten der Kinderpsychiatrie seit langem bekannt (z.B. Martinius, Schmitt, M.H., Graichen, Lempp und andere). Die neuropädagogische Zusammenschau verschiedener Beobachtungen und Testergebnisse macht es heute möglich, diesen Kindern im Rahmen der Schule gezielt zu helfen. Die Voraussetzungen dazu sind:

- die Einsicht der Schulverwaltung in die Problematik von Kindern mit Teilleistungsstörungen (sonderpäd. Förderbedarf)
- die Bereitschaft von PädagogInnen, sich mit der Neuropädagogik zu beschäftigen

- Möglichkeiten zum regelmäßigen auch interdisziplinären Erfahrungsaustausch
- räumliche und materielle Möglichkeiten zur Differenzierung
- psychologische Begleitung

Es muss kein wesentlich größerer Personalaufwand durch diese Form der Differenzierung entstehen. Der Unterricht in den Kernfächern (Deutsch-Mathematik) kann mit den Regelkindern zügig vorangehen, er wird durch die teilleistungsgestörten Kinder dann nicht gehemmt. Diese wiederum können zu Erfolgserlebnissen kommen, wenn sie auf eine ihnen angemessene Weise, auch ihrer Teilleistungsstärken sowie ihrer Wahrnehmungsverarbeitung entsprechend gefördert und gefordert werden. Besonders begabte Regelkinder haben ihrerseits die Möglichkeit, durch die Methode der Differenzierung im Sinne von Begabtenförderung an Unterrichtsangeboten der nächsthöheren Klasse innerhalb ihrer Stufe oder auch stufenübergreifend teilzunehmen.

Dieses Vorgehen mag zeit-, personal- und kostenaufwendig erscheinen, muss es aber nicht sein. Es geht vor allem um ein Umdenken. Prognostisch betrachtet lohnt sich dieser Einsatz. Wenn wir Schulversager neuropädagogisch überprüfen würden, ließe sich wohl bei manchen von ihnen nachweisen, wie ein Einbruch, meist im 3. Schuljahr, die weitere Schullaufbahn und vielleicht den Lebenslauf beeinflusst hat. Kinder mit Teilleistungsstörungen, die nicht ihrer Lernstruktur entsprechend verstanden, geführt bzw. unterrichtet werden, geraten ins Abseits. Sie erhalten keinen Schulabschluss trotz durchschnittlicher Intelligenz und dementsprechend keinen Ausbildungsplatz. Ihre Einstellung zum Leben wird geprägt von Versagen und Minderwertigkeitsgefühlen. **Deshalb dürfen Kinder mit Teilleistungsstörungen nicht ohne individuelle und *intensive, neuropädagogische Förderung* bleiben und die LehrerInnen nicht ohne Kenntnisse über Neuropädagogik.**

Im Zusammenhang mit Überlegungen zur Neuropädagogik stellt sich aber generell noch eine ganz andere Frage.

Ist die Form von Lehren und Lernen, wie sie im allgemeinen heute praktiziert wird, noch zeitgemäß?

Martin Schieder hat sich darüber Gedanken gemacht.

V. Ein Ausblick

Martin Schieder

Verändert sich die Welt, verändert sich die Wahrnehmung!
Verändert sich die Wahrnehmung, verändert sich die Welt!

Liebe Frau Milz,

mit großem Gewinn habe ich das Manuskript dieses Buches gelesen. Ihre Gedanken zur „Neuro-Pädagogik" reichen weit über den Bereich der traditionell sonderpädagogisch orientierten Heilpädagogik hinaus! Sie geben uns Lehrerinnen und Lehrern einen wichtigen Impuls für die Debatte um die Zukunft der Schule!

Wenn ich Sie recht verstehe, vertreten Sie die Position, dass Kinder mit deutlichen Teilleistungsstörungen wenn irgend möglich in den ersten Schuljahren eine *besondere* Förderung bekommen sollten,

- weil sie in *besonderer* Weise unterstützt werden müssen
- und weil die traditionelle Schule mit ihrer Fixierung auf die klassischen Formen des Unterrichts und ihrem reduzierten Verständnis vom Lernen der Kinder leider sehr häufig nicht in der Lage ist, diesen Kindern zu helfen.

Da stimme ich Ihnen voll zu! Sie lenken mit dieser Forderung die Aufmerksamkeit der Öffentlichkeit auf die rasch wachsende Gruppe der Kinder, die im System der Schule nicht klar kommen, obwohl sie weder lernbehindert noch verhaltensgestört sind. Wird hier nicht in einer ihnen angemessenen Weise reagiert, werden diese Kinder nicht selten „lernbehindert" *und* „verhaltensgestört", weil das System der Schule für sie keine anderen Formen der „Förderung" besitzt.

Immer häufiger erlebe ich in meiner Arbeit und in meiner Nachbarschaft Kinder, die schon in einem sehr frühen Alter erhebliche Verhaltensauffälligkeiten zeigen. Ich werte diese Auffälligkeiten als Hilferufe mit der Botschaft: Gib mir, was ich für mein Leben brauche! Diese Kinder fordern ihre Umwelt auf eine ungewöhnliche Weise heraus. Sie klagen nicht selten: „Mir ist so langweilig!" „Wo denn?" „Im Kindergarten!" „In der Schule!" usw. usw. Sofort beginnt als Reaktion auf die Unzufriedenheit ein angestrengtes Bemühen der Eltern. Sie versuchen dann häufig, das klagende Kind zu beschäftigen, und dieses erlebt nun, dass sich jemand kümmert, dass es mit seinen Klagen eine Aufmerksamkeit bekommt, die es sonst nicht erlebt. Dieses Ergebnis interpretiert das Kind als Erfolg. Es fühlt sich in seinen Wünschen bestätigt: „Endlich bemüht sich jemand um mich! Endlich bekomme ich, wofür ich so lange gekämpft habe!"

Ich sehe dies ein wenig anders. Aus meiner Sicht hatte das gelangweilte Kind zu wenig *Sinn*-volles zu tun, es beklagt sich nach meiner Auffassung völlig zu Recht darüber, denn Schulen und Kindergärten sind bisher nicht darauf vorbereitet, für Kinder eine angemessene Lernumgebung zu schaffen. Nicht selten werden Kinder dort eher aufbewahrt als gefördert. Wie sollten Kinder in solchen Zusammenhängen dann aber lernen, ihren inneren Impulsen zu folgen und sich eine sinnvolle und befriedigende Tätigkeit zu suchen, die ihr Lernen voranbringen könnte?

Immer mehr Kinder, die sich gegen diesen Teufelskreis aus Unterforderung und Verwöhnung wehren, werden mit Psychopharmaka ruhig gestellt. Statt nach den wirklichen Ursachen der „Verhaltensauffälligkeiten" und der „Lernstörungen" zu suchen, werden die Symptome der Kinder immer häufiger unterdrückt. Zur „neuen Kindheit" gehören die stummen Schreie der „neuen Kinder", die nach allen Regeln der ärztlichen Kunst für den Kampf um die besten Startplätze für die zukünftige Karriere „gedopt" werden.

Dieser neue Trend ist für mich ein Indiz dafür, dass die Schule inzwischen das Vertrauen vieler Eltern, Therapeuten und Ärzte verloren hat. Und dennoch gibt es ein fast übermächtiges Bedürfnis, an den alten Modellen des Unterrichts festzuhalten. Wer findet den Mut, öffentlich zu erklären, dass die Pädagogik heute vor Fragen steht, für die es bisher keine Antworten gibt?

In diesem Buch geht es genau um diesen Punkt. Ich spüre, wie hier versucht wird, neu aufgetretene Probleme zu beschreiben. Wir befinden uns mitten in einer Phase des kulturellen Umbruches, die uns vor völlig neue Herausforderungen stellt. Vor diesem Hintergrund geht es in diesem Buch dann in erster Linie um die Frage, wie Kinder lesen, schreiben, rechnen lernen könnten, die im System der klassischen Schule gescheitert sind.

Noch wird darüber nicht gesprochen, aber der Anachronismus der Schule wird mehr und mehr zum Problem unserer Gesellschaft, die nach Antworten auf die neuen ökonomischen, technologischen und kulturellen Herausforderungen sucht. Ein Beispiel: vor zweihundert Jahren gab es Kampagnen gegen das Lesen bestimmter Romane, weil diese Bücher die Jugend verderben würden. Heute wäre mancher Lehrer froh, seine Schüler könnten lesen... Gewarnt wird nun vor den Gefahren des Internet und den Risiken ausgedehnten Fernsehkonsums...

Von der Pädagogik wurden die neuesten Medien immer zwiespältig aufgenommen. Die einen hoben sie in den Himmel, die anderen versuchten, sie zu verteufeln. Übersehen wurde dabei stets, dass die Medien zur Umwelt der Kinder gehören, dass sie allein durch ihre Existenz einen erheblichen Einfluss auf Fühlen, Denken und Handeln ausüben. Heute stehen wir nun vor der Frage, wie sich der Prozess der Erziehung vollziehen soll, wenn sich die Beziehungen zwischen der Welt der Erwachsenen und der Welt der Kinder und Jugendlichen auflösen. Ist es nicht inzwischen so, dass sich in einem Teil unserer Schulen und in vielen Familien die traditionellen Verhältnisse zwischen den Generationen umgekehrt haben? Was bedeutet dies für die Pädagogik, wenn Kinder und Jugendliche viel souveräner mit den Möglichkeiten der sogenannten Wissensgesellschaft umgehen als ihre Eltern und Lehrer?

Nach meiner Meinung befinden wir uns im Augenblick in einer Phase des kulturellen Umbruchs, die vergleichbar ist mit der Epoche zu Beginn der Ausbreitung der Schriftkultur im klassischen Griechenland. Als die Griechen die ersten Schulen einrichteten, ahnten sie nicht, dass sie das Denken der Menschen verändern würden. Als die ersten elektronisch gesteuerten Rechenmaschinen gebaut wurden, konnte sich niemand vorstellen, dass der digitale Code dieser Maschinen innerhalb weniger Jahrzehnte die kulturelle Vormachtstellung der linearen Schrift brechen würde.

Die Funktion der Schule als Vermittlerin der Kultur auf der Grundlage der Schrift steht damit zur Disposition. Die Schulen befinden sich nun in einer paradoxen Situation, denn die Gesellschaft steigert ihre Ansprüche an die Leistungsfähigkeit der Schule, ohne die grundlegenden kulturellen Veränderungen zu berücksichtigen, unter denen die Schulen arbeiten. Wie soll die Pädagogik vermitteln zwischen den Ansprüchen einer Gesellschaft, die sich an den Normen, Werten und Modellen der Vergangenheit orientiert und den Ansprüchen der Kinder, die ganz anders denken, fühlen und handeln als diejenigen vor zwanzig, dreißig oder vierzig Jahren?

Wenn ich Kindern Erlebnisse aus meiner Kindheit erzähle, dann schauen sie mich an, als ob ich von fernen Kontinenten und von längst vergangenen Zeiten berichte. Was ist da geschehen? Wenn ich die Orte meiner Kinderzeit aufsuche, dann fällt es mir inzwischen selber sehr schwer, die Bilder der fünfziger und sechziger Jahre in die Wirklichkeit des einundzwanzigsten Jahrhunderts einzufügen. Welches Glück hatte ich! Vom fünften Lebensjahr an konnte ich über meine Zeit weitgehend frei verfügen. Ich habe Stunden und Tage mit meinen Freunden verbracht, ohne dass ich gefragt wurde, was ich angestellt habe. Heute stehen Eltern beinahe mit einem Bein im Gefängnis, wenn sie ihre Kinder frei herumlaufen lassen...

Bis zur Pubertät war es mir nie langweilig! Ich hatte immer zu tun! Ich konnte die Umgebung unserer Wohnung ohne jede Einschränkung nutzen, hatte die Möglichkeit, eigene Ideen zu entwickeln und diese mit den Freunden auszuprobieren, ohne dass mir auch nur im geringsten in meine Vorhaben hineingeredet wurde.

So helfen mir die Erfahrungen meiner Kindheit nicht, die Kinder, mit denen ich es heute zu tun habe, zu verstehen! Sie leben in einer Welt, zu der ich nur schwer einen Zugang finde. Sie werden beinahe rund um die Uhr beaufsichtigt, betreut und belehrt und immer häufiger werden sie daran gehindert, ihre Wege ins Leben selbst zu suchen. Intuitiv wissen wir, dass mit dem Leben, das wir Kindern heute zumuten, etwas nicht stimmt! Statt aber die Bedingungen zu ändern, unter denen sie leben müssen, vertreiben wir ihnen die Langeweile. Auf diese Weise verbauen wir ihnen dann die letzten Möglichkeiten, sich *sinn*-voll selbst zu beschäftigen.

Die Folgen dieses Teufelskreises können wir beobachten, wenn wir uns die sensomotorische Entwicklung und die Entwicklung der Sprache und des Denkens anschauen. So beobachte ich zum Beispiel immer häufiger Kinder, die mich mit ihren sprachlichen Fähigkeiten verblüffen. Wenn ich dann längere Zeit mit ihnen arbeite, stelle ich fest, dass zwischen ihrem „Wissen" und ihren tatsächlichen Möglichkeiten zu handeln, Welten liegen. Wie sollen sie aber lernen zu handeln, wenn ihnen die Möglichkeiten zu handeln verbaut werden? Wie sollen sich Kinder auf eine Arbeit konzentrieren, wenn sie nie zur Ruhe kommen konnten, weil sie ständig gestört werden?

Dann höre ich: „Mein Kind hat Teilleistungsstörungen!", „Mein Kind hat MCD!" „Mein Kind hat ADHS!" Inzwischen frage ich mich, ob es bei diesen Diagnosen um die Beschreibung von Auffälligkeiten geht oder um Strategien, die ablenken sollen von den wirklichen Ursachen der Störungen. Ich glaube, es ist kein Zufall, dass die Bezeichnungen für „Störungen" der Kinder beinahe im Jahresrhythmus wechseln, dass immer wieder neue Therapien entworfen werden, ohne dass sich in unseren Kindergärten und Schulen etwas ändert. Ist dies vielleicht das Symptom, von dem wir auszugehen haben?

Könnte es sein, dass es bei den Auffälligkeiten der „neuen Kinder" schon längst nicht mehr um die Störung der Entwicklung einzelner Individuen geht, sondern um die ersten, inzwischen deutlich erkennbaren Auswirkungen einer völlig neuen Form von Kindheit mit erheblichen Konsequenzen für den Aufbau der Strukturen des Gehirns?

Vielleicht sind wir zu stark daran gewöhnt, die Ursachen für die Auffälligkeiten im Verhalten eines Kindes bei ihm selbst, bei seinen Eltern, vielleicht auch noch seinen Lehrerinnen und Lehrern zu suchen? Ich glaube, diese Zuschreibungen versperren uns den Blick auf die komplexen und vielschichtigen Systeme der Selbsttätigkeit und der Selbstorganisation, in denen Kinder leben und lernen.

Viele hundert Jahre lang ging die Pädagogik von einem Modell aus, in dem ein aktiver Lehrer seinen mehr oder weniger passiven Schülern sein Wissen weitergibt. Die moderne Hirnforschung hat das traditionelle System aus einem Subjekt (dem Lehrer) und einem Objekt (dem Schüler) nun ersetzt durch ein System aus einem Organismus (Kind) und seiner Umwelt.

Vielleicht können wir auf diesem Weg einen neuen Zugang zum Verständnis des Lebens und Lernens gewinnen? Die „Bildung“ wäre dann ein Beitrag zur Selbstbildung des Kindes und die „Erziehung“ eine Hilfe zur Selbsterziehung. Dieses Modell des Lernens könnte das Kind aus seiner Rolle als Empfänger von „Informationen“ befreien. *Das Kind wird zum Konstrukteur seiner Wirklichkeit* im Dialog mit den Menschen und mit der Welt.

Folgen wir diesem Modell des Lernens, begeben wir uns tatsächlich in das Gespräch mit den Kindern und nehmen wir die Fülle ihrer spontanen Lebensäußerungen wirklich ernst, ergeben sich Handlungsmöglichkeiten, die ihnen eine echte Chance bieten, ihr Lernen an ihr eigenes Lernen anzuschließen, indem sie ihre inneren Strukturen vervollkommnen. Gehen wir von einem Menschenbild aus, in dem die Kinder die „Baumeister des Menschen“ sind (Maria Montessori), dann gelingt es der Pädagogik vielleicht irgendwann doch, die spekulativen Konzepte der Vergangenheit zu ersetzen durch Überlegungen und Vorstellungen, die sich nicht nur an den Bedürfnissen der Kinder, sondern auch am aktuellen Stand des Wissens über ihr Leben und Lernen orientieren.

Vor diesem Hintergrund lese ich die Falldarstellungen in diesem Buch als tastende Versuche einer neuen Pädagogik, die sich darum bemüht, sich aus den Fesseln des traditionellen pädagogischen Denkens zu befreien. Die klassische Pädagogik holte sich ihre gedanklichen Grundlagen bei den Töpfern (Erasmus von Rotterdam: „Forme den Ton, solange er weich ist!“) und den Mechanikern (Comenius: „Alles geht leicht wie eine Uhr!“), heute bei den Programmierern („das Gedächtnis ist eine Art Festplatte“).

Diese Bilder zeigen mir, dass es der Pädagogik bis heute nicht so sehr um den Menschen geht, sondern um eine Technik, mit der mehr, schneller und besser gelernt werden kann. Eine Pädagogik, die sich wirklich ernsthaft darum bemüht, das Kind als lebendigen Menschen zu sehen, gibt es bis heute nicht. Dies mag für manche Ohren seltsam klingen, aber ist dieses Buch nicht auch ein Dokument für das Martyrium, das viele (?) Kinder im

System der öffentlichen Erziehung erleiden, bis ihnen mehr oder weniger zufällig irgendwann vielleicht doch noch geholfen wird?

Immer wieder werde ich gefragt, warum es bisher nur sehr wenige Lehrerinnen und Lehrer gibt, die ihren Unterricht in Anlehnung an die Gedanken dieses Buches zu verändern suchen. Meine Antwort ist eine Zumutung für den, der sich mit dem alten System der Schule identifiziert, aber ich glaube, dass eine neue Pädagogik nur auf der Grundlage einer neuen Offenheit und Ehrlichkeit aufgebaut werden kann. Ich bin davon überzeugt, dass wir die klassischen Vorstellungen der Pädagogik nur dann hinter uns lassen, wenn wir einen neuen Zugang zum Verständnis des Lebens und Lernens der Kinder finden. Die Pädagogik, die in diesem Buch vorgestellt wird, versteht sich aus dieser Sicht dann auch nicht als Ergänzung zum klassischen Unterricht, sondern als Alternative zum traditionellen pädagogischen Denken! Kaum jemand wird dies besser verstehen können als die Eltern der Kinder, die im traditionellen Unterricht der alten Schule gescheitert sind! In diesen Eltern sehe ich die geborenen Verbündeten im Bemühen um eine grundlegende Erneuerung der Schulen in unserem Land!

Der erste Schritt ist getan, wenn wir von dem Glauben lassen, dass wir wissen könnten, wie Kinder lernen! Immer wieder habe ich erleben müssen, dass ich Kindern, die anders lernten als die anderen, nicht helfen konnte, weil ich sie mit meinen Angeboten nicht erreicht hatte. Einige von ihnen haben mir im Lauf der Zeit mit bewundernswerter Geduld beigebracht, dass sie die Wege für ihr eigenes Lernen tatsächlich selbst finden müssen. Hier sehe ich den entscheidenden Unterschied zum Denken der alten Pädagogik! Die alte Schule wollte die Kinder „programmieren". Die neue Schule könnte den Kindern helfen, ihr Lernen selbstständig und selbsttätig zu organisieren!

Woher wissen wir aber, welche Anregungen Kinder brauchen, denn von alleine lernt doch niemand lesen, schreiben, rechnen? Hier sind die Erfahrungen der Neurowissenschaftlerin und Pädagogin Maria Montessori eine große Hilfe. Sie „entdeckte" die tiefe Aufmerksamkeit der Kinder, die sich spontan mit einem Gegenstand beschäftigen, der sie körperlich und geistig herausfordert. Diese Beobachtung bildet die Grundlage für ein pädagogisches Denken und Handeln, das auf der Aktivität des Kindes und nicht auf der Aktivität der Lehrkraft beruht. Kinder können ihr Lernen aber nur dann in die eigenen Hände nehmen, wenn sie dazu die entsprechenden Möglichkeiten haben. Auf der Suche nach Anregungen fanden Psychologen und Pädagogen heraus, dass es erstaunliche Parallelen gibt zwischen der Kulturgeschichte der Malerei, der Schrift, der Mathematik und den Naturwissenschaften auf der einen Seite und der Entwicklung des Lernens in den ersten Lebensjahren. Im Rückgriff auf die Geschichte der Kulturen könnten sich dann eine Fülle von Handlungsmöglichkeiten ergeben für einen Unterricht, in dem Kinder auf der Grundlage der Geschichte des Denkens und Handelns der Menschheit ihr eigenes Lernen organisieren.

Die Geschichte der Pädagogik zeigt, dass es Epochen gab, in denen es in den Schulen durchaus nicht nur um den „Geist", sondern auch um die Förderung der Wahrnehmung und der Bewegung der Kinder ging. So sind die berühmten Fühlbuchstaben der Montessori-Pädagogik keineswegs eine Erfindung des zwanzigsten Jahrhunderts, sie gab es bereits vor zweitausend Jahren in den Schulen der Römer! Die Perlen, Stäbchen, Quadrate und Kuben zur Einführung in das Zahlensystem gehörten zur Ausstattung der Denklehrzimmer der Aufklärung! Wer sollte uns heute daran hindern, die Erfahrungen der Vergangenheit aufzugreifen, wenn wir nach Möglichkeiten suchen, die den Kinder helfen könnten, ihre inneren Strukturen aufzubauen?

Was ist aber mit denjenigen, denen auch auf diese Weise nicht geholfen werden kann? Was tun wir, wenn sie in ihrem Lernen Wege gehen, die vor ihnen vielleicht noch nie jemand gegangen ist? In meiner Arbeit mit den sogenannten „Teilleistungsgestörten" habe ich gelernt, dass viele von ihnen über außergewöhnliche kognitive Strukturen verfügen. Da ich nicht weiß, welche Möglichkeiten in diesen Kindern stecken und wie sie angemessen gefördert werden könnten, suchte ich in meiner Hilflosigkeit mit ihnen nach „verrückten" Wegen. So konnte ich mich dann darüber wundern, dass es manchem „Legastheniker" leichter fällt, Hieroglyphen zu schreiben als die Buchstaben unseres Alphabets. Ich kenne inzwischen auch Kinder, die mehrere Dutzend chinesische Schriftzeichen lernten, bevor sie daran gingen, „unsere" Schrift zu entdecken. Ich habe von diesen Kindern gelernt, dass wir eine Chance haben, wenn wir uns von unseren Vorurteilen über das Lernen befreien. Wir können ihnen dann helfen, sich auf der Grundlage ihrer immer vorhandenen Stärken zu vervollkommnen. Hier vermute ich den Schlüssel für eine neue Pädagogik!

Es sind heute in erster Linie die Kinder mit den sogenannten Teilleistungsstörungen, die uns zeigen könnten, welchen Herausforderungen sich die Pädagogik stellen müsste, wenn sie die Grundlagen unserer Kultur erhalten will. Die Kinder des neuen Jahrhunderts brauchen nach meiner Überzeugung Formen des Unterrichts, in denen das konkret-gegenständliche Handeln auf der Grundlage der Geschichte unserer Kultur kein Lippenbekenntnis mehr ist, sondern das Fundament für das Lehren der Lehrer und das Lernen der Kinder.

Die Fallbeispiele in diesem Buch haben gezeigt, dass Kinder mit den sogenannten Teilleistungsstörungen durchaus über Fähigkeiten verfügen, die ihnen helfen, Schwächen in Teilbereichen zu kompensieren. Brauchen sie dann aber überhaupt eine besondere Pädagogik? Orientiert sich die Schule weiterhin an den Mustern der Pädagogik der Vergangenheit, wird es besondere Einrichtungen geben müssen. Orientiert sich die Pädagogik an den aktuellen Bedingungen des Lebens und Lernens in einer mediengeprägten Gesellschaft und öffnet sie sich den Erkenntnissen der Neurowissenschaften, dann könnte es gute Chancen geben für eine Schule, die das Spannungsverhältnis zwischen den Ansprüchen der Gesellschaft und den Möglichkeiten, Bedürfnissen und Wünschen der Kinder neu ausbalanciert.

Verlassen wir die Welt der traditionellen Pädagogik, in der die Persönlichkeit des Kindes keine Rolle gespielt hat, und im Grunde auch keine Rolle spielen durfte, dann können wir Bereiche entdecken, die der Pädagogik bisher nicht zugänglich waren. Und plötzlich tauchen eine Fülle neuer Fragen auf:

- Welche Rolle spielt die Wahrnehmung für das Lernen des Menschen?
- Welche Bedeutung haben die Emotionen?
- Was ist Aufmerksamkeit? Können wir sie beobachten?
- Denken wir in den Mustern der Sprache? Gibt es andere Formen des Denkens?
- Was ist überhaupt Denken? Was unterscheidet das Denken vom Handeln?
- Wie funktioniert das Gedächtnis?
- Wie entstehen kognitive Muster?
- Welche Zusammenhänge gibt es zwischen der körperlichen Erfahrungen des Menschen und seinem Denken und Handeln?

Lange Zeit wurde geglaubt, diese Fragen könnten ein für alle mal beantwortet werden, wenn die Forschungsarbeiten der Neurowissenschaftler erst einmal abgeschlossen wären. Nun zeigt sich, dass die Neurowissenschaften der Pädagogik eine Menge zu sagen haben, dass die Naturwissenschaften aber den Menschen in seiner Personalität nicht erschöpfend erklären können.

Und so hat Pestalozzi vielleicht doch recht, wenn er in seinen „Nachforschungen“ immer wieder darauf hinweist, dass der Mensch das „Werk der Natur“ ist, zugleich aber eben auch das Werk der Kultur, er nennt es „das Werk des Menschengeschlechts“.

Die aktuellen Diskussionen in den Humanwissenschaften zeigen, dass die Naturwissenschaften mit der Frage nach dem Wesen des Menschen ebenso überfordert sind wie die sogenannten Geisteswissenschaften. Die einen versuchten, das Denken und Handeln auf der Grundlage molekularerer Phänomene zu erklären, die anderen wollten über die Erforschung der Sprache des Menschen zum „Kern“ des menschlichen Seins vordringen. Im Scheitern dieser Bemühungen zeigt sich, dass die Aufspaltung des Menschen in einen Körper („res extensa“) und einen Geist („res cogitans“) das Verstehen des Menschen nicht erschwert, sondern verhindert hat. Wie könnten wir aus diesem Dilemma herauskommen?

Auch hier gibt uns der immer wieder unterschätzte Pestalozzi einen Hinweis, der uns weiterhelfen könnte. Er beschäftigte sich in deutlicher Opposition zum Denken seiner Zeit mit der Frage, wie die Natur und die Kultur des Menschen zusammenkommen können, wie sie zu einer Einheit verschmolzen werden. Seine Antwort ist verblüffend einfach! Er zeigt uns, dass sich Körper und Geist, Natur und Kultur verschmelzen im „Werk seiner Selbst“, das heißt, in Prozessen der Selbsttätigkeit und der Selbstverantwortung. Damit bekommen wir auch eine Antwort auf die Frage, warum das Denken und Handeln des Menschen nicht berechnet werden kann, warum es sich dem Kalkül der mathematisch orientierten modernen Naturwissenschaften entzieht, denn die Tätigkeit des Menschen richtet sich in die Zukunft.

Die Zukunft ist ein unbetretener Pfad, über den wir prinzipiell nichts wissen können, denn die Zukunft ist, was kommen wird und nicht das, was bereits da ist. Wenn ein Menschen lernt, richtet er sein Denken und Handeln in die Zukunft, indem er die inneren und äußeren Bedingungen seiner Existenz miteinander verknüpft. Aus dieser Perspektive ist das Lernen dann auch immer ein Handeln in Freiheit, das sich prinzipiell jeder exakten Berechnung entzieht. Verzichten wir auf diesen Anspruch, versuchen wir, auf welchen Wegen auch immer, das Lernen eines anderen Menschen zu planen, dann landen wir, ob wir das wollen oder nicht, in den System der Unfreiheit, der Dressur und der Manipulation

In diesen Gedanken finden wir einen Schlüssel für eine Pädagogik, die nicht belehren, sondern begleiten und unterstützen will, weil sie weiß, dass das Belehren der Kinder die Selbsttätigkeit, das heißt, das selbstverantwortliche Denken und Handeln behindert und oft genug auch verhindert. Die Pädagogik könnte dann wieder dort ankommen, wo sie mit Sokrates einmal begonnen hat: mit einem Dialog auf Augenhöhe und einem Lernen für ein Leben in Freiheit, Liebe und Respekt.

Damit würde sich ein Kreis schließen, in dem die besten Gedanken der Wissenschaften, die sich mit dem Lernen des Menschen befassen, ihren

Platz hätten. Und die Pädagogik? Sie könnte sich von ihren überzogenen Ansprüchen befreien, zurückkehren ins Leben der Menschen und tun, was sie tun kann.

Mit den besten Wünschen!

Martin Schieder

Nachwort

Kinder auf ihrem Weg in die Erwachsenheit zu begleiten, ist eine verantwortungsvolle Aufgabe. Sie war nie leicht und ist es heute noch weniger.

In jeder Schulklasse gab und gibt es Kinder, die Probleme mit dem Lernen haben oder uns durch ihr Verhalten auf ihre „besonderen Bedürfnisse“ aufmerksam machen wollen. Sie zu begleiten, heißt zu wissen, wo der Weg lang geht und wohin er führen soll.

Auf der Suche nach Wegen – jedes dieser Kinder braucht seinen eigenen – fand ich Hilfen durch Erfahrungen anderer, die zu ihrer Zeit zeigen konnten, wo und wie es langgehen kann, die Konzepte entwickelten und so ihre Erfahrungen überlieferten. Das war und ist mir immer wieder hilfreich.

In besonderer Weise bin ich durch Marianne Frostig auf den Weg gebracht worden. Eine – leider nur kurze – Zeit, die ich mit ihr verbringen konnte, hat so viele neue Impulse gesetzt, dass ich immer noch nicht am Ziel bin. Aber ich sehe die Richtung, in die es gehen muss, auch, wenn jedes der betroffenen Kinder seinen eigenen Weg braucht und sein persönliches Tempo, in dem es ihn geht.

Ich bin dankbar für die Anregungen, die ich durch die Internationale Frostig-Gesellschaft bekommen habe und für die Menschen, die alle einen Teil zur Wegfindung beigetragen haben.

Meine Kenntnisse wurden durch die Seminare über die visuelle und auditive Verarbeitung vertieft und verhalfen mir zu einem neuen Verständnis für Kinder mit Lern- und Verhaltensproblemen. Dafür danke ich Frau Dr. S. Hoeft und Herrn Dr. P. Gabriel. Gleichermaßen danke ich für die Durchsicht des diese Seminare betreffenden Kapitels.

Ich danke Herrn Prof. Dr. L. Pickenhain, der sich als Neurologe die Mühe gemacht hat, Teil I dieses Manuskriptes durchzusehen und zu korrigieren.

Ich danke Frau Dr. H. Schuhmacher, die als Orthoptistin und Ärztin immer ansprechbereit ist, wenn es um „gemeinsame Kinder“ geht.

Ich bin immer noch auf dem Weg und wünsche allen, die dieses Buch lesen, dass es ihnen eine Hilfe sein möge, die Möglichkeiten der Neuropsychologie zu nutzen, um sie pädagogisch umzusetzen.

Anhang

Weiterbildungsmöglichkeiten

Aktionskreis Psychomotorik
Kleiner Schratweg 32, 32657 Lemgo 1,
Telefon 05261-72321

Arbeitsgemeinschaft Funktionelle Entspannung e.V.
Killingerstr. 66, 91056 Erlangen
Telefon 09131-430127
Fax 09131-430993

Arbeitskreis für Montessori-Pädagogik
Hochwildpfad 28, 14169 Berlin
Telefon 030-3422705

Gesellschaft für Neuropädagogik e.V. GfN
Linda Johnson
Elsa-Brandström-Str. 48, 97422 Schweinfurt
Telefon 09721-38272

Integrative Lerntherapie
Kreisel
Margarita Klein, Dr. Jochen Klein
Große Bergstraße 252
22767 Hamburg
Telefon/Fax 040-385583

Internationale Frostig-Gesellschaft
Berner Str. 10, 97084 Würzburg
Telefon 0931-661355

Institut für ganzheitliches Lernen
Klaus Kaul
83700 Rottach-Weißbach
Tel. 08022-65675

Montessori-Seminare für das Nationale Montessori-Diplom zu erfragen:

Deutsche Montessori-Gesellschaft Würzburg
Postfach 5461
97004 Würzburg

Montessori-Vereinigung Köln-Aachen e.V.
Sitz Aachen
Xantener Str. 99
50733 Köln
Tel. 0221-7606610

Verein zur Förderung wahrnehmungsgestörter Kinder e. V.
Ben-Gurion-Ring 141. 17, 60437 Frankfurt
Telefon 069-9543180

Literatur

Affolter, F.: Wahrnehmung Wirklichkeit und Sprache. Villingen-Schwenningen 1987

Ajuriaguerra, J. De: The body percept. In: *Werner, H., Wagner, (Hrsg.):* The body percept. New York 1965

Akert, K.: Probleme der Hirnreifung. In: *Lempp, R. (Hrsg.):* Teilleistungsstörungen im Kindesalter. Bern 1979

Anochin, P.K.: Das funktionelle System als Grundlage der physiologischen Architektur des Verhaltensaktes. Jena 1967

Ayres, A.J.: Bausteine der kindlichen Entwicklung. Berlin, Heidelberg, New York 1984

Axmann, D.: Erkennen Verstehen Fördern. Würzburg - Hörgeschädigtenzentrum 1992

Bertelmann, U.: Neuropsychologische Aspekte der Diagnose zentraler Störungen der auditiven Sprachwahrnehmung. In: *Axmann, D. (Hrsg.):* Erkennen Verstehen Fördern. Würzburg 1992

Breuner, H., Wenffen M.: Lernschwirigkeiten am Schulanfang

Candolini, G.: Labyrinthe. Augsburg 1999

Clauß, G.: Wörterbuch der Psychologie. Leipzig 1976

Davison, Gerald C. / Neale, John M.: Klinische Psychologie. München, Weinheim 1988

Deegener, G.: Neuropsychologie und Hemisphärendominanz. Stuttgart 1978

Delacato, C.H.: Ein neuer Start für Kinder mit Lesestörungen. Freiburg/Br. 1973

Doering, W. u. W.: Sensorische Integration. Dortmund 1990

Dorsch, F.: Psychologisches Wörterbuch. Bern 1976

Ebersole, M. et al.: Lernen Schritt für Schritt. München 1976

Eggert, D.: Psychomotorisches Training. Weinheim 1975

Faller, A.: Der Körper des Menschen. Stuttgart, New York 1984

Frech-Becker, C.: Fördern heißt Fordern. Frankfurt 1995

Frostig, M.: Education for Dignity. New York 1976

Frostig, M.: Bewegungserziehung. München 1980

Frostig, M. / Maslow, P.: Lernprobleme und Schule. Stuttgart 1978

Fuchs, M.: Funktionelle Entspannung. Stuttgart 1984

Fuchs, M.: Funktionelle Entspannung e.V. Mitteilungsblatt Heft 18, Erlangen 1994

Fuchs, M.: Funktionelle Entspannung in der Kindertherapie. München: Reinhardt 1985

Gaddes, W.H.: Learning Disabilities and Brain Function. New York 1980

Gazzaniga, M. S. / Le Doux, J.E.: Neuropsychologische Integration kognitiver Prozesse. Stuttgart 1983

Gibson, J. J.: DieSinne und der Prozeß der Wahrnehmung. Bern 1982

Glees, P.: Das menschliche Gehirn. Stuttgart 1971

Graichen, J.: Teilleistungsschwächen dargestellt am Beispiel der Sprachbenützung. Zeitschrift für Kinderpsychiatrie I 1973 Seiten 113-143. Bern, Göttingen 1973

Graichen, J.: Zum Begriff der Teilleistungsstörungen. In: *Lempp, R. (Hrsg.):* Teilleistungsstörungen im Kindesalter. Bern 1979

Graichen, J.: Störungen der Integration. In: *Remschmidt, H. / Schmidt, M.(Hrsg.):* Neuropsychologie des Kindesalters. Stuttgart 1981

Graichen, J.: Frühkindlich-hirnorganisch bedingte Lernstörungen und ihre Behandlung. In: *Nissen, G. (Hrsg.):* Intelligenz, Lernen und Lernstörungen. Berlin 1977

v. Hentig, H.: Die Schule neu denken, München 1993
Ach, die Werte! München1999

Holst, E. u. Mittelstaedt, H.: Das Reafferenzprinzip. Naturwissenschaft 37, 464-476, 1950

Janosch: Das Leben der Thiere. Weinheim und Basel 1981

Johnen, R.: Entspannungstechniken in A.F.E. INTERN Heft 18, 1994

Kandel, Eric E. / Schwartz James H. / Jessell, Thomas M. (Hrsg.): Neurowissenschaften. Spektrum Heidelberg 1996

Kegel, G. / Tramitz, C.: Olaf - Kind ohne Sprache. Düsseldorf 1993

Kephart, N.C.: Das lernbehinderte Kind im Unterricht. München 1977

Kiphard, E.J.: Bewegungsdiagnostik bei Kindern. Gütersloh 1975

Kiphard, E.J.: Leibesübung als Therapie. Gütersloh 1975

Kiphard, E.J.: Mototherapie - Teil II. Dortmund [4]1994

Kiphard, E.J.: Dyspraxie, das Problem kindlicher Handlungsstörungen. In: *Doering, W. u. W. (Hrsg.):* Sensorische Integration. Dortmund 1990

Kiphard, E.J.: Motopädagogik. Dortmund 1979

Kiphard, E.J. / Huppertz, H.: Erziehung durch Bewegung. Bad Godesberg 1977

Kleinmann, K.: Verstehen, Beobachten und gezieltes Fördern von LRS-Schülern. Dortmund 2000

Kolb, B. / Whishaw, Ian Q.: Neuropsychologie. Spektrum Heidelberg 1993

Kongressbericht Symposium der IFAPA (International Federation of Adapted Physical Activity, Wien 3.-7. 7. 01

Lempp, R.: Lernerfolg und Schulversagen. München 1971

Lempp, R.: Teilleistungsstörungen im Kindesalter. Bern 1979

Lockowandt, O.: Frostig Integrative Therapie. Dortmund 1994

Luria, A.R.: Das Gehirn in Aktion. Reinbek b. Hamburg 1992

Martinius, J.: In: *Remschmidt, H. / Schmidt, M. (Hrsg.):* Neuropsychologie des Kindesalters. Stuttgart 1981

Martinius, J. / Amorosa, H.: Teilleistungsstörungen. Berlin-München 1994

Mecacci, L.: Das einzigartige Gehirn. Frankfurt 1988

Michels, J.: Frühe Spracherziehung für hörgeschädigte und sprachentwicklungsgestörte Kinder. Berlin 1982

Milz, I.: Emotionale Störungen in ihren Beziehungen zu Teilleistungsschwächen. Berlin 1980

Milz, I.: Die Bedeutung der Montessori-Pädagogik für die Behandlung von Kindern mit Teilleistungsschwächen. Prax. Kinderpsychologie 8 (1981)

Milz, I.: Teilleistungsschwächen bei Kindern und Jugendlichen. Frankfurt 1982

Milz, I.: Sprechen, Lesen Schreiben. Heidelberg 1994

Milz, M.: Montessori-Pädagogik neuropsychologisch verstanden, heilpädagogisch praktiziert. Dortmund 1999

Montessori, M.: Die Entdeckung des Kindes. Freiburg/Br. 1980

Müller, v. G. / Nitsche, E.: Funktionelle Beeinträchtigung und Bewältigung. Heidelberg 1987

Naville, S. / Marbacher, P.: Vom Strich zur Schrift. Zürich 1980 - Dortmund 1991

Niebergall, G.: In: Remschmidt, H., Schmidt, M., 1981

Nissen, G.: Intelligenz Lernen und Lernstörungen. Berlin 1977

Oussoren-Voors, R.: Schreibtanz I. Dortmund 1999

Pavlidis: Nursing Mirror. 1980

Pfeffer, M.: Das hyperkinetische Syndrom. In: Praxis Ergotherapie Jahrg. 8 (1995)

Piaget, J.: Theorien und Methoden der modernen Erziehung. Wien, München, Zürich 1972

Piaget, J. / Inhelder, D.: Die Entwicklung des räumlichen Denkens beim Kinde. Stuttgart 1975

Pickenhain, L.: Über die Einheit von Wahrnehmen und Bewegen. Zeitschr. Beh.-päd. Heft 1 (1992)

Poeck, K.: Klinische Neuropsychologie. Stuttgart 1982

Rabetge, G. / Kraus-Mackiw, E.: Visuelle Störfaktoren bei der Legasthenie. Zeitschr. Päd. Prax. (1982)

Remschmidt, H.: Störung der Handlungsabläufe. In: *Remschmidt, H. / Schmidt, M.:* Neuropsychologie des Kindesalters. Stuttgart 1981

Remschmidt, H. / Schmidt, M.: Neuropsychologie des Kindesalters. Stuttgart 1981

Rohen, J.W.: Funktionelle Anatomie des Nervensystems. Stuttgart 1975 und 1994

Sacks, O.: Der Tag, an dem mein Bein fortging, Rowohlt, Reinbek, 1989

Schilling, F.: Spielen, Malen, Schreiben, Marburger graphom. Übungen. 1983 Dortmund

Schmidt, M.H.: Verbale und nichtverbale Teilleistungsschwächen und ihre Behandlung. In: *Nissen, G.:* Intelligenz, Lernen und Lernstörungen. Berlin, Heidelberg, New York: 1977

Schuhmacher, H.: Visuelle Anforderungen im Schulalter. In: *Klett, M. / Kraus-Makkiw, E. (Hrsg.):* Visuelle Orientierung. Stuttgart 1989

Seewald, J.: Entwicklung in der Psychomotorik. In: Praxis der Psychomotorik 18,4 S. 188-193 Dortmund

Seyd, W.: Sprache und Bewegung, Neckar-Verlag GmbH Villingen-Schwenningen (1972) 1990

Stolze, H.: Bewegungserlebnis als Selbsterfahrung. In: Die menschliche Bewegung. Schorndorf 1976

Touwen, C. L.: Die Untersuchung von Kindern mit geringen neurologischen Funktionsstörungen. Stuttgart - New York 1982

Uden, v. A.: Teilleistungsstörungen beim gehörlosen Kind. Heidelberg 1988

v. Uexküll, T. Fuchs, M. Müller-Braunschweig, H. Johnen, R. (Hrsg.): Subjektive Anatomie, Praxis und Theorie körperbezogener Psychotherapie, Schattauer, Stuttgart 1994

Ullmann, J.: Psychologie der Lateralität. Bern 1974

Uttenweiler, V.: Dichotischer Diskriminationstest für Kinder. Zeitschr. Sprache, Stimme und Gehör IV/18 (1980), 107-111

Uttenweiler, V.: Dichotischer Diskriminationstest differenter Schallbilder bei Kindern zw. 5-8 J. Zeitschr. Sprache, Stimme und Gehör V (1981), 62-64

Wais, M.: Neuropsychologische Diagnostik für Ergotherapeuten. Dortmund 1990

Walls. zit. in: *Ullmann, J.:* Psychologie der Lateralität. Bern 1974, S. 137

Weizsäcker von, V.: Der Gestaltkreis. Stuttgart 1947

Wild, R.: Erziehung zum Sein. Heidelberg 1992

Wild, R.: Sein zum Erziehen. Heidelberg 1992

Wirth, G.: Sprachstörungen, Sprechstörungen, kindliche Hörstörungen. Köln 1994/2000

Wygotski, L.S.: Denken und Sprechen. Frankfurt 1972

Zapke, E.: Beeinträchtigungen im Bereich der Graphomotorik. In: *Milz, I. (Hrsg.):* Sprechen, Lesen, Schreiben. Heidelberg 1994/2001

Zetkin / Schaldach (hrsg. v. *David, H.*): Medizinisches Wörterbuch. Stuttgart, New York 1985

Zieger, A.: Neuropädagogik – Perspektiven neurowissenschaftlichen Denkens und Handelns in Behindertenpädagogik und Rehabilitation, Oldenburger Vordrukke 1991, 1995

Zimmer, R / Circus, H: Psychomotorik. 4. Auflage 1995 Schorndorf

Tests

BT 1-2 Bildertest 1-2 Neubearbeitung durch R. Kühn und R. Heck-Möhling

BT 2-3 Bildertest 2-3, Ingenkamp, K.

DTVP-2 Developmental Test of visual Perception second Edition

CFT Grundintelligenztest Skalen 1 bis 2 (20), Cattel, R.B., Wei!3, R.H., Osterland, J.

CMP Progressiver Matrizen - Test, Raven, J.

CMV Checkliste motorischer Verhaltensweisen, Schilling, F.

Der Benton Test

Dichotischer Kindertest, Uttenweiler, V.

Differenzierungsprobe nach Breuer / Weuffen; in Breuer H. und Weuffen, M. Gut vorbereitet auf das Lesen und Schreiben? VEB Berlin 1990

DRT 2, Diagnostischer Rechtschreibtest Leistungstest für 2. Klassen, Müller, R.

DRT 3, Diagnostischer Rechtschreibtest Leistungstest für 3. Klassen, Müller, R.

DRT 4, Diagnostischer Rechtschreibtest für 4. Klassen (Ingenkamp)

DRT 5, Diagnostischer Rechtschreibtest für 5. Klassen (Ingenkamp)

FEW Frostig Entwicklungstest der visuellen Wahrnehmung, Frostig, M., deutsche Bearbeitung Lockowandt, O.

Freiburger Sprachtest DIN 45-6-21

FTM Frostig Test der motorischen Entwicklung, Frostig, M.

GFT, Göttinger Formreproduktionstest

GMT, Graphomotorische Testbatterie, Rudolf

HAWIK III, Hamburg Wechsler Intelligenztest für Kinder (Altersbereich 6-16.11)

HSET Heidelberger Sprachentwicklungstest von Grimm, Schöler, Westermann Braumschweig 1978

K-ABC Kaufmann Assessment Battery for Children, SVETS & ZEITLINGER Amsterdamm, Frankfurt-M.1991

KTK Körper-Koordinationstest für Kinder, Kiphart, E.J./ Schilling, F.

LOS KF 18 Lincoln-Oseretzky-Scala Kurzform

MOT 4-6 Motoriktest für 4-6 jährige Kinder

MOTTIER in Zürcher Lesetest

PET Psycholinguistischer Entwicklungstest, Angermeier, M.

RST 1 Rechtschreibtest, Rathenow, P. Raatz, U.

RST 6-7 Rechtschreibtest für 6. und 7. Klassen (Ingenkamp)

SON-R Snijders-Oomen Nonverbaler Intelligenztest (Altersbereich 5.6-17)

ZÜRCHER LESETEST, Lindner, M./Grissemann, H.

Materialien

Mies, B.: Kommunikationsberatung 12209 Berlin, Blochmannstr. 45
Audio Video Trainer und ergänzende Materialien

Fa. Holz-Hoerz. Münsingen
Pertra- Spielsatz

Klein, Jochen: Spiele zur ganzheitlichen Lernförderung. Hamburg 1995

Kretschmann, M.: Diktate, München1990
So lernst du lesen. München 1994
Rechtschreibregeln München 1996

Montessori-Material
Verlag Nienhuis-Montessori, postbus 16, NL-7020 AA zelhelm

Saurus-Verlag, Köln Lese-Dosen I-IV

Abbildungsnachweis

Abb. 5 auf Seite 27 und Abb. 25 auf Seite 84: aus „Fundamentals of Human Neuropsychology“ 3/E (dtsch. Neuropsychologie) von Kolb and Whishaw. ©1990 by W.H. Freeman and Company. Abdruck mit Genehmigung des Verlages.

Die AutorInnen dieses Buches (in alphabetischer Reihenfolge)

Helm, Rita, Jahrgang 1957
Dipl. Sozialpädagogin
Ausbildung in Montessori-Pädagogik, Affolter-Therapie
Fortbildungen in Eurythmie, Psychomotorik, Frostig-Therapie
Mitarbeit im Institut für klinische Heilpädagogik in Offenbach
Tätigkeit im Grundschulbereich als Sozialpädagogin speziell in Integrierter Vorklasse
Anschrift: Issigheimer Str. 1 in 63486 Buchköbel

Lange, Doris, Jahrgang 1951
Lehramtsstudium für Grund-, Haupt- und Realschule
Dipl. Psychologin
Psychologische Psychotherapeutin und Kinder- u. Jugendlichen Psychotherapeutin
Lehrbeauftragte der Funktionellen Entspannung in eigener Praxis
Anschrift: Badborngasse 1 a in 35510 Bulzbach

Meitinger, Magdalena, Jahrgang 1950
Kindergärtnerin,
Dipl. Sozialpädagogin, Sozialarbeiterin
Ausbildung in verschiedenen körperorientierten Therapieformen
Mitarbeiterin in Kinder u. Jugendpsychiatrischer Praxis,
z.Zt. Tätigkeit im Bereich heilpädagogisch orientierter Kindertherapie
Anschrift: Marienbader Str. 8 a in 61273 Wehrheim

Dr. **Milz, Ingeborg,** Jahrgang 1927,
Lehrerin für Grund-, Haupt- und Realschule
Dipl. Pädagogin
Promotion über emotionale Störungen in ihren Beziehungen zu Teilleistungsschwächen
Ausbildung in Montessori-Pädagogik und Frostig-Therapie
Gründerin eines Institutes für Klinische Heilpädagogik in Offenbach
Mitbegründerin der privaten Marianne-Frostig-Schule in Offenbach
Schwerpunkt der wissenschaftlichen Arbeit: Neuropädagogische Umsetzung neuropsychologischer Lerntheorien
Anschrift: Mainstr. 157 in 63065 Offenbach

Neuwirth, Monika, Jahrgang 1964
Dipl. Sozialpädagogin
Dipl. Motologin
mehrjährige Tätigkeit im sonderpädagogischen Bereich
Mitarbeit im Institut für Klinische Heilpädagogik in Offenbach
Tätigkeit in Mutter-Kind-Therapiezentrum
z.Zt. tätig im Bereich Diagnostik des Sozialpädiatrischen Zentrums des Klinikums der Universität Gießen.
Anschrift: Zum Wingert 2 in 35423 Lich

Peter, Birgit (weitere Informationen sind nicht mehr zu erreichen)
Studentin der Pädagogik
Praktikantin im Rahmen des Studienganges Dipi. Pädagogik

Schieder, Martin, Jahrgang 1949
Bankkaufmann
Wirtschaftsstudium
Lehramtsstudium, Lehrer
Leiter der Montessori-Ausbildungskurse des Arbeitskreises für Montessori-Pädagogik e.V. in Berlin
z.Zt. tätig als Lehrer für Kinder mit emotionalen und sozialen Störungen in einer Klinikschule in Berlin
Anschrift: Eichenallee 20 in 14806 Belzig

Zebisch, Rita, Jahrgang 1944
Ausbildung im med./techn. Bereich und Tätigkeit in kinderärztlicher Praxis
Ausbildung in verschiedenen körpertherapeutischen Verfahren sowie Funktioneller Entspannung
Therapeutin für funktionelle Entspannung in eigener Praxis (Psychotherapeutische Heilerlaubnis HPG)
Mitglied der Internationalen Gesellschaft für Tiefenpsychologie
Anschrift: Hans-Böcklerstr. 42 in 87700 Memmingen.

Stichwortverzeichnis

Raum für Notizen: